上财文库

刘元春　主编

中国式现代化道路研究

Research of　Chinese Path to Modernization

董必荣　著

上海财经大学出版社
SHANGHAI UNIVERSITY OF FINANCE & ECONOMICS PRESS

上海学术·经济学出版中心

图书在版编目(CIP)数据

中国式现代化道路研究/董必荣著. --上海:上
海财经大学出版社,2025.3. --(上财文库). --ISBN
978-7-5642-4617-4

Ⅰ. D61

中国国家版本馆 CIP 数据核字第 2025GW6182 号

上海财经大学中央高校双一流引导专项资金、中央高校基本科研
业务费资助

本书系国家社科重大课题《新时代中国马克思主义经济哲学重大理论问题
研究》(项目号:22&ZD033)研究团队阶段性成果。

□ 责任编辑　李成军
□ 封面设计　贺加贝

中国式现代化道路研究

董必荣　著

上海财经大学出版社出版发行
(上海市中山北一路 369 号　邮编 200083)
网　　址:http://www. sufep. com
电子邮箱:webmaster@sufep. com
全国新华书店经销
上海华业装璜印刷厂有限公司印刷装订
2025 年 3 月第 1 版　2025 年 3 月第 1 次印刷

787mm×1092mm　1/16　20.25 印张(插页:2)　373 千字
定价:98.00 元

总　序

更加自觉推进原创性自主知识体系的建构

中国共产党二十届三中全会是新时代新征程上又一次具有划时代意义的大会。随着三中全会的大幕拉开,中国再次站在了新一轮改革与发展的起点上。大会强调要创新马克思主义理论研究和建设工程,实施哲学社会科学创新工程,构建中国哲学社会科学自主知识体系。深入学习贯彻二十届三中全会精神,就要以更加坚定的信念和更加担当的姿态,锐意进取、勇于创新,不断增强原创性哲学社会科学体系构建服务于中国式现代化建设宏伟目标的自觉性和主动性。

把握中国原创性自主知识体系的建构来源,应该努力处理好四个关系。习近平总书记指出:"加快构建中国特色哲学社会科学,归根结底是建构中国自主的知识体系。要以中国为观照、以时代为观照,立足中国实际,解决中国问题,不断推动中华优秀传统文化创造性转化、创新性发展,不断推进知识创新、理论创新、方法创新,使中国特色哲学社会科学真正屹立于世界学术之林。"习近平总书记的重要论述,为建构中国自主知识体系指明了方向。当前,应当厘清四个关系:(1)世界哲学社会科学与中国原创性自主知识体系的关系。我们现有的学科体系就是借鉴西方文明成果而生成的。虽然成功借鉴他者经验也是形成中国特色的源泉,但更应该在主创意识和质疑精神的基础上产生原创性智慧,而质疑的对象就包括借鉴"他者"而形成的思维定式。只有打破定式,才能实现原创。(2)中国式现代化建设过程中遇到的问题与原创性自主知识体系的关系。建构中国原创性自主知识体系,其根本价值在于观察时代、解读时代、引领时代,在研究真正的时代问题中回答"时代之问",这也是推动建构自主知识体系最为重要的动因。只有准确把握中国特色社会主义的历史新方位、时代新变化、实践新要求,才能确保以中国之理指引中国之路、回答人民之问。(3)党的创新理论与自主知识体系的关系。马克思主义是建构中国自主知识体系的"魂脉",坚持以马克思主义为指导,是当代中国哲学社会科学区别于其他哲学社会科学的根本标志,必须旗帜鲜明加以坚持。党的创新理论是中国特色哲学社会科学的主体内容,也是中国特色哲学社会科学发展的最大增量。(4)中华传统文化与原创性自主知识体系的关系。中华优秀传统文化是原创性自主知识体系的"根脉",要加强对优秀传统文化的挖掘和阐发,更有效地推动优秀传统文化创造性转化、创新性发展,创造具有鲜明"自主性"的新的知识生命体。

探索中国原创性自主知识体系的建构路径,应该自觉遵循学术体系的一般发展规律。建构中国原创性自主知识体系,要将实践总结和应对式的策论上升到理论、理论上升到新的学术范式、新的学术范式上升到新的学科体系,必须遵循学术体系的一般发展规律,在新事实、新现象、新规律之中提炼出新概念、新理论和新范式,从而防止哲学社会科学在知识化创新中陷入分解谬误和碎片化困境。当前应当做好以下工作:(1)掌握本原。系统深入研究实践中的典型事实,真正掌握清楚中国模式、中国道路、中国制度和中国文化在实践中的本原。(2)总结规律。在典型事实的提炼基础上,进行特征事实、典型规律和超常规规律的总结。(3)凝练问题。将典型事实、典型规律、新规律与传统理论和传统模式进行对比,提出传统理论和思想难以解释的新现象、新规律,并凝练出新的理论问题。(4)合理解释。以问题为导向,进行相关问题和猜想的解答,从而从逻辑和学理角度对新问题、新现象和新规律给出合理性解释。(5)提炼范畴。在各种合理性解释中寻找到创新思想和创新理论,提炼出新的理论元素、理论概念和理论范畴。(6)形成范式。体系化和学理化各种理论概念、范畴和基本元素,以形成理论体系和新的范式。(7)创建体系。利用新的范式和理论体系在实践中进行检验,在解决新问题中进行丰富,最后形成有既定运用场景、既定分析框架、基本理论内核等要件的学科体系。

推进中国原创性自主知识体系的建构实践,应该务实抓好三个方面。首先,做好总体规划。自主知识体系的学理化和体系化建构是个系统工程,必须下定决心攻坚克难,在各个学科知识图谱编制指南中,推进框定自主知识体系的明确要求。

各类国家级教材建设和评定中,要有自主知识体系相应内容审核;推进设立中国式现代化发展实践典型案例库,作为建构自主知识体系的重要源泉。其次,推动评价引领。科学的评价是促进原创性自主知识体系走深走实的关键。学术评价应该更加强调学术研究的中国问题意识、原创价值贡献、多元成果并重,有力促进哲学社会科学学者用中国理论和学术做大学问、做真学问。高校应该坚决贯彻"破五唯"要求,以学术成果的原创影响力和贡献度作为认定依据,引导教师产出高水平学术成果。要构建分类评价标准,最大限度激发教师创新潜能和创新活力,鼓励教师在不同领域做出特色、追求卓越,推动哲学社会科学界真正产生出一批引领时代发展的社科大家。最后,抓好教研转化。自主知识体系应该转化为有效的教研体系,才能发挥好自主知识体系的育人功能,整体提升学校立德树人的能力和水平。

上海财经大学积极依托学校各类学科优势,以上财文库建设为抓手,以整体学术评价改革为动力,初步探索了一条富有经管学科特色的中国特色哲学社会科学建构道路。学校科研处联合校内有关部门,组织发起上财文库专项工程,该工程旨在遵循学术发展一般规律,更加自觉建构中国原创性自主知识体系,推动产生一批有品牌影响力的学术著作,服务中国式现代化宏伟实践。我相信自主知识体系"上财学派"未来可期。

上海财经大学 校长

2024 年 12 月

前　言

一、从"中国模式"到"中国式现代化"：问题及其意义

现代化是人类自工业革命后展开的轰轰烈烈的世界性运动,当人们开始谈论现代化道路或模式时,已经预设了对"西方中心论"的质疑与否定。首先,由于各国国情、历史、文化的不同,对现代化道路的探索本身就是多样化的。习近平总书记指出,"走自己的路,是党的全部理论和实践立足点,更是党百年奋斗得出的历史结论"。现代化研究同样也离不开"模式"范畴,自然科学语境下的模式是基于科学主义,主要用于识别事物的概念、性质,一般与价值无涉,而社会发展模式是基于历史唯物主义视域的,它不但要回答是什么,而且要有价值取向。模式既包括现代化进程中的普遍规律,当然也包括各国走向现代性的特殊性。

模式是现代性的核心话语。模式可分为两类:第一类是经济增长模式。其形成标志就是马克思所说的:"一个工业民族,当它一般地达到它的历史高峰的时候,也就达到它的生产高峰。"[①]它往往是一个国家实现现代化的必要条件,但如果只是以生产力论英雄,那这类模式就是单向度的、异化的,即"物的世界增值与人的世界的贬值成正比"[②],世界历史上发生的几种有代表性的现代化模式基本属于此类。第二类是社会全面发展模式。它是"并联式的",即"以人为本",是经济、政治、文化、社会、生态全面发展,主要把经济增长与人的发展相结合,即物的世界增值与人的世界增值成正比。前一种代表了过去 300 年人类以工业化、现代化为主体的增

---

①　[德]马克思,[德]恩格斯. 马克思恩格斯文集:第 8 卷[M]. 北京:人民出版社,2009:10.

②　[德]马克思,[德]恩格斯. 马克思恩格斯文集:第 1 卷[M]. 北京:人民出版社,2009:156.

长模式,后者将是人类迈入 21 世纪后开启未来全新的现代化道路。2010 年中国正式成为世界第二大经济体,基本完成了经济增长模式出场的条件,所以国外兴起"中国模式"的研究与讨论。随着中国特色社会主义进入新时代,中国改革开放主体意识、价值观的跃迁,关于中国式现代化的研究讨论提上议事日程,逐渐成为热点。它站在人类文明进步的精神高原上,总结以往各种现代化模式的经验教训,秉承创新、协调、绿色、开放、共享的新发展理念,构建新发展格局,倡导人类命运共同体,致力于解决人与人、人与自然、人与社会的矛盾,彻底解决发展为了谁、发展依靠谁、发展成果由谁享用等重大问题,进而为构建马克思所说的"自由人的联合体"创造必要的历史条件。到 21 世纪中叶,我国要实现中国式现代化,建成富强民主文明和谐美丽的社会主义现代化强国,各项制度趋于完善,至于要实现"自由人的联合体"这一远大目标,那就需要我们几代人、十几代人、几十代人的努力。所以,中国式现代化理论与实践一方面对以往的经济增长模式去蔽,另一方面对中国模式澄明,使中国特色社会主义道路趋于无蔽和敞开。

"当今世界,多重挑战和危机交织叠加……人类社会现代化进程又一次来到历史的十字路口……我们究竟需要什么样的现代化? 怎样才能实现现代化? 面对这一系列的现代化之问,政党作为引领和推动现代化进程的重要力量,有责任作出回答。"①2021 年 7 月习近平在中国共产党与世界政党领导人峰会上提出:"现代化道路并没有固定的模式,适合自己的才是最好的,不能削足适履。每个国家自主探索符合本国国情的现代化道路的努力应该得到尊重。"②从发生学看,西方现代化是一个"串联式"增长过程,而中国式现代化必然是一个"并联式"发展过程。从观念论看,中国式现代化所拥有的世界观、价值观、历史观、文明观、民主观、生态观既是中国的,也是世界的,所谓"世界问题""中国方案"。中国式现代化道路证明了一个人口多、底子薄、经济文化落后的发展中国家同样能够实现工业化、市场化、现代化,它大大拓展了民族国家走向现代化的道路,促进了人类文明的多样性发展;它粉碎了所谓的"历史终结论";中国式现代化的和平发展道路也粉碎了所谓的"文明冲突论"和"中国威胁论"。中国愿同各国一道,以人类命运为本,以人民福祉为念,继续推动世界走向和平、安全、繁荣、进步的美好未来!

---

① 习近平."携手同行现代化之路"[N].人民日报,2023－3－16:1.
② 习近平.习近平谈治国理政:第 4 卷[M].北京:外文出版社,2022:427.

二、国内外研究现状

（一）国际各界对中国式现代化的研究

国外关于中国模式的讨论,源于 2004 年美国高盛公司资深顾问乔舒亚·库伯·雷默提出的"北京共识"。他认为,中国的模式是一种适合中国国情和社会需求、寻求公正与高质量增长的发展途径,并把这种发展途径定义为:艰苦努力,主动创新和大胆试验;坚决捍卫国家主权和利益,循序渐进、积聚能量、创新和试验是其灵魂;既务实又理想,解决问题灵活应对,因时而异,不强求划一是其准则。它不仅关注经济发展,也同样注重社会变化,通过发展经济与完善管理改善社会。约翰·奈斯比特在《中国大趋势》中兼具感性地认为,中国模式有八大支柱支撑:解放思想,"自上而下"与"自下而上"的结合,规划"森林"、让"树木"自由生长,摸着石头过河,艺术与学术的萌动,融入世界,自由与公平,从奥运金牌到诺贝尔奖。他断言:"2009 年中国却在创造一个崭新的社会、经济和政治体制,它的政治模式也许可以证明资本主义这一所谓的'历史之终结'只不过是人类历史道路的一个阶段而已。"[①]美国政治学家约瑟夫·奈认为,中国的经济增长不仅让发展中国家获益巨大,中国特殊的发展模式和道路也被一些国家视为可效仿的榜样……更重要的是,中国倡导的政治价值观、社会发展模式和对外政策,将来会进一步在世界公众中产生共鸣和影响力。美国经济学家斯蒂格利茨认为,中国"是作为一个成功地融入全球市场而拒绝华盛顿共识传统理论的国家的榜样"。他认为,中国的改革不同于俄罗斯的休克疗法。在迈向市场经济方面,中国是"迄今为止最为成功的低收入国家"。美国哈佛大学教授里金纳·艾布拉米认为,首先,中国模式是解决中国经济问题的"实用的模式",是增长的模式。它不仅具有实践意义,还具有三大理论意义。首先,中国模式颠覆了公有制企业没有效率的传统观点。其次,中国模式颠覆了新兴大国必是好战和富有侵略性国家的论点。再次,中国模式还颠覆了经济发展必将导致西方式民主的定论。英国伦敦政治经济学院亚洲研究中心主任阿塔尔·侯赛因说:"改革开放 30 年的中国发展模式是历史上从来没有过的模式,它不同于 20 世纪六七十年代'四小龙'的出口导向型快速发展的经济,也不同于以消费

---

① ［美］约翰·奈斯比特,［德］多丽丝·奈斯比特. 中国大趋势:新社会的八大支柱［M］. 魏平,译. 吉林:吉林出版集团,2009:4.

为主导的美国模式,或者是以德国和法国为代表的国家调节下的市场经济模式。从某种程度上说,中国模式是兼具'四小龙'、美国和欧洲等经济模式的中国特有模式,也就是中国人常说的'有中国特色的社会主义模式'。"①马丁·雅克认为,中国式现代化是一条全然不同于西方主导的现代化道路,是一种以人为本、着眼未来的新型现代化之路,它的成功践行可谓实现了人类历史上最大规模的赶超。以上几位学者从多角度描述了改革开放后中国发展的主要特征。

正如库恩所说:"你是无法用旧模式中的词汇来理解一个新模式的。"美国学者阿里夫·德里克认为,中国模式只是一个想法,而不是一个概念或思想,因为它与概念、思想没有多少联系,相互间或者共同的认识累加并不一定就是共识。"除非中国大陆自身更进一步地转型,否则将中国当下的状况称为模式并不合适。"②德国学者托马斯·海贝勒提出,中国正处在从计划经济向市场经济的转型期,因此,所谓的中国模式并不存在。中国的这一转型期将伴随着急剧的社会变革和政治改革,这一过程是渐进的、增量的,在这样的条件下,我们谈论中国模式还为时过早。但他认为中国的发展有七个特征:(1)中国共产党目前已进入"适应阶段";(2)中国是分散的或分权的权威主义体制;(3)中国是发展主义的国家(developmental state);(4)具有政治实用主义的显著特色;(5)中央领导层和政权拥有合法性与信任;(6)民族主义或爱国主义具有越来越多对内职能;(7)中国正在迈向自治、法治和参与程度更高的开放社会。③ 还有一些西方学者提出所谓的"中国威胁论"。如哈佛大学教授亨廷顿认为,儒教文明与伊斯兰文明的结合将是西方文明的天敌,这完全是危言耸听。所以,一些西方学者看中国式现代化,出于意识形态的不同,背后都有各种利益以及复杂心态驱使。这种被动式的表述往往不够完整、准确,甚至有歪曲、颠倒之处。

美国现代化问题专家布莱克比较客观地提出,"我们避免使用的另外两个词是'西方化'和'欧洲化'。我们还要提醒世界其他地方不要匆匆忙忙地集中效法目前现代化程度最高的社会的形式""现代化并不是一个固定的或者一元的进程,现代化也不是西方的现代化"。④ 这样会影响对许多发展中国家现代化研究的客观性与

---

① 朱可辛.国外学者对中国模式的研究[J].科学社会主义,2009(4):26—29.

② [美]阿里夫·德里克."中国模式"理念:一个批判性分析[J].朱贵昌,译.国外理论动态,2011(7):15—27.

③ [德]托马斯·海贝勒.关于中国模式若干问题研究[J].当代世界与社会主义,2005(5):9—11.

④ [美]西里尔·E.布莱克.日本和俄国的现代化[M].周师铭,等译.北京:商务印书馆,1983:25.

多样性。布莱克还特别提到中国,认为"中国有一个时期曾明确地采用苏联现代化的模式"。"中国同日本和俄国相似,也是一个规模庞大的社会。中国的现代化进程开始得特别缓慢,最近它加快了变革的步伐。由于出现了在许多方面看来是一种新的达到现代化的必要条件的模式,今天它对现代化产生了巨大的兴趣。"①虽然他的专著正式出版于 1975 年,结合后来中国的改革开放巨大成就,我们不得不佩服布莱克的远见。

意大利学者贾尼尼以其左翼学者的视野,对自新中国成立以来,尤其是改革开放以来中国共产党领导人民进行的社会主义探索的成就、路径与经验进行分析。他通过翔实的数据,对中国的经济发展、创新能力和脱贫进行了总结,他认为中国式现代化不仅丰富了发展中国家迈向现代化的路径选择,对维护世界和平和世界社会主义运动的发展也具有重大意义。尽管中国未来的发展将面临诸多挑战,但中国的社会主义现代化进程是不可阻遏的。新加坡学者郑永年长期关注中国的改革开放,他着重从中国式现代化特征出发,提出建议:一是要有中国特色,没有特色就没有竞争力,但特色要有助于中国式现代化;二是不仅要乡村振兴,还有产业振兴;三是人多,也是中国最大的特点;四是中国式现代化关键在于技术创新,目前中国处于"中等技术陷阱",只有跨越这一陷阱,才能实现中国式现代化。

自古以来,东方一直成为西方议论的焦点。近代以来,东方成为西方的殖民地或半殖民地,文明蒙尘,亚洲更是如马克思所说"他们无法表述自己;他们必须被别人表述"。"中国模式"就是用西方话语"被言说"②,这种被动式的实质是"中国问题""西方方案"。即以"西方中心论"为轴心,来比较、描述、评价中国的历史与发展道路。面对各种毁誉,我们要保持清醒的头脑,既不能陶醉于各种赞美中,也不能迷失在各种诽谤攻击中,要继续保持"两个务必"作风,即务必保持谦虚谨慎、不骄不躁的作风,务必保持艰苦奋斗的作风。随着中国特色社会主义进入新时代,中国日益走近"世界舞台中央",要确立"主体性价值意识",以我为主,化被动为主动,即用"中国方案"回应"世界之问",自主宣传、研究自己的现代化道路,就如习近平同志所说:"我国综合国力和国际地位不断提升,国际社会对我国的关注前所未有,但中国在世界上的形象很大程度上仍是'他塑'而非'自塑',我们在国际上有时还处于有理说不出、说了传不开的境地,存在着信息流进流出的'逆差'、中国真实形象

①　[美]西里尔·E. 布莱克. 日本和俄国的现代化[M]. 周师铭,等译. 北京:商务印书馆,1983:446.
②　萨义德在他的《东方学》一书中提出:"《东方学》继续被讨论,这使我感到惊异。"

和西方主观印象的'反差'、软实力和硬实力的'落差'。要下大气力加强国际传播能力建设,加快提升中国话语的国际影响力,让全世界都能听到并听清中国声音。"①衡量一个国家发展程度、国际地位的标准之一就是国际话语权,"自己说"还是"他人说"有着天壤之别。中国式现代化蕴含独特的世界观、价值观、历史观、文明观、民主观、生态观等及其伟大实践,不但要自己说清楚这"六大观",当然还要更好地践行。中国式现代化是对世界现代化理论和实践的重大创新,意味着对现代化规律的认识从必然王国向自由王国迈进,应更加坚定"四个自信",走好自己的现代化之路。

(二)国内学术界对中国式现代化道路的研究

国内对中国式现代化道路的研究与讨论有过三次高潮:第一次是在20世纪80年代中期,基于改革开放的迫切需要,我国需要了解世界各国现代化进程,所以国家社会科学"七五"计划设立了两个重点项目,包括北京大学罗荣渠教授领衔的"世界现代化进程研究"及华中师范大学章开沅教授主持的"中外近代化比较研究"。这标志着中国式现代化研究的开启。第二次是从党的十八大到党的十九大,中国特色社会主义迈入新时代,政界、媒体与学界发表了一系列有关"中国式现代化"重要文章与专著,表明中国式现代化形成理论轮廓。第三次是从党的二十大全面总结"中国式现代化道路"五大特质、本质要求至今,标志着中国式现代化理论的成熟。围绕习近平总书记一系列关于"中国式现代化"道路重要论述,学者们展开大讨论。据不完全统计,近年来发表的有关中国式现代化方面的论文有1 000多篇,有关的学术著作150多本,已经形成了一定的声势与规模。

1.关于为什么要提中国式现代化

作为一种事实,中国式现代化道路早已存在于历史与现实之中,作为一个范畴,中国式现代化也已进入学者研究视野。李君如不赞成中国模式这个提法。他认为,现在世界上许多人在讲中国模式,说明我们的经验已经越来越引人注目、受人重视,这是好事。这对我们的探索是一个鼓励,对于那些盲目留恋过去或盲目崇拜西方的人也是一个教育。但在科学研究中,我们应该十分清醒,认识到我们的体制还没有定型,还要继续探索。讲模式有定型之嫌。这既不符合事实,也很危险。危险在哪里? 一会自我满足,盲目乐观;二会转移改革的方向。程恩富认为,中国

---

①　中共中央党史和文献研究院,中央学习贯彻习近平新时代中国特色社会主义思想主题教育领导小组办公室.习近平新时代中国特色社会主义思想专题摘编[M].北京:中央文献出版社,2023:330.

经过改革开放,已经形成了一个中国特色社会主义的理论体系和道路,或说中国模式,这个模式在政治方面,就是社会主义的民主政治。从经济模式来看,中国模式就是建立了社会主义市场经济;中国文化模式以社会主义核心价值体系为主要内容。

如何理解从"中国模式"到中国式现代化道路大讨论? 我们注意到,自邓小平开始,党和国家领导人多次提到"模式""发展模式"等概念。"中国模式"首先是西方提出的,因为是"他说",所以具有一定的意识形态色彩,故我们有必要加强自己的"中国式现代化"等方面的研究,由"他塑"变为"自塑"。模式之争的实质是社会制度、发展道路、意识形态、综合国力的较量,与其让别人说三道四,不如自己先以正视听。随着中国特色社会主义进入新时代,"中华民族迎来了从站起来、富起来到强起来的伟大飞跃",正如马克思所说,"要想站起来,仅仅在思想上站起来,而让用思想所无法摆脱的那种现实的、感性的枷锁依然套在现实的、感性的头上,那是不够的"①,我们要用鲜活的实践证明中国式现代化道路。特别是全面建成小康社会以及实现"精准脱贫",党和国家、民族自信心空前高涨,主体性发展意识、价值意识进一步觉醒。党的二十大全面提出"中国式现代化"理念,既是总结前四十年改革开放的成果,更是彰显新时代中国共产党、中华民族的自我觉醒,坚定"四个自信",走中国式现代化道路。

2. 中国模式与中国式现代化的内容及其特点

有学者指出:中国模式体现了改革开放以来的理论、实践、制度创新,具有浓厚的民族特色、时代特色;在发展理念上,其坚持以中国化马克思主义为指导;在发展布局上,其坚持社会主义经济建设、政治建设、文化建设、社会建设以及生态文明建设的全面发展;在发展方式上,其坚持渐进式改革;在发展路径上,其依靠工业化、信息化、城镇化、市场化、国际化来实现发展;在发展目的上,其坚持以人为本,把人民群众的根本利益放在首要位置。邹东涛认为,中国模式是中国改革开放迄今为止成功经验的理论凝结,它具有五大理论支柱,即毛泽东关于社会主义革命与建设的理论、中国特色社会主义理论、社会主义市场经济理论、社会主义初级阶段理论、社会主义和谐社会理论。② 围绕党的二十大提出的中国式现代化五大特质,深刻揭示中国式现代化科学内涵,学者们纷纷展开讨论。韩庆祥提出,从"四个现代化",

---

① [德]马克思,[德]恩格斯.马克思恩格斯文集:第1卷[M].北京:人民出版社,2009:288.

② 李建国.中国模式之争[M].北京:中国社会科学出版社,2013:7.

到"社会主义现代化",再到"国家治理体系和治理能力现代化",反映和体现的是我国实现现代化的历史演进;而党的重要文献中提出的"走自己的路""中国特色社会主义道路""中国式现代化新道路""中国式现代化"四个重要论断,反映的是理论建构的逻辑演进。中国式现代化就是拒斥西方中心论的叙事逻辑而向人类实现现代化展现出的文明图景。林毅夫从中国式现代化蓝图的内涵及首要任务出发,重点聚焦高质量发展与中国式现代化的关联。他认为,中国式现代化离不开高质量发展,高质量发展成效直接关系着现代化伟业能否如期实现。以上总结或是从制度出发,或是从理论、理念出发来诠释中国式现代化,初步概括了中国式现代化道路,但缺乏对中国式现代化核心内容的凝练,凸显不出中国式现代化的本质特征。

3. 中国式现代化与中国特色社会主义理论的关系

国外许多中国式现代化道路研究,一般不涉及中国特色社会主义理论的指导作用,只是把中国的发展置于西方"现代化"语境中,试图割裂中国式现代化与社会主义的关系,单方面强调西方式现代化的影响,这是别有用心的。因此,我们必须加强中国式现代化与中国特色社会主义理论关系的研究。对此,有学者认为,"中国式现代化"道路和中国特色社会主义理论有着共同的实践基础,那就是中国特色社会主义的伟大实践,从一定意义上说,二者是一致的,只是角度不同。中国式现代化道路是从全球高度看中国的发展,侧重于横向比较;中国特色社会主义理论则是历史与逻辑的结合,偏重于纵向解读。有学者认为,二者既有交叉,更有重叠。前者主要从国家发展、现代化进程来进行"并联式"分析,后者更注重社会主义理论和制度的丰富与完善,要充分认识二者的区别与联系。建设中国特色社会主义的成功经验构成了中国式现代化道路的主要内容,但"中国特色社会主义"着眼于政治定位、意识形态,而"中国式现代化"偏重于社会发展。最重要的是,中国特色社会主义理论要讲清楚"我们究竟需要什么样的现代化? 怎样才能实现现代化"这一首要的"时代之问"。

4. 中国式现代化与中国特色社会主义道路的关系

当西方学界热议"中国模式"时,2013 年 1 月习近平同志指出,"所谓的'中国模式'是中国人民在自己的奋斗实践中创造的中国特色社会主义道路""中国特色社会主义道路,是实现我国社会主义现代化的必由之路""中国式现代化,是中国共产党领导的社会主义现代化"。对此,大部分学者认为,中国式现代化的核心就是中国特色社会主义道路,即在中国共产党领导下,立足基本国情,以经济建设为中心,坚持四项基本原则,坚持改革开放,解放和发展社会生产力,巩固和完善社会主义制度,建设社会主义市场经济、社会主义民主政治、社会主义先进文化、社会主义和谐社会,建设富强民主文明和谐的社会主义现代化国家。邹东涛认为:"二者既相通,又相异。相通是指意义有相近的一面,可以互相替代或近似替代;相异即差别和不同……道路是模式的基础和前提,模式则是道路的具体表现形式。如果说道路属于主义层面的东西,模式则属于形式和方法层面的东西。"[①]但是,道路与现代化模式在概念界定上是有不同之处的,中国特色社会主义道路最终是通向共产主义的康庄大道,而中国式现代化则是走上这一大道的阶段性重要成果。这好比我党以前讲的最高纲领与最低纲领的关系,中国特色社会主义道路和中国式现代化是最高纲领与最低纲领的统一,这需要我们今后进一步加强研究。

三、研究目的、方法和基本思路

(一)研究目的与意义

总结 40 多年改革开放发展的经验,为中国特色社会主义进一步发展提供理论支持。研究中国式现代化就是要从理论与实践、历史与现实、中国与世界等方面,全方位、多层次、宽领域加强研究,及时总结经验教训,为建设中国特色社会主义提供理论支持,为新一轮全面深化改革指明方向。

整个 20 世纪,社会主义经历了由理论变成现实,由一国实践变为多国运动,由高潮转向低潮的大开大阖。其主要原因是对于"什么是社会主义,怎样建设社会主义?"这一根本问题没有完全搞清楚。"中国式现代化理论,是党的二十大的一个重大理论创新,是科学社会主义的最新重大成果"[②],中国共产党不但以自己的理论创新与实践填补了国际共产主义运动的空白,而且为发展中国家独立自主迈向现代化之路提供了范例。

笔者认为,以往现代化模式都存在一个共同问题,就是在经济发展的同时,无法达到人与自然、人与人、人与社会的和谐,把发展简单理解成经济意义上的数量增长。黑格尔认为,发展是从自在走向自为的过程。如果我们把经济增长模式理解为一种自在的模式,那么中国式现代化要成为自为的模式,必须凸显人的解放与发展这一重要尺度,即人的主体性价值的确立。习近平总书记一再强调"现代化的

---

　　① 邹东涛.中国道路与中国模式(1949—2009)[M].北京:社会科学文献出版社,2009:14.
　　② 中共中央党史和文献研究院,中央学习贯彻习近平新时代中国特色社会主义思想主题教育领导小组办公室.习近平新时代中国特色社会主义思想专题摘编[M].北京:中央文献出版社,2023:90.

本质是人的现代化"，第一次提出人与自然、人与人、人与社会的和谐统一，代表中国式现代化道路对发展的理解达到了更高水平，这也将是人类摆脱发展困境的根本出路。中国式现代化为人类社会现代化理论和实践创新做出了新的贡献。

本研究的实践价值在于：

第一，通过比较研究，借鉴吸收各种模式的经验教训，更好地为我所用。毛泽东在《论十大关系》中提出："我们的方针是，一切民族、一切国家的长处都要学，政治、经济、科学、技术文学、艺术的一切真正好的东西都要学。"①中国式现代化既是民族的，又是世界的。要把回应"中国之问"与"世界之问"并联起来。中国式现代化要面向世界、面向现代化、面向未来，增强与世界的互动与交流。

第二，通过中国式现代化道路的介绍宣传，粉碎世界上一些别有用心的歪曲宣传，树立中国良好的国际形象。改革开放以来，一些西方学者打着研究中国问题的旗号，颠倒黑白、歪曲事实，不断散布诸如"中国威胁论""中国失败论""中国崩溃论"等耸人听闻的谣言，严重影响我国的国际形象，给我国的改革开放带来不小的麻烦，造成较坏的国际影响。所以，我们必须加强自己关于中国式现代化道路的研究工作，彰显自己的主体性宣传推介，以正视听！

第三，认真总结中国几十年发展的经验教训，对世界的和平发展大业也是一大贡献。2005 年 6 月，时任联合国秘书长科菲·安南提出，中国依靠独特模式实现发展的有益经验值得其他国家，特别是发展中国家借鉴。英国前首相希思也认为，"中国不要低估自己的影响，中国有丰富的经验供别人学习"。英国《卫报》说，中国的崛起为其他国家提供了除西方发展模式之外的一个强有力的选择。作为世界上最大的发展中国家，中国模式的经验教训对整个世界具有特别重要的影响。② 陶文昭认为，"中国模式"有四点国际意义：(1)发展中国家看重中国高速发展的经验。(2)转型国家看重中国有效转型的经验。(3)大国看重中国和平崛起的经验。(4)社会主义国家受到中国模式的启发。③ 总之，中国式现代化得到了多方面的关注。"不谋全局者，不足谋一域"，我们既不能骄傲自满，也不要妄自菲薄。面对各种国内外的机遇与挑战，就像爱因斯坦所说："任何物理理论的最好命运莫过于它能指出一条通往一个更广泛理论的道路。"④我们应坚持中国特色社会主义理论与

① 毛泽东. 毛泽东文集：第 7 卷[M]. 北京：人民出版社，1999：41.
② 徐贵相. 中国发展模式研究[M]. 北京：人民出版社，2008：8—9.
③ 陶文昭. 中国模式的世界影响[J]. 人民论坛，2008(21)：50.
④ ［英］卡尔·波普尔. 波普尔思想自述[M]. 赵月瑟，译. 上海：上海译文出版社，1988：87.

实践,不断丰富发展中国道路、中国方案,争取对国际社会做出更大的贡献。以人类命运共同体引领的中国式现代化不但要完成中华民族伟大复兴,而且要为全人类的发展做出应有的贡献。

(二)研究方法与基本思路

1.研究方法及内容框架

现代化本身是一个复杂的社会变革系统工程,其研究需要多学科的交叉互渗、多种科学方法的融合。

首先,运用历史唯物主义的分析方法。模式不是物,模式首先是关系。按照唯物史观基本原理,模式首先是生产关系与生产力、上层建筑与经济基础的组合;然后,要成为一个真正的社会发展模式,需要进一步处理好人与人、人与自然、人与社会关系等重大关系,为构建"自由人的联合体"创造条件。结合现实,重点要关注"时代之问",即全球化背景下中国的发展问题,关注人的解放和发展问题。在具体运用历史唯物主义方法时,应注重四种原理的运用:第一,采用唯物、客观的历史分析方法与路径。必须坚持实事求是的根本方法,即一切从实际出发,理论联系实际,坚持实践是检验真理的唯一标准。实事求是是我党的思想路线,更是我们进行科学研究的基本方法。对中国式现代化道路的解读要建立在国情、世情、党情分析的基础上,建立在世界历史发展规律、国际共产主义运动发展规律、中国近现代历史规律、改革开放发展规律分析的基础之上。应以规律作为中国式现代化研究的逻辑前提、基础和坐标。第二,运用历史辩证法。中国式现代化研究要按照习近平总书记的指示,做到"立足中国、借鉴国外、挖掘历史、把握当代、关怀人类、面向未来",着眼于四大关系的思考:世界历史进程与中国历史进程对立统一关系;中国式现代化在改革开放所关涉的传统与现代辩证统一关系;中国式现代化的实践推进就是如何处理社会主义政治制度与社会主义市场经济体制的辩证统一关系;如何正确处理人民群众对美好生活的追求与原有体制、机制之间的矛盾关系。要把中国式现代化道路理解为"开放的""实践的""不断改革而臻于完善的过程"。第三,运用人民群众是历史创造者的基本原理。中国式现代化应凸显以人民为中心的社会主义制度优势,突出发展为了人民、发展依靠人民、发展成果由人民共享的使命担当,在定位面向21世纪的中国式现代化道路时,人民群众的主体定位是其核心要义。第四,生产力是推动历史发展的根本动力,要始终坚持社会主义初级阶段这一基本国情,牢牢抓住经济发展这一中心任务,推动高质量发展。在数字化时代,应加强发展新质生产力,同时注重社会的全面、协调、可持续发展。

其次,运用经济哲学的分析方法。经济哲学是经济学和哲学相互融合和范式变革的产物。它是对经济生活进行哲学反思的一门学科,旨在通过经济学和哲学的联盟,发挥两门学科的优势,对人类社会面临的重大问题进行整体性的综合研究。马克思主义就是哲学与经济学相结合的成功典范,经济哲学是社会主义市场经济体制深度推进的实践。改革开放鲜活的实践,不断向学术界提出"中国之问",并推动学术研究不断走向繁荣、创新。随着改革开放的推进,越来越多的深层次矛盾逐渐显露。今天,我们更需要全面、辩证地审视中国社会经济面临的各种问题。社会主义市场经济的推进需要哲学的理性关照,中国式现代化道路需要哲学的理性呵护。要寻求解决"中国之问"的"大智慧",客观上需要经济学和哲学之间的"联姻",携手开展马克思主义经济哲学的研究。众所周知,经济过程历来是经济因素同其他各种社会因素(制度的、文化的、经济的、社会心理等)综合作用的结果。经济发展的实践,如果缺乏哲学的指导,缺乏理性的设计和整合,市场失灵和政府失灵就不可避免。西纳索提出:"对于经济学研究所提出的各种观念和理论进行分析,是哲学家解释性工作的,尤其是哲学工作的一个不可分割的组成部分。哲学活动的意图和哲学探讨的目标,与其说是强化某种真理性的公式,不如说是澄清研究的意义和方向。"[①]我们要重点把握中国式现代化中的市场经济体系、制度等的经济哲学分析的方法与路径,尤其是坚持以习近平新时代中国特色社会主义思想为指导,既要把握社会主义市场经济制度的特点,更要揭示其先进性、包容性及协同性。应运用马克思主义立场、观点、方法,注重政府与市场、政府与社会的关系以及全过程人民民主、公平与正义等重要制度范畴分析,并把它们放在马克思主义中国化时代化最新成果的逻辑框架中进行澄明与解读。

第三,运用比较分析法。"他山之石,可以攻玉",以史为鉴,可以知兴替。17世纪意大利思想家维科就提出,"让我们来思索一下我们在本书中自始至终都在许多方面对最初时期和最近时期之间(即对古代和近代各民族之间)所进行的一些比较,那么,完全展现在我们面前的就不只是罗马人或希腊人在法律和事迹方面在特定时期的特殊历史,而是(由于在杂多的发展形态中在可理解的实质上仍然现出一致性)由一种展现出一些永恒规律的理想性的历史,这些永恒规律是由一切民族在他们的兴起、发展、成熟、衰落和灭亡中的事迹所例证出来的"。[②] 马克思也认为:

---

① ［法］佩鲁.新发展观［M］.张宁,丰子义,译.北京:华夏出版社,1987:1.
② ［意］维科.新科学［M］.朱光潜,译.北京:人民文学出版社,1986:525.

"要了解一个限定的历史时期,必须跳出它的局限,把它与其他历史时期相比较。"①
现代化研究建立在对传统社会分析批判的基础上,只有通过科学比较,才能发现与
把握历史发展规律,才能突出主体性价值,即只有通过比较,才能发现现代化模式
的普遍性与特殊性,从而丰富现代化道路的多样性。研究中国式现代化,就是为了
打破对"西方式现代化"的"迷思",从而进一步厘清中国式现代化道路的发展路径
与方向,凸显中国式现代化的特质与魅力,更好地发挥自身优势,坚定"四个自信"。

　　第四,运用历史与逻辑相结合的方法。本书以模式为逻辑起点,从最基本的概
念出发展开研究。马克思主义认为,逻辑与辩证法是关于思维过程本身的规律学
说。逻辑的起点与对象历史上最初的东西相符合,那么,在科学上,最初的东西必
定会表明在历史上也是最初的东西。逻辑的发展需要历史的例证,我们应把人类
社会所经历的各种发展模式置于历史哲学的视野中,马克思主义把它概括为"逻辑
与历史的统一"。"历史从哪里开始,思想进程也应当从哪里开始,而思想进程的进
一步发展不过是历史过程在抽象的、理论上前后一贯的形式上的反映;这种反映是
经过修正的,然而是按照现实的历史过程本身的规律修正的,这时,每一个要素可
以在它完全成熟而具有典型性的发展点上加以考察。"②只有坚持历史与逻辑相结
合的方法,才能更好地总结过去,面向未来。首先要坚持系统的观点,谋划全局。
中国式现代化是"并联式"的现代化,要加强其整体性研究。其次,坚持战略思维,
加强"顶层设计"。再次,既要有"大历史观",把中国式现代化研究置于中华现代文
明建设、中国特色社会主义理论与实践的大视野中,也要与时俱进,自觉加入世界
历史发展进程。就像习近平同志所说:"只有立足波澜壮阔的中华五千多年文明
史,才能真正理解中国道路的历史必然、文化内涵与独特优势。"③

　　2.内容框架

　　本书由七章和结语组成。

　　第一章为导论,主要介绍中国式现代化道路的时代背景及重要意义。党的十
八大以来,在以习近平同志为核心的党中央领导下,中国特色社会主义进入新时
代,2021年中国共产党成立一百年,关于中国式现代化的大讨论就此展开。本章通
过对国内外有关研究讨论的概括,重点提出中国式现代化如何破解"现代化=西方

　　①　[德]马克思,[德]恩格斯.马克思恩格斯全集:第44卷[M].北京:人民出版社,1982:287.
　　②　[德]马克思,[德]恩格斯.马克思恩格斯文集:第2卷[M].北京:人民出版社,2009:603.
　　③　习近平.在文化传承发展座谈会上的讲话[M].北京:人民出版社,2023:5.

化"的迷思,创造人类文明的新形态。

　　第二章首先以"现代化"为逻辑起点,通过"模式"的辨析,比较已有四种现代化模式,即西方模式、苏联模式、拉美模式、东亚模式。它们具体表现为:(1)单纯追求经济增长率,背离以人为本的宗旨;(2)基本上是粗放型增长模式;(3)基本属于"有增长无发展"的模式。其共同特征为:要么是建筑在以理性主义为基础的社会进化论上的,即信奉"物竞天择,适者生存"的天条,以资本剥削为模式;要么是建筑在教条式"社会主义"上的。其实质都是历史的"异化",追求物的增长以取代人的发展,背离了现代化的初衷,结果导致一小部分人"发达",大部分人落难落伍,造成新一轮的贫困。中国式现代化既不是其他社会主义国家实践的再版,也不是国外现代化发展的翻版,其通过对各种现代化模式的去敝,在总结其经验教训的基础上,打破各种"迷思",彰显中国式现代化的主体性。

　　第三章主要论述中国式现代化道路的理论与历史逻辑。本章介绍了马克思主义现代化理论,并追溯历史,尤其是中国民主革命历史,论述了中国特色社会主义的理论形成与发展的历史过程,为中国式现代化的出场做准备。从"四个现代化"到"中国式现代化",从"站起来""富起来"到"强起来",中国特色社会主义理论逻辑首先从"什么是社会主义、怎样建设社会主义?"到"什么是马克思主义政党、怎样建设马克思主义政党?",到"什么是发展、怎样科学发展?"再到"坚持和发展什么样的中国特色社会主义、怎样坚持和发展中国特色社会主义",这既符合我国的国情,也完全符合马克思主义发展辩证法。接着,本章通过习近平新时代中国特色社会主义思想形成及其内涵、精神实质与根本要求,指出它站在人类文明的制高点上,第一次提出人与自然、人与社会、人与人之间矛盾的总体性解决方案。它不但回答了任何现代化道路所发出的终极追问,即发展为了谁,发展依靠谁,发展成果为谁所享用,而且提出了现代化道路的科学方法,习近平新时代中国特色社会主义思想使中国式现代化道路澄明,进一步展示了中国式现代化道路的新愿景。

　　第四章重点介绍习近平新时代中国特色社会主义思想指导下的中国式现代化道路的主体内容,包括五大特质(人口规模巨大、共同富裕、物质文明与精神文明相协调、人与自然和谐共生、和平发展)、"六大观"(中国式现代化的世界观、价值观、历史观、文明观、民主观、生态观)、核心主题(实现中华民族伟大复兴)等,展开中国特色社会主义道路及其各项基本制度的研究,加强对中国式现代化道路的全面理解与把握。面向 21 世纪的中国式现代化道路是多向度、并联式的,它以社会主义市场经济为基础,以社会主义民主政治为保证,以社会主义先进文化为支持,以社会主义和谐社会与美丽中国为愿景,真正构建人类历史上第一个全面发展的社会模式,为人的自由与全面发展创造必要条件。

第五章主要介绍中国式现代化道路的外部性,即开放性与国际性。面对"世界之变""时代之变",中国式现代化道路特别注重与世界的互联互动,在全球化的语境下,这既可处理好民族历史与世界历史的关系,也可处理好独立自主与对外开放的关系。在共同应对新冠疫情、逆全球化、生态危机和恐怖主义等挑战方面,中国政府做出了积极贡献。本章重点研究全球化背景下中国的发展与世界的互鉴与交流,以"一带一路"为轴心,指出中国式现代化秉承和谐包容、互利共赢的理念,坚持走和平发展的道路,创造人类文明新形态,对所谓的"中国威胁论"进行了驳斥。

第六章重点介绍中国式现代化道路面临的问题与挑战,主要包括来自公平(表现为居民收入分配的差距、城乡收入差距、东中西部的区域差别)、资源与环境、执政党与政府等方面(领导、执政水平有待提高,反腐倡廉任重道远,政府职能的转变等),即中国式现代化道路主要是为了解决人民对美好生活的需要与发展不平衡不充分之间的矛盾。这些挑战不应该成为怀疑甚至否定中国式现代化道路的理由,反而激励我们更好地以习近平新时代中国特色社会主义思想为指导,进一步加快全面深化改革,发展新质生产力,推进高质量发展。

第七章着重介绍新发展理念指导下的高质量发展。党的十八大以来,以习近平同志为核心的党中央着眼于新的发展实践,聚焦"时代之问""中国之问""世界之问""人民之问",谋划全局,志在长远,在发展目标、发展动力、发展布局、发展保障等方面形成了一系列新理念、新思想、新战略。新发展理念也是中国式现代化的最新成果,标志着中国式现代化更加趋于成熟。

最后为结语部分。马克思主义辩证法是关于自然、人类社会和思维的运动和发展的普遍规律的科学,它是我们研究中国式现代化道路的科学方法与指导思想。在辩证法的视域下,模式具有非普适性,任何模式都是具体国情、文化、历史的产物,根本不存在放之四海而皆准的所谓普适性的模式;模式具有一定的可通约性,作为人类社会的发展模式,既有共性,也有个性,但任何走向现代化的发展模式都离不开工业化、市场化、现代化的发展道路,在这些方面,所有的模式可以取长补短、相互借鉴。模式具有其内在否定性,这并不意味模式的毁灭,而是通过扬弃而不断转换自身的存在。模式的变迁是否定之否定的过程,任何模式都要经历"肯定、否定、否定之否定"的曲折道路,从而实现自我发展和完善,否则就会被淘汰。正如列宁所说:"发展似乎是在重复以往的阶段,但它是以另一种方式重复,是在更高的基础上重复（'否定的否定'），发展是按所谓螺旋式，而不是按直线式进行的；发展是飞跃式的、剧变式的、革命的。"①研究中国式现代化道路是为了探索人类社会的发展规律。中国共产党历来重视共产党的执政规律、社会主义建设规律、人类社会发展规律的探索。我们相信：在马克思主义的指导下，我们一定能在中国特色社会主义建设上实现从必然王国到自由王国的飞跃。

---

① ［苏］列宁.列宁专题文集：论辩证唯物主义和历史唯物主义［M］.北京：人民出版社，2009：341.

目　录

第一章

导　论

第一节　21世纪:中国式现代化研究的出场

马克思主义认为,"历史进程是受内在的一般规律支配的"。马克思在《1857年经济学手稿》中提出:"一个工业民族,当它一般地达到它的历史高峰的时候,也就达到它的生产高峰。"[①]这里明确指出,一个工业民族或国家的登顶必须以经济发展(特别是高度工业化)为前提。从1978年到2023年,中国的GDP增长超过341倍(从3 678.7亿元到1 260 582.1亿元),人均GDP增长超过231倍(从385元到89 358元),经济总量超过日本,成为世界第二大经济体。根据世界银行的统计,20世纪50年代以来,在长达25年的时间内,全球只有11个国家和地区GDP年平均增幅达到7％以上。中国经济自改革开放以来,连续30年高速增长,被誉为"中国奇迹"。[②]1997年世界银行发表的报告《2020年的中国:新世纪发展的挑战》提出:"当前的中国正经历两个转变,即从指令性经济向市场经济的转变和从农村、农业社会向城市、工业社会的转变。迄今为止这两个转变取得了令人瞩目的成功,中国成为世界上经济增长最快的国家。自1978年以来,人均收入增长了4倍多。中国只用了一代人的时间,取得了其他国家用了几个世纪才能取得的成就。在一个人

---

① 〔德〕马克思,〔德〕恩格斯.马克思恩格斯文集:第8卷[M].北京:人民出版社,2009:10.
② 中国经济景气监测中心.数读中国30年[M].北京:社会科学文献出版社,2008:1.

口超过非洲和拉丁美洲人口总和的国家,这是我们这个时代最令人瞩目的发展。"①
随着中国改革开放成就的显现,国际社会关于"中国模式"的讨论也风生水起。这本来
应该是中国模式出场的最佳时刻,但它本身还在发展完善过程中,并且自身也面临诸
多问题和挑战。例如,尽管我国现已成为世界上第二大经济体,但人均 GDP 还属于中
等收入国家(世界银行 2008 年把人均 GDP 处于 3 856~11 905 美元的国家列为中等
偏上收入国家)范畴,且面临"中等收入陷阱"等多重考验。所以,这种模式最终是否成
功,还有待历史的检验。但是,它的成就已举世瞩目。美国学者福山曾宣称西方民主
模式是"历史的终结",他在 2009 年 9 月接受媒体专访时提出,客观事实证明,西方自
由民主可能并非人类历史进步的终点。随着中国的崛起,所谓"历史终结论"有待进一
步推敲和完善。2007 年他在《出乎意料》一书中指出,人们将许多不平等现象归咎于
美国式的资本主义,全世界对这些不平等现象的不满,可能会将人们的注意力更多地
转向像中国这样的社会主义模式,从而结束美国的霸权地位。福山的观点既反映了
他对中国崛起的被动接受,不愿改变其以往的判断,也反映了中国崛起后导致的世界
多极化格局的新变化。所以,中国式现代化是在一片怀疑、好奇、否定声中出场的,不
管世界是否承认它的存在,它依然改变了世界力量对比,而且也带来了意识形态的巨
大冲击,真所谓,"其作始也简,其将毕也必巨"。

　　在人类迈入 21 世纪后,中国式现代化道路的出场深层次的原因包括:(1)中国
特色社会主义理论与实践取得重大成就,尤其是习近平新时代中国特色社会主义
思想提出后更是如此。(2)国际金融危机对新自由主义经济模式及"华盛顿共识"
再次予以证伪,"东升西降"的局面出现,全世界开始关注中国的发展。(3)面对世
界百年未有之大变局,新一轮全球化充满着不确定性与各种风险,中国将扮演怎样
的角色,将提出怎样的方案,将产生怎样的国际影响? 这些都取决于中国式现代化
道路的探索与实践。

第二节　从"北京共识"到"后中国特色现代化"

　　2004 年美国高盛资产管理公司高级顾问雷默发表《北京共识》,他最初研究拉
美经济增长模式,也就是所谓的"华盛顿共识"的作用及影响。通过比较"华盛顿共

---

　　①　世界银行.2020 年的中国:新世纪发展的挑战[M].北京:中国财政经济出版社,1997:1.

识",他指出,"北京共识"具有艰苦努力、主动创新和大胆实验(如设立经济特区)、坚决捍卫国家主权和利益(如处理中国台湾问题)以及循序渐进(如"摸着石头过河")、积聚能量和具有不对称力量的工具(如积累万亿美元外汇储备)等特点。它不仅关注经济发展,还注重社会变化、政治、生活质量和全球力量平衡等诸多方面,体现了一种寻求公正与高质量增长的发展思路。

雷默注意到,上自中国最高层领导人,下至普通政府官员,其口头的高频词已不再是国内生产总值(GDP)的增长,而是换成了"协调发展""绿色发展""和谐发展"等新名词。在注重 GDP 增长的同时,中国还注重环境保护、消除腐败现象,注重把经济增长模式转换成某种更可持续、更公正、更公平的方式。他还引用"不管白猫黑猫,抓住老鼠就是好猫"的观点:中国政府的最新理念是猫的颜色更重要,从原来的"招财猫",到今天中国需要的是一只"绿猫",即注重环境保护,提倡科学发展观,实现全面、协调、可持续的发展。① 尽管这些表述很感性,但依然展现了当代中国求真务实之风。

虽然西方学者看中国往往偏重于感性认识,但雷默在北京生活了五年,对我国有一定的了解,其许多观点还是比较客观的。近年来,他表示:"北京共识"不是抛弃"中国模式",以全世界共同认同的观念取代它,而是如何使"中国模式"更好地容纳它们。2010 年雷默据此又提出"后中国特色"现代化的新概念,他认为,"所谓'后中国特色',是指中国将不再把国外的东西拿来,然后增加一些'中国特色',中国创造出来的将是完全崭新、自主的创新",即中国需要真正源自本土并适应本土的观念,因此解放思想非常重要,这样才能让中国人探索和发现自己的模式。② 这说明雷默对中国的认识也在逐步深入。略显遗憾的是,他的新作《不可思议的年代》对后中国特色现代化分析浅尝辄止。

《北京共识》的主要内容如下。

一、中国是和平崛起

雷默在《北京共识》中,大量介绍中国的外交、国防政策,主要用意是打消国际社会对中国崛起的担忧,"人们往往会考虑中国在 20 年后可能会变成什么样。它

---

① ［美］乔舒亚・库珀・雷默. 中国形象:外国学者眼里的中国［M］. 沈晓雷,等译. 北京:社会科学文献出版社,2008:59.

② ［美］乔舒亚・库珀・雷默. 不可思议的年代［M］. 何帆,译. 长沙:湖南科学技术出版社,2010:3.

会成为充满民族主义仇恨的国家吗？或者成为一个富裕、超大型的新加坡，一个只是在会议室表现得好战的国家。大多数中国以外的政策规划者的共同看法是，20年后中国将成为一个'旗鼓相当'的强国，在经济实力以及可能在军事实力上直逼美国。因此，这种理论认为，今后20年必须做出努力，要么跟中国密切接触以影响它的崛起方向，要么努力遏制中国使它不能获得超过目前全球处于领先地位的国家的实力。但事实是，谁也不知道中国在20年后可能会变成什么样。这种想法多少有些帮助，但却不能成为理论的根据。它完全忽略了最重要的事实：中国的崛起已经通过引进发展和实力的新概念而改变国际秩序。使决策者认为中国在20年后会成为一个问题的因素，其实并非中国日益增强的实力的基本组成部分。根据它拥有多少艘航空母舰或人均国内生产总值等陈旧的规则来评估中国的实力，会导致极大的错误估计。中国正在成为世界历史上最大的不对称超级大国，一个有史以来最少依赖显示实力的传统手段的国家，它以惊人的榜样力量和令人望而生畏的大国影响作为显示实力的主要手段。中国目前正在发生的情况，不只是中国的模式，而且已经开始在经济、社会以及政治方面改变整个国际发展格局"。① 这段话传递出一个重要信息：听其言，观其行。评估一个大国的综合国力，不能光看它的硬实力，更要看它的软实力。

雷默既陈述了中国和平崛起的事实，也指出了对维护国际和平发展的新贡献。"中国名副其实的崛起正在重新构建国际秩序。中国官员对这个国家和平崛起的兴趣源于他们的这种担心，即中国现在向世界大国加速迈进的势头可能对世界造成太大震荡，从而损害中国成长及保持稳定的国内和国外均衡的能力。"②众所周知，"强国必霸"、冷战思维的逻辑主导着西方社会的意识形态，而雷默则以大量客观事实证明了中国走和平发展道路的决心。

二、批判"华盛顿共识"

对近年来风靡全球的所谓"华盛顿共识"，雷默说："我把这种新的动力和发展物理学称为'北京共识'。它取代了广受怀疑的'华盛顿共识'。'华盛顿共识'是一

---

① ［美］乔舒亚·库珀·雷默. 中国形象：外国学者眼里的中国［M］. 沈晓雷，等译. 北京：社会科学文献出版社，2008：46—47.

② ［美］乔舒亚·库珀·雷默. 中国形象：外国学者眼里的中国［M］. 沈晓雷，等译. 北京：社会科学文献出版社，2008：53.

种经济理论,它认为华盛顿最清楚如何告诉别国管理自己,这种理论曾在 20 世纪 90 年代风靡一时。'华盛顿共识'是一种傲慢的历史终结的标志。它使全球各地的经济受到一系列的破坏,使人们产生反感。"①"实际上,它是银行家所梦想的发展条件。它与提高人们的生活水平并无直接关联。到了最后,这一模式未能通过大多数国家的适应性的基本测试。"②在这里,雷默用"广受怀疑""傲慢""反感"等形容"华盛顿共识",直指其错误。的确,当资本主义早期"马尔萨斯之问"出现时,古典经济学的答案是靠分工与技术进步来对冲收益递减规律;当 1929—1933 年"大危机"时,西方以国家干预的凯恩斯主义来应付;当战后一系列国家爆发经济危机时,华盛顿又开出"新自由主义"药方,在各种乱象面前完全处于疲于奔命、被动挨打的境地。

实际上,有的西方学者有意无意地把中国的成功与"华盛顿共识"联系起来,如瑞士银行研究部主管乔纳森·安德森就认为:"中国式市场改革的最成功范例,这是'华盛顿共识'的成功。"③大卫·哈维也提出所谓的"有中国特色的"新自由主义的观点,如果不对其加以澄清,则会带来很多混乱与负面影响。"北京共识"与"华盛顿共识"的根本区别在于,实现经济增长的同时是否需要政府宏观调控、是否需要保持独立自主。"华盛顿共识"建筑在以资本为轴心的西方现代性基础上,纵观资本主义发展史,特别是在资本原始积累阶段,西方国家纷纷抢夺对某·国家、地区乃至整个世界的控制权。其最初采取强硬手段,即直接使用武力推行殖民主义,侵占别国的领土和资源。所以,马克思批判说:"资本来到人世,从头到脚每个毛孔都滴着血和肮脏的东西。"④第二次世界大战后,西方资本主义无法再以武力扩张,只好在全球化的幌子下,以资本投资、经济援助等手段,引诱发展中国家按照西方模式规则行事,再以信息化的金融战、货币战搞垮发展中国家的经济,然后通过新一轮附加更为苛刻条件的经济援助来控制其国家命脉,使其成为自己新的经济殖民地。20 世纪末发生的"亚洲金融危机"就是一个典型案例。而发展中国家能否保持独立自主,直接影响自身的生存与发展后劲。20 世纪 70 年代以来,发展中国家加强了"南南合作",由于其能够用同一种声音说话,故发达资本主义国家才不得不

---

①　[美]乔舒亚·库珀·雷默. 中国形象:外国学者眼里的中国[M]. 沈晓雷,等译. 北京:社会科学文献出版社,2008:47.

②　[美]乔舒亚·库珀·雷默. 中国形象:外国学者眼里的中国[M]. 沈晓雷,等译. 北京:社会科学文献出版社,2008:63.

③　何迪,等. 反思"中国模式"[M]. 北京:社会科学文献出版社,2012:132.

④　[德]马克思. 资本论[M]. 北京:中国社会科学出版社,1983:823.

在消除南北差距方面做出一些让步,如减免一些发展中国家的债务等。绝大多数发展中国家在民族复兴之路上苦苦探索。中国的发展经验证明:独立自主,依照国情制定相应的政策,而不是盲从于西方的某种"经典"理论,才能找到适合自己的发展道路。所以,中国式现代化道路既不等同于"北京共识",更不可能是"华盛顿共识"的翻版。2023年3月习近平总书记提出:"我们要秉持独立自主原则,探索现代化道路的多样性。现代化不是少数国家的'专利品',也不是非此即彼的'单选题',不能搞简单的千篇一律、'复制粘贴'。一个国家走向现代化,既要遵循现代化一般规律,更要立足本国国情,具有本国特色。什么样的现代化最适合自己,本国人民最有发言权。发展中国家有权利也有能力基于自身国情自主探索各具特色的现代化之路。要坚持把国家和民族发展放在自己力量的基点上,把国家发展进步的命运牢牢掌握在自己手中,尊重和支持各国人民对发展道路的自主选择,共同绘就百花齐放的人类社会现代化新图景。"①的确,正如斯宾诺莎所说的"规定就是否定",任何界定从哲学上来说都是不周延的,"北京共识"的定义也难免会有顾此失彼之嫌。在现代化道路问题上,我们要坚持"百花齐放",坚持共同性与多样性的统一。

三、中国崛起的国际影响与意义

雷默认为:"中国的发展正在使它发生变化,这一点是非常重要的。但是,更加重要的是,中国的新思想在国外产生了重大影响。中国正在指引世界其他一些国家在有一个强大重心的世界上保护自己的生活方式和政治选择。这些国家不仅在设法弄清如何发展自己的国家,而且还想知道如何与国际秩序接轨,同时使它们能够真正实现独立。""当然,中国的发展和富强道路不能由任何其他国家照搬。它仍然充满矛盾、紧张和陷阱。然而,中国崛起的许多因素引起了发展中世界的兴趣。"②最后,他在文章的结语处写道:"'北京共识'给世界带来了希望。在'华盛顿共识'消失后,在世界贸易组织谈判破裂后,在阿根廷经济一落千丈后,世界上大多数国家都不敢确定新的发展范例应该是什么样子。许多国家想求得发展与安全,但几百年来不断看到过于依赖发达国家提供援助的发展模式以失败告终,对于这些国家来说,中国所发生的一切,包括创新、不对称性、对平等的关注、对有关公民

---

　　① 习近平.携手同行现代化之路［N］.人民日报,2023-3-16:1.
　　② ［美］乔舒亚·库珀·雷默.中国形象:外国学者眼里的中国［M］.沈晓雷,等译.北京:社会科学文献出版社,2008:47.

权利与义务的新思想的探索等,都有着极大的吸引力。"①德里克也认为:"由于持续一个世纪的社会主义自主道路,再加上近期经济成功的支撑,中国完全有资格承担促成一个别样全球秩序的领导重任。……'北京共识'的吸引力无疑也得益于美国声望在全球的衰落,美国霸权在全球管理中的滥用,这激发了人们探索与美国代言的全球发展模式不一样方案的兴趣。"②我们认为,现代化道路是普遍性与特殊性结合的产物,它只能被其他国家参考借鉴,绝不能被简单复制!

雷默的"北京共识"的成功并不在于总结了多少中国改革开放的经验,而是因别出心裁的立论、行文以及其特殊的身份而吸引了全世界的目光。由于现代性的发育开始于西方,久而久之,西方模式成为柏拉图式的"理念",成为"一",而其他发展模式则成为"他者"。雷默的"北京共识"打破了这种西方中心论的话语体系。随着中国经济的腾飞,特别是美国金融危机与欧洲债务危机爆发,人们开始关注中国的发展,总结中国成功的经验,由此掀起了全球性的"中国热"。约瑟夫·奈就认为:"相对于曾经盛行并占主导地位的推广民主政府和市场经济的'华盛顿共识',如今,在亚洲、非洲以及拉丁美洲的部分地区,推广市场主导加上宏观调控的'北京共识'更受欢迎。"③阿尔温·托夫勒在《第三次浪潮》中提出:"未来的发展战略,将不会来自华盛顿、莫斯科、巴黎和日内瓦,而是来自非洲、亚洲和拉丁美洲。这些发展战略产生于本国,适应着本地的实际需要。它们将不会过分强调经济而忽略生态、文化、宗教,或者漠视家庭结构和心理的存在空间。它们不会去模仿任何外界的模式——第一次浪潮、第二次浪潮以至第三次浪潮模式。"④"东升西降"的趋势成就了"北京共识"与欠发达国家的存在感,所以邹东涛认为:"在中国人自己没有提出'北京共识'的概念时,雷默首创'北京共识',质疑'华盛顿共识'在世界上的霸权地位,同时大大提升了世界对'中国道路'和'中国模式'的关注度和影响力。对此,中国人应当感谢这位美国朋友。"⑤

①　[美]乔舒亚·库珀·雷默. 中国形象:外国学者眼里的中国[M]. 沈晓雷,等译. 北京:社会科学文献出版社,2008:84-85.

②　[美]阿里夫·德里克. 全球现代性:全球资本主义时代的现代性[M]. 胡大平,等译. 江苏:南京大学出版社 2012:126.

③　张冠梓. 哈佛看中国[M]. 北京:人民出版社,2010:230.

④　[美]阿尔温·托夫勒. 第三次浪潮[M]. 朱志焱,等译. 上海:三联书店,1983:412.

⑤　邹东涛. 中国道路与中国模式(1949—2009)[M]. 北京:社会科学文献出版社,2009:6-7.

第三节　"现代化＝西方化"的迷思

由于西方最早开始现代化进程,久而久之,就形成了唯我独尊的"西方模式"。"现代化＝西方化"的迷思也随之产生,它以黑格尔提出的"主体性哲学"为基础。其不但多次被证伪,而且阻碍了全球文明多样性的发展,必须予以分析批判。

一、"西方中心论"的起源

早在古希腊时代,许多学者就开始宣扬"希腊文明是自由的文明"思想,而柏拉图的"理念论"为后来的西方中心论奠定了哲学基础。到了近代,"西方中心论"更是成为西方现代性核心话语。"西方中心论"有两个哲学来源:一是斯宾诺莎哲学,它甚至比"近代哲学之父"笛卡尔更为极端。按照罗素的看法:笛卡尔尚且认为存在三种实体,即上帝、精神与物质,而斯宾诺莎只承认上帝,并提出"一切规定都是一种否定""完全肯定性的'存在者'(神)只能有一个,它必定是绝对无限"。[①] 对此,黑格尔较为推崇,他认为"要开始研究哲学,就必须首先作一个斯宾诺莎主义者。……斯宾诺莎思想的伟大之处,在于能够舍弃一切确定的、特殊的东西,仅仅以唯一的实体为归依,仅仅崇尚唯一的实体;这是一种宏大的思想"。[②] 紧接着,黑格尔提出了"绝对精神"的理念,进一步充实了"西方中心论"。

"西方中心论"主要包括个体"自由思想"、市场经济、市民社会以及工业革命、新教伦理等。"西方中心论"的实质是把一种固定的永恒不变的理念强加给一些可塑的质料因上。首先,欧洲是所谓个人"自由思想"的发源地,它直接来自笛卡尔的"我思故我在"主体性哲学,"他思"是不值一提的,唯我独尊才是一切。紧接着黑格尔就提出了"东方没有哲学""没有历史"的观点。他认为,"在东方的黎明里,个体性消失了",东方只是"一个人自由(专制君主)"。"东方的思想必须排除在哲学史之外,真正的哲学是自西方开始的。唯有在西方这种自我意识的自由才首先得到发展。"[③]尽管他也承认"易经包含着中国人的智慧""伏羲哲学……也是用数来表达

---

① ［英］罗素.西方哲学史(下)[M].何兆武,李约瑟,译.北京:商务印书馆,1976:102.
② ［德］黑格尔.哲学史讲演录:第4卷[M].贺麟,等译.北京:商务印书馆,1978:101,103.
③ ［德］黑格尔.哲学史讲演录:第1卷[M].贺麟,等译.北京:商务印书馆,1959:106.

思想。但中国人对于他们的符号还是加了解释的，因此也还是把它们的象征的意义说明白了的。普遍、单纯的抽象概念是浮现于一切多少有一些文化的民族里的"。① 但他对《易经》中的数字与符号评价不高，"那些图形的意义是极抽象的范畴，是最纯粹的理智规定。[中国人不仅停留在感性的或象征的阶段]我们必须注意——他们也表达了对于纯粹思想的意识，但并不深入，只停留在最浅薄的思想里面"。② "感性""浅薄""单纯"成了黑格尔定义东方思想的关键词，用马克思的说法，"他们根本不承认其他民族的业绩是历史性的"。③

黑格尔在《历史哲学》中提出：世界精神起步于东方的亚洲，这是世界精神的童年时期，然后向西经过小亚细亚到达希腊，世界精神进入青年时期；再向西到罗马迈入成年时期，最后到达日耳曼民族所在的普鲁士，迈向充满活力、实现了"客观真理与自由"统一的成熟期——老年期。虽然黑格尔在这里提出了其"世界历史"的思想，但他还是最终陷入了"欧洲中心论"或"德意志中心论"的怪圈。休谟更为极端，甚至偏向于种族主义，他认为："在白人之外，从来就不曾有过任何一个其他肤色的文明民族，甚至也不曾有过任何单个的人在行动或推理方面表现突出。他们没有独创的制造品，也没有艺术，没有科学……"④；但在萨义德看来，"东方不仅与欧洲相毗邻，它也是欧洲最强大、最富裕、最古老的殖民地，是欧洲文明和语言之都，是欧洲文化的竞争者，是欧洲最深奥、最常出现的他者（the Other）形象之一。此外，东方也有助于欧洲（或西方）将自己界定为与东方相对照的形象、观念、人性和经验"。⑤ 这些完全不同的话语值得我们思考。

费边在其著作《时间与他者》中提出，对他者的"同在"的否定构成了欧洲中心主义现代性目的论的基础。⑥ 哈贝马斯比较全面地批判了"西方中心论"："某些自诩为西方文化维护者的理论家当仁不让地成了西方文化优越论的鼓吹者。这种文化观长久以来掩盖了资本主义文化野蛮的另一面，因为它在所谓普遍性要求之下无视这一文化形态的片面性西方本源，将其看作比其他文化类型更优秀并必须成为'世界文明'的文化模式。"在这种文化中心论的支配下，西方列强不断通过干涉、

---

① ［德］黑格尔. 哲学史讲演录：第 1 卷［M］. 贺麟，等译. 北京：商务印书馆 1978：95.
② ［德］黑格尔. 哲学史讲演录：第 1 卷［M］. 贺麟，等译. 北京：商务印书馆，1978：131.
③ ［德］马克思，［德］恩格斯. 马克思恩格斯文集：第 1 卷［M］. 北京：人民出版社，2009：548.
④ 汪民安，等. 现代性基本读本（下）［M］. 郑州：河南人民出版社，2005：725.
⑤ ［美］萨义德. 东方学［M］. 王宇根，译. 上海：三联书店，1999：2.
⑥ ［美］阿里夫·德里克. 全球现代性：全球资本主义时代的现代性［M］. 胡大平，等译. 南京：南京大学出版社，2012：80.

入侵、征服来贯彻资本主义模式。"基督教会自认为它所充当的是一种实现资本主义文明的'世界使命'的催化剂,因此沿着欧洲殖民主义的足迹派出它的传教士,参与了这种殖民化进程……这种凝固、僵化的理性主义文化早已演变为一种无声的暴力,它竭力想同化陌生的文化,强迫它们忘记自身传统,接受西方的信仰、世界设计和生活方式……资本主义文明完全背离了自己的理想,背弃了它所宣扬的民主、平等和自由,对异民族的痛苦呼喊和正义要求充耳不闻。"①马丁·雅克则关注第二次世界大战后摆脱殖民统治宣布独立的发展中国家,认为它们"在西方现代化的迷思下,新独立国家的传统、习俗、宗教、思想、语言、自然疆界以及其他许多东西都丧失了,它们或被埋葬,或被限制在地下,或者直接被摧毁。它们的连续性和历史遭到了破坏,在某些情况下甚至是无法弥补的破坏"。② 从历史与现实两方面来看,一个发展中国家只有真正实现站起来、富起来、强起来,才能摆脱历史的枷锁,走向辉煌。

除了"文明优越论"之外,"西方中心论"还包括市场经济、市民社会等重要范畴,建构了空前广泛的总体性"优越论"。

"市场经济"迷思来源广泛,卡尔·波兰尼认为只有欧洲才存在真正意义上的市场经济,"在19世纪欧洲发生他所谓的'大转变'之前,世界上任何地区都没有市场关系,更谈不上什么远距离的贸易和生存分工了"。③ 需要强调的是,波兰尼这里纯粹是"知识考古学",他同时认为自发调节的市场从来没有真正存在过,"自由放任本身也是国家强制推行的",并且他自己声称"我的著作是为亚洲,为非洲,为新生民族写的"。而亚当·斯密等自由主义经济学家极力宣扬"市场万能",从而形成所谓的"市场原教旨主义"。20世纪五六十年代,东欧率先提出"市场社会主义",邓小平1987年提出"计划与市场都是发展生产力的方法",其在"南方谈话"中提出:"计划多一点还是市场多一点,不是社会主义与资本主义的本质区别。计划经济不等于社会主义,资本主义也有计划;市场经济不等于资本主义,社会主义也有市场,计划与市场都是经济手段。"④这实际上否定了西方市场中心论。

"市民社会"理论产自黑格尔的《法哲学原理》一书,市民社会⑤把利己主义、殖

① [德]米夏埃尔·哈勒.作为未来的过去——与著名哲学家哈贝马斯对话[M].章国锋,译.杭州:浙江人民出版社,2001:204－206.

② [英]马丁·雅克.文明多样性应得到保护和弘扬[N].光明日报,2024－8－21:12.

③ [德]贡德·弗兰克.白银资本[M].刘北成,译.北京:中国科学技术出版社,2022:23.

④ 邓小平.邓小平文选:第3卷[M].北京:人民出版社,1993:373.

⑤ [德]马克思,[德]恩格斯.马克思恩格斯文集:第1卷[M].北京:人民出版社,2009:540.

民主义、司法、警察和同业公会整合在一起。在黑格尔看来,"市民社会是在现代世界中形成的",它是二律背反的,"既产生了奢侈,依赖性和贫困也无限增长。一方面穷奢极侈,另一方面,贫病交迫,道德败坏"。所以,作为辩证法大师的黑格尔并不像斯密等古典经济学家只盯着"财富",他也承认"怎样解决贫困,是推动现代社会并使它感到苦恼的一个重要问题"。① 这些看似比霍布斯的"一切人反对一切人的战争"温和,但还是掩盖不了对立、冲突的阴影。市民社会被视为社会变迁最重要的动力之一,但并不是普世的。艾森斯塔德就认为:"在儒教传统中,不存在任何市民、法律规则、市民社会的概念,以及市民社会的各阶层自主进入政治中心的权力的概念。"②

韦伯更是"西方中心论"集大成者,他从多维度提供了西方中心论的"在场性":(1)只有西方懂得什么是现代意义国家;(2)只有西方才懂得什么是法学家所制定并予以合理解释和适用的合理法律;(3)只有西方才有公民权利义务的观念,因为也只有西方才有那种特殊意义的城市;(4)西方文明更因为有具备这样一种指导生活的道德标准的人,而与其他文明有所不同。③ 更为极端的是,有的学者陷入"种族主义",如孔德认为,"我们的历史研究几乎只应该以人类的精华或先锋队(包括白色种族的大部分,即欧洲诸民族)为对象,而为了研究得更精确,特别是近代部分,甚至只应该以西欧各国人民为限"。历史学家兰克认为,"有些民族完全没有能力谈文化""人类的思想仅仅历史地体现于伟大的民族中"。兰克更直言:"印度和中国根本就没有历史,只有自然史;所以世界历史就是西方的历史。"在这些学者眼里,仿佛"地中海史""欧洲史"俨然就是世界历史。

也有学者认为:马克思也受到"西方中心论"影响。其实,早在1845年《神圣家族》中,马克思、恩格斯就指出:"直到现在每个民族同另一个民族相比都具有某种优点。但是,如果批判的预言是正确的,那么任何一个民族同另一个民族相比都将不会具有某种长处,因为所有的欧洲文明民族——英国人、德国人、法国人——现在都在'批判自己和其他民族'并'能认识普遍衰败的原因'。……批判凭借无限的自我意识,使自己凌驾于各民族之上,期待着各民族跪在自己脚下乞求指点迷津,它正是通过这种漫画化的、基督教日耳曼的唯心主义,证明它依然深深陷在德国民

① [德]黑格尔.法哲学原理[M].范扬,等译.北京:商务印书馆,1961:208－209.
② [以]艾森斯塔德.反思现代性[M].旷新年,等译.上海:三联书店,2006:284.
③ [德]马克斯·韦伯.世界经济通史[M].姚曾廙,译.上海:上海译文出版社,1981:265－266.

族性的泥坑里。"①马克思还提出,"要把我关于西欧资本主义起源的历史概述彻底变成一般发展道路的历史哲学理论,一切民族,不管它们所处的历史环境如何,都注定要走这条道路",那就大错特错了。② 按照恩格斯的说法:西方中心论是"用观念的、幻想的联系来代替尚未知道的现实的联系,用想象来补充缺少的事实,用纯粹的臆想来填补现实的空白"③,其本质上是唯心史观的产物,马克思主义主张"不是从观念出发解释实践,而是从物质实践出发来解释各种观念形态"④,所以"西方中心论"充其量是一种"西方特殊论",它必定会走向尼采式的"虚无主义"。现代化本身就是一个去中心化的过程,关于这点西方后现代主义也看到了,他们反对"逻各斯中心主义""去中心化",肯定差异、非中心、多样性等正是基于此而提出的。

亨廷顿认为:"西方中心论"并不是来源于其自身的科学性与合理性,而是它通过资本原始积累控制了全球绝大部分资源(主要有国际金融系统、所有的硬通货、主要的消费品、海上航线、国际通信系统、先进的科学技术、高科技的武器装备等),形成了所谓的"世界体系"或"世界霸权":关于西方的第二幅图画却与这第一幅画面大不相同。那是一个衰落的文明,相对于其他文明而言,西方在世界政治、经济和军事领域的力量正在下降。西方在冷战中获胜带来的不是胜利,而是衰竭。西方越来越关注其内部问题和需求,因为它面临着经济增长缓慢、人口停滞、失业、巨大的政府债务、职业道德下降、储蓄率低等问题。此外,许多国家,包括美国,还面临着社会解体、吸毒、犯罪等问题。⑤

西方的霸权具有深远影响,而葛兰西提出的"霸权"理论认为:霸权是一个包括政治、经济、文化等方面的总体性概念,霸权的获得是以强大的政治力量为基础的,霸权的核心是意识形态的话语权,即文化霸权,这又类似于美国学者约瑟夫·奈的软实力概念,而软实力又来源于文化、政治价值观、对外政策。而资本主义制度的合法、合理性就是通过其意识形态领域内的霸权实现的。西方自从走出黑暗的中世纪后,经过文艺复兴,走上了资本原始积累的血腥道路,在这一过程中,西方文化也走向殖民的过程。英国记者保罗·哈里森认为:"伴随着政治上和经济上的帝国主义,又产生出一种更为阴险的控制形式——文化上的帝国主义。文化上的帝国

主义不仅征服了受害者的肉体,还征服了他们的心灵,使他们沦为唯命是从的帮凶。"①"几个世纪内,非西方民族曾一直羡慕西方社会的经济繁荣、先进技术、军事实力和政治凝聚力。他们在西方的价值观和体制中寻求成功的秘诀,如果发现自认为可能的答案,他们就尝试在自己的社会中加以运用。为了变得富有和强大,他们不得不效仿西方。"②"如前所述,西方的工业化经验已成为世界工业化的模式。要成为现代国家就等于成为西方式的工业化国家。在这个问题上,非西方国家并不总是有太多的选择。作为西方列强的正式殖民地或非正式雇员,他们往往先要在西方的指导下'发达'起来,然后才被允许掌握自己的政治命运。一旦上了路,便不能回头了。"③所以也有学者把一些后发现代化模式称为"诱致型"现代化。令人费解的是,西方资本主义原始积累很大部分是来源于对亚非拉的人力、自然资源的掠夺,马克思认为"暴力本身就是一种经济力","而对他们的这种剥夺的历史是用血与火的文字载入人类编年史的"。今天,他们的后代又要学习西方,虽然政治上获得了独立,但经济、文化等方面还是西方的附庸,这种历史的悖论未免有些残酷。④

　　艾森斯塔德认为:"从历史上看,现代化是一个朝欧美型的社会、经济和政治系统演变的过程。"⑤福山的"历史终结论"也是同样的逻辑。哈佛大学教授明斯特伯格甚至提出:"世界历史看来将是一个长期而令人愉快的、以美国观念的水准为标准对人类进行教育和提升的过程。"⑥主张"西方中心论"的黑格尔在《精神现象学》中提出:"这种先知式的言论,自认为居于正中心和最深处、蔑视规定和确切,故意回避概念和必然性,正如它回避那据说只居于有限世界之中的反思一样。"⑦艾森斯塔德也提出"多元现代性"观点:"多元现代性这一名词的最重要含义之一,是现代性不等于西化;现代性的西方模式不是唯一'真正的'现代性,尽管现代性的西方模

① [英]保罗·哈里森. 第三世界——苦难、曲折、希望[M]. 钟菲,译. 北京:新华出版社,1984:50.
② [美]塞缪尔·亨廷顿. 文明的冲突与世界秩序的重建[M]. 周琪,等译. 北京:新华出版社,2010:73.
③ 汪民安等. 现代性读本(下)[M]. 郑州:河南大学出版社,2005:506.
④ 吉登斯认为:"据估计,大约有 1 500 万非洲奴隶被贩卖到了美洲……有相当比例的人死于转运途中……在 19 世纪末期的北美,土著人口几乎被消灭殆尽,而在南美,在从 16 世纪早期到 19 世纪中期这一段时间里,土著人口也减少 40%。"([英]安东尼·吉登斯. 社会学:批判的导论[M]. 郭忠华,译. 上海:上海译文出版社,2007:109.)
⑤ [以]艾森斯塔德. 社会的进化与发展[M]. 牛津:英国牛津珀加蒙出版公司,1966:1.
⑥ [美]马丁·阿尔布劳. 全球时代[M]. 高湘泽,等译. 北京:商务印书馆,2001:110.
⑦ [德]黑格尔. 精神现象学(上)[M]. 贺麟,等译. 北京:商务印书馆,1979:7.

式享有历史上的优先地位，并且将继续作为其他现代性的一个基本参照点。"①特别是雅斯贝斯把公元前 500 年到基督时代的公元一世纪一千多年间的那些文明（包括古希腊文明、犹太教与基督教文明、中华文明、印度教与佛教文明）称为"轴心文明"，呈现一种百花齐放、百家争鸣的景象。正所谓"理性与欲望共在"，"上帝之城"与"世俗之城"并存，所以文化人类学家马林诺夫斯基认为，一种文化模式的优劣高下，不应该以另一种文化模式为标准和参照系来判断，而应以其实践价值而定，这些观点对我们批判"西方中心论"有一定的借鉴作用。

人类要跳出西方中心论的陷阱，哈贝马斯提出的"交往理性"具有参考意义："我提出的话语伦理学所主张的恰恰是话语的共识必须满足以下条件：每一个有语言和行为能力的主体在自觉放弃权力和暴力使用的前提下，自由、平等地参与话语的论证，并且，在此过程中，人人都必须怀着追求真理、服从真理的动机和愿望。不但如此，通过话语共识建立起来的规则，还必须为所有人遵守，每个人都必须对这种规则的实行所带来的后果承担责任。在这里，话语行为的三大有效性要求——真实性、正确性、真诚性——起着决定性作用。""我仍然坚持应当用相互理解、宽容、和解的立场处理不同的价值观和道德观，乃至不同文化传统之间的差异与冲突。我认为，我提出的交往行为理论和话语伦理学同样适用于处理国际关系和不同文化类型之间的矛盾，即是说，不同信仰、价值观、生活方式和文化传统之间，必须实现符合交往理性的话语平等和民主，反对任何用军事的、政治的和经济的强制手段干涉别人，通过武力贯彻自己意志的做法。在人际关系和人际交往中，在国际关系和不同文化类型的交往中，实现一种无暴力、无强权的平等、公正的状态，是人类唯一的选择，除此之外别无道路可走。"②郑永年提出"文明对话"，它"是国际公共产品，能够消除歧视偏见、增进理解互信，促进理性地解决冲突与争端。另一方面，文明对话也体现了中国方案中独特的中国思维，我们提倡文明对话、文明互学互鉴，共同推进世界的现代化"。③ 人们通过交往，增进彼此了解，求同存异，增进共识。

---

① ［以］艾森斯塔德.反思现代性［M］.旷新年，等译.上海：三联书店，2006：38.
② ［德］米夏埃尔·哈勒：作为未来的过去——与著名哲学家哈贝马斯对话［M］.章国锋，译.杭州：浙江人民出版社，2001：129，133－134.
③ 郑永年.全球文明倡议的中国思维与世界意义［N］.光明日报，2024－8－23：12.

二、关于如何破解"西方中心论"的迷思

早在新民主主义革命时期，毛泽东就提出："许多马克思列宁主义的学者也是言必称希腊，对于自己的祖宗，则对不住，忘记了……对于自己的历史一点不懂，或懂得甚少，不以为耻，反以为荣。特别重要的是中国共产党的历史和鸦片战争以来的中国近百年史，真正懂得的很少。"[①]我们不能数典忘祖，要牢记习近平总书记提出的"两个结合"，坚持走中国式现代化道路。综上所述，"西方中心论"这种偏执式"自恋"完全不顾国情（历史、文化等要素），一味强调西方模式的先验性、自明性、普适性，是荒谬与错误的，这种执念就是整个西方模式在场性的确证。特别是在全球化的当下，"西方中心论"越来越不合时宜。人类只有走出"西方中心论"这一洞穴，才能看到缤纷的现实世界！

西方中心论一直受到学界的批评质疑。在德国学者弗兰克看来，根本不存在所谓的"西方中心论"。他在《白银资本》一书中提出，欧洲是从美洲获得的金钱强行分沾了亚洲的生产、市场和贸易的好处，"简言之，从亚洲在世界经济中的支配地位中谋取好处。欧洲从亚洲的背上往上爬，然后暂时站在了亚洲的肩膀上"。[②] 的确，亚洲长期占据世界经济中心地位，东方的丝绸、茶叶、香料等一直是世界贸易的"硬通货"，西方的"地理大发现"最初的目的地也是亚洲。日本学者滨下武志也提出："以中国为中心的国际秩序实际上构成了一个多边朝贡贸易网，同时从这个贸易网之外吸收着大量的商品（尤其是白银）。"（1988：14）白银成为今天类似于美元的世界货币。以至于卜正民（1988）在其研究明代经济与社会的专著中提出："中国，而不是欧洲，是当时世界的中心。"[③]

弗兰克从三个方面来证伪"欧洲中心论"，"首先，欧洲中心论者拒绝将西方与世界其他部分比较，甚至不愿意接受这种比较，因为这种比较不仅能够揭示制度与技术方面的相似之处，还会揭示造成这种相似之处的那些结构与人口因素的相似之处。其次，这些比较将会显示，所谓欧洲特殊性根本不特殊。最后，真正的问题与其说是在某个地方发生了什么，不如说是引起了这些变化（无论这些变化在哪里

① 毛泽东.毛泽东选集：第3卷[M].北京：人民出版社，2009：797－798.
② ［德］贡德·弗兰克.白银资本[M].刘北成，译.北京：中国科学技术出版社，2022：6－7.
③ ［德］贡德·弗兰克.白银资本[M].刘北成，译.北京：中国科学技术出版社，2022：135.

发生)的全球性结构与力量是什么"。① 最后,弗兰克呼吁:"我们必须有一种整体主义的全球世界视野,才能把握住这个世界(及其各个部分)的过去、现在和未来的历史。"英国学者韦伯斯特认为:"弗兰克的主要贡献是他从理论上对带有种族中心主义色彩的、缺乏历史观点的和概念含糊的现代化模式提出了挑战。"②但遗憾的是,带有浓厚"重商主义"的弗兰克既没有用《资本论》中关于资本原始积累模式来批判,也没有沿用马克思主义东亚社会理论范式,即通过鸦片战争、殖民侵略模式来说明西方侵略者殖民亚洲的"双重使命"。所以这样的研究就显得不够深刻,说服力也不够。"白银"最终没有成为"资本",如同马克思所说的"金银只是天然的货币"。

最后,针对中国为什么没有发生西方式"工业革命"这一问题伊懋可提出了"高水平均衡陷阱"之说:在人力丰富而土地和其他资源缺乏的基础上,中国的农业、运输和制造业技术在前几个世纪的发展已经到了极限。"造成这种短缺的主要原因,当然是在技术相对停滞的条件下人口的持续增长……到 18 世纪晚期达到了报酬急剧递减的程度。"(EIvin,1973:314)"正是传统经济的发展,使有利可图的发明变得越来越困难。由于农业的盈余减少以及人均收入和人均需求下降,由于劳动力越来越廉价而资源和资本越来越昂贵,农民和商人的合理策略取向不是节约人力的机械,而是经济地使用资源与固定资本。一旦出现某种短缺,基于廉价运输的商业灵活性是比发明机器更迅速、更可靠的补救办法。这种形势可以被描述成一种'高水平均衡的陷阱'。"加州学派的李伯重、黄宗智、王国斌等提出所谓的"内卷化",也运用了古典经济学的分析模式,只不过换了案例(中国)而已,属于典型的"西方范式"—"中国问题",缺乏马克思主义政治经济学批判的力度与深度。类似的"李约瑟之谜"也认为中国人口密度太高,无法"支持实现技术突破所需的进一步的集体投资……中国会日益陷入一种高密度的人口和中等技术的引力平衡"。③(1986:124)众说纷纭,莫衷一是。以至于美国经济学家萨缪尔森用虚无主义的口吻说:"所有这一切并不能证明任何东西,因为没有什么东西需要加以证明。"④习近平在谈及"李约瑟之谜"时说:"我一直思考,为什么从明末清初开始,我国科技渐渐落伍了。……但问题是当时虽然有人对西学感兴趣,也学了不少,却并没有让这些

①　[德]贡德·弗兰克.白银资本[M].刘北成,译.北京:中国科学技术出版社,2022:30.
②　[英]安德鲁·韦伯斯特.发展社会学[M].陈一筠,译.北京:华夏出版社,1987:61.
③　[德]贡德·弗兰克.白银资本[M].刘北成,译.北京:中国科学技术出版社,2022:349.
④　[美]萨缪尔森.经济学(下)[M].高鸿业,译.北京:商务印书馆,1982:180.

知识对我国经济社会发展起什么作用,大多是坐而论道、禁中清谈。这说明了一个什么问题呢? 就是科学技术必须同社会发展相结合。"①笔者认为:要破解各种各样关于中国资本主义萌芽之谜,就必须引入马克思主义关于资本逻辑的相关思想与方法。中国不发生工业革命的原因比较复杂,完全用人口因素或一般意义上的"劳动"来说明难以服众。马克思主义关于资本原始积累、分工、工厂制、机器发明、世界市场等多因子分析范式是科学的。马克思在《政治经济学批判(1861—1863年手稿)》中说得很清楚,因为当时东方不存在资本意义上的"雇佣劳动",只是一种"非生产劳动",即"凡是在劳动一部分还是自己支付自己(例如徭役农民的农业劳动),一部分直接同收入交换(例如亚洲城市中的制造业劳动)的地方,不存在资产阶级经济学意义上的资本和雇佣劳动。因此,这些定义不是从劳动的物质规定性(不是从劳动产品的性质,不是从劳动作为具体劳动的规定性)得出来的,而是从一定的社会形式,从这个劳动借以实现的社会生产关系得出来的"。② 美国学者费景汉与拉尼斯也提出"因为在重农主义的基本框架中,资产积累的概念不存在,所以,现代意义上的'增长'是不可能的"。③ 这才是认识问题的关键。

斯密与马克思主义存在着重要关联。关于斯密,马克思认为:"亚当·斯密第一次对政治经济学的基本问题做出了系统的研究,创立了一个完整的理论体系。"他的劳动价值论、分工理论、市场经济理论以及国际贸易理论都有重要意义。意大利学者乔万尼·阿里吉的《亚当·斯密在北京》集中论述当下决定着世界政治、经济和社会形成的两个重要的过程:一个是新保守主义的"美国新世纪计划"的出现与消亡,另一个是中国成为东亚经济复兴的领导者。它们都是全球变革演进的关键角色。书中提出的"亚当·斯密在北京"和"马克思在底特律"的超现实的独特构境,这种"错配"并不是一种简单的趋同论,也不是作者奇思妙想,实际上反映了人们对各种发展模式的探索与期望,即互融互通、取长补短、推陈出新、共同发展。阿里吉想要告诉我们的,恰恰与我们看到书名后的简单联想相反:中国或东亚增长道路与西方增长道路的差异,代表了斯密倡导的基于市场的资本主义与马克思批判的资本主义之间的不同;中国和东亚的经济成就为一个新的世界秩序带来了契机,亦即斯密设想的基于平等的世界市场社会;阿里吉认为那种绝对、抽象的意识形态之争已没有意义。他通过致力于消解一系列认识论的二元对立,如马克思与斯密、

① 习近平. 习近平谈治国理政[M]. 北京:外文出版社,2014:124—125.
② [德]马克思,[德]恩格斯. 马克思恩格斯文集:第8卷[M]. 北京:人民出版社,2009:218—219.
③ [美]费景汉,[美]拉尼斯. 增长与发展:演进观点[M]. 洪银兴,等译. 北京:商务印书馆,2004:22.

社会主义与资本主义、中国与美国模式,证明世界是丰富多彩的,斯密主义也好,马克思主义也好,都是人类的共同遗产,各国应该兼收并蓄、博采众长,解决各自面临的实际问题。这也启发了我们:中国式现代化既是中国的,也是世界的,更是马克思主义的。

阿里吉强调,既不要误读斯密,也不要误解中国模式、中国道路。既要根据斯密的经济发展理论来诠释全球政治经济中心从北美向东亚的转移,又要根据这种力量转移来诠释《国富论》的要义。阿里吉展现了其经济分析的才华,大胆运用世界体系理论,对美国的霸权危机和中国的崛起做了大胆预言,"美国绞尽脑汁想出种种方案对付中国,无论哪种方案,中国政府都心存芥蒂。除了基辛格的'融入'方案,其他的要么针对中国发动一场新的冷战,要么使中国卷入同邻国的战争,从而使美国作为第三方坐收渔利。如果中国真的崛起,正如我所预期的,成为新的全球经济中心,他的角色也会同以往的霸主截然不同。这并不仅仅是由于根深蒂固的历史和地域文化差异,更确切地说,是因为东亚地区特殊的历史和地理位置会对全球经济的新架构产生影响。如果中国能够成为新的强国,它会以独有的方式来崛起。首先,军事力量的重要性要远逊于文化和经济力量,尤其是经济力量。它会出好经济这张牌,这一点上要远比美国、英国或荷兰称霸时做得好"。例如,阿里吉认为:中国一直致力于减少国家间收入的不平等。其次,针对有学者认为中国的发展主要靠"人口红利"与外资,他提出:"与普遍看法相反,中华人民共和国对外资的主要吸引力并非其丰富的廉价劳动力资源。全球有很多这样的资源,可没有一个地方能像中国那样吸收如此多的资本。我们认为,主要吸引力是这些劳动力在健康、教育和自我管理能力上的高素质,再加上他们在中国国内生产性流动的供需环境迅速扩大。此外,二者并不是外资创造的,而是基于当地传统的发展进程创造的,其中包括缔造中华人民共和国的革命传统。"再次,针对有人认为"中国奇迹"是新自由主义运作的结果,阿里吉持反对观点,他提出:"总之,经济改革中所推行的相对渐进主义,以及中国政府为促进国家市场的扩大与新社会劳动分工之间的协调而采取的应对行动,这些都表明,新自由主义学派所推崇的休克疗法、最低纲领派政府和自我监管的市场等乌托邦式信仰,对中国改革派和斯密来说,都是格格不入的。"[1]最后,阿里吉提出中国在经济高速发展的同时要关注可持续发展问题,也的

---

① [意]乔万尼·阿里吉. 亚当·斯密在北京[M]. 路爱国,等译. 北京:社会科学文献出版社,2009:351,361.

确点中了中国增长模式的短板与"痛点"。以上观点未必全部正确,而且其理论逻辑推演成分大于经验论证,还需要大量数据作支撑。但阿里吉的贡献不是因为他解决了多少问题,而是因为提出了问题。他为世界打开了一扇重新认识中国的大门,对国际社会全面、客观了解中国式现代化具有重要意义。

东亚方案抑或中国方案何以可能,阿里吉自认为:"什么样的世界秩序或失序最终将变成现实——能不能为自己和世界开辟出这样一条发展道路,即它比导致西方致富的那条道路在社会上更公正,在环境上更可持续。"①阿里吉的世纪之问既唤醒了人们重新认识斯密与马克思,也提醒世人关注中国模式、中国道路。

英国学者马丁·雅克也认为:"西方一直认为(直至今日很大程度上仍是如此),随着中国现代化进程的深入,中国将必然走向西方化,最终演变成西方式的社会。换而言之,随着现代化的深入,中国与西方的区别将自然而然地消逝。……直到不久以前,西方还存在一种共识,即无论是作为现代性的结果,还是作为现代性的前提条件,抑或是这两种情况的结合体,中国最终将变成西方式的国家。"②他进而提出,随着美国霸权的坠落、欧洲模式的解体,西方中心论越来越失去昔日的吸引力,"中国的治理模式更加成功"。他甚至认为:"过去 200 年里经济力量主要集中在欧洲、北美和稍后的日本等少数国家手中,这是一种历史脱轨的非正常情况。""如果说发达国家塑造了 20 世纪的世界,那么 21 世纪很可能将由发展中国家——特别是最大的发展中国家——塑造。"③马丁·雅克认为:由于中国的历史与文化与西方几乎毫无共同之处,其制度、习俗、价值观、意识形态都根植于悠久的历史和文化,中国梦将首次打破这一历史的怪圈,坚定地走"和平发展"道路。

对"现代化＝西方化"的迷思当然要先破后立,正如习近平同志指出:"如何赶上时代、加快实现现代化? 我们党一开始就保持着清醒的头脑,并没有像一些发展中国家那样亦步亦趋地跟在西方国家后面简单模仿,而是强调从中国实际出发,走自己的现代化道路。"④这充分表明了中国的立场与态度。只有彻底否定"西方中心论",各民族现代化道路的多样性才能成立!

---

①　[意]乔万尼·阿里吉.亚当·斯密在北京[M].路爱国,等译.北京:社会科学文献出版社,2009:封底.

②　[英]马丁·雅克.大国雄心[M].孙豫宁,等译.北京:中信出版集团,2016:6,16.

③　[英]马丁·雅克.大国雄心[M].孙豫宁,等译.北京:中信出版集团,2016:13,426.

④　中共中央党史和文献研究院.习近平关于中国式现代化论述摘编[M].北京:中央文献出版社,2023:29.

第四节　关于中国式现代化的几点思考

笔者认为,现代化的本质是社会的变迁与进步。近几十年来,国内外对中国式现代化道路的研究取得了一系列成果,但又预留了较大的研究空间。首先,国外的研究由于缺乏对中国的深入了解,大多停留在解释学阶段,只抓住某一方面进行循环论证,任意发挥,则无法通达中国式现代化道路的本质、特征,也不能全面正确描述中国道路。而真正的诠释学首先要求作者客观地诠释,力避主观性的先入为主。其次,必须从整体出发诠释部分,所谓"不谋全局者,不足谋一域",尤其是中国式现代化是并联式的,而西方式的解释大多却反其道而行之,当然得不出正确结论。最后,要理论联系实际,这就需要我们进一步解放思想、实事求是、与时俱进、求真务实。

以马克思主义为指导的社会发展模式研究应该有着深厚的历史哲学底蕴,它是把经济增长、政治民主、文化发展等还原到宏大的历史发展规律中去考察,而开放性及互鉴性又可以促使我们进一步比较各种发展道路和模式,做到相互学习、取长补短。

第一,中国式现代化具有丰富的内涵,需要我们从全面、科学、发展的立场出发,运用历史的、逻辑的、比较研究等方法,研究中国式现代化道路的形成、发展、性质、特点、意义。对一些热点、难点问题,要做到解放思想、实事求是。例如,中国式现代化道路的内涵与外延,众说纷纭,有的侧重于经济制度分析,有的偏重于精神文化层面的分析界定,由此引申出与中国模式、中国道路、中国经验之间的关系。笔者认为,"中国式现代化"道路应该是中国特色社会主义理论与实践的经验总结,应该是中国道路、中国经验、中国方案等的集大成。党中央提出的"四个自信"可以帮助我们更好理解中国式现代化道路:理论自信是中国式现代化的灵魂,道路自信是中国式现代化的核心,制度自信是中国式现代化的具体内容与支撑,它们都是未来中国式现代化道路的重要组成部分。

第二,关于中国模式与中国式现代化的关系问题研究,国内外较少涉及。本研究认为,中国模式首先是一种西方式"他说",并不是中国政府官方的定义,其充满着各种问题与分歧。而中国式现代化是中国党和政府、人民对中国特色社会主义经验的宣传和总结,是一种"主体性价值"的自觉。对此,习近平同志提出:"我们积极学习借鉴人类文明的一切有益成果,欢迎一切有益的建议和善意的批评,但我们绝不接受'教师爷'般颐指气使的说教!"①关于理论创新,一方面,中国式现代化的发展固然要以习近平新时代中国特色社会主义思想为指导,另一方面,习近平新时代中国特色社会主义思想本身就是对中国模式的澄明。40多年的经济增长只是使中国模式出场,而习近平新时代中国特色社会主义思想才使中国式现代化在场,它既为各种其他模式去蔽,也使中国式现代化无蔽和敞开。习近平新时代中国特色社会主义思想为中国式现代化赋予了时代性、科学性、人民性。习近平新时代中国特色社会主义思想一方面赋予了一般经济增长模式所缺失的精神价值,另一方面又为经济发展提供了强大的精神动力与战略指导。从二者形成的时间契合来看,它们也存在一个逻辑关联,即中国式现代化的实践推动习近平新时代中国特色社会主义思想的出场,而习近平新时代中国特色社会主义思想又进一步指导中国式现代化的发展。二者双向奔赴、互相成就,体现了中国共产党理论与实践相结合的一贯的精神品格。

第三,目前对中国式现代化道路面对的现实问题,国内外态度不一。正如习近平同志所说:"一系列长期积累及新出现的突出矛盾和问题亟待解决。"笔者认为,中国式现代化道路面对的问题主要集中于公平与可持续发展等方面。其重点是初步实现共同富裕,难点在于反腐倡廉,提高国家治理水平与治理能力的现代化。这些问题也是其他现代化模式同样遭遇到的"发展陷阱"。如何解决"中国之问"? 只有走中国特色社会主义道路,坚持习近平新时代中国特色社会主义思想,敢于斗争、善于斗争,统筹推进"五位一体"总体布局、"四个全面"战略布局,才能真正创造出无愧于历史、无愧于人类的新的全面发展模式。

第四,破解以往许多发展模式先富后霸的历史难题。中国式现代化道路不同于其他现代化模式,它秉承着五千年文明的历史积淀,又背负着近代一百多年的落后挨打的民族屈辱。中国共产党人承继着中华儿女振兴中华的梦想,既要完成民族独立、人民解放的任务,又要完成国家繁荣富强、人民共同富裕的重任。国富民强实现后,我们还是要坚持走和平发展的道路,秉持中国传统的"和为贵""协和万邦"的思想,用"王道"取代西方的"霸道"逻辑,用互利共赢取代零和游戏,真正创造出世界上崭新的人类文明新形态。就如习近平同志所说,"和平、和睦、和谐是中华民族5000多年来一直追求和传承的理念,中华民族的血液中没有侵略他人、称王

称霸的基因。中国共产党关注人类前途命运,同世界上一切进步力量携手前进,中国始终是世界和平的建设者、全球发展的贡献者、国际秩序的维护者"。①

第五,对人类社会近三百年发展的各种现代化模式进行批判性分析,可知迄今为止的任何模式都不具有先验性、自明性、普世性。中国式现代化站在人类文明进步的精神高原上,总结以往各种发展模式的经验教训,高屋建瓴,解决了以往各种发展模式所无法解决的人与人、人与自然、人与社会的矛盾问题,从而引领人类摆脱各种困境。其解决了发展为了谁、发展依靠谁、发展成果由谁享用等重大问题,从而基本解决了人类苦苦思索的"发展之谜"这一世界性难题,真正回归于马克思主义提出的"自由人的联合体"思想。以习近平新时代中国特色社会主义思想为指导的中国式现代化道路具有重要的世界意义,特别是对广大发展中国家有着重要的参考作用。

当然,思考并不能代替实践,思考中国式现代化道路的未来,要把它置于中国特色社会主义建设的伟大实践中。中国式现代化理论与实践还在不断丰富发展,所以本书的研究也只是阶段性的成果。党的十八大以来,中国特色社会主义的理论与实践都取得了巨大发展,特别是习近平提出的新发展理念与"中国梦"的愿景,丰富了中国式现代化道路的科学内涵,这是一个良好的开端。今后中国式现代理论将随着中国的发展不断丰富完善,见证这个伟大的新时代!

---

① 习近平.习近平谈治国理政:第4卷[M].北京:外文出版社,2022:11.

第 二 章

"模式"辨析与"现代化模式"比较

第一节　所指与能指："模式"辨析

雅斯贝斯认为：真正的哲学思维应该从想当然的东西开始。我们经常看到"模式"二字，作者一般都不解释其含义，直接运用，似乎它是不证自明的。其实，看似简单、肯定的概念往往有着争议和不确定性。黑格尔说过："一般说来，熟知的东西所以不是真正知道了的东西，正因为它是熟知的。有一种最习以为常的自欺欺人的事情，就是在认识的时候先假定某种东西是已经熟知了的，因而就这样地去不管它了。这样的知识，既不知道它是怎么来的，因而无论怎样说来说去，都不能离开原地而前进一步。"①列宁也认为，"一般辩证法的阐述（以及研究）方法也应当如此。从最简单、最普通、最常见的等等东西开始"。② 所以，本书准备从"模式"的范畴研究开始。

《道德经》最早提出关于模式的看法。《道德经》第二十二章中提出："是以圣人抱一，为天下式。"为何"抱一"就能为天下式？首先，庄子解释"万物与我为一"，这里庄子揭示了构建模式的要义是主客体的高度统一；而王弼的注解为："万物万形，其归一也，以一为主，所以此处以一为天下万事万物之法则。""式，模则也。"王弼的

---

① ［德］黑格尔. 精神现象学（上）［M］. 贺麟，等译. 北京：商务印书馆，1981：20.
② ［苏］列宁. 列宁文集［M］. 北京：人民出版社，2009：150.

解读不如庄子高远之处在于忽略了人的主体性。"一"之所以成为我们认识万物的法则,是因为人的作用。但王弼强调了"一"的模式作用。

把"一"作为核心来看待,还包括以下意义:(1)"一"是所有万事万物的样式,是由"道"直接派生的,所以圣人坚持"一",用来统御万事万物、统摄天下一切。由于古人应对自然以及万物的能力有限,故而首先确立一个标准或原则,所谓"多言数穷,不如守中"。"泰初有无,无有无名。一之所起,有一而未形,物得以生谓之德。""万物之所一也,得其所一而同焉。"①(2)庄子认为"一心定而万物服"。② "万物虽多,其治一也""通于一而万事毕",这就成为道家驾驭万物的方法论。(3)"圣人故贵一"而轻万物。在道家看来,"一"为数之始而物之极也,作用特别大,"天得一以清,地得一以宁,神得一以灵,谷得一以盈,万物得一以生"③,这与古希腊哲学把"一"理解为事物本质略有不同。《道德经》第二十八章中又提出:"知其白,守其黑,为天下式。""为天下式,常德不忒。"④同时又提出"知其雄,守其雌""知其荣,守其辱",通过对立统一、辩证的方法,三者共同组成模式方法论层面的内容。所以,《道德经》关于模式的最初论述影响深远。

西方关于模式的思想最早起源于古希腊,模式主要用于认识万物。古希腊哲学认为:世界是一个依据"逻各斯"而运行的理性的结构,要认识世界和人,需要元素、工具、方法。其中毕达哥拉斯学派认为,"数是一切事物的本质,整个有规定的宇宙的组织,就是数以及数的关系的和谐系统"。⑤ 所以,"万物皆数"。数量关系先于现实世界而存在,是一种超验的存在,是属于彼岸世界的东西,它既为现实和艺术世界提供原则、数据、模式,使之生成和谐之美,也是我们认识世界、探究真理的工具与方法;它既是本体论的本源,又是认识论的本源。马泰伊在《毕达哥拉斯和毕达哥拉斯学派》一书中提到:希帕塞(毕达哥拉斯学派代表之一)认为,数字是"世界秩序创造者——神下决断的传导",或者,据惹拉塞的尼科玛克的一段文字,数字是"创世的第一模式"。⑥ "一般而言,毕达哥拉斯学派直觉地感到宇宙的数学可认知性,在古代曾经构成论证科学的主要模式"⑦;有人甚至认为:"毕达哥拉斯的思想

　① 曹础基.庄子浅注[M].北京:中华书局,1982:311.
　② 曹础基.庄子浅注[M].北京:中华书局,1982:188.
　③ 楼宇烈.老子道德经注校释[M].北京:中华书局,2008:106.
　④ 楼宇烈.老子道德经注校释[M].北京:中华书局,2008:106,56—57,74.
　⑤ [德]黑格尔.哲学史讲演录:第1卷[M].贺麟,译.北京:商务印书馆,1959:218.
　⑥ [法]马泰伊.毕达哥拉斯和毕达哥拉斯学派[M].管震湖,译.北京:商务印书馆,1997:44.
　⑦ [法]马泰伊.毕达哥拉斯和毕达哥拉斯学派[M].管震湖,译.北京:商务印书馆,1997:141.

统领着西方思想的一半。"①黑格尔把他奉为"全球第一位大师"。在此基础上,柏拉图进一步提出"理念说",就是把各种事物抽象出带有普遍性的认识,即类、共相,这显然受到毕达哥拉斯学派的影响,它的"一与多""二元对立"(灵与肉、主客体、现象与本质、物质与精神等)及"三位一体"等观点一直影响至今。毕达哥拉斯学派认为"一"是数的第一原则,万物之母,也是智慧。柏拉图把它视为"理念"与存在,他在《巴门尼德篇》中指出:存在是一,一既是逻辑的起点,也是历史的起点。美国哲学家梯利在《西方哲学史》中提出:"他(柏拉图)认为,理念或模式是自在和自为的,有实体性,它们是实体,是实在或实质的模式,即万物原始、永恒和超越的原型。"②在质疑柏拉图"理念"论的基础上,亚里士多德又提出"四因说":质料因是事物构成的基本元素,即"事物所由产生的,并在事物内部始终存在着的那东西";动力因即"那个使被动者运动的事物,引起变化者变化的事物";目的因是模式发展的价值取向;它们又共同组成了形式因,"形式因"即事物的"原型,亦即表达出本质的定义"。"四因说"不但调和了唯理主义与经验主义的对立,而且进一步丰富了人们对模式的理解与认识。借助于数学、天文等学科,古希腊哲学创立了自己独特的宇宙观、自然观、价值观及认识论。

　　古希腊哲学与中国道家理论都重视对数的研究与阐述,但后来儒家文化成为主流,所以道家的"数"的概念没有进一步发扬光大,甚至成为民间卜卦算命的工具。《道德经》中对"一"的理解与古希腊略有不同,如"道生一,一生二,二生三,三生万物","一"前面还存在"道"。"道"并不是实体,而西方的"理念"或后来的"上帝"都被视为实体。另外,不同于西方二元对立的思维模式,道家对二者之间的关系更倾向于和谐统一,如提出"天人合一""阴阳调和"的思想都是佐证。连后来发明"二进制"的莱布尼茨也认为,他的"二进制"与中国的"阴阳之道"是相通的。不同于后来奥古斯丁提出的"三位一体"的思想,中国古代把天时、地利、人和的统一作为宇宙认识论的一种模式与结构,并作为一种分析模式应用到政治、社会等其他领域。其突出人的作用,与西方存在较大差异。

　　欧洲中世纪时,哲学与神学高度结合,重心转向认识上帝。基督教认为,对神创论者而言,由各级模式所组成的物类阶元,正好说明了造物主的智慧设计,如奥古斯丁提出的"三位一体"的救赎模式,就是综合运用毕达哥拉斯的"数"的概念、柏

---

① [法]马泰伊.毕达哥拉斯和毕达哥拉斯学派[M].管震湖,译.北京:商务印书馆,1997:1.
② [美]梯利.西方哲学史[M].葛力,译.北京:商务印书馆,2007:27.

拉图的"理念论"和灵魂不灭等观点,重点强调圣父、圣子、圣灵在本体论意义上的合一与一致,创新了"一与多"的互认互通模式(如把上帝理解为一,那圣父、圣子、圣灵就是多,最后再到万物),这种独特的神学认识论模式为基督教奠定了重要的理论基础。

随着近代西方自然科学的发展,模式又被广泛运用到如何认识自然、改造自然之中。在分类学意义上,即概念假定所有阶元系统中的各级物类单元,都各自符合一个模式。所以,模式具有表征、区分事物的功能。模式亦是形态学概念,所谓模式是指形态模式——物种是由形态相似的个体所组成的,同种个体符合同一形态模式。模式一般包括问题、方法及解决方案。把解决某类问题的方法总结归纳到理论高度,那就是模式。

模式与结构是近亲,列维—斯特劳斯通过比较结构与模式,认为结构虽然通过模式被理解,但这两个概念是根本不同的:结构是一种"真实的"存在,而模式则是具有启示性作用的理智产物。布罗代尔认为:"模式作为匠人的工具出现在历史学中,但只用于志向远大的工作上。结构则无处不在,我们对它已经充耳不闻了……实际上,无论代价如何,社会科学必须建构模式,即对于社会生活的一般的和特殊的解释,用一个更清晰的、更便于科学运用的图像来取代令人困惑的经验现实。""在探讨结构时,我所关心的理所当然地应该是建立模式,即首先适用于一种文明然后能用于其他文明的,将种种解释综合起来的体系。无论什么也不能预先使我们相信所有的文明都容纳类似的结构,或者说,它们的全部历史都遵循着同一的因果关系。更合乎逻辑的应该是相反的情况。"①所以,模式由政治经济等各种结构组成,但它又不是各种结构的简单拼凑,"模式"的内涵与外延是多元的。模式至少包括:(1)分类学、形态学意义的模式;(2)政治、经济、文化、社会等模式;(3)人类各项实践活动意义的模式,如经营模式、商业模式等。

一、自然科学的模式

自然科学的模式是基于科学主义的,最早产生于数学和生物学,然后运用于计算机科学。哲学家怀特海提出:"数学的本质就是,在从模式化的个体作抽象的过

---

①　[美]布罗代尔.论历史[M].刘北成,等译.北京:北京大学出版社,2008:79,233.

程中对模式进行研究,数学对于理解模式和分析模式之间的关系,是最强有力的技术。"①"模式是指具有某种特定性质的观察对象。特定性质指的是可以用来区别观察对象是否相同或是否相似而选择的特性。"②人们在观察事物或现象时,常常要寻找它与其他事物或现象的不同之处,并根据一定目的把各个相似的但又不完全相同的事物或现象组成一类。为了强调从一些个别的事物或现象推断出事物或现象的总体,我们把这样一些个别的事物或现象叫作各个模式。

"模式的概念源于分类学。作为一个抽象化的概念,它不是被识别对象的固有属性,而是人对被识别对象所加的主观标签。使用模式可以更为深刻地来描述客观事物,除了基于客观事实之外,或多或少带有主观色彩。因此,可以宏观地认为,客观事物的主观(符号化)表征即可以称为模式。"③所以,模式具有主观性和广延性。"从广义方面讲,模式(pattern)是一个客观事物的描述,即一个可用来仿效的完善的例子。""狭义的模式概念是指对客体的描述。"④模式可分为抽象和具象两种形式:前者如意识、思想、议论等,属于概念识别研究的范畴,是人工智能的另一研究分支;后者主要是指图像、文字、符号、语音波形、地震波、心电图、生物传感器等。特别是数字技术大量运用后,模式识别得到巨大发展,甚至出现"机器识别"模式,人工智能大模型初步具有了类人脑的思维与训练。

从这个意义上说,所谓"模式",就是通过数据处理和计算机来处理事物之间的区别与联系。哈耶克认为:"我们现在的讨论所涉及的这种解释,经常被人称为'建立模式'。这种说法并不太强调我们所关心的那种区别,因为即使是物理学中最精确的预测,也要建立在利用某种形式的或实质的'模式'的基础上。不过,'模式'这一概念虽然是要强调一种模式总是仅仅呈现原物的某些而不是全部特征(如一架机器的精确模型就不适合称为模式),它仍然提供了一个任何解释都具备的重要特点,只是具备的程度十分不同而已""自然界中的许多模式,只有当我们用理智把它们建立起来之后,我们才能发现它们。系统地建立这种新模式是数学的工作。在这方面,几何学在视觉模式上所发挥的作用,不过是一个最为人们熟知的例子。数学的巨大力量在于,它使我们能够描述出我们无法用感官认识的模式,并且能够说出具有高度抽象性的模式的等级或类别的共同属性。从这个意义上说,每一个代

① 徐利治.略论数学真理及真理性程度[J].自然辩证法研究,1988(4):22—27.
② 李弼程,等.模式识别原理与应用[M].西安:西安电子科技大学出版社,2008:1.
③ 孙亮,禹晶.模式识别原理[M].北京:北京工业大学出版社,2009:1.
④ 齐敏,等.模式识别导论[M].北京:清华大学出版社,2009:2.

数方程或一组这样的方程都规定了一类模式,当我们用明确的数值代替其中的变量时,这些模式便具体化为个别的具体表现。"①这里说的实际是数学建模的概念,数学模型(Mathematical Model)是一种模拟,是用数学符号、数学公式、程序、图形等对实际课题本质属性的抽象而又简洁的刻画,它或能解释某些客观现象,或能预测未来的发展规律,或能提供某种意义下的最优策略或较好策略。数学模型一般并非现实问题的直接翻版,它既需要人们对现实进行深入细致的观察和分析,又需要人们灵活利用各种数学知识;从实际课题中抽象、提炼出数学模型的过程就称为数学建模。它还对物理、生物、经济、社会学、心理学等都具有意义。例如,在中国式现代化研究中,就可以考虑引入人工智能技术。我们可以把中国当前各方面发展的数据收集起来,既可以建立中国式现代化整体发展的大模型,也可以建立各领域分布式中小模型,发现问题,找出答案,积极拥抱新技术,为今后的进一步研究提供支持和方向。

按照黑格尔的观点,数学本质上是知性学科,它只是感性事物与思想精神之间的中介。所以,模式虽然基于科学,但这种纯数理的推导并不让人能完全接受,还需要社会实践的检验。基于科学主义、工具主义的模式是否意味着真理,许多人表示怀疑。波普提出"证伪论",认为科学理论不断通过有限的、个别的经验事实而被证实,但个别的经验事实都能证伪普遍命题。物理学家薛定谔提出:"当我们心灵的眼睛洞察到越来越小的距离和越来越短的时间时,我们发现,自然的行为是如此不同于我们在周围环境中用可见可触的身体观察到的行为,以至于任何模仿我们普通经验所形成的模式都不可能是真的;科学所特有的怀疑批判精神使得一部分学者质疑模式的合理性,合目的性未必合规律性。"②阿伦特也认为:"人向自然提出的每个问题都要根据数学模式来回答,对此没有哪个模式是充分有效的,因为每个模式都是模仿我们的感觉经验塑造的。"③

二、社会科学的模式

根据笔者查证,马克思、恩格斯正式提出"模式"以其在 1845 年发表的《神圣家

①　[英]哈耶克.经济、科学与政治——哈耶克论文演讲集[M].冯克利,译.南京:江苏人民出版社,2003:485,496.

②　[美]汉娜·阿伦特.人的境况[M].王寅丽,译.上海:上海人民出版社,2014:260.

③　[美]汉娜·阿伦特.人的境况[M].王寅丽,译.上海:上海人民出版社,2014:228.

族》一文为标志。拉美特利的《人是机器》一书是仿照笛卡尔的动物是机器的模式写成的[①]，这里的模式指的是模仿之意。恩格斯在《反杜林论》中又提出关于"模式"的问题："杜林先生以为，他可以不加入任何经验的成分，从那些'按照纯粹逻辑的观点既不可能也不需要论证'的数学公理导出全部纯数学，然后再把它应用于世界，同样，他认为，他可以先从头脑中制造出存在的基本形式，一切知识的简单的成分，哲学的公理，再从它们导出全部哲学或世界模式论，然后以至尊无上的姿态把自己的这一宪法赐给自然界和人类社会。可惜，自然界根本不是由1850年曼托伊费尔的普鲁士人组成的，而人类社会也只有极其微小的一部分才是由他们组成的。"恩格斯这里批判的"世界模式"是杜林用逻辑模式或范畴来构造现实世界的荒诞理论，他认为"世界模式"是永恒的，现实世界一切都是由世界模式的原则构成。这是一种"逻各斯中心主义"，它是黑格尔哲学"绝对精神"的翻版。所以"模式＝死板公式"。[②]

对此，萨特在《辩证理性批判》中也对模式提出质问："它的概念不是从经验中引出来的——或者，至少不是从它企图加以解释的新经验中引出来的——它早已把这些概念成形化；它早已肯定了它们的真实性，它给它们指定了构成范式的任务：它唯一的目的是把所考察的事变、人物或行动纳入一个预制的模式（prefabricated moulds）里。"[③]这种先入为主的杜林式的方法值得人们质疑。海德格尔也认为："模式乃是那种必然被思想当作自然的前提来加以排斥的东西，如此也就是说，模式既是思想所排斥的对象又是这种排斥的凭靠。思想使用模式的必然性联系于语言……由此看来，对思想来说就只有这样一种可能性：就是去寻求模式，目的是把它们制作好，从而实行向思辨的过渡。至于模式之为模式是什么以及应如何理解模式对于思想的作用，我们只能根据一种对语言的本质解释来运思。"[④]两位哲学家都指出了模式的先验性、预设性所存在的问题。恩格斯在《自然辩证法》中进一步指出："思维规律的理论并不像庸人的头脑在想到'逻辑'一词时所想象的那样，是一种一劳永逸地完成的'永恒真理'。……然而对于现今的自然科学来说，辩证法恰好是最重要的思维形式，因为只有辩证法才为自然界中出现的发展过程，为各种普遍的联系，为从一个研究领域向另一个研究领域，提供了模式，从而提供了说明

① ［德］马克思，［德］恩格斯. 马克思恩格斯文集：第1卷［M］.北京：人民出版社，2009：334.
② ［德］马克思，［德］恩格斯. 马克思恩格斯文集：第9卷［M］.北京：人民出版社，2009：346.
③ ［法］萨特. 辩证理性批判［M］.林骧华，等译.北京：商务印书馆，1963：28—29.
④ ［德］海德格尔. 面向思的事情［M］.陈小文，孙周兴，译.北京：商务印书馆，1999：60—61.

方法。"①预设的逻辑或者模式都是僵硬荒诞的,而辩证法是革命的,它才是判断和研究模式真正的逻辑起点。"哲学家们只是用不同的方式解释世界,问题在于改造世界。"②马克思主义的创立与发展秉持的就是其一贯的批判与斗争精神,所以与一般意义上的模式是格格不入的。

布罗代尔可能是西方学者中对模式论述最多的学者,他认为在所有的人文科学中都存在模式。他说:"照我的主张,研究应该不断从社会实在得出模式,再从模式回到社会实在,多次往返,耐心地进行修补。因此,模式就由说明结构的尝试、检验和比较的工具变成对某个特定结构的生命力和可靠性的验证。如果我从现实制造一个模式,我就会立即把它放回到实在中去,然后在时间中向上追溯,尽可能追溯到它的诞生为止。接着,我将根据其他社会实在的共时运动,估量这个模式可能的有效时限(即到该模式与实在脱节为止)。这并不排斥另一个可能:我将把模式在时间和空间中与其他实在进行比较,以便能够用模式对其他实在作出新的解释。"③在这里,他不但介绍了模式的工具性,而且介绍了模式的方法论,模式本身是人的认识的产物,它的正确与否当然要受实践的检验,可以说实践是检验模式的唯一标准。模式一定是人类社会实践的产物,而不是相反。

亨廷顿认为:"简化的范式或地图对于人类的思想和行动来说是必不可少的。一方面,我们必须清楚地阐述理论或模式,并有意识地运用它们来指导我们的行为。或者,我们可以否认需要这样的指导,并假设我们将只是根据具体的'客观'事实来行动,根据'它的是非曲直'来处理每一个案。我们需要明确的含蓄的模式以便能够:(1)理顺和总结现实;(2)理解现象之间的因果关系;(3)预期,如果我们幸运的话,预测未来的发展;(4)从不重要的东西中区分出重要的东西;(5)弄清我们应当选择哪条道路来实现我们的目标。"④

亨廷顿在这里提出了模式的作用,值得关注。但他所预设的"文明冲突"的模式存在许多问题,犯了杜林的模式教条化错误,即"先入为主"。所有这些论调都是基于一种割裂了的历史观,即"西方是西方,东方是东方",说到底还是一种"二元对立"的历史观。

在了解模式的基本含义与功能后,学者们广泛运用它去理解和把握各种社会

①　[德]马克思,[德]恩格斯.马克思恩格斯选集:第4卷[M].北京:人民出版社,1995:284.
②　[德]马克思,[德]恩格斯.马克思恩格斯文集:第1卷[M].北京:人民出版社,2009:502.
③　[法]费尔南·布罗代尔.资本主义论丛[M].顾良,等译.北京:中央编译出版社,1997:196.
④　[美]塞缪尔·亨廷顿.文明的冲突与世界秩序的重建[M].周琪,等译.北京:新华出版社,2010:8—9.

对象,包括政治模式、经济模式、文化模式等。如法国学者布迪厄强调"经济模式是由特定社会之传统的历史特殊性造成的"①;改革开放后,中国学者偏重于研究经济发展模式,如吴树青按照唯物史观来解读经济模式,认为:"为了在理论上把握某种经济体制区别于其他种经济体制的基本性质和特征,即为了把握某种经济体制下经济关系系统的基本结构、制度特征及其运行方式的主体框架,就必须对复杂的现实经济体制进行一定的理论抽象。这种经过科学抽象而在理论上把握的经济体制的基本框架,人们通常称之为经济体制模式。……(1)生产力的发展水平,它是决定经济体制模式的最终根据;(2)生产关系的性质,它规定了经济体制模式的社会经济本质;(3)具体国情,它制约着经济体制模式的可行性区间。这三个基本制约条件如同一个'三维空间',构成了目标模式的'选择域'。"②张蕴岭也认为:"所谓经济发展模式,并不是指一种带有固定含义的范式,而是指对经济发展进程中经济增长、经济政策、经济体制等方面的一种归纳,也可以说是经济发展所经历的一种方式。"③但法国学者佩鲁认为:"如果经济学在理论上和实践上仅仅停留在可靠的、经过检验的各种模式上面,其经济寿命也就会停止。"④所以我们要用发展变化的观点看待各种模式。

关于社会模式,马克思在1853年《不列颠在印度统治的未来结果》一文中提出:"英国在印度要完成双重的使命:一个是破坏的使命,即消灭旧的亚洲式社会;另一个是重建的使命,即在亚洲为西方式的社会奠定物质基础。"⑤其中提到"亚洲式社会""西方式社会",在此基础上马克思主义提出"社会革命"的理念。法国社会学家涂尔干提出通过社会分工、集体意识来构建所谓的"社会团结",认为"一种新型的团结随着工业社会的产生而形成",但通过工业革命马克思主义看到的是贫富分化引起了"阶级斗争"。英国学者安德鲁·韦伯斯特认为,现代化理论主要是涂尔干和韦伯的思想发展而来的。他说:"涂尔干的学说在理论上的缺陷也是值得注意的。首先,他除了谈到人口数量与密度的增加外,没有解释清楚社会现代化的其他途径;他仅仅对现代化过程进行了描述,而未对日益加剧的社会分化做出令人信服的理论解释。"⑥而韦伯主要用"理性"来建构现代社会。应该说,同为西方公认的

---

① [美]布热津斯基.大抉择:美国站在十字路口[M].王振西,译.北京:新华出版社,2005:170.

② 吴树青,胡乃武.模式运行调控[M].北京:中国人民大学出版社,1987:40.

③ 李若谷.世界经济发展模式比较[M].北京:社会科学文献出版社,2009:1.

④ [法]弗朗索瓦·佩鲁.新发展观[M].张宁,丰子义,译.北京:华夏出版社,1987:205.

⑤ [德]马克思,[德]恩格斯.马克思恩格斯文集:第2卷[M].北京:人民出版社,2009:686.

⑥ [英]安德鲁·韦伯斯特.发展社会学[M].陈一筠,译.北京:华夏出版社,1987:25—26.

三大社会学大师,在解释现代化问题上区别非常明显。韦伯斯特最后总结说:"虽然现代化理论提出了社会发展道路问题,但对发展的过程却很少阐述。"

许多西方学者聚焦文化在现代化中的地位与作用,如帕森斯、艾森斯塔德都认为现代化本质上是一个文化过程。所以研究文化就尤为重要。文化模式(patterns of culture)即由文化特征与文化因素相互联系,进行有秩序的排列组合而构成的统一模式。由于一个社会中具有不同的文化因素及其价值、动机、态度,因而有不同的文化模式。美国人类学家克罗伯把文化中的那些稳定的关系和结构看成一种模式。美国学者本尼迪克特在《文化模式》一书中认为,文化模式的形成是由于民族精神内在地统治着文化的持续形态。[①] 她认为,文化模式是相对于个体行为来说的,人类行为的方式有多种多样的可能,但是一个部族、一种文化在这种无穷的可能性里,只能选择其中的一些,而这种选择具有自身的社会价值取向。选择的行为方式包括对待人之生、死、青春期、婚姻的方式,以致在经济、政治、社会交往等领域的各种规则、习俗,并通过形式化的方式,演变成风俗、礼仪,从而结合成一个部落或部族的文化模式。诸文化模式之间的差距之大,甚至可能形成完全对立的社会价值观。她赞成文化相对主义,认为各模式都有其存在的理由,绝不因其他文化的好恶而有取舍,主张按照每一文化的原样、来龙去脉去研究各种文化现象本身。模式是文化现象本身所具有的,而不是研究者先入为主的、用来统摄材料的工具。[②]文化模式是认识文化多样性的工具与范畴。亨廷顿提出"文明冲突论":"随着冷战的结束,意识形态不再重要,各国开始发展新的对抗和协调模式,为此,人们需要一个新的框架来理解世界政治,而'文明的冲突'模式似乎满足了这一需要,这一模式强调文化在塑造全球政治中的主要作用,它唤起了人们对文化因素的注意,而文化因素长期以来一直为西方的国际关系学者所忽视。同时在全世界,人们正在根据文化来重新界定自己的认同,文明的分析框架因此提供了一个对正在呈现的现实的洞见。"[③]尽管我们不认同"文明冲突论",但他强调文化在模式中的作用具有一定的参考意义。当然,研究文化模式离不开马克思主义的指导,特别是《共产党宣言》中提出:自资产阶级建立了世界市场后,"物质的生产是如此,精神的生产也是如此,各民族的精神产品成了公共的财产。民族的片面性和局限性日益成为不可能,

①　冯契,徐孝通. 外国哲学大辞典[M]. 上海:上海辞书出版社,2008:330.
②　[美]本尼迪克特. 文化模式[M]. 王炜,等译. 北京:社会科学文献出版社,2009:3.
③　[美]塞缪尔·亨廷顿. 文明的冲突与世界秩序的重建[M]. 周琪,等译. 北京:新华出版社,2010:1.

于是由许多种民族的和地方的文学形成了一种世界的文学"。① 民族性的"文化模式"如何成为世界性的"文化模式"？ 一旦世界性的"文化模式"形成,还有没有"文明冲突"？ 这又是一个时代新命题!

国内学者俞可平针对模式的特点与内容,提出:"事实上更多地讲的是一种类型。这种类型,我认为有三个特征:第一,这种类型是相对稳定的,不是临时的。第二,这种类型有一定的特殊性和代表性,它有自身的特点,能够找出其标志性的特征。第三,它应当是一种体系。比方作为社会发展模式,它应当有这三个方面的内容:一个是体制方面,一个是政治和策略方面,一个是意识形态方面。"②该论述较为全面地说明了作为社会发展模式的内涵及其特征。

关于"模式",自然科学与社会科学各自有不同的结论。但随着科学的发展,二者越来越走向融合互渗。特别是在经济学领域,如博弈论中的纳什模式、普利高津的"耗散结构模式"以及熵与负熵理论对于社会发展模式的研究尤为重要。模式是人们认识主观世界和客观世界的工具与方法,是主观见之于客观的一种认识过程,是人类社会进步与发展的内在图式。大到整个社会,小到各行各业,凡是人类实践所积累的经验、方法、路径、手段等,都可以冠以"模式"二字。熊彼特就认为:"非社会主义社会的经济生活包含着每个公司和家庭之间的成千上万种关系或交往。我们能够建立起一些有关它们的模式,可是我们根本不可能对它们作一览无余的观察。"③法国思想家福柯也认为,现代性是一种态度,是与当代现实相联系的模式。以上几位学者或多或少受到不可知论的影响。当然,也不必那么消极,通过上面的介绍,我们对"社会全面发展模式"的认识有了提高:它不但是一种经济增长模式,而且是一个包括政治、经济、文化、社会各方面诉求的全面发展模式。更为重要的是,在物的增长的同时,我们更要注重人的价值的提升,它应是马克思主义关于人的全面发展的总体性解决方案!

三、关于"现代化"的范畴解析

现代化理论研究最早起源于 19 世纪的欧洲,其主要对西方 18 世纪以来的工业

---

① [德]马克思,[德]恩格斯.马克思恩格斯文集:第 2 卷[M].北京:人民出版社,2009:35.
② 俞可平,等.中国模式与"北京共识"[M].北京:社会科学文献出版社,2006:50.
③ [英]哈耶克.经济、科学与政治——哈耶克论文演讲集 [M].冯克利,译.南京:江苏人民出版社,2003:510.

革命进行了反思。第二次世界大战以后,随着许多发展中国家纷纷独立,走上工业化、现代化道路,国际社会掀起了研究现代化问题的高潮。

（一）国内学者观点

罗荣渠认为,现代化是一个包括经济、政治、文化等多方面的综合进程,而非简单的工业化或西方化。现代化包括广义与狭义之分:"广义而言,现代化作为一个世界性的历史过程,是指人类社会从工业革命以来经历的一场急剧变革;狭义而言,现代化又不是一个自然的社会演变过程,它是落后国家采取高效率的途径(其中包括可利用的传统因素),通过有计划的经济技术改造和学习世界先进,带动广泛的社会变革,以迅速赶上先进工业国和适应现代世界环境的发展过程。"[①]他还特别强调工业化在现代化变革中的推动作用,并指出落后国家现代化的计划性和学习性的重要作用。

香港中文大学金耀基教授在他的《传统与现代》一书中提出现代化的六大特征:(1)工业化。它是传统社会进入现代社会的动力,是对传统结构与生产组织挑战的主角,它意味着经济现代化。(2)城市化。它是现代社会生活的主要形态。(3)普遍参与。它使人民自己在社会中扮演主动的角色。(4)世俗化。它使人们的思想和行为建筑于理性之上。(5)高度的结构分殊性,即社会的每一种结构,如政党、学校等,都在社会生活中担负专门化功能。(6)高度的普遍成就取向。[②] 他的论述比较全面地介绍了现代化的主要目标与任务。

总结这一阶段研究,我们明显感觉到,彼时的现代化研究重视对世界现代化普遍规律的解读,这主要是为了服务于当时的改革开放,特别强调与世界接轨。其不足之处在于,其对像中国这样的发展中国家走现代化的特殊性研究不够,而这需要改革开放实践去充盈,但其无疑为我们今天研究中国式现代化创造了条件。

（二）国外学者观点

哈佛大学终身教授费正清在《伟大的中国革命》一书中提出:"现代化总是使一切国家达成某种程度的共识,但在另一方面,每一国的人必定是依据他们自己承袭下来的情况、制度和价值观,以他们自己的方式来对待现代化。"美国学者列维从能源革命的角度定义现代化,他指出:"我的现代化定义的关键在于使用无生命能源

---

① 罗荣渠.现代化新论[M].北京:北京大学出版社,1993:16—17.
② 金耀基.从传统到现代[M].北京:中国人民大学出版社,1999:98—103.

和使用工具来增加努力的效果。"①两位学者都指出了现代化道路的特殊性。

美国学者西里尔·E.布莱克认为,所谓的"现代化",是指"这样一个过程,即在科学和技术革命的影响下,社会已经发生了变化或者正在发生着变化。我们把现代化看作一个影响社会的各个方面的扩增过程"。显然,布莱克把"现代化"等同于"社会变革"。"现代化"包括政治、经济、社会各方面。"在政治方面,现代化是要日益提高社会成员通过公私机构动员和分配资源的能力,以期把随着知识的增长和技术的进步而出现的各种可能性变成现实。从经济观点来看,现代化就是用新技术来加快经济增长的速度和提高按人口平均的产量。社会的互相依赖是与伴随着城市化而来的居住方式和整个社会组织有关的。通过教育增长和传播知识对现代化过程是必不可少的。"②布莱克特别注重科技在现代化中的地位与作用。

值得关注的是,布莱克特别强调比较研究,还提出了后发国家现代化的方法论:(1)具体分析进入现代化行列比较晚的但获得成功的国家的先决条件;(2)把进入现代化行列比较晚的国家的先决条件同实现现代化比较早的社会的先决条件做比较;(3)按照已达到的发展阶段和现有控制和协调形式的可变的连贯整体来排列到现代以前的社会。③ 这对我们研究中国式现代化具有借鉴意义。

20世纪70年代以后,以美国社会学者英格尔斯为代表的学者开始关注现代化与个人的关系问题,提出了社会现代化与人的现代化互动的观点,的确,人在通过现代化改变世界的同时,现代化也使人的观念、习俗、偏好等发生改变,即吉登斯的"双重介入"。英格尔斯设立包括十个指标在内的现代化指标体系,为衡量世界各国的现代化水平提供了一种标准,对社会发展具有一定的参考价值:"研究现代化的第一种分析思路的关注重点是社会组织的模式,与此相对应的是第二种分析思路,它更加关注文化和观念的现代化。与第一种思路更多地倾向于强调组织和行动的方式相反,第二种思路首先考虑的是思考和感觉的方式,前者关注制度,后者则更加关注个体。前者归于社会学和政治学,而后者更多地属于社会学和心理学。"④根据英格尔斯的理论,中国一些发展指标已经达到现代化水平。但是,如何实现更高质量的现代化,或许可以美国、英国、法国、德国、日本等发达国家为研究对象,吸取

① ［美］列维.现代化与社会结构［M］//谢立中,等.二十世纪西方现代化理论文选.上海:三联书店,2002:104.

② ［美］西里尔·E.布莱克.日本和俄国的现代化［M］.周师铭,等译.北京:商务印书馆,1983:18—19.

③ ［美］西里尔·E.布莱克.日本和俄国的现代化［M］.周师铭,等译.北京:商务印书馆,1983:444.

④ 汪民安,等.现代性基本读本(下)［M］.郑州:河南人民出版社,2005:688.

经验,规避风险。艾森斯塔德也认为,从微观上看,现代化是"个人活动和制度结构的高度分化和专门化",从宏观上看,现代化是社会、经济、政治体制向现代类型变迁的过程。

亨廷顿也提出:"现代化是一个多层面的进程,它涉及人类思想和行为所有领域里的变革",他还进一步指出现代化的九大特征:(1)现代化是革命的过程;(2)现代化是复杂的过程;(3)现代化是系统的过程;(4)现代化是全球的过程;(5)现代化是长期的过程,从所需要的时间看,现代化是进化的过程;(6)现代化是有阶段的过程,它从传统阶段开始,以现代阶段告终;(7)现代化是一个同质化的过程;(8)现代化是不可逆转的过程;⑨现代化是进步的过程,是人心所向。① 亨廷顿的总结比较全面,尽管其不一定全部正确,但值得我们研究。

吉登斯更从方法论角度提出:"要理解当今工业社会,就必须借助于三种社会学想象力,它们是历史的感受力、人类学的感受力和批判的感受力。"②作为一位资深的社会学家,他认为,西方现代化理论"建立在错误的前提之上,在某种程度上,它为西方资本主义国家支配世界其他地方提供了意识形态辩护"。③

西方现代化研究的特点是比较分散,但同样可以帮助我们从多维度查审现代化。阿尔布劳提供了一种新的分析思路:"所有带'化'(-ization)的由动词演变而来的名称,都意味着'变化'。"④现代化的定性分析首先是历史性的,即与前现代化社会比较;然后是现实性的,即所处时代特征的变迁梳理;最后才是分析性的,即在前二者基础上的概括总结,从而形成现代化模式或道路。两位学者不约而同提到,一条成功的现代化道路要经得起各种检验。

(三)现代化模式与道路之辨

模式我们已经讨论较多了,以下谈谈"道路"。笔者认为,道路指的是具体的地理意义上的"道路"。《周礼》中就有"司险掌九州之图,以周知其山林川泽之阻,而达其道路"。鲁迅先生所讲的"这世上原本没有路,走的人多了,也就成了路"这句话来自孟子的"山径之蹊,间介然用之而成路"。⑤ 道路思想精神意义的指向早在《圣经》中就有,耶稣说"我就是道路、真理和生命",这里的"道路",寓意为"上帝之

---

① [美]亨廷顿.导致变化的变化:现代化、发展和政治//布莱克.比较现代化[M].杨豫,陈祖洲,译.上海:上海译文出版社,1996:37—47.

② [英]安东尼·吉登斯.社会学:批判的导论[M].郭忠华,译.上海:上海译文出版社,2007:10.

③ [英]安东尼·吉登斯.社会学:批判的导论[M].郭忠华,译.上海:上海译文出版社,2007:106.

④ [英]马丁·阿尔布劳.全球时代[M].高湘泽,等译.北京:商务印书馆,2001:134.

⑤ 杨伯峻.孟子译注(下)[M].北京:中华书局,1990:331.

道"。中国古代道家弘扬的"大道",也是对天地人三者协同的高度抽象的本质与规律之义。汉语中也有"道理"一词,意谓"道之理",寓意为哲理、规则。

黑格尔在《精神现象学》中提出了两种道路:"这是一条普通的道路,在这条道路上,人们穿着家常便服走过的,但在另一条道路上,充满了对永恒、神圣、无限的高尚情感的人们,则是要穿着法座的道袍阔步而来的……这样的一条道路,毋宁说本身就已经是最内心里的直接存在,是产生深刻的创见和高尚的灵感的那种天才。"①即一种是形而下的,一种是形而上的。模式相对于道路来说,就好比是指导人类前行的"道"。黑格尔把客观存在的"道路"上升为精神的理性、本体意义,他认为:"据雷缪萨说,'道'在中文是'道路,从一处到另一处的交通媒介',因此就有'理性'、本体、原理的意思。……所以道就是'原始的理性,产生宇宙,主宰宇宙,就像精神支配身体那样'。"②在《精神现象学》中,黑格尔提出构建"道"的方法论,即"永远必须这样入手:获得关于普遍原理和观点的知识,争取第一步达到对事物的一般的思想,同时根据理由以支持或反对它,按照它的规定性去理解它的具体和丰富的内容,并能够对它作出有条理的陈述和严肃的判断"③。海德格尔也把"道"理解为"一切开辟道路的道路"。他还认为:"老子的诗意运思的引导词语叫作'道'(Tao),'根本上'就意味着道路。……因此,人们把'道'翻译为理性、精神、理由、意义、逻各斯等。"④与上述"形而上"的道路解读不同,马克思主义更看重道路的实践性。马克思曾说,有人"一定要把我关于西欧资本主义起源的历史概述彻底变成一般发展道路的历史哲学理论,一切民族,不管他们所处的历史环境如何,都注定要走这条道路……这样做,会给我过多的荣誉,同时也给我过多的侮辱"⑤。

模式偏重于科学性话语体系,而道路倚重社会现实生活与实践,被共产党人作为前进方向与行动指南。列宁曾说,"只靠共产党员的双手来建立共产主义社会,这是幼稚的、十分幼稚的想法。共产党员不过是沧海一粟,不过是人民大海中的一粟而已。他们只有不仅从世界历史发展方向来看是正确地确定了道路,才能领导人民走他们的道路"⑥,所以,共产党人就是历史发展道路的"探路者"。中国特色社会主义道路来之不易,是"在改革开放30多年的伟大实践中走出来的,是在中

---

① [德]黑格尔. 哲学史讲演录:第1卷[M]. 贺麟,等译. 北京:商务印书馆,1959:54.
② [德]黑格尔. 哲学史讲演录:第1卷[M]. 贺麟,等译. 北京:商务印书馆,1959:126.
③ [德]黑格尔. 精神现象学(上)[M]. 贺麟,等译. 北京:商务印书馆,1979:3.
④ [德]海德格尔. 在通向语言的途中[M]. 孙周兴,译. 北京:商务印书馆,2004:191.
⑤ [德]马克思,[德]恩格斯. 马克思恩格斯全集:第19卷[M]. 北京:人民出版社,1963:130.
⑥ [苏]列宁. 列宁专题文集:论社会主义[M]. 北京:人民出版社,2009:336.

华人民共和国成立 60 多年的持续探索中走出来的,是在对近代以来 170 多年中华民族发展历程的深刻总结中走出来的,是在对中华民族 5 000 多年悠久文明的传承中走出来的,具有深厚的历史渊源和广泛的现实基础。中华民族是具有非凡创造力的民族,我们创造了伟大的中华文明,我们也能够继续拓展和走好适合中国国情的发展道路。"[1]毛泽东在《关于正确处理人民内部矛盾的问题》中提出:"社会主义制度的建立给我们开辟了一条到达理想境界的道路。"1983 年 4 月邓小平在会见印度共产党代表团时提出:"任何国家的革命道路问题,都要由本国的共产党人去思考和解决,别国的人对情况不熟悉,指手画脚,是要犯错误的。中国革命为什么能取得胜利? 就是以毛泽东同志为首的中国共产党人,独立思考,把马列主义的普遍原理同中国的具体情况相结合,找到了适合中国情况的革命道路、形式和方法。"[2]这些都充分说明道路的重要意义。守正才能创新,我们一定能走好中国式现代化道路。

第二节　四种现代化模式比较研究

法国社会学家涂尔干认为:"社会绝不是无逻辑的或反逻辑的存在……唯有它才能为心灵提供可以适用于事物总体的模式,并使这些事物具有可理解的可能性。"[3]模式是对社会演进的逻辑总结,反过来又可以帮助我们认识社会。按照马克思主义唯物史观基本原理,社会发展模式应该主要是由经济基础和上层建筑所组成,它包括政治、经济、文化、社会、生态五个向度,"人们在自己生活的社会生产中发生一定的、必然的、不以他们的意志为转移的关系,即同他们的物质生产力的一定发展阶段相适应的生产关系。这些生产关系的总和构成社会的经济结构,即有法律的和政治的上层建筑竖立其上并有一定的社会意识形式与之相适应的现实基础"。[4]"各个人借以进行生产的社会关系,即社会生产关系,是随着物质生产资料、生产力的变化和发展而变化和改变的。生产关系的总和起来就构成所谓社会关系,构成所谓社会,并且是构成一个处于一定历史发展阶段上的社会,具有独特的

①　习近平. 习近平谈治国理政[M]. 北京:外文出版社,2014:39—40.
②　邓小平. 邓小平文选:第 3 卷[M]. 北京:人民出版社,1993:27.
③　[法]涂尔干. 宗教生活的基本形式[M]. 渠东,等译. 上海:上海人民出版社,2006:110.
④　[德]马克思,[德]恩格斯. 马克思恩格斯选集:第 2 卷[M]. 北京:人民出版社,1995:32.

特征的社会。"①所以,社会发展模式应该是生产力与生产关系、经济基础与上层建筑的总和,它是马克思主义分析、解剖现代社会的主要工具和方法。布罗代尔认为:"马克思主义是所有模式的集大成。萨特以特殊和个性的名义来反对这种综合模式的僵化、根本形式和不充分,我也会与他并肩造反,但不是反对这种模式,而是反对长期以来人们自以为是的使用。马克思的天才及其影响的持久性的秘密在于他第一个在历史的长时段的基础上构造了真正的社会模式。但是,这些模式由于被赋予放之四海而皆准的法则效力和被当作现成的自动的解释而停留在简单的形式上。反之,假若它们被放回到生生不息的时间川流中,它们便会不断地再现出来,但是重点会有变化。由于存在着其他法则和其他模式所限定的结构,因而它们会有时变得模糊,有时则变得鲜明。在这方面,这一上个世纪中最有效的社会分析方法的潜力一直受到阻遏。……难道还需要我补充说,当代马克思主义不正是反映了任何致力于纯粹的模式,为模式而模式的社会科学所面临的危险吗?"②布罗代尔推崇反对僵化、教条式的模式,对马克思主义的认识是相对比较客观的。

马克思在《资本论》中提出:"工业较发达的国家向工业较不发达的国家所显示的,只是后者未来的景象。"这说明社会发展的历时性具有重要的可比性。布莱克认为,比较研究在对人类的问题进行系统概括中起着根本性作用,比较的目的之一在于对复杂事物的分类整理,目的之二在于解释与整理。

有学者把西方现代化模式称为"内生型"(modernization from within)增长模式,而后发的现代化模式大多属于"外生型"(modernization from without)增长模式。罗荣渠认为:"内源的现代化是一个自发的、自下而上的渐进变革过程。……它的原动力即现代生产力是内部孕育成长的,具有较强的自我发挥能力。内源的现代化大多经历漫长的时间,相对平稳地渐进地推进,暴力的使用和爆发性突变都是暂时的、一时的。而外源的现代化则启动较慢,但很不平稳,充满爆发性剧烈震荡,暴力成为常见的手段。……但必须指出,这两种发展进程并不是完全对立的、纯粹的,它们都是国际的开放性的变迁,即使是内源的现代化也是处在国际性因素交互影响之下,不是封闭性的自我转变,任何国家都不可能单独实现向现代社会的转变。"③所以在介绍"中国式现代化"前,我们有必要看看世界上其他一些现代化模式。

① [德]马克思,[德]恩格斯.马克思恩格斯选集:第1卷[M].北京:人民出版社,1995:345.
② [法]费尔南·布罗代尔.论历史[M].刘北成,等译.北京:北京大学出版社,2008:253.
③ 罗荣渠.现代化新论[M].北京:商务印书馆,2004:133.

一、苏联模式：高度集中的计划经济＋高度集中的官僚体制

苏联模式是 20 世纪上半叶战争与革命时代的产物，具有备战型与准战时型的特点，而这直接决定了其前途与命运。

（一）从战时共产主义到新经济政策

苏联现代化模式产生于战争与革命时代，它兼具备战与发展两大使命，既要解决生存问题，又要解决发展问题。十月革命后，苏俄率先把社会主义的理论变成实践，但"什么是社会主义，怎样建设社会主义？"这一重大问题同样摆在布尔什维克党面前。列宁当时就说："我们并不苛求马克思或马克思主义者知道走向社会主义的道路上的一切具体情况。这是痴想。我们只知道这条道路的方向，我们只知道引导走这条道路的是什么样的阶级力量；至于在实践中具体如何走，那只能在千百万人开始行动以后由千百万人的经验来证明。"[①] 1918—1920 年，由于帝国主义武装干涉，再加上国内白匪的叛乱，新生的苏维埃政权又被拖入长期的战争状态，故苏俄推出了"战时共产主义政策"。

（1）战时共产主义代表了苏俄直接过渡的思路。它包括土地国有化、剥夺资本、余粮征集制、平均主义的分配制度以及义务劳动制等，这些措施在苏俄反对帝国主义武装干涉及其内战中发挥过巨大作用。但内战结束后，列宁想把它作为向社会主义直接过渡的一种方式，引起广大群众不满。1920 年年初农民开始暴动，到 1921 年春已遍布全国，莫斯科和彼得格勒也出现工人示威罢工，最后发生喀琅施塔德兵变。1920 年年底，列宁认识到"直接用无产阶级国家下法令的办法在一个小农国家里按共产主义原则来调整国家的生产和分配"的做法是错误的"[②]，故其果断终止战时共产主义政策。

（2）新经济政策出场。列宁认为："我们决不把马克思的理论看作是某种一成不变的和神圣不可侵犯的东西。"[③]1921 年 3 月，苏联用粮食税代替余粮征集制，正式实施"新经济政策"。所谓粮食税政策，就是农民按照耕地面积的多少交纳一定量的粮食作为农业税，剩余的粮食和其他副食品归农民自己所有，并可以拿到市场上自由买卖。这一政策在一定程度上缓解了当时紧张的社会矛盾。从直接过渡的

---

① ［苏］列宁. 列宁全集：第 32 卷[M]. 北京：人民出版社，1984：111.
② ［苏］列宁. 列宁选集：第 4 卷[M]. 北京：人民出版社，1995：571.
③ ［苏］列宁. 列宁全集：第 4 卷[M]. 北京：人民出版社，2012：161.

"战时共产主义"到"国家资本主义",是列宁主义的重大转变。但是,由于列宁的早逝以及其他因素,这一探索未能持续下去,后来被"斯大林模式"取代。对此,毛泽东就提出:"我怀疑俄国新经济政策结束得早了,只搞了两年退却就转入进攻,到现在社会物资还不充足。"①邓小平也认为:"可能列宁的思路比较好,搞了个新经济政策,但是后来苏联的模式僵化了。"②这些评价是符合当时的历史实际的。

(二)斯大林模式内涵及特点

斯大林模式的主要特征是高度集中的计划经济与高度集权的官僚体制,具体表现在以下几个方面:

在发展战略上,其以高速度的经济增长为目标,忽视经济效益;以粗放发展为主要手段;片面发展重工业和军事工业;自给自足,具有封闭和半封闭的特点。

在经济体制上,其所有制过分单一,忽视市场机制和价值规律,是一种高度集中的计划经济,具体表现为:(1)在所有制结构方面,实行单一的公有制;(2)经济结构上优先发展重工业,忽视轻工业和农业的发展;(3)在管理体制方面,实行管理权与经营权的统一,中央部门集宏观经济和微观经济的决策权于一体,直接支配企业的人力、财力、物力,拥有产、供、销大权;(4)在经济运行机制上,实行排斥价值规律的指令性计划经济,具有高度集中性、广泛性和指令性特点。

在政治体制上,官僚机构臃肿、党政不分、政企不分,且高度集权,具体表现为:(1)在国家的本质属性上,强调专政和国家的镇压职能,忽视民主和法制;(2)在党政关系上,强调党的集中领导,以党代政;(3)在权力结构上,各加盟共和国的党、政、经、军大权集中于中央,名为联邦制国家,实际上成为单一制国家,权力过分集中于中央;(4)在执政党自身的领导体制上,民主集中制得不到很好的贯彻,斯大林更是集党、政、军最高权力于一身。

南斯拉夫学者弗兰尼茨基认为:斯大林的"官僚社会主义"或"国家社会主义"完全违背了马克思主义思想。"在把社会主义和国家、社会主义所有制和国家所有制、社会主义计划化和国家计划化等同起来的时候,他们便创造了一个强大的国家官僚主义体制。"③而波兰学者 W. 布鲁斯和 K. 拉斯基认为,苏联"集权"一词主要是

① 毛泽东. 毛泽东文集:第 7 卷[M]. 北京:人民出版社,1999:170.
② 邓小平. 邓小平文选:第 3 卷[M]. 北京:人民出版社,1993:139.
③ 黄继锋. 东欧新马克思主义[M]. 北京:中央编译出版社,2002:30.

强调一种官僚式的过度集中的命令经济。[①]

斯大林模式主要的特征就是依靠国家的权威性,通过各种资源的投入(主要是资本、劳动力等)来推动经济增长,从而实现苏联与西方国家的竞争。卡林内斯科提出:"对他(斯大林)来说,现代化就是在由国家独占一切生产手段的集中计划经济内,不惜一切手段迅速发展重工业。"[②]日本学者速水佑次郎认为:"苏联的计划经济可以认为是在政府指令下最大限度地积累资本以推动经济的极端情形。"根据苏联经济学家阿甘别吉扬的研究,这种推动的结果是资本—劳动比率的增长大大高于发达的市场经济国家,也意味着增量资本产出率(ICOR)有很大的提高(投资报酬递减)。[③] 这就是苏联模式粗放型发展的根本特征。尽管1971年苏共二十四大提出使经济由粗放型向以集约化发展,但这一提议最终还是仅停留在口号上。

当然,我们也要客观评价苏联模式。因为苏联长期处于西方包围下,为克服困难,苏联必须高度集中配置资源,"应当说,苏联模式是一个比较成功的经济追赶模式。根据美国学者麦迪森计算,1928—1939年期间苏联GDP增长率为5.8%,同期美国为0.8%,英国为1.9%,法国为0.9%,西欧为1.6%。1929年苏联GDP占世界GDP总量比重为6.9%,到1938年为10.5%,是世界第二大经济体,美国与苏联之间的经济总量相对差距由1929年的3.5倍缩小到1938年的2倍"。[④] 凭借高度集中的体制,1937年苏联迅速完成了工业化,从一个经济落后的农业国一跃成为世界第二大工业国,并且在第二次世界大战中经受了考验,战胜了德国法西斯。连它的敌人米塞斯也承认:"我们目睹了俄国布尔什维克已经有所成就,不论如何看待它的意义,必须承认,就其宏伟蓝图而言,这是人类历史上最为显著的成就之一。还没有哪个国家有过如此作为。"[⑤]但是,苏联模式没有随着时代的发展而改变,其在和平与发展时代中变得僵化落伍了。

(三)对苏联模式的反思

实际上,对苏俄的质疑和批评早在十月革命前后就展开了。罗萨·卢森堡首先质疑了苏俄的民主集中制,称其为"无情的集中主义""极端的集中主义"。她认为,苏俄的"中央委员会成了党的真正积极的核心,而其他一切组织只不过是它的

---

① [波]W. 布鲁斯,[波]K. 拉斯基. 从马克思到市场:社会主义对经济体制的求索[M]. 银温泉,译. 上海:上海人民出版社,1998:65.

② 汪民安,等. 现代性基本读本(上)[M]. 郑州:河南人民出版社,2005:260.

③ 吴敬琏. 中国增长模式抉择[M]. 上海:远东出版社,2006:45.

④ 胡鞍钢. 中国政治经济史论(1949—1976)[M]. 北京:清华大学出版社,2008:171.

⑤ [奥]米塞斯. 社会主义:经济与社会学分析[M]. 王建民,等译. 北京:中国社会科学出版社,2012:16.

执行工具而已",这可能"使党的一切组织及其活动,甚至在微小的细节上,都盲目服从中央机关"。另外,卢森堡还提出无产阶级专政是"阶级的专政,不是一个党或一个集团的专政""这一专政必须是阶级的事业,而不是极少数人以阶级的名义实行的事业,这也就是说,它必须是处处依靠群众的积极参加,处于群众的直接影响之下,接受全体公众的监督,从人民群众日益发达的政治教育中产生出来的",无产阶级专政是"最大限度公开的、由人民群众最积极地、不受阻碍地参加的、实行不受限制的民主的阶级专政"。① 她认为,苏俄有可能演变成"一小撮政治家的专政"。尽管卢森堡有的批评言过其实,但却是真诚的,而且引起了列宁的重视。列宁在《论粮食税》一文中回应:"我们说,官僚主义就在苏维埃制度内部部分地复活起来",但列宁并没有放弃原则,"是党专政还是阶级专政?是领袖专政(领袖的党)还是群众专政(群众的党)?——单是问题的这种提法就已经证明思想混乱到了不可思议的无可救药的地步。这些人竭力要标新立异,结果却弄巧成拙。"②列宁在《宁肯少些,但要好些》中进一步提出了"我们应当遵守一条原则:宁可数量少些。但要质量高些",指出要进行国家机关的改革,反对官僚主义,切实改变工作作风等。所有这些都对我们今天建设社会主义民主政治具有重要意义。但是后来的斯大林模式却进一步加强中央集权制的官僚统治。

1944年英国学者卡尔·波兰尼就提出:"使用计划、规制和控制作为其手段的苏联,到现在为止还没有把她在宪法中承诺的自由付诸实施,并且批判者们追加道,这种自由很可能永远不会付诸实施。"③一些东欧学者也质疑苏联模式,如波兰学者卡明斯基指出:"这种国家共产主义模式没能成功地找到代替市场机制、法律制度和调节效率的机构性形式,对经济干预得过多,从而使经济陷入一种封闭的恶性循环。"④捷克学者尤里·考斯塔对计划经济展开全面批判,他认为:"这些运行缺陷可扼要地概括和补充如下:领导机构和计划机构极为臃肿庞大;党的机关和经济官僚都下发指示和进行监督,造成政出多头;中央要求掌握源源不断的大量情报,而企业却垄断情报,并从而可以隐瞒自己的意图,中央的要求和企业的利益是矛盾的;企业内部存在着决策的活动余地,在计划中央的眼中,这是不合心意的,是可能破坏中央计划的

① 徐崇温. 西方马克思主义[M]. 天津:天津人民出版社,1982:17.

② [苏]列宁. 列宁全集:第39卷[M]. 北京:人民出版社,1963:21.

③ [英]卡尔·波兰尼. 大转型:我们时代的政治与经济起源[M]. 冯钢,等译. 杭州:浙江人民出版社,2007:217.

④ 王佳菲. 国外学者关于苏联模式和社会主义前途的思考[J]. 当代世界社会主义问题,2006(2):52—62.

意图的;生产消费品和小生产资料的部门很难制定计划;为了保持正常运转,常常要采用非正式的、自发运行的调节机制作为补充手段;由于缺乏稳定性,由于外部的变化和其他一些因素,使得计划不得不连续不断地修改;卖方市场占统治地位,使购方企业和消费者长期处在依附的地位;强调数量上的增长目标,忽视可以提高质量、降低成本的生产方法;对劳动力和消费品生产要执行中央指令性计划,而个人对消费和劳动岗位的选择则是比较自由的,这两者之间的矛盾带来不少困难;企业受到按数量定出的计划指标的束缚,因而它的劳动刺激的方向也是错误的。"[1]上述观点从政治、经济等方面全面指出高度集中的苏联模式存在的问题。

西方马克思主义则对苏联模式展开总体性的批判,他们认为苏联模式的本质是"国家资本主义""官僚集体主义""蜕化的工人国家",具体观点包括:

(1)认为苏联模式的弊病在于是一种片面的革命,而不是一种全面的、总体的革命。

(2)批评苏联的民主不够健全,是忽视无产阶级和人民群众的民主。

(3)批评苏联模式忽视人的意识形态问题。他们认为社会主义社会应考虑人的发展、人的作用问题,注意思想文化建设。

(4)批评苏联的对外霸权主义,特别是 1968 年苏联入侵捷克。[2]而戈尔巴乔夫认为苏联模式是"极权官僚模式的社会主义"、严重"变了形的社会主义","曲解了的社会主义"和"专制的"社会主义,认为苏联过去搞的不是真正科学的社会主义。他还把苏联模式看成阻碍苏联经济与社会发展的根源。这些批评尽管出于各自目的,但大多数还是切中要害,也揭示了 1991 年苏联解体的根本原因。当然,苏联解体不能忽视外因的作用,即苏联长期处于西方的包围下。伊格尔顿认为:"中国和苏联虽然付出了巨大的人力成本,却成功地改变了本国经济落后的局面,建立了工业化的现代国家。而中国和苏联付出的代价如此巨大,一部分原因正在于西方资本主义的敌对情绪。西方巨大的敌意将苏联卷入了军备竞赛,破坏了本来就问题重重的国内经济,并最终导致了苏联的崩溃。"[3]现在看来,苏联解体发人深省,西方对待他者向来是"非我族类,其心必异",并随之展开全面的围攻,西方的围攻是尼采式"强力意志"的体现,也是弗洛伊德、荣格心理分析中的"偏执狂"的表演。在全球化的今天,我们同样要高度警惕西方的各种和平演变。

---

① [捷克]尤里·考斯塔. 社会主义经济体制比较[M]. 黄伟灿,译. 重庆:重庆出版社,1988:72—73.
② 李青宜. 西方马克思主义的当代资本主义理论[M]. 重庆:重庆出版社,1990:198.
③ [美]特里·伊格尔顿. 马克思为什么是对的[M]. 李杨,等译. 北京:新星出版社,2011:18.

最后,就像习近平同志指出的"苏联是世界上第一个社会主义国家,取得过辉煌成就,但后来失败了、解体了,其中一个重要原因是苏联共产党脱离了人民,成为一个只维护自身利益的特权官僚集团。即使是实现了现代化的国家,如果执政党背离人民,也会损害现代化成果"。① 以史为鉴,我们要警钟长鸣!

（四）关于路径依赖

由于苏联是第一个社会主义大国,故苏联模式对其他社会主义国家及许多发展中国家具有重要影响。即所谓的"路径依赖":"早先发生的事情会对随后发生的顺序事件的可能结果产生影响。"（Sewell,1996）诺斯认为,经济制度的变迁具有路径依赖性。在经济上的报酬递增和自我强化机制,使人们一旦选择了某一路径,就会在这条道路上走下去,之后会不断自我强化,产生路径依赖。另外,路径的可选择性是相对的和有条件的。路径依赖一旦过强,就可能导致"路径锁定",使人们失去选择路径的自由。经济知识、条件、机会和偏好等因素,将制约路径选择。路径选择具有很高的机会成本,如果选择了合适的路径,可以导致经济现代化在成功道路上走得很远,如果选择了不合适的路径,会导致一段时间的失败,如果失败后再选择新的路径,前期的巨大努力就完全白费,而且浪费时间。② "路径的依赖性意味着历史是重要的,如果不回顾制度的渐进演化,我们就不可能理解当今的选择。"

路径依赖一旦全面升级为模式依赖,就很难进行变革。第二次世界大战后,东欧八国模仿苏联模式:尽管南斯拉夫、匈牙利,包括苏联自己曾经出现过某种程度的改革,但改革并未见效,结果进一步造成了社会主义制度的僵化和封闭。中国在改革开放以前也基本上走的是苏联的道路,但1956年中国共产党就提出"以苏为鉴",毛泽东为此发表了《论十大关系》。1985年5月邓小平在会见葡萄牙总统时提出:"中华人民共和国成立三十五年多,走的路是比较曲折的。因为我们干的是一件新的事情,叫建设社会主义。这个社会主义比我们搞得早的有苏联,还有东欧。我们开始的时候搬他们的,看来他们的东西也并不那么成熟,即使是很成熟的,但毕竟国家不同,各有各的历史,各有各的政治经济状况、社会状况,照搬是任何时候都不会成功的。"③"坦率地说,我们过去照搬苏联搞社会主义的模式,带来很多问

① 习近平.习近平谈治国理政:第4卷[M].北京:外文出版社,2022:171.
② 中国现代化战略研究课题组,中国科学院中国现代化研究中心.中国现代化报告2005——经济现代化研究[M].北京:北京大学出版社,2005:113.
③ 中共中央文献研究室.邓小平年谱(1975—1997)(下)[M].北京:中央文献出版社,2007:1049.

题。我们很早就发现了,但没有解决好。"路径依赖扼杀了社会主义的生命力和创造力,从而造成东欧剧变和苏联解体。所以,我们既不要走封闭僵化的老路,也不走改旗易帜的邪路。我们必须依照国情,独立自主地探索现代化道路,把中国发展进步的命运牢牢掌握在自己手里。

二、西方模式:以资本为轴心、以自由市场为平台、以个人为目的

西方率先开始现代化历史进程,其工业化、市场化、城市化、世俗化等的实践也深深影响了后来的现代化运动。

(一)西方现代性的起源

西方现代性有两大来源:一是古希腊哲学赋予的理性精神,二是讲究精算营商的犹太精神。犹太精神具有鲜明的宗教性。在黑格尔看来:宗教是精神的完成,特定的宗教同样具有一个特定的现实的精神。宗教对犹太人来说既是信仰,也是社会存在,更是其商业精神的核心。西方对犹太精神的研究主要分为建构与解构两大阵营。韦伯与桑巴特通过宗教社会学研究,为西方资本主义建构了一个宏大叙事式的理论;而马克思解构了犹太精神中的货币主义、利己主义等市民社会的表象,揭示了资本运行规律,批判了西方现代性,从而构建了唯物史观。

韦伯是西方第一个系统论述犹太教、儒教与资本主义关系的学者。他的《经济与社会》一书中既涉及货币、分工、交换等内容,更涉及权力、阶级等内容。首先,他认为,犹太人是一个比较特殊的民族,被称为世界的"贱民"[1],其天生善于经商赚钱,但流离失所,韦伯的解释就是因为犹太人放高利贷。[2] 但他并不认为犹太精神是西方资本主义萌芽的因素,反而认为它只是"流浪者的资本主义"。他认为:"举凡犹太人所到之处,他们都会成为货币经济的推动者。……典型的犹太人商业精神——如果能够具体而论的话——有着东方人的一般特点,一定程度上甚至有着前资本主义时代特有的小资产阶级的特征。……它的法律原则至上的伦理观被吸收进了清教伦理,从而被纳入现代资本主义经济道德观的背景。"[3]所以,韦伯把犹太教定位于"漂泊不定的商人"。浪迹天涯反而铸就了犹太人国际化的眼光与格

---

① [德]韦伯.古犹太人[M].康乐,等译.上海:三联书店,2021:13.

② 耶和华允诺要让世界各民族都向犹太人借钱而犹太人不必向任何人借钱。([德]韦伯.经济与社会:第1卷[M].阎克文,译.上海:上海人民出版社,2010:626.)

③ [德]韦伯.经济与社会:第2卷:下册[M].阎克文,译.上海:上海人民出版社,2010:1365,1366.

局,他们大量介入国际贸易与金融,在全世界大显身手。其次,韦伯强调犹太人的契约精神。"以色列的独特之处,首先毋宁是在于,宗教性的'契约'普遍深远地延伸成为各种极为不同的法律关系和道德关系的真正(或思想上的)基础"①,这对西方文明特别是资本主义的产生发展具有重要影响。最后,韦伯认为犹太精神既对新教伦理有贡献,但又否认其是资本主义萌芽。但他承认,在西方,经济理性主义同严格主义的伦理宗教之间存在着一种亲和力,西方以外的地区只是偶有所见。早期宗教是要人世间的一切活动都适应宗教,而新教伦理倡导的是宗教如何适应人的世俗生活?"宗教就是他的生意,生意就是他的宗教。"②新教就这样成为西方商人们的世俗化宗教。

弗兰克认为:"桑巴特已经把欧洲的合理性以及他所谓的犹太教根源说成是'资本主义'及其在欧洲诞生的绝对必要条件。"③桑巴特提出:清教一直是资本主义的对立物。但他认同韦伯的研究路径④,并在其《犹太人与现代资本主义》一书中首先提出:"现代经济观中的经济理性主义观念,如果不说是犹太人施加了决定性的影响,也是由犹太人施加了很大影响而形成。"⑤经济理性主义观念主要包括:(1)经济个人主义,是经济理性主义的本体论,来源于"人是万物的尺度"之说,爱尔维修提出:"个人利益是人类行为的价值的唯一而普遍的标准";(2)利益最大化原则,"理性经济人"必然是以追求利益最大化为目的,它是经济理性主义的价值论;(3)精算原则,是经济理性主义的方法论。韦伯认为簿记制度是资本主义存在的先决条件。犹太人具有典型的"浮士德精神"⑥,即一种积极的"入世精神",其既是一个企业家,又是一个商人,"企业家是不变因素,商人是可变因素",犹太教的路径即"原罪""救赎""入世",另外,浮士德精神也再一次很好地诠释了奥古斯丁的"双城论"⑦。桑巴特认为:"犹太人的法律就像犹太人的伦理一样,是犹太宗教体系的组

① [德]韦伯.古犹太人[M].康乐,等译.上海:上海三联书店,2021:116.
② [英]托尼.宗教与资本主义的兴起[M].赵月瑟,等译.上海:上海译文出版社,2013:135.
③ [德]贡德·弗兰克.白银资本[M].刘北成,译.北京:中国科学技术出版社,2022:20.
④ 桑巴特说,"韦伯关于清教主义对资本主义体系的重要作用的研究,是推动我思考犹太教徒的重要性的原动力"。
⑤ [德]桑巴特.犹太人与现代资本主义[M].艾仁贵,译.上海:上海三联书店,2015:143.
⑥ 浮士德精神主要意指为达到目的不惜与魔鬼打交道。
⑦ "通往上帝之城的道路就从这个充斥喧闹集市的城镇经过,想要到上帝之城的人如果不想经过这个城镇,那就必须离开这个世界。"[英]托尼.宗教与资本主义的兴起[M].赵月瑟,等译.上海:上海译文出版社,2013:141.

成部分。法是神所赐，犹太教中的道德律和神的典章是分不开的"①，法与伦理是统一的。虔诚的犹太教徒的基本美德就是自制、慎重、热爱秩序和工作、节制有度、纯真而稳健。一般而言，道德是法律的基础，法律则是最基本的道德。法律具有强制性，而道德则不然。最后，桑巴特引用了《便西拉智训》，提到"勤劳致富要比空话饿肚强得多。穷人因贤德赢得荣耀，富人靠财富赢得荣耀。顺境和逆境，生命和死亡，万事出于主。金银可以提供安全保障。财富和势力可以产生信心。与其乞讨，还不如死去。"《塔木德》提出："实际上，财富和资产并不是来自商业，而是根据美德。"②所以，桑巴特的核心观点是：犹太伦理成就了犹太人，而犹太人则激活了资本主义精神。

总之，韦伯与桑巴特都认为犹太精神对现代资本主义的产生至关重要。美国学者斯廖兹金认为，桑巴特的大部分观点还是韦伯式的，"犹太教比新教更'新教'（更古老、更强硬、更纯粹），犹太教是资本主义的鼻祖"③，所以，犹太教就是宗教激进主义的新教。英国学者罗斯认为："现代文明是三大要素的混合物。从罗马人那里，我们接受了法律观念以及某种程度上的政治观念。从希腊人那里，有时通过罗马人，我们获得了哲学思想，以及无论是在文学还是在其他艺术领域的美学标准。而西方世界将其宗教和伦理归于以色列人。"④当然，罗斯这里说的是西方文明。但吊诡的是：作为西方文明来源的犹太精神恰恰被视为"他者"，屡屡遭受迫害和打压。

综上，韦伯等除了建构用宗教精神阐释西方资本主义产生的理论范式外，更为重要的是，其确立了一个西方中心论的标准与尺度。这是典型的斯宾诺莎式方法，即"规定即否定"。

(二)西方现代化模式主要特征

"新自由主义"创始人米塞斯在《社会主义》一书中宣称："资本主义和资本主义生产是政治口号。社会主义者把它们炮制出来，不是为了拓展知识，而是为了吹毛求疵，为了批评，为了谴责。今天人们把它们挂在嘴边上，仅仅是为了编织出一幅无情的富人残酷剥削工资奴隶的画面。……从科学的观点看，它们是如此模糊和

①　[德]桑巴特.犹太人与现代资本主义[M].艾仁贵,译.上海:上海三联书店,2015:179.
②　[德]桑巴特.犹太人与现代资本主义[M].艾仁贵,译.上海:上海三联书店,2015:203,204.
③　[美]斯廖兹金.犹太人的世纪[M].陈晓霜,译.北京:社会科学文献出版社,2020:60.
④　[英]罗斯.犹太人与世界文明[M].艾仁贵,译.北京:商务印书馆,2021:7-8.

暧昧,简直没有任何价值。"①果真如此吗? 我们首先从"奥地利学派"最关注的"个人自由"范畴入手。

西方现代性以个人利益最大化为目的。斯密提出:"追求私利的人类利己本能乃是大自然所赋予的,它是引导全社会的生产和繁荣的原动力。"②但是追求个人私利不能损害别人、别国、其他民族的利益。相反,斯密认为:当每个人致力于追求自我利益时,全体的利益也同时得到最好的满足。不幸的是,这种自洽只是理论上的"假设",后来的资本主义发展恰恰是通过牺牲最大多数国家、民族的利益来满足极少数人的私利。阿米泰·埃齐沃尼认为:"新古典主义范式的基础(个人使自己的利益达到最大化,理性地选择最能实现这种目标的手段)就是亚当·斯密《国富论》的观点,即为自己服务的个人在竞争的市场里提供了最有效的社会组织模式,尤其是经济活动的模式。"③马克思同时代的学者赫斯指出:"与此相对,在利己主义的状态中盛行的是颠倒的世界观,因为这种状态本身是颠倒的世界的状态。对于今天的俗人、基督教的小商人和犹太教徒来说,个体就是生活的目的,而类生活却是生活的手段。他们为自己创造了一个特殊的世界。从理论上说,这种颠倒的世界的典型形态就是基督教天国。"④西斯蒙第则把批判的矛头直指英国:"大家请看,英国所积累的如此巨大的财富究竟带来什么结果呢? 除了给各个阶级带来忧虑、困苦和完全破产的危险以外,另外还有什么呢? 为了物而忘记人的英国不是为了手段而牺牲目的吗?"⑤这些批判离科学社会主义还很远,而且《共产党宣言》分别对"真正的社会主义"和"小资产阶级社会主义"进行了批判。马克思恩格斯在《神圣家族》中总结法国大革命时指出:资本主义社会的主要特征,即"工业、普遍竞争、自由地追求自己目的的私人利益、无政府状态、自我异化的自然个性和精神个性的社会",这对我们全面认识、批判资本主义生产方式非常重要。

马克思认为:"市民社会的利己主义的个人在他那非感性的观念和无生命的抽象中可以把自己夸耀为原子,即同任何东西毫无关系的、自满自足的、没有需要的、绝对充实的、极乐世界的存在物。"⑥上述观点比较全面地概括了西方经济个人主义

① [奥]米塞斯. 社会主义:经济与社会学分析[M]. 王建民,等译. 北京:中国社会科学出版社,2012:88.
② 韩保江. 中国奇迹与中国发展模式[M]. 成都:四川人民出版社,2008:50.
③ [美]帕特里夏·沃哈恩. 亚当·斯密及其留给现代资本主义的遗产[M]. 夏镇平,译. 上海:上海译文出版社,2006:4—5.
④ [德]赫斯. 赫斯精粹[M]. 邓习泽,译. 南京:南京大学出版社,2010:144.
⑤ [法]西斯蒙第. 政治经济学新原理[M]. 何钦,译. 北京:商务印书馆,1964:479.
⑥ [德]马克思,[德]恩格斯. 马克思恩格斯文集:第1卷[M]. 北京:人民出版社,2009:321.

原则与特征。所以,自由主义经济学鼓吹的"个人绝对自由",按照马克思的说法,"在自由竞争中自由的并不是个人,而是资本"①,这才是问题的实质!

彼得·柏格认为,这种西方的个人主义提供了一切肥沃的土地去滋长现代化的许多成分和元素,譬如说资本主义企业家的产生。相反的,当现代性一旦产生,它就会逐渐侵蚀传统中比较集体取向的社区和制度,把个人完全交给他自己,因而助长了个人主义的价值和社会心理的现象。……西方文明孕育了适宜现代性特有的个人主义,现代化过程反过来又促进了这种个人主义,并且还相当成功地把个人主义扩张到世界的其他地方,不少现代化理论(如美国的帕森斯)就纷纷假定个人主义(帕氏称之为自我取向)与现代性之间的关切,是必然的而且还是其整合的一部分。可悲的是,资本主义将个体的原子化与碎片化作为其最大成就加以炫耀。马克思指出:"由此产生一种荒谬的看法,把自由竞争看成是人类自由的终极发展,认为否定自由竞争就等于否定个人自由,等于否定以个人自由为基础的社会生产。"②恩格斯在《国民经济学批判大纲》中提出:"自由主义的经济学竭力用瓦解各民族的办法使敌对情绪普遍化,使人类变成一群正因为每一个人具有与其他人相同的利益而互相吞噬的凶猛野兽——竞争者不是凶猛野兽又是什么呢?"③自由只是资本的自由,可谓一语中的!

西方模式产生于欧洲工业革命,它改变了西方及全球的历史。的确,工业革命"从1500年到20世纪早期,世界总产出增长的大部分归因于西方世界,其占世界总产出增长的份额从1500年的不足20%上升到1950年的超过55%"。④ 需要强调的是,自由主义经济学家看到的工业革命是玫瑰色的,是全人类的福音,它给人类带来财富、自由等美好的东西;而马克思主义认为工业革命是人类最后的奴役。恩格斯在他的《英国状况》中指出:"英国工业的这一次革命化是现代英国各种关系的基础,是整个社会的运动的动力。上面已经谈过,它的第一个结果就是利益被升格为对人的统治。利益霸占了新创造出来的各种工业力量并利用它们来达到自己的目的;由于私有制的作用,这些理应属于全人类的力量便成为少数富有的资本家的垄断物,成为他们奴役群众的工具。商业吞并了工业,因而变得无所不能,变成了

① [德]马克思,[德]恩格斯. 马克思恩格斯文集:第8卷[M]. 北京:人民出版社,2009:179.
② [德]马克思,[德]恩格斯. 马克思恩格斯文集:第8卷[M]. 北京:人民出版社,2009:180.
③ [德]马克思,[德]恩格斯. 马克思恩格斯文集:第1卷[M]. 北京:人民出版社,2009:62—63.
④ [美]塞缪尔·鲍尔斯,等. 理解资本主义:竞争、统制与变革[M]. 孟捷,等译. 北京:中国人民大学出版社,2010:10.

人类的纽带;个人的或国家的一切交往,都被溶化在商业交往中,这就等于说,财产、物升格为世界的统治者。"①同一事件为什么会有截然不同的评价? 因为马克思主义是站在唯物史观立场上分析批判的。《德意志意识形态》指出:"大工业创造了交通工具和现代的世界市场,控制了商业,把所有的资本都变成工业资本,从而使流通加速(货币制度得到发展)、资本集中。大工业通过普遍的竞争迫使所有个人的全部精力处于高度紧张状态。它尽可能地消灭意识形态、宗教、道德等,而在它无法做到这一点的地方,它就把它们变成赤裸裸的谎言。它首次开创了世界历史,因为它使每个文明国家以及这些国家中的每一个人的需要的满足都依赖于整个世界,因为它消灭了各国以往自然形成的闭关自守的状态。它使自然科学从属于资本,并使分工丧失了自己自然形成的性质的最后一点假象。它把自然形成的性质一概消灭掉(只要在劳动的范围内有可能做到这一点),它还把所有自然形成的关系变成货币的关系。它建立了现代的大工业城市——它们的出现如雨后春笋——来代替自然形成的城市。凡是它渗入的地方,它就破坏手工业和工业的一切旧阶段。它使城市最终战胜了乡村。"②所以,马克思主义是把工业化与资本、剥削、异化、物化联系在一起进行批判,而涂尔干、吉登斯等人把现代性归结为工业主义:"而涂尔干提出'有机的'社会组织和'机械的'社会组织之间的对立,他相信,工业主义的进一步扩张,将建立一种和谐而完美的社会生活,并且这种社会生活将通过劳动分工与道德个人主义的结合而被整合。"③有人认为,工业化具有普世性,它是现代性的核心内容,它不但能解决经济增长问题,而且能解决政治民主化、市民社会等一系列重要问题,它是人类社会一个总体性的解决方案。从历史上看,这种观点是站不住脚的。

西方现代化模式可以分为以下几种模式:美国模式、德国模式(莱茵模式)、英国模式等,但它们都存在维特根斯坦式的"家族相似",万变不离其宗。它们都是通过文艺复兴、宗教改革,确立了个人主义后,经过资产阶级革命,扫除了发展资本主义的一切障碍,再进行工业革命,从而最后确立了奴役全球的资本霸权(见表 2.1)。

---

① [德]马克思,[德]恩格斯. 马克思恩格斯文集:第 1 卷[M]. 北京:人民出版社,2009:105.
② [德]马克思,[德]恩格斯. 马克思恩格斯文集:第 1 卷[M]. 北京:人民出版社,2009:566.
③ [英]安东尼·吉登斯. 现代性的后果[M]. 田禾,译. 南京:译林出版社,2011:6—7.

表 2.1　　　　中共中央组织部党建研究室课题组关于各种西方模式的调研报告

名称	本质	特征	优点	弊端
英美模式	以市场经济为导向,以个人主义和自由主义为依托,强调企业自主经营,推崇利润至上的经营目标	以市场配置资源为主导,崇尚个人主义;强调并鼓励自由竞争,认为经济发展的动因是市场机制对经济的充分调节;主张实行私有化,要求放松管制、减税,鼓励个人积聚财富;要求政府决策被限定在最小范围内,以企业分散决策为主要形式,公司注重利益目标;实行董事会制和股东制,发挥股票和证券对经济的杠杆作用	最大限度发挥市场经济所固有的优势,充分调动个人和企业的主动性、积极性和创造性,最大限度发挥市场竞争那只"无形的手"对经济的指挥和推动作用	容易导致国家的必要干预作用下降,控制风险的能力弱化;容易导致不惜牺牲长期社会利益而追逐短期利益;过于强调个人主义与自由竞争,使各种市场竞争主体的利益冲突关系较为明显,严重削弱了市场的协调性与社会的和谐;强调效率优先原则,不太重视公平和合理分配的原则,容易加剧贫富分化,导致一些社会问题不断凸显;追求金钱至上,讲求金钱万能,导致道德危机、人际关系淡漠等
莱茵模式	它继承了传统资本主义市场经济中的私有制、契约自由、竞争自由、经营和择业自由等因素,又吸纳了社会主义的公平公正和共同富裕的先进成分。这种模式既注意发挥个人的积极性、创造性以及市场竞争优胜劣汰的特点,同时又注重使用高税收和高福利等社会政策和社会保障制度来不断调整因市场竞争而造成的不公平现象	坚持市场自由竞争原则与适当的国家干预相结合,把高度集中的计划经济和自由放任的资本主义市场经济结合起来,企图实现自由、效率和社会秩序三者的和谐统一;建立比较完善的社会保障制度,注重效率与公平的统一,保证社会的公平与稳定;实行劳资"共参制";银行具有高度的独立性和权威性,并与企业有紧密联系,在很大程度上起着金融市场和股票市场的作用	它在资本主义国家的发展模式中还是比较成功的,较好地体现了经济效率与社会公平的统一	一是过高的社会福利支出使国家和企业不堪重负,人们的过高需求超出生产力发展所能承受的能力,这在一定程度上阻碍了经济社会的发展;二是国家对劳务市场和产品市场干预过多,限制较多,劳动力成本过高,失业率上升,人们参与经济活动的积极性下降,企业缺乏创新精神和竞争力,经济发展受到制约

（三）资本逻辑的流变：异化与物化

"西方现代化的最大弊端，就是以资本为中心而不是以人民为中心，追求资本利益最大化而不是服务绝大多数人的利益，导致贫富差距大、两极分化严重。"①西方模式以资本为轴心，所以要深刻了解这种模式，必须首先解剖资本的前身今世。资本是"资产阶级社会的支配一切的经济权力。它必须成为起点又成为终点"②，这是资本主义社会的历史与逻辑起点。西方现代化资本演化的图式为：由物化到异化；从商品危机到工业危机，再到金融危机，最后到社会危机。

资本是一个自我矛盾的复合体，作为生产要素，它有着解放、发展生产力的"文明的"一面，但作为一种"剥削关系"，其更有"野蛮"的另一面。除了残酷的剩余价值剥削外，资本所带来的"异化""物化"同样是"枷锁"。物化（reification）是由马克思首先提出的。卢卡奇又进一步指出：人与人之间的关系被表现和体验为物与物之间的关系。社会关系失去其社会性质，被神秘化为技术的、交换的或行政的关系。人们像评价物一样评价彼此。人的意识被物化。"人类成为彼此的手段，可以被利用来达到某些目的的手段。然而——这是马克思主义物化观点的核心之一——人们对这种现象却似乎并不感到奇怪，并不觉得这是'异于其本性'的事。相反，物化过程取得了一种'自然'关系的特征。"③资本把人与人的关系还原为物与物的关系，并且通过雇佣劳动固定下来，进而把人类推向一个物欲横流、万劫不复的时代。

日本学者广松涉认为，物化一般包括以下三层含义：（1）人本身的物化。（2）人的行动状态的物化。（3）人的心身的力能的物化。

美国学者弗雷德里克·杰姆逊在《晚期马克思主义》中提出："在那里它不仅标明了人类关系被代之以物一样的关系（货币，'金钱关系'）而且——以所谓商品拜物教形式——标明了一种特异的物病理学（pathology of the material），在其中，使用价值世界先前实体的事物被畸变成抽象的等价物，而这等价物现在依然投射了一种新的、以利比多方式被投入商品中的物质性的幻象。在这个含义上，'物化'实质上处于来自物质本身的另一个极端，即它似乎转变成依然比事物自身更加像物的奇怪的精神化的

① 中共中央党史和文献研究院.习近平关于中国式现代化论述摘编［M］.北京：中央文献出版社，2023：99-100.

② ［德］马克思，［德］恩格斯.马克思恩格斯选集：第2卷［M］.北京：人民出版社，1995：24.

③ ［克罗］勃朗科·霍尔瓦特.社会主义政治经济学：一种马克思主义的社会理论［M］.吴宇晖，等译.长春：吉林人民出版社，2003：108.

客体。"①物化即是商品拜物教的产物,具有一定的神秘性和抽象性。

南斯拉夫学者坎格尔加认为:物化是"异化的较高阶段或者最高阶段"。②

但是,卢卡奇等的物化理论与马克思的异化理论还是有本质区别的,它只是借鉴了韦伯的合理化思想,即宗教式的祛魅;或者说只是看到了资本剥削的形式,不可能像马克思那样开展资本本质性的批判,即发现物化、异化的真正原因。

黑格尔首次从哲学角度提出异化,他在《精神现象学》一书中指出:"抽象物,无论属于感性存在的或属于单纯的思想事物的,只有先将自己异化,然后从这个异化中返回自身,才体现为它的现实性和真理,才是意识的财产。"③费尔巴哈则第一次赋予异化以哲学含义:主体所产生的对象物、客体,不仅同主体本身相脱离,成为主体的异在,而且,其反客为主,反转过来束缚、支配乃至压抑主体。这是一个双重对象化的过程:首先是主体将自己的本质对象化,尔后是主体沦为这一对象化的对象。而且他还用异化来分析批判宗教。所以,异化实质上是一种逻辑的主体自反性。马克思在前人的基础上把异化视为一种特殊的社会关系并且用于社会批判,克罗地亚学者霍尔瓦特认为:"在黑格尔和马克思本来的用法上,异化是指人类存在与本质的分离。……社会劳动过程有三个要素:人、人的活动和人的活动的产品。每一个要素都可能被异化。因此,异化现象可以很方便地用三个过程来证明:劳动的异化、劳动产品的异化和人与他人和社会关系的异化。(1)劳动的异化意味着工人创造能力的疏离,工人变成了物、一种商品,然后又被某人所占有。工人丝毫不能决定做什么、怎么做。这是个人与他的生命活动之间的一种根本性的断裂。这种自我异化是异化的基本方面。(2)劳动产品的异化是劳动异化的直接后果。劳动产品就是固定在某个对象中、物化为对象的劳动。这就是劳动的对象化。劳动的实现就是劳动的对象化。劳动一旦卖出,劳动的所有产品就被雇主占有。劳动的产品现在'作为一种异化的存在物,作为不依赖于生产者的力量,同劳动相对立'。(3)当一个人疏离他的生命活动和他的产品时,他也必定疏离他人。社会分成了敌对的社会阶级。"④但异化并不是工人阶级特有的,马克思、恩格斯在《神圣家族》中提出:有产阶级和无产阶级同样表现了人的自我异化。但是,有产阶级在这

①　[美]弗雷德里克·杰姆逊.晚期马克思主义[M].李永红,译.南京:南京大学出版社,2008:198.
②　黄继锋.东欧新马克思主义[M].北京:中央编译出版社,2002:25.
③　Hegel,Werke in zwanzig Bandon[M].Berlim:Suhrkamp,1970,Bed.3,p.39.
④　[克罗]霍尔瓦特.社会主义政治经济学:一种马克思主义的社会理论[M].吴宇晖,等译.长春:吉林人民出版社,2003:103—105.

种异化中感到幸福,感到自己被确证,它认为异化是它自己的力量所在,并在异化中获得人的生存的外观。而无产阶级在异化中则感到自己是被消灭的,并在其中看到自己的无力和非人的生存的现实。① 所以,在资本主义社会,异化具有全面性。

《资本论》发表后,马克思的异化观点发生转变,首先,异化的内涵发生变化,从人与劳动产品相异化、人与劳动过程相异化、人与人相异化转变为"过去的物化劳动"对"现在的活劳动"的统治,马克思认为这种"物与人的颠倒""主体和客体的关系颠倒"是一种"错乱",它实际上是一定历史条件下的生产活动对它本身的条件和对它本身的产品的关系所表现出的异化形式。其次,马克思早期对异化是持全面批判的态度,之后逐渐认为它是一定历史阶段的产物,体现了一定生产力发展水平的要求。"从历史上看,这种颠倒是靠牺牲多数来强制地创造财富本身,即创造无限的社会劳动生产力的必经之点,只有这种无限的社会劳动生产力才能构成自由人类社会的物质基础。"②最后,马克思早期是用异化来批判、解构资本主义历史,而《资本论》不是用异化来解释历史,而是用历史来解释异化。因此,异化从早先的马克思主义的一个核心概念转为历史唯物主义的一般概念。

也许有人认为,随着当代科学技术的突飞猛进和生产力的进一步发展,人民群众的物质福利有所增加,早期资本主义那样一种物化、异化已不复存在,人的解放与发展有所推进。马克思主义的回答是否定的,"而在社会的增长状态中,工人的毁灭和贫困化是他的劳动的产物和他生产的财富的产物。就是说,贫困从现代劳动本身的本质中产生出来。社会的最富裕状态,这个大致还是可以实现并且至少是国民经济和市民社会的目的的理想,对工人来说却是持续不变的贫困"。③ 尽管哈耶克、哈特威尔等人拼命用统计数据论证工人的名义工资不断增加,但是,资本主义剥削的本质没有改变,工人阶级的贫困也由绝对贫困转化为相对贫困,而且其又被套上新的枷锁。

有的西方学者继续沿着马克思对资本主义的三大批判的路径,即商品拜物教、货币拜物教、资本拜物教的批判,从技术、消费等方面对当代西方资本主义展开批判。第三次科技革命一方面大大促进生产力的发展,另一方面也在资本逻辑的驱使下,对人的主体性产生进一步压抑、限制,形成了新的技术拜物教。伽达默尔认为:"二十世纪是第一个以技术起决定作用的方式重新确定的时代,并且开始使技

① [德]马克思,[德]恩格斯. 马克思恩格斯全集:第 49 卷[M]. 北京:人民出版社,1982:48.
② [德]马克思,[德]恩格斯. 马克思恩格斯全集:第 49 卷[M]. 北京:人民出版社,1982:49.
③ [德]马克思,[德]恩格斯. 马克思恩格斯文集:第 1 卷[M]. 北京:人民出版社,2009:124.

术知识从掌握自然力量扩展为掌握社会生活,所有这一切都是成熟的标志,或者也可以说,是我们文明危机的标志。"①雅斯贝斯认为:"技术已给人类环境中的日常存在造成了根本的转变,它迫使人类的工作方式和人类社会走上了全新的道路,即大生产的道路,把人类的全部存在变质为技术完美机器中的一部分,整个地球变成了一个大工厂。在此过程中,人类已经并正在丧失其一切根基,人类成了地球上无家可归的人,他们正在丧失传统的连续性。精神已被贬低到只有为实用功能而认识事实和进行训练。"②海德格尔更认为技术已不再是"一个中性的概念",而是"一个否定性的概念",因为现代技术包括"座架"(enframing),其本质是逼迫、限定或控制。将世界座架于技术—科学理性范式内的危险在于,人类对存在的关照从根本上受到威胁。马尔库塞全面分析了技术导致物化并进而扼杀人的自由的全过程,他认为,工业社会拥有种种把形而上的东西改变为形而下的东西、把内在的东西改变为外在的东西、把思维的冒险改变为技术的冒险的手段。他特别强调,发达工业社会的极权性往往是掩盖在自由的旗号下的,如经济的自由竞争、娱乐的自由选择,然而,"在压抑性的整体的规定之下,自由可以被用作强有力的统治工具。……自由选择主人并不会使主人或奴隶归于消失"。"发达工业社会的显著特征是它有效地窒息那些要求自由的需要,即要求从尚可忍受的、有好处的和舒适的情况中摆脱出来的需要,同时它忍受和宽恕富裕社会的破坏力量和抑制功能。"③这是一种隐秘的、披着技术与自由外衣的剥削与压迫。

实际上,对西方模式的批判从它产生之日起就已经开始,不管是空想社会主义,还是现当代的西方马克思主义,都从不同的角度,全方位、多向度对资本主义展开了全面批判。但是,这种批判与马克思主义对资本主义的总体性批判相比,还是有着本质不同:(1)前者往往从抽象的人性出发,而不是从唯物辩证法出发,所以不能揭示整个资本主义生产方式的本质和内在联系。(2)前者一边对资本进行猛烈批判,一边又认为其存在是合理的,是超历史的,甚至是永恒的,所以存在着悖论。(3)其没有提出根本的解决之道,如果有的话,也是乌托邦主义。以往的哲学只是批判这一世界,但问题是要改造世界。

尽管西方现代化模式对其他发展中国家具有吸引力,但是,历史证明:真正按照西方民主制度和以资本为轴心来试验的,导致经济社会发展较为成功的案例少

---

①　[德]伽达默尔.科学时代的理性[M].薛华,等译.北京:国际文化出版公司,1988:63.

②　[德]雅斯贝斯.历史的起源与目标[M].魏楚雄,等译.北京:华夏出版社,1989:114.

③　[美]马尔库塞.单向度的人[M].刘继,译.上海:上海译文出版社,2006:9.

之又少,硕果仅存的也就是西方那几个老牌资本主义国家,即现存的"西方七国集团"(G7),而且它们自身问题成堆。相反,许多国家的模仿不是半途而废,就是不疾而终。所以,诺斯就说:"将成功的西方市场经济制度的政治经济规则搬到第三世界和东欧,就不再是取得良好经济实绩的充分条件,私有化并不是解决经济实绩低下的灵丹妙药。"①大卫·科兹也认为,中国如果放弃了国家指导下的转型战略,而采取新自由主义路径,那么这既会损害中国的经济发展,也会危害到社会稳定。当代美国学者沃勒斯坦在《现代世界体系》的序言中提出:"第一,创立资本主义不是一种荣耀,而是一种文化上的耻辱。资本主义是一剂危险的麻醉药,在整个历史上,大多数文明,尤其是中国文明,一直在阻止资本主义的发展。而西方的基督教文明,在最为虚弱的时刻对它屈服了。我们从此都在承受资本主义带来的后果。第二,我们并非处于资本主义胜利时期,而是处于资本主义混乱的告终时期。遍及全球的反国家心态就是这种危机的一个主要症状,也是资本主义灭亡的催命剂。第三,资本主义是一个不平等的体系。……占人类四分之一的中国人民,将会在决定人类共同命运中起重大的作用。"②1984年他在德国发表演讲提出:"自由、平等、博爱不是直接反对封建主义的口号,而是反对资本主义的口号。它们是一种社会秩序的设想,这种社会秩序不同于我们的社会秩序,并可能在某一天建成。"③所有这些论述都具有一定的客观性与建设性,值得我们参考。

习近平认为,西方模式是以资本为中心的现代化、两极分化的现代化、物质主义膨胀的现代化、对外扩张掠夺的现代化。④"尽管资本主义制度和西方现代化模式也在不断演变,但其骨子里的资本至上、弱肉强食、两极分化、霸道强权的本性没有改变。"⑤上述观点比较全面地指出西方现代化的本质与特征,我们在这里不吝篇幅批判资本、异化与物化,一方面是为了以史为鉴,另一方面也要思考中国式现代化要不要资本,及如何看待按劳分配和按其他要素分配,这也是历史留给中国式现代化的新的时代命题。

---

① 俞可平,等. 中国模式与"北京共识"[M]. 北京:社会科学文献出版社,2006:30.

② [美]伊曼纽尔·沃勒斯坦. 现代世界体系[M]. 郭方,等译. 北京:高等教育出版社,1998:1—2.

③ [美]伊曼纽尔·沃勒斯坦. 沃勒斯坦精粹[M]. 黄光耀,等译. 南京:南京大学出版社,1998:159—160.

④ 中共中央党史和文献研究院. 十九大以来重要文献选编(下)[M]. 北京:中央文献出版社,2023:546.

⑤ 中共中央党史和文献研究院. 习近平关于中国式现代化论述摘编[M]. 北京:中央文献出版社,2023:294.

三、拉美模式:有增长无发展的模式

拉丁美洲是第二次世界大战后较早开始探索现代化道路的地区。从 19 世纪 70 年代开始,该地区先后经历了以自由主义、发展主义和新自由主义为指导的三种现代化战略。

(一)拉美经济奇迹

为了摆脱西方的控制与影响,许多发展中国家在获得民族独立后,走上了工业化、现代化的道路。拉丁美洲原来是西方的殖民地,后来又变身为美国的后院,本身也受到西方现代化模式的强烈辐射与影响。20 世纪下半叶拉丁美洲创造了经济奇迹,迅速实现工业化(见表 2.2),人均 GDP 达 4 700 美元,其中阿根廷、墨西哥与智利更是高达 7 000 美元,被誉为"拉美奇迹"。

表 2.2　　　　　　　1950—1981 年拉美主要国家工业产值增长率　　　　　单位:%

国家	1950—1960 年	1960—1973 年	1973—1981 年	1950—1981 年
阿根廷	4.1	5.4	—1.8	3.1
巴西	9.1	8.5	4.5	7.6
智利	4.7	4.6	0.9	3.7
哥伦比亚	6.5	6.7	3.7	5.9
墨西哥	6.2	8.8	6.6	7.4
秘鲁	8.0	5.5	2.4	5.5
委内瑞拉	10	5.8	1	5.5
拉美总体	6.6	7.3	3.7	6.1

资料来源:拉美经委会统计处。

按照历史发展的阶段,拉美模式可分为三种:初级产品出口型、进口替代工业化模式、后进口替代发展模式。初级产品出口基本上还是属于殖民地型,主要是为发达国家提供原材料或者初级产品;所谓进口替代工业化战略(ISI),指的是利用本国资源为本国制成品开拓国内市场,保护本国民族工业的成长,用本国产品代替舶来品,其首先是替代进口消费品,减少进口,从而减少外贸逆差。替代不是一种理论的选择,而是由资本主义的向心性强加的。它仅仅是在一片支离破碎的外围中每个国家的狭小天地里、在损害其经济合理性与发展活力的情况下付诸实行的。

拉美模式的产生与发展受到三种理论的影响：(1)依附性发展理论。其由阿根廷经济学家劳尔·普雷维什最先提出。该理论认为发达国家与广大发展中国家之间是一种剥削与被剥削的关系。在世界经济领域中,存在着中心—外围层次。发达资本主义国家构成世界经济的中心,发展中国家处于世界经济的外围,受着发达国家的剥削与控制。该理论是新马克思主义的重要理论学派之一。它认为,由于发展中国家缺乏独立自主的能力,其必须依赖于发达国家(原宗主国),这些发展中国家的发展目标、强度、效率、方向等都会受到发达国家的牵制、影响。所以,发展中国家只有摆脱对发达国家的依赖,独立自主、自力更生,经济才能起飞。这种理论实际上是路径依赖的衍生品。普雷维什指出:"中心国家、特别是那个资本主义超级大国,使用这些不同的行动和诱导方式,使外围国家程度不同地服从于在中心国家做出的决定,或者被迫采取本来不应采取的决定,或者被迫放弃哪怕是对本国利益有利的决定。这就是依附现象。"①而这种依附包括技术依附、文化依附、意识形态依附等,它们严重束缚了拉美各国的发展。(2)中心—外围理论。其也是由阿根廷经济学家劳尔·普雷维什提出的一种理论。中心—外国理论将资本主义世界划分成两个部分:一个是生产结构同质性和多样化的"中心";一个是生产结构异质性和专业化的"外围"。前者主要是由西方发达国家构成,后者则包括广大发展中国家。"中心"与"外围"之间的这种结构性差异并不说明它们是彼此独立存在的体系,恰恰相反,它们是作为相互联系、互为条件的两极存在的,构成了一个统一的、动态的世界经济体系。"中心"生产与输出工业品和技术,而"外围"生产与出口粮食和原材料(即"初级产品",目前原材料出口占拉美全部商品出口的 60%,如剔除墨西哥,这一比例接近 80%),它具有"整体性、差异性和不平等性"三大基本特征。此理论预言:初级产品贸易条件的长期恶化趋势会加深"中心"与"外围"之间的不平等。该理论偏重于经济全球化时代发展中国家的事实判断,反而遮蔽了其价值批判,但其对理解国际政治经济格局具有一定意义。(3)"华盛顿共识"。依附论与"中心—外围理论"虽然部分揭示了拉美落后的主要原因,但用静止的绝对的观点分析问题,忽视制度革新,没有提出针对性的解决方案。1989 年美国研究员约翰·威廉姆森首次提出所谓的"华盛顿共识",被称为"新自由主义的政策宣言"。"华盛顿共识"以经济私有化、自由化、市场化等为核心,具有一定的世界影响,其首先被拉美许多国家奉为经典并加以推广。以上三大理论决定了拉美现代化道路的

---

① [阿]劳尔·普雷维什.外围资本主义[M].苏振兴,译.北京:商务印书馆,1990:193-194.

命运。

20 世纪 70 年代末,拉美国家出现了较快的金融自由化进程。而 20 世纪 80 年代中期以前,一些受债务危机打击最大的国家增强了对资本流出管制的力度。到 20 世纪 90 年代初,拉美国家才重新出现资本项目自由兑换的趋势。以阿根廷为例,它是一个长期受经济危机困扰的国家,20 世纪 70 年代初期开始,其对国内金融市场取消限制,并且在经济改革初期就取消了对资本项目的大部分管制。自 1976 年以来,阿根廷政府推行经济私有化和金融私有化,使资本项目自由兑换与金融体系的自由化和经济结构调整政策同步进行,通过资本项目自由兑换和市场利率发挥市场机制的作用,改造产业结构和吸引外资,但收效甚微,至今阿根廷已经爆发了十次大危机。阿根廷危机的常态化已经成为世界关注的焦点,这不能不引起人们的深思。墨西哥自 20 世纪 80 年代的债务危机之后,对金融部门进行严格管制。直到 1989 年,其才对资本项目逐步放松管制,以吸引外资。在此之后,墨西哥外债迅猛增长,贸易逆差和经常项目赤字不仅没有得到缓解,反而愈加严重。1994 年 12 月 20 日,墨西哥政府宣布比索实行自动浮动,导致了外汇市场危机,不久后又进一步波及股票市场,最终酿成一场具有国际影响的金融危机。

拉美现代化模式的基本特征包括以下几个方面:一是贸易自由化。各国通过降低关税壁垒和逐步消除非关税壁垒来推动进口替代战略。二是放松外资管制。投资领域更加开放,外资优惠政策不断增加,申报和审批程序简化,吸收大量外资入境。三是国有企业以直接出售、资本市场股权出售、企业内部向职工转让股权、合资、清理出售和租赁六种方式实现全面私有化,私有化范围广、外资参与程度高。四是实行财税体制改革。以实现税制简单化、税种结构合理化和税收管理现代化等目标来建立现代财税体系。五是金融改革。取消利率管制,取消或废除强制性信贷配给,降低和统一银行存款准备金,加强中央银行的独立性,从组织和法律上保证各国中央银行货币政策的独立地位。这些举措较为明显地反映了新自由主义的影响。尽管拉丁美洲各国凭借这些政策,曾经创造过经济增长的奇迹,但是也出现了许多社会问题。大卫·哈维就认为:"拉丁美洲在 20 世纪 80 年代初受到了第一波强制新自由主义化浪潮的侵袭,对大多数人来说,结果是一个经济滞涨、政治混乱的失落十年。"[①]"华盛顿共识"成为"华盛顿陷阱",令拉美模式也成为"拉美陷阱"。

---

① ［美］大卫·哈维. 新自由主义简史［M］. 王钦,译. 上海:上海译文出版社,2010:101－102.

(二)"拉美病"主要特征

1. 公平失衡

其具体表现为:(1)分配不公。美洲开发银行的研究报告显示,占总人口30%的穷人仅获国民收入的7.5%(世界平均水平为10%),而占总人口5%的富人却获得25%的国民收入。以2002年为例,拉美的基尼系数高达0.6,其中阿根廷为0.59,巴西为0.64,智利为0.55,哥伦比亚为0.575,墨西哥为0.514,秘鲁为0.525,委内瑞拉为0.50(见表2.3),所以拉美被认为是世界上收入分配最不公平的地区。(2)贫困人口众多。联合国有关数据显示,2004年拉美贫困人口为2.24亿(占总人口的43.2%),其中,9800万人处于极端贫困之中(占总人口的18.9%),而且还呈逐年上升趋势。(3)城乡差别巨大。一方面,拉美的城市化率不断攀升(从1970年的62.5%上升到2000年的78%);另一方面,农村不断被边缘化,而且各大城市贫民窟遍地开花,严重影响城市的治安和管理。1994年墨西哥萨帕塔民族解放军举行恰帕州起义,1982年委内瑞拉则发生"玻利瓦尔革命"。

表2.3 　　　　　　　　　　　 **20世纪80年代拉美各国的基尼系数**

国家	1980年前后	1989年前后
阿根廷(首都)	0.408	0.476
玻利维亚(城市)	0.516	0.525
巴西	0.594	0.633
智利	—	0.573
哥伦比亚(城市)	0.585	0.532
哥斯达黎加	0.475	0.460
墨西哥	0.506	0.550
委内瑞拉	0.428	0.441

资料来源:拉美经委会.80年代拉丁美洲的贫困与收入分配[R].1993:16。

2. 腐败丛生

夺得2010年度诺贝尔文学奖的秘鲁著名作家巴尔加斯·略萨说:"如果用一个词来描述拉美,这个词就是'腐败'。"腐败成了拉美模式的代名词。在清廉国际每年公布的腐败认知指数(CPI)排行榜上,拉丁美洲各国都名列前茅。根据透明国际"2009年腐败认知指数",排在世界前30名的拉美国家就有4个(巴巴多斯、圣卢西亚、智利和乌拉圭),10个国家在第100名之后,其中海地排名倒数第10位。尽管拉美的人均收入从总体上看要高于全球的中等水平,但三分之二的拉美国家的腐败程度要比全球其他一半地区更严重。在拉美,许多国家的领导人本身就是腐败分子。委内瑞拉前总统佩雷斯、巴西前总统科洛尔、尼加拉瓜前总统阿莱曼、墨西哥前总统萨利纳斯、阿根廷前总统梅内姆、秘鲁前总统藤森、哥斯达黎加前总统罗德里格斯和巴拉圭前总统马基等人，都因腐败而被起诉或入狱。有一篇论述阿根廷腐败问题的文章写道："在阿根廷，谁都厌恶腐败，但是谁都离不开腐败。当交通警察要对你罚款时，没有一个人不会立即给他一点小钱（coima）。"腐败已深入人们的日常生活，人们也见怪不怪，说明该问题非常严重。尽管近年来许多拉美国家改革政体、加强司法和监督、打击腐败，但并未取得明显成效。

3. 环境污染

拉丁美洲的地理环境、自然资源得天独厚，它拥有世界上 40％的动植物和 27％的水资源，而且森林覆盖率高达 47％。但是，随着工业化的快速推进，在 1981—1990 年期间，拉美每年损失 740 万公顷的热带森林，这一数字高于亚太地区近 2 倍。同时，拉美地区土地资源流失严重，生态平衡遭到破坏。据统计，该地区退化的土地面积约占该地区总面积的 16％，仅次于亚洲和非洲。拉美每年因土地沙化造成的经济损失高达 20 亿美元。土质的退化和耕地面积的减少使拉美这个昔日的粮仓面临"粮荒"。如今，拉丁美洲的环境污染也成为严重的社会问题之一。

4. 社会问题积重难返

首先，社会治安状况恶化，犯罪率居高不下。20 世纪 70 年代，拉美国家的谋杀率为万分之八，居当时的世界第一。到 90 年代，这一数据上升至万分之十三，是除非洲以外所有其他国家的 4 倍。[①] 拉美最大的国家巴西暴力事件造成的经济损失每年约占 5％。其次，吸毒贩毒猖獗。美国政府目前公布的一份文件显示，世界上 20 个种毒、制毒活动最猖獗的国家中，拉丁美洲地区就有 13 个。据初步统计，美国市场上的毒品中，80％的可卡因和 90％的大麻是由拉美生产或通过拉美转运的。在哥伦比亚、秘鲁和玻利维亚等国，约有 150 万人种植毒品作物、贩运和提炼半成品、制成品。最后，艾滋病发病率快速上升。据初步统计，2004 年中美洲地区的艾滋病患者超过 20 万。这些都严重影响了拉美各国的稳定与发展。

（三）"中等收入陷阱"的烦恼

2006 年世界银行《东亚经济发展报告》首次提出"中等收入陷阱"的概念。其基本含义是指：鲜有中等收入的经济体（人均 GDP 为 3 000～10 000 美元，每年会随通货膨胀而调整）成功地跻身为高收入国家（人均 GDP 在 10 000 美元以上），这

---

① 谢立中. 经济增长与社会发展：比较研究及其启示[M]. 北京：社会科学文献出版社，2008：74.

些国家往往陷入了经济增长的停滞期(长期滞涨),既无法在工资收入上有明显提高,又无法在科学技术上与富裕国家竞争。一个经济体的人均收入达到世界中等水平后,由于不能顺利实现经济发展战略和发展方式转变,导致新的增长动力特别是内生动力不足;同时,快速发展中积累的问题集中爆发,造成贫富分化加剧、产业升级艰难、城市化进程受阻、社会矛盾凸显等问题。《人民论坛》杂志在征求50位国内知名专家意见的基础上,列出"中等收入陷阱"国家十个方面的特征,包括经济增长回落或停滞、民主乱象丛生、贫富分化、腐败多发、过度城市化、社会公共服务短缺、就业困难、社会动荡、信仰缺失、金融体系脆弱。目前,国际上公认的成功跨越"中等收入陷阱"的国家和地区仅有日本和"亚洲四小龙"。导致深陷"中等收入陷阱"的原因是多方面的:(1)受西方新自由主义影响,政府作用被削弱,宏观经济管理缺乏有效制度框架,政策缺乏稳定性,政府债台高筑,通货膨胀和国际收支不平衡等顽疾难以消除,经济危机频发造成经济大幅波动。如20世纪80年代的拉美债务危机[1],对经济持续增长造成了严重冲击。阿根廷在1963—2008年的45年间出现了16年负增长,主要就发生在20世纪80年代债务危机和2002年国内金融危机期间。近年来,随着世界经济的低迷,曾被誉为"世界粮仓"的阿根廷经济更是飞流直下,通货膨胀高企迫使政府实施"休克疗法",政府甚至准备取消本国货币直接美元化,贫困率高达40%。(2)社会公共事业与经济建设不匹配,居民收入增长赶不上GDP增长,民生改善明显滞后。收入分配失衡,贫富差距拉大,形成城乡"新二元结构"。在谈到巴西时,布罗代尔认为:"奇迹时期的经济增长,加上外债的激增和收入的两极分化,使巴西在朝稳定的社会形态方向前进的道路上更加步履维艰。可见,巴西的实例表明,在发展近代资本主义的同时,人们为经济增长而牺牲了社会发展。"[2]"中等收入陷阱"成为横在许多发展中国家面前的一道不可逾越的鸿沟。

拉美现代化留下的启示包括以下几个方面:(1)必须处理好政府与市场的关系;(2)必须处理好开放与保护的关系;(3)必须处理好经济增长与发展的关系。最重要的是,要处理好对外开放与独立自主的关系。拉美各国在处理三个关系上的错乱,再加上其不顾国情,盲目崇拜新自由主义,导致拉美现代化成为世界上典型的"有增长无发展"的模式。正如普雷维什所说,资本主义的全球发展的神话,如同

---

① 以至于经济学家库兹涅茨说,"这个世界总共有四个国家:发达国家、发展中国家、日本和阿根廷"。
② [法]布罗代尔.资本主义论丛[M].顾良,等译.北京:中央编译出版社,1997:29.

外围按照中心的模式发展的神话一样,都已经消失了。市场规律的调节功能的神话也正在逐步消失。英国学者霍布斯鲍姆在《资本的年代(1848—1875)》一书中也说道:"19世纪的第三个25年期间,拉美以无比的热情拥抱资产阶级自由主义模式,从此走上西化道路,然而结果却颇令人失望。"①其最后陷入所谓"发展的陷阱"。吉登斯也认为:"拉丁美洲是新自由主义和市场经济盛行的地方。这样的发展导向来源于华盛顿共识。华盛顿共识的主旨是:发展最重要的是必须以减少贫困和不平等作为目的,实现这一目的的手段是推行不受管制的市场经济。总的说来,这一尝试在拉美国家是失败的。如今,拉美国家正饱尝失败的苦果。"②应该说,这些评论还是比较客观中肯的。

在进入21世纪前后,拉丁美洲各国出现新的动作:一方面,以委内瑞拉、厄瓜多尔、玻利维亚等为代表的拉美左翼力量,主张彻底清算新自由主义,建立新的经济体制,甚至走所谓拉美式的社会主义道路;而以巴西、智利、秘鲁等为代表提出要改革传统的拉美模式,反对完全照搬新自由主义,借鉴社会民主主义的理念。另一方面,拉美各国加强国际合作,加强区域经济一体化,如巴西加入"金砖五国"。1991年3月26日,阿根廷、巴西、乌拉圭和巴拉圭4国总统在巴拉圭首都亚松森签署《亚松森条约》,宣布建立南方共同市场。此后,南方共同市场先后接纳智利(1996年)、玻利维亚(1997年)、秘鲁(2003年)、厄瓜多尔(2004年)和哥伦比亚(2004年)等国为其联系国。该组织的宗旨是通过有效利用资源、保护环境、协调宏观经济政策、加强经济互补,促进成员国科技进步,最终实现经济政治一体化。2014年,该组织已经成为世界第四大经济集团,并同中国等国家(地区)建立了对话或合作机制。所有这些都表明,拉丁美洲各国试图摆脱西方(美国)的控制与影响,走独立自主的发展道路。同样作为发展中国家,中国一直关注拉美的发展。2023年1月习近平提出:"中方一贯支持拉美和加勒比地区一体化进程,高度重视发展同拉共体关系,将拉共体视为巩固发展中国家团结、推动南南合作的重要伙伴。正是本着这样的初心,中方与拉方一道,不断加强中拉论坛建设,推动中拉关系进入平等、互利、创新、开放、惠民的新时代。"③衷心希望拉美早日告别过去,迈向美好未来!

---

①　[英]霍布斯鲍姆.资本的年代(1848—1875)[M].张晓华,译.北京:国际文化出版公司,2006:154.

②　[英]安东尼·吉登斯.全球时代的民族国家[M].郭忠华,编.南京:江苏人民出版社,2010:208.

③　习近平.向拉美和加勒比国家共同体第七届峰会合作的视频致辞[N].人民日报,2023-1-26:1.

四、东亚现代化模式:威权主义+市场经济+儒家文化

第二次世界大战以后,特别是 20 世纪 60 年代以来,东亚经济快速起飞。世界银行报告显示,1992 年,东亚地区 10 个国家和地区(日本、中国、四小龙、泰国、马来西亚、印度尼西亚、菲律宾等)的 GDP 合计为 51 550 亿美元,美国为 5.9 万亿美元,西欧为 6.1 万亿美元,东亚已接近美国和西欧经济总量的 90%。[①] 而在 1960 年,东亚十国和地区仅占世界经济总量的 9.4%,同期,欧洲为 28.7%,美国为 45.3%。1993 年 10 月世界银行发表《东亚奇迹:经济增长和政府政策》的研究报告,首次提出"东亚模式"。与拉美模式不同,东亚各国主要推行出口导向型模式,表现为对外资开放,国内生产主要面向国际市场,东亚的经济增长主要依靠市场力量。美国学者钱纳里认为:"到目前为止,一般认为开放的发展战略是实现工业化的较好途径。我们的结论与这一观点相吻合。我们发现,采用出口带动增长发展战略——与进口替代战略相反——的国家,经济增长较快,工业化速度较快,全要素生产率增长率较高,而且能较快地形成发达国家的投入—产出结构。在纯理论形式上,从依靠进口替代的增长转向以制造业为主要动力的增长也许要有一个必要的顺序。这个顺序表明,一国得以实行制造业产品出口战略之前,必须建立一定的工业基础和一整套的技术能力。""成功地通过增加出口带动经济增长的国家的经验表明,尽管增长的推动主要依靠市场刺激,但政府也执行了积极的干预政策。"[②]但是,东亚的出口导向型经济也存在较大风险:由于对外部经济依赖过大,出口占 GDP 的比例过高,欧美经济一旦有风吹草动,再加上巨额外债,东亚经济就会深受影响,1997 年亚洲金融危机就是典型的例子。因此,单纯选择进口替代或出口导向战略都是不科学的,关键还是要从本国实际出发,推行进出口协调均衡发展战略,注意引导国内市场的发展。

有学者认为,东亚模式是第四代工业化模式,与前三种资本主义发展模式的比较见表 2.4。[③]

① 世界银行.1994 年世界发展报告[M].毛晓威,等译.北京:中国财政经济出版社,1994:1.
② [美]钱纳里,等.工业化和经济增长的比较研究[M].吴奇,等译.上海:三联书店,1989:491—492.
③ [美]塞缪尔·亨廷顿,等.现代化:理论与历史经验的再探讨[M].张景明,译.上海:上海译文出版社,1993:305.

表 2.4　　　　　　　　　东亚模式与资本主义三种模式的比较

	第一代工业化	第二代工业化	第三代工业化	第四代工业化
时间	18 世纪末至 19 世纪初	19 世纪中期	19 世纪末至 20 世纪初	20 世纪后半叶
地区及国家	欧洲先发地区：英国	欧洲中等地区：法、德、美	欧洲后发地区和非欧先发地区：意大利、俄国、日本	非欧后发地区：中国台湾、韩国、中国大陆等
政治经济条件	市民革命、先行工业化、帝国主义化	市民革命、先行工业化与帝国主义化并行	工业化与帝国主义化并行，不彻底的市民革命	帝国主义世界体系下的工业化、不彻底的市民革命
推进主体	民间企业（中小企业为主）	银行、民间企业（大企业为主）	国家、民间大企业	国家、外资、民间大企业
世界体系条件	中心型	半中心型	半外缘型	外缘型
先发国家与后发国家间国际分工的形态	消费资料工业——第一产业	消费资料工业、生产资料工业、耐用消费资料——第一产业与消费资料工业	消费资料工业、生产资料工业、耐用消费资料——第一产业与消费资料工业	消费资料工业、生产资料工业、耐用消费资料、高技术——消费资料工业、生产资料工业、耐用消费资料工业
周期	第一周期 1790 年到 1844—1851 年	第二周期 1844—1851 年到 1890—1896 年	第三周期 1890—1896 年到 1948 年	第四周期 1948 年到目前进行中

表 2.4 展示了东亚模式的主要成因、内容及特点。国内外学者进一步从制度、体制乃至文化等维度加以解读。马克思的东方社会理论早就提出，东方专制主义的形成与其公有制、村社以及兴修水利工程等有关。欧阳康认为，西方现代化有三个核心价值：市场经济、民主政治、基督教伦理（清教伦理）；而亚洲价值观的核心价值是：市场经济、中央集权（新权威主义）、儒家伦理。[①] 日本学者恒川惠市认为：所谓权威主义体制，是指参与决策的主体只限于受到国家认可的少数人或团体，既没有普通群众参加，也没有使体制正统化的精干的意识形态系统。[②] 事实也的确如此：日本的经济活动中政府的调控占到 50%，社会力量仅占 20%，其余由市场调节；韩国的国家因素也有 40%，社会力量占 30%；而新加坡社会力量调控仅占 10%，政

---

① 欧阳康.全球化与马克思主义哲学的当代发展——前提、问题域及研究思路[J].哲学研究,2005(9)：3—9.

② 徐远和.儒家文化与东亚社会发展模式[M].南宁：广西人民出版社,2002:241.

府比例高达 50%。① 日本学者大野健一提出,这种体制的要点是:(1)强势而懂经济的领导人;(2)把经济发展当作国家目标、意识形态甚至迷信;(3)有辅佐领导人制定和实施经济政策的技术精英集团;(4)政权的合法性来自经济发展的成功。② 亨廷顿认为,威权主义是"几乎没有政治争论和竞争,但政府对社会中其他群众经济的控制是有限的"。马丁·雅克认为:"这种家长式统治具有一定优势",可以使政府和领导者"享受不同类型的信任""享有许多权威""促使他们采取较为长远的姿态,来面对社会和自身的需要"。③ 斯蒂格利茨认为,东亚的成功与政府的作用密切相关,其将东亚发展与东欧剧变相比,"如果说共产主义在苏联和东欧的失败为市场体系对社会主义的优越性提供了强有力的佐证,那么东亚的成功则为政府在其中扮演活跃角色的经济对自发调节的市场的优越性提供了同样强有力的证明"。④

经济增长与民主政治之间有无必然联系,西方学者的研究也莫衷一是。如福山认为:"经济发展和自由民主之间存在着不容置疑的关系,我们只要放眼世界就可以看到这点。但是,这种关系的实质都比它的表面更为复杂,至今还没有任何理论能予以适当的解释。"1959 年美国学者马丁·利普塞特提出,在稳定的民主和一个国家的经济发展水平(包括与经济发展相关的其他指数,如城市化、教育等)之间,存在着一种极其强烈的实证的相互作用。⑤ 奥唐奈认为,至少在拉丁美洲,经济发展超出某一点,就与民主制度发生冲突,民主只与中等水平的经济发展相联系,而"当代南美洲较高水平的现代化与政治民主是不相联系的"。一项对 98 个国家的细致分析得出了如下结论:"在穷国当中,权威主义政体提高了经济发展效率,而民主政体则确实像是有碍于发展的一种奢侈品。"1979 年苏查特莫科说:"西方大多数发展理论家似乎都已接受并带有几分懊丧地确认:发展须与权威主义政府相伴随,看来是不可避免的。"⑥哈佛大学教授丹尼·罗德里克提出:"我不认为经济增长和民主制度之间存在任何取舍关系,建立民主的理由和发展经济的理由并没有什么重合。我也不认为这个世界上有哪个国家会穷到没有办法建立民主或改善人权的地步。实际证据表明,一个国家在向民主转轨的时候不见得非要付出经济上

① 王辉耀. 中国模式:海外看中国崛起[M]. 江苏:凤凰出版社,2010:4.
② 吴敬琏,等. 从威权到民主[M]. 北京:中信出版社,2008:74.
③ [英]马丁·雅克. 当中国统治世界[M]. 张莉,等译. 北京:中信出版社,2010:111.
④ [英]波兰尼. 大转型:我们时代的政治与经济起源[M]. 冯钢,等译. 杭州:浙江人民出版社,2007:7.
⑤ [美]福山. 历史的终结及最后之人[M]. 黄胜强,等译. 北京:中国社会科学出版社,2003:123,141.
⑥ [美]塞缪尔·亨廷顿,等. 现代化:理论与历史经验的再探讨[M]. 张景明,译. 上海:上海译文出版社,1993:343-344.

的代价。有人认为，只有拖延民主的步伐才能取得经济发展，或者只有富裕才可以享受民主，对此我不能苟同：……但另一方面，我也不认为民主是经济增长的先决条件，民主的确是件对大家都有利的事情，越早拥有越好。与经济增长相比，民主是个大得多的、不同的议题。"①所以，不顾国情，而一味地强调民主是经济发展的充分必要条件，是没有意义的。正如习近平同志所说："蓄意鼓噪所谓'民主和威权''自由与专制'的二元对立，只能造成世界割裂、文明冲突。"②我们欢迎学术上的"百家争鸣"，但对一些别有用心的歪曲指责，我们要坚决反对！

关于东亚模式受到儒家文化的影响，在学术界存在着争议。布莱克认为："中国的范例是独特的，因为它所起的示范作用在东亚仍然占主导地位，其使一种巨大的文化保持了不间断的连续性。"③马克斯·韦伯认为："儒家的理性主义是对世界的合理的适应，基督教的理性主义则是合理地宰割世界。"④韦伯认为儒家文化是亚洲资本主义发展的障碍。但美国学者赫尔曼·卡恩认为东亚社会共有的儒家伦理包括工作勤奋、敬业乐群、和睦的人际关系、尊敬长上、强调配合协调与合作，不突出个人或个人利益等。卡恩认为这种"新儒教文化"比西方的新教伦理更有利于实现经济增长。⑤ 因为"儒家道德"中嵌入了两种相互关联的特征："创造有责任心、有动力、负责和有知识的个体，以及对义务、组织身份、忠诚于各种组织（比如，'家庭、商业公司或者政府中的一个部门'）的高度意识。"在面对平等和组织有效性等问题的现代社会中，"新儒家文化"比新教伦理拥有更大的优势。⑥ 美国学者霍夫亨兹也认为，东亚和谐的劳工关系得益于"儒家仁爱精神"。以上看似矛盾的结论说到底还是"西方中心论"在作怪，它认为：既然社会也同自然界一样，必须遵循"逻各斯"，而这种逻各斯又是永恒的、先定的，因而社会发展道路也必然是既定的、单一的、不可选择的。

关于儒家文化的影响，似乎存在着一个"悖论"：甲午战争中，日本打败"大清帝国"，如果我们把儒学作为日本现代化的必要条件，那在日本人眼里，一种"没落"的

① 吴敬琏，等. 从威权到民主[M]. 北京：中信出版社，2008：80—81.

② 习近平. 深化团结合作 应对风险挑战 共建更加美好的世界[N]. 光明日报，2023—8—24：1.

③ [美]布莱克. 日本和俄国的现代化[M]. 周师铭，等译. 北京：商务印书馆，1983：54.

④ Max Weber. The Religion of China[M]. New York：Free Press，1959：248.

⑤ Herman Kahn. World Economic Development，1979 and Beyond[M]. Boulder：Westview Press，1979：121—123.

⑥ [美]阿里夫·德里克. 后革命时代的中国[M]. 清华大学国学研究院，主编. 上海：上海人民出版社，2015：17—118.

文化如何成为自强的条件,岂不自相矛盾? 康有为也不能接受。甲午之败后,他上书光绪帝时说:"夫以中国二万里之地,四万万之民,比于日本,过之十倍,而为小夷慢侮……理亦难解。"①但在布莱克看来"日本从来没有完全屈从过中国的传统。……所以它看来不一定是'中国的'"。② 所以说传统儒学对日本的影响大,还不如说中国洋务运动所倡导的"中体西用"思想在日本"开花结果"。究其原因,首先,此"儒学"亦非他"儒学",一种观点认为是所谓"新儒学"的作用,"新儒学承认科学的工具有效性,却怀疑和拒斥科学主义对价值本位层面的渗透和扩张。在他们看来,现代化作为一个世俗的运动本身不能提供任何意义,人生的价值必须回到中国文化中最富形而上学气质的宋明理学中去"。③ 其次,日本的现代化归功于其"脱亚入欧"战略。最后,要解释日本现代化的成功,还是要加强对其历史、文化、国情的研究。笔者认为,日本现代化是比较典型的费正清的"冲击与变迁"模式。

奈斯比特在《亚洲大趋势》一书中认为:"亚洲的现代化绝非等同于'西化',它呈现出的是特有的'亚洲模式'。现在,亚洲踏上了富强发展之路,经济复苏使东方人有机会重新审视传统文明的价值。随着技术和科学的引进,亚洲向世界展现了现代化的新型模式,这是一种将东西方价值观完美结合的模式,是一种包容自由、有序、社会关注和个人主义等信念的模式,东方崛起的最大意义是孕育了世界现代化的新模式。亚洲正以'亚洲方式'完成自己的现代化,它要引导西方一起迈入机遇与挑战并存的 21 世纪。"④由于中国在地理和历史文化方面同属于东亚,因此"东亚模式"对中国模式的影响不可低估。国外学者甚至认为中国模式就是东亚模式的翻版。如哈佛大学教授傅高义等认为,中国模式还处于"亚洲模式"的初级阶段。笔者认为,这些相似都是表象,开放型的经济体在经济增长上一般都大同小异,但二者最大的不同还是社会制度与发展道路存在差异。作为亚洲的一员,我们还是要特别重视对东亚现代化模式的研究。

拉美模式和东亚模式本质上是西方模式的翻版,其理论基础还是西方的新自由主义。福山曾断言:"亚洲战后的经济奇迹证明,资本主义是一条所有国家都可以走的经济发展道路。在第三世界,没有一个欠发达国家仅仅因为迟于欧洲才开始发展而处于劣势,也没有一个已建成的工业强国能够阻止后来者的发展,但这个

---

① 中国近代史丛书编写组. 戊戌变法(二)[M]. 上海:上海人民出版社,1972:167.
② [美]布莱克. 日本和俄国的现代化[M]. 周师铭,等译. 北京:商务印书馆,1983:53.
③ 许纪霖,等. 中国现代化史(第一卷)[M]. 上海:学林出版社,2006:24—25.
④ [美]约翰·奈斯比特. 亚洲大趋势[M]. 蔚文,译. 北京:外文出版社,1996:275.

国家必须按经济自由主义的规则办事。"①美国学者罗伯特·迈克切斯尼认为："新自由主义是我们这个时代明确的政治、经济范式——它指的是这样一些政策与过程：相当一批私有业者能够得以控制尽可能广的社会层面，从而获取最大的个人利益。"②纵观战后历史，每当经济进入繁荣期，自由主义就会抬头，右翼政党就会得势，这时政府就会靠边站，充当"守夜人""稻草人"。但当经济遭遇危机直至出现萧条时，左翼政党就会上台，社会民主主义就会复活，政府干预就会登场，真是"你方唱罢我登场"。但建筑在私有制基础上的市场经济无法从根本上克服生产社会化与私人占有制之间的矛盾。所以，当1998年爆发"亚洲金融危机"时，东亚模式受到极大冲击，许多国家经济一蹶不振。拉美模式、东亚模式都没有成功搭上西方的"便车"，反而被远远甩了出去。波兰尼曾一针见血地指出，在一个复杂社会中，一旦自由成为咄咄逼人的行动刺激因素，自由的意义就会变得自相矛盾、歧义丛生，就会产生剥削他人的自由，获得超额利润而不对社会做出相应贡献的自由，阻止技术发明用于公益事业的自由，或发国难财的自由。③ 这是对自由主义、新自由主义等的最好回应。

　　历史证明：任何发展观都是"暂时的和历史的"。正如恩格斯所说，每一种形态和观念"对它发生的那个时代和那些条件来说，都有它存在的理由；但是对它自己内部逐渐发展起来的新的、更高的条件来说，它就变成过时的和没有存在的理由了；它不得不让位于更高的阶段，而这个更高的阶段也要走向衰落和灭亡。正如资产阶级依靠大工业、竞争和世界市场，在实践中推翻了一切稳固的、历来受人尊崇的制度一样，这种辩证哲学推翻了一切关于最终的绝对真理和与之相应的绝对的人类状态的观念。在它面前，不存在任何最终的东西、绝对的东西、神圣的东西；它指出所有一切事物的暂时性；在它面前，除了生成和灭亡的不断过程、无止境地由低级上升到高级的不断过程，什么都不存在。"④所以，不管是依赖苏联模式还是西方模式，都是不可取的，关键还是要找到适合本国国情的发展道路、发展模式，并且要不断探索、不断改革、不断创新。国内学者吴树青也认为："对于任何一个国家来说，高度优化的抽象理论模式都只能作为考察问题时的某种参照系，而绝不可能成

---

　　① ［美］弗朗西斯·福山.历史的终结及最后之人[M].黄胜强,许铭原,译.北京:中国社会科学出版社,2003:116.
　　② 《科学社会主义》杂志社.中国特色社会主义:若干重大理论与现实问题研究[M].北京:人民出版社,2010:228.
　　③ ［美］大卫·哈维.新自由主义简史[M].王钦,译.上海:上海译文出版社,2010:42.
　　④ ［德］马克思,［德］恩格斯.马克思恩格斯选集:第4卷[M].北京:人民出版社,1995:217.

为构造现实经济体制的蓝图。"①走自己的路,这就是结论。

总之,以上各种模式存在的共同问题,要么是建筑在以理性主义为基础的社会进化论上的,大多属于社会达尔文主义的范畴,即信奉"物竞天择,适者生存";要么是建筑在教条式的"社会主义"基础上的,实质上是一种历史的"异化",即背离了增长或发展的初衷,把追求物的增长代替了人的发展。其结果是导致一小部分人"发展""发达"了,大部分人落难、落伍了,从而造成新一轮的贫困化。令人气愤的是,人们还认为这是天经地义的、不可动摇的"自然法则"或历史规律,所以,它们充其量只是一种经济增长模式,具体表现在以下几个方面:

1. 单纯追求经济增长率,背离以人为本的宗旨

以物为本,人成为空场,人的解放与自由根本不在其视野之内。米塞斯宣称:"自由主义一贯注重全社会的福利,从未为某一特殊阶层谋取利益。即是为了'绝大多数人的最大幸福'。从历史学的角度看,自由主义是第一个为了大多数人的幸福,而不是为了特殊阶层服务的一种政治倾向。与宣称追求同样目标的社会主义截然不同的是:自由主义不是通过其追求的目的,而是通过它选择的方法去达到这一最终目的。"②对此,恩格斯指出:"事实日益令人信服地证明,资产阶级经济学关于资本和劳动的利益一致、关于自由竞争必将带来普遍和谐和人民的普遍福利的学说完全是撒谎。"③资产阶级一贯把自己的阶级利益说成是全社会的共同利益,从而赋予其意识形态合法性,这是赤裸裸的谎言。马克思指出:"每一个企图代替旧统治阶级地位的新阶级,就是为了达到自己的目的而不得不把自己的利益说成是社会全体成员的共同利益,抽象地讲,就是赋予自己的思想以普遍性的形式,把它们描绘成唯一合理的、有普遍意义的思想。"④不可否认,"资产阶级在它的不到一百年的阶级统治中所创造的生产力,比过去一切世代创造的全部生产力还要多,还要大"。随之而来的是社会福利的增加,但是,这种福利完全是工人阶级自己创造的,而且这种福利的取得是工人阶级牺牲自己的解放与自由、是人的物化和异化所换来的,所以根本谈不上"绝大多数人的最大幸福"。的确,第二次世界大战后,西方资本主义借助于科学技术革命,大大推动了生产力的发展,也创造了商品过剩的幻

① 吴树青.模式运行调控[M].北京:中国人民大学出版社,1987:44.

② [奥]路德维希·冯·米塞斯.自由与繁荣的国度[M].韩光明,等译.北京:中国社会科学出版社,1994:50.

③ [德]马克思,[德]恩格斯.马克思恩格斯文集:第3卷[M].北京:人民出版社,2009:544.

④ [德]马克思,[德]恩格斯.马克思恩格斯全集:第3卷[M].北京:人民出版社,1982:54.

象,旋即开始鼓吹消费主义,制造所谓的消费幻象,从而遮蔽阶级矛盾和斗争。这在一定程度上缓和了社会矛盾,但"万变不离其宗",物的增值主要惠及少数人,广大民众还是陷入了相对贫困。

沃勒斯坦提出:"自由主义立场的含糊性似乎最少,对他们来说,'人民'就是全体'个人'的总和,他们每个人都是政治、经济和文化权利的最终所有者。个人是现代性最为出色的历史'主体'。"①马克思主义"自由人的联合体"思想提出了人的解放与自由的思想,颠覆了西方抽象的人权观、自由观。马克思在《1844年经济学哲学手稿》中指出:"共产主义是私有财产即人的自我异化的积极的扬弃,因而是通过人并且为了人而对人的本质的真正占有;因此,它是人向自身、向社会的即合乎人性的人的复归,这种复归是完全的、自觉的和在以往发展的全部财富的范围内生成的。这种共产主义,作为完成了的人道主义,它是人和自然界之间、人和人之间的矛盾的真正解决,是存在和本质、对象化和自我确证、自由和必然、个体和类之间的斗争的真正解决。它是历史之谜的解答,而且知道自己就是这种解答。"②与此同时,恩格斯也提出,社会主义是"在保证社会劳动生产力极高度发展的同时,又保证人类最全面的发展的这样一种经济形态",它"不仅可能保证一切社会成员有富足的和一天比一天充裕的物质生活,而且还可能保证他们的体力和智力获得充分的自由的发展和运用","这是人类从必然王国进入自由王国的飞跃"。③

2.基本上是粗放型发展模式

其通过一种扩大外延的方式来推动经济增长,主要依靠增加生产要素的投入,即所谓人力、物力、财力的投入,以高速度、高消耗、低产出、低效益为特点,从而破坏了人与自然、人与社会的关系。投资率过高会导致资本回报率接近于收益递减区间,将导致资本回报水平的下降。西方经济学也从侧面加以证明:早期经济增长理论主要偏重要素禀赋,如哈罗德—多马模型注重投资对经济增长的作用:$g = i/v$,其中,g代表增长率,i代表投资率,v代表资本—产出比率。该模型的一个基本假定是资本—产出比率v不变,在这样的条件下,一国产出总量的大小就取决于资本存量的多少,投资越多,则增长越多。后来,索洛的新古典增长模型开始注重技术进步的作用,但还是解决不了诸如环境保护这一外部性问题。20世纪30年代后,凯恩斯主义为应对大萧条,提出了增加投资与消费的总体性解决方案,拼命扩

①　汪民安,等.现代性基本读本(上)[M].郑州:河南大学出版社,2005:242.
②　[德]马克思,[德]恩格斯.马克思恩格斯全集:第3卷[M].北京:人民出版社,2002:297.
③　[德]马克思,[德]恩格斯.马克思恩格斯全集:第3卷[M].北京:人民出版社,2002:322.

大需求,从而加大政府的财政支出,为应对各种社会问题的福利政策又需要大量公共开支,导致政府赤字不断增加,债台高筑。后来的新自由主义又奉行金融自由化,"资产证券化""量化宽松"政策等导致货币大量投放。所以,金融资本主义与债务资本主义是"同谋",如同资本主义对自然环境的破坏影响了可持续发展,巨额债务也影响了社会的可持续发展,债务扔给了子孙后代。

3. 基本属于"有增长无发展"的模式

发展经济学家托达罗认为:"按照严格的经济定义,'发展'一词习惯上是指一国经济(其最初的经济状况在长时期内或多或少是静止不变的)获得或保持 GNP 以每年 5%～7%或者更高的速度增长的能力。"[①]这一定义还是局限于经济增长本身,并不涉及社会等其他方面的发展。西方语境中的发展观根植于经济自由主义,发展是经济增长的同义词。而经济增长的核心就是自由市场经济,它能确保长期经济均衡,舍此别无其他。所以,经济增长是发展的必要条件,但不是充分条件,增长不一定等同于发展,而发展一定是以经济增长为基础的。发展还包括社会与人的发展指标。

联合国开发计划署在《1996 年人类发展报告》中提出五种有增长而无人类发展的现象,至少可以归纳为七种表现形式:

(1)jobless——没有创造就业机会的经济增长。

(2)ruthless——无情的增长,成果不能为社会共同分享的经济增长。

(3)voiceless——无声的增长,没有发言权、没有推进民主政治发展的经济增长。

(4)rootless——无根的增长,没有文化根基的经济增长,本民族的文化和传统逐渐消失。

(5)futureless——无望的增长,以资源浪费、环境破坏为代价的,没有前途的经济增长。

(6)independenceless——低头的增长,即依附型增长现象。这也是应该加以杜绝的第六种病态的导致不可持续性的经济发展现象。

(7)controllout(controlless)——失控的增长现象。例如鼓吹市场神话和公共产品市场化。韦斯凯尔提出这是一种"愚蠢的增长",即"不受约束的增长、漫无目

① [美]迈克尔·托达罗. 经济发展与第三世界[M]. 印金强,等译. 北京:中国经济出版社,1992:77.

标的增长、无政府状态的增长"。①

以上七宗罪形象而又精准地批判了有增长无发展模式。各种经济增长模式在无限追求自身增长的过程中,必然产生出阻碍自身发展的各种矛盾,即模式的内在否定性。这就是"增长模式扩张悖论",其最终必然导致各种危机,这种现代化等于"无"。正如习近平同志指出的,"第二次世界大战结束到上世纪九十年代初期,一些发展中国家不顾国情和历史条件,全盘照搬西方模式,结果水土不服,绝大多数陷入经济长期停滞、社会政治动荡的困境。'道路选择'困扰着许多发展中国家"。②单纯追求经济增长的粗放型模式,不利于实现持续性发展,仔细思考和研究一种特定类型的模式是否有用,取决于它所描述的结构是持久的还是暂时的。所以,增长以数量为特征,更接近于事实判断,它以物的增长为尺度,基本属于价值无涉(value-free);而发展更近乎价值判断,它应以人的发展为尺度。

"世界上没有也不存在放之四海而皆准的具体发展模式,也没有一成不变的发展道路。"③通过比较,首先,我们必须按照习近平总书记的指示,"既不走封闭僵化的老路,也不走改旗易帜的邪路",独立自主地走中国式现代化道路;其次,任何现代化都离不开人,苏联模式的问题是背离了人的存在和价值,片面强调集体、党、国家等的利益,而一旦从集体利益中排除了个人或私人利益,这种集体也就不再是集体的了。须知脱离个人利益的集体、党、国家是虚幻的、毫无意义的,就如同马克思所说的"虚假的共同体",结果就成了所谓的"致命的自负"。西方模式树起了个人主义的大旗,其拒斥任何形式的"联合体",如边沁就认为,共同体是一种"虚构体",因此,共同体的利益不过是"组成共同体的若干成员的利益总和"。④西方模式还把共同体看成个人的手段,米塞斯就宣称:"社会不是目的,而是手段,是每个成员用来实现自身目的的手段。"⑤黑格尔在《法哲学原理》中提出:"在市民社会中,每个人都以自身为目的,其他一切在他看来都是虚无。但是,如果他不同别人发生关系,

①　颜鹏飞.中国社会经济形态大变革:基于马克思和恩格斯的新发展观[M].北京:经济科学出版社,2009:305.

②　中共中央党史和文献研究院.习近平关于中国式现代化论述摘编[M].北京:中央文献出版社,2023:294-295.

③　习近平.习近平谈治国理政[M].北京:外文出版社,2014:29.

④　[英]安东尼·阿巴拉斯特.西方自由主义的兴衰[M].曹海军,等译.长春:吉林人民出版社,2004:48.

⑤　[奥]路德维希·冯·米塞斯.社会主义——经济和社会学的分析[M].王建民,等译.北京:中国社会科学出版社,2008:261.

他就不能达到他的全部目的,因此,其他人便成为特殊的人达到目的的手段。"①恩格斯对此批判道:"这里,边沁在自己的经验中犯了黑格尔在理论上犯过的同样错误,他没有认真地克服二者的对立,他使主语从属于谓语,使整体从属于部分,因此把一切都颠倒了。最初他说普遍利益和单个利益是不可分的,后来他就仅止于片面地谈论赤裸裸的单个利益。"②这样,人民大众的利益当然得不到保障。所以,人类现代化要回到马克思的"自由人的联合体"这一人间正道上。

---

① ［德］黑格尔.法哲学原理［M］.范扬、张企泰,译.北京:商务印书馆,1961:197.

② ［德］马克思,［德］恩格斯.马克思恩格斯文集:第 1 卷［M］.北京:人民出版社,2009:106.

第 三 章

中国式现代化的理论与历史逻辑

第一节　马克思主义现代化理论

中国共产党为什么能,中国特色社会主义为什么好,归根到底是因为马克思主义行。新时代马克思主义现代化理论依然是中国式现代化道路的行动指南。

一、马克思主义对西方现代性的批判

根据卡林内斯库的考证,"现代化这个词确立于本世纪(20 世纪)的第一个十年""现代化是经济学家所说的发展在社会学上的对等物,而且往往是非西方或反西方国家趋向西方式工业化的一种委婉措辞"。[①] 从中我们发现,"现代化"一词从它诞生之日起,就隐喻着"现代化＝西方化"的意思,这也是西方中心论根深蒂固的原因之一。而马克思主义文本中虽然没有"现代化"的直接表述,但就像列宁所说,"虽然马克思没有遗留下'逻辑'(大写字母的),但他遗留下《资本论》的逻辑,应当充分地利用这种逻辑来解决这一问题"。[②] 马克思从犹太利己精神批判开始,揭示了资本的本质,《资本论》"就是揭示现代社会的经济运动规律",进而创造性地提出

[①]　汪民安,等.现代性基本读本(上)[M].郑州:河南大学出版社,2005:258-259.
[②]　[苏]列宁.列宁专题文集:论辩证唯物主义和历史唯物主义[M].北京:人民出版社,2009:145.

自己的现代化方案。西方现代性话语偏重于柏拉图式的"理念论",目的是解释西方现代社会的合理性,而"现代化"偏重于实践论,目的是通过工业化、城市化、市场经济等改造传统社会,更契合马克思主义的实践性。

(一)《论犹太人问题》

马克思认为,"宗教是这个世界的总理论,是它的包罗万象的纲要",所以宗教批判是一切批判的前提。他的《论犹太人问题》实质是借分析犹太精神来批判整个基督教精神。[①] 他认为,所谓的"犹太精神"包括两层含义,一种是在宗教意义上,指犹太教;一种是在世俗意义上,指犹太人在经商牟利的活动中唯利是图、追逐金钱的思想与习俗。而且不同于韦伯的观点,一是马克思认为犹太精神与基督教精神融合了,"犹太精神在基督教社会本身中保持了自己的地位,甚至得到高度的发展""基督教起源于犹太教,又还原为犹太教。……基督教是犹太教的思想升华,犹太教是基督教的鄙俗的功利应用"。[②] 这点非常重要,不同于青年黑格尔派与费尔巴哈的观点,他们仅限于抽象的宗教批判,马克思主义将其还原成现实的物质生活,正是在"犹太精神"批判中马克思找到了市民社会和基督教世界批判的钥匙[③],找到了历史唯物主义的突破口!二是马克思认为犹太人的法律是"毫无根据的道德和对整个法的宗教讽刺画",是"狡猾的",这点也和韦伯的观点不同。在西方学者看来,宗教是任何道德的基础,而马克思主义认为,人类的伦埋道德的起源并不是宗教,而是人类赖以生存的生产生活实践。是人创造了宗教,而不是宗教创造人,宗教创造的是人自身的假象,是对人自身否定的"非人"化过程。最后,对犹太精神来说,"伦理观念的现实性在这里成了私有财产的宗教"。

马克思指出:宗教是人的本质在幻想中的实现,所以,"犹太教的世俗基础是什么呢?实际需要,自私自利。犹太教的世俗礼拜是什么呢?经营牟利。他们的世俗的神是什么呢?金钱。……我们在犹太教中看到普遍的现代的反社会的要素"。[④] (1)利己主义:既是一切市民社会的根本原则,也是犹太精神的核心。(2)拜

---

① 1835—1841 年,"青年黑格尔"派代表人物施特劳斯、鲍威尔、费尔巴哈等发起基督教批判运动。马克思 1844 年发表《论犹太人问题》是对其回应。

② [德]马克思,[德]恩格斯. 马克思恩格斯文集:第 1 卷[M]. 北京:人民出版社,2009:51,54.

③ "犹太精神随着市民社会的完成而达到自己的顶点,但是市民社会只有在基督教世界才能完成。基督教把一切民族的、自然的、伦理的、理论的关系变成对人来说是外在的东西,因此,只有在基督教的统治下,市民社会才能完全从国家生活分离出来,扯断人的一切联系,代之以利己主义和自私自利的需要,使人的世界分解为原子式的相互敌对的个人的世界。"[德]马克思,[德]恩格斯. 马克思恩格斯文集:第 1 卷[M]. 北京:人民出版社,2009:54.

④ [德]马克思,[德]恩格斯. 马克思恩格斯文集:第 1 卷[M]. 北京:人民出版社,2009:49.

金主义；首先，马克思指出拜金主义的本质是："实际需要和自私自利的神就是金钱……金钱是一切事物的普遍的、独立自主的价值。因此它剥夺了整个世界——人的世界和自然界——固有的价值。金钱是人的劳动和人的存在的同人相异化的本质；这种异化的本质统治了人，而人则向它顶礼膜拜。"①对犹太人来说，神的统治就是金钱的统治。他们认为，《圣经》放射光明，金钱散发温度。《塔木德》说"赞美富有的人，并不是赞美人，而是赞美钱"；这种近乎拜金主义的价值观的确在世界各民族中较为另类。其次，马克思在《1844年经济学哲学手稿》中通过对货币的研究，提出："货币是最高的善，因此，它的占有者也是善的。此外，货币使我不用费力就能进行欺诈，因为我事先就被认定是诚实的。……因为货币作为现存的和起作用的价值概念把一切事物都混淆了、替换了，所以它是一切事物的普遍的混淆和替换，从而是颠倒的世界，是一切自然的品质和人的品质的混淆与替换。"②这就是犹太精神中货币拜物教批判。最后，马克思提出，货币的内在特点是通过否定自己的目的同时来实现自己的目的，犹太精神的实质同样如此，否定自己从而获得财富，赚钱的思维上升为整个民族的本体论存在，浮现在各种形式中，无限度地扩大其界限，并使其升格为民族精神的崇高性，这实际上就是"犹太精神"二律背反的货币拜物教的所在。"消除犹太本质的任务实际上就是消除市民社会中的犹太精神的任务，就是消除现实生活实践中的非人性的任务，这种非人性的最高表现就是货币制度。"③所以，犹太教之于犹太人有双重功能，一是为他的拜金主义做辩护，二是为他的苦难做宣泄。

马克思在《神圣家族》中通过对"犹太精神"的批判，逐步衍生出后来的政治经济学批判。自此，马克思早期思想一气呵成，所以"阿尔都塞问题"是个伪命题，根本不存在所谓的"认识论断裂"。马克思不认同鲍威尔犹太教只是简单的宗教思想，要真正认清其本质，"只有在工商业的实践中才能看到"。在后来的《德意志意识形态》中，马克思进一步指出，"始终必须把'人类的历史'同工业和交换的历史联系起来研究和探讨"，不断构筑其唯物史观理论体系。列宁也认为《黑格尔法哲学批判导言》和《论犹太人问题》标志着马克思从唯心主义向唯物主义、从革命民主主义向共产主义的转变"彻底完成"。所以，马克思早期思想与后来的《资本论》批判是一脉相承的。

最后，马克思的宗教批判不同于青年黑格尔派以及费尔巴哈，他们只是把"人"

①　［德］马克思，［德］恩格斯.马克思恩格斯文集：第1卷［M］.北京：人民出版社，2009：52.
②　［德］马克思，［德］恩格斯.马克思恩格斯文集：第1卷［M］.北京：人民出版社，2009：245，247.
③　［德］马克思，［德］恩格斯.马克思恩格斯文集：第1卷［M］.北京：人民出版社，2009：308.

宣布为宗教的人,宗教的统治被当成一切的前提,一切关系都被宣布为宗教的关系,继而转化为对意识形态、法、国家等的迷信。"不了解这一宗教本身的世俗的现实的基础。"被剥去宗教外衣的现实的人才是最真实的人;马克思认为,鲍威尔犹太人的"政治解放"也是一个"伪命题","犹太人的社会解放就是社会从犹太精神中解放出来"。在马克思看来,宗教批判远远不够,从犹太人问题的研究(从《论犹太人问题》到《神圣家族》)发现神圣家族的秘密在于世俗家庭,他又开始了政治经济学批判:在资本逻辑控制之下,人的自利与拜金主义进一步被放大,从犹太人波及整个西方基督教世界,所以,不存在个别民族的"政治解放",只有人的解放,它必须摆脱"拜金"与"利己"的犹太精神,消灭私有制,才能通达"自由人联合体"。"从资本主义解放出来也就意味着从犹太教义中解放出来,反之亦然。"[①]失去了犹太教外衣的犹太人,就被还原成一个赤裸裸的现代性的商人。

综上,我们不禁要问:自己是犹太人的马克思为什么对犹太人的评价偏负面(同时代的傅里叶、蒲鲁东都是反犹者)?这一方面是因为受到整个西方长期对犹太人的偏见与歧视的影响。按照英国学者齐格蒙特·鲍曼的观点:从"巴比伦之囚"开始,"史料证明,对犹太人的仇恨与歧视已经在历史上绵延了两千多年而没有断裂"。[②]另一方面是因为犹太精神的确与资本主义的形成与发展有着密切关联。唯利是图是其不二之选,近代犹太人主导的鸦片贸易就是明证。马克思对犹太人的批判并不是简单的反犹,而是打开了对西方现代性批判的大门,其现代性批判的要义为:正是市民社会的工商业实践活动推升(1)基督教经济学的伪善;(2)个人利己主义;(3)货币、资本逻辑的宰制等产生。"他们集可怕的金钱力量与社会的鄙视、道德的谴责和审美的厌恶于一身。这正是对现代性的敌意,特别是对现代性的资本主义形式的敌意所需要的支撑点。"[③]恩格斯也认为"反犹太主义是文化落后的标志。……反犹太主义无非是中世纪的、垂死的社会阶层反对主要由资本家和雇佣工人组成的现代社会的一股逆流,……我们同它不可能有任何共同之处"。恩格斯最后说,"假使要我选择的话,我情愿做犹太人,而不愿做'贵族老爷'"。[④]以往学界比较重视《黑格尔法哲学批判导言》《神圣家族》等早期著作,而没有特别重视《论犹太人问题》;有意思的是,马克思由于对德意志当局的批判被赶出了德国,其之后

---

① [英]齐格蒙特·鲍曼. 现代性与大屠杀[M]. 杨渝东,等译. 南京:译林出版社,2011:63.
② [英]齐格蒙特·鲍曼. 现代性与大屠杀[M]. 杨渝东,等译. 南京:译林出版社,2011:44.
③ [英]齐格蒙特·鲍曼. 现代性与大屠杀[M]. 杨渝东,等译. 南京:译林出版社,2011:61.
④ [德]马克思,[德]恩格斯. 马克思恩格斯全集:第29卷[M]. 北京:人民出版社,2020:60,61,62.

不停地在欧洲各国旅居,成为一个思想文化界的"犹太人";恩格斯紧接着写了《国民经济学批判大纲》《英国状况》等文章,从分析犹太人到研究英国人、法国人、德国人,马克思、恩格斯把英国人视为经济民族①,而没把犹太人当成经济民族。一方面,犹太人的经商活动是个体性的,没有产生国家行为,没有相关的经济理论②,没有形成可复制、可推广的模式。但是,恩格斯认为:"英国人是世界上最信宗教的民族,同时又是最不信宗教的民族;他们比任何其他民族都更加关心彼岸世界,可是与此同时,他们生活起来却好像此岸世界就是他们的一切;他们向往天国,然而这丝毫也不妨碍他们同样坚信这个'赚不到钱的地狱'",犹太人何尝不是如此? 所以这里更多是共同性与普遍性。最后,关于经济伦理,马克思借助于对国民经济学的评述,提出:"国民经济学,尽管它具有世俗的和纵欲的外表,却是真正道德的科学,最最道德的科学。……道德用一种尺度,而国民经济学又用另一种尺度……国民经济学和道德之间的对立也只是一种表象,它既是对立,又不是对立。国民经济学不过是以自己的方式表现道德规律。"③"道德开始要求自己的永恒权利了。……新教的伪善代替了天主教的坦率。"④道德从此在货币面前是多么软弱无力,充满着辛辣的讽刺与批判!

(二)《共产党宣言》与《德意志意识形态》的意义

马克思主义对社会主义的预设是建立在对资本主义社会的全面批判和对人类美好追求的总结基础上的。早在1843年马克思就提出:"我们的任务是要揭露旧世界,并为建立一个新世界而积极工作。……新思潮的优点就恰恰在于我们不想教条式地预料未来,而只希望在批判旧世界中发现新世界。"⑤这个新世界后来被马克思恩格斯称为"自由人的联合体"。他们在《共产党宣言》中提出:"代替那存在着阶级和阶级对立的资产阶级旧社会的,将是这样一个联合体,在那里,每个人的自由发展是一切人的自由发展的条件。"⑥为了最终实现这一与远大目标,首先必须:(1)剥夺地产,把地租用于国家支出。(2)征收高额累进税。(3)废除继承权。(4)没收一切流亡分子和叛乱分子的财产。(5)通过拥有国家资本和独享垄断权的

① [德]马克思,[德]恩格斯.马克思恩格斯文集:第1卷[M].北京:人民出版社 2009:90.而且清教在英国近代化中的作用也非常重要。马克思主义现代化理论研究首先是从解剖英国开始的。
② 恩格斯把斯密称为"国民经济学的路德"。
③ [德]马克思,[德]恩格斯.马克思恩格斯文集:第1卷[M].北京:人民出版社,2009:226,228,229.
④ [德]马克思,[德]恩格斯.马克思恩格斯文集:第1卷[M].北京:人民出版社,2009:61.
⑤ [德]马克思,[德]恩格斯.马克思恩格斯全集:第1卷[M].北京:人民出版社,1956:414,416.
⑥ [德]马克思,[德]恩格斯.马克思恩格斯选集:第1卷[M].北京:人民出版社,1995:294.

国家银行,把信贷集中在国家手里。(6)把全部运输业集中在国家手里。(7)按照总的计划增加国家工厂和生产工具,开垦荒地和改良土壤。(8)实行普遍劳动义务制,成立产业军,特别是在农业方面。(9)把农业和工业结合起来,促使城乡对立逐步消灭。(10)对所有儿童实行公共的和免费的教育,取消现在这种形式的儿童的工厂劳动,把教育同物质生产结合起来。这里需特别指出的是,十项措施包含着马克思主义现代化理论的雏形,它是实现"自由人联合体"的支持条件,而并不是社会主义的本质,后来许多社会主义国家的实践忽略了这一点。

恩格斯在《反杜林论》中也具体提出了社会主义的实施方案:(1)公有制,"把生产资料变为国家财产""由社会占有全部的生产资料";(2)计划经济,"社会生产内部的无政府状态"将让位于"计划调节";(3)按劳分配,"等量劳动领取等量消费品"。此外,他还提出"消除商品生产""国家将成为多余的事情"等设想。1890年,恩格斯展望:"一旦我们掌握了政权,只要在群众中有足够的拥护者,大工业以及大庄园式的大农业是可以很快地实现社会化的。其余的也将或快或慢地随之实现。而有了大生产,我们就能左右一切。"[①]所有这些预设是必要的,但不是社会主义的目的。这些内容对以后的社会主义理论与实践发生了重大影响。

马克思和恩格斯在提出社会主义制度设计时,批判吸取了空想社会主义的许多观点:资本主义是人依附于人、人压迫人、人吃人的社会,是一个充斥着物化、异化的畸形社会;社会主义应该是一个"自由人的联合体",它的最终目的应该是人的全面发展的"自由王国"。《1857—1858年经济学手稿》中提出人的历史发展的三种社会形式:"人对人的依赖""人对物的依赖""个人的全面发展",而第二个阶段从时间上是与西方现代化阶段吻合的。这样我们很容易总结出马克思主义现代化理论的轴心是"人的全面自由发展"。对此,弗罗姆提出:"马克思关于社会主义的概念是由他关于人的概念中引导出来的。"[②]他进而认为:"社会主义必须穷本溯源,而本源就是人""社会主义的目的是人""社会主义的目的就是自由,但是马克思所说的自由具有比现存民主所设想的自由远为彻底的意义,这种自由是在独立意义上的自由,其基础是人立足于自己,使用自己的力量,并通过生产使自己跟世界发生关系。"当然,这些只是代表了资产阶级人道主义的观点。令人遗憾的是,之后的社会主义运动过于注重马克思恩格斯的制度设计,却忽视了社会主义关于人的向度的

---

① [德]马克思,[德]恩格斯.马克思恩格斯文集:第10卷[M].北京:人民出版社,2009:589.
② [美]弗罗姆.马克思关于人的概念[M].涂纪亮,等译.上海:复旦大学出版社,1983:69.

设计,忽视了发展生产力,只是频繁地改变生产关系的具体内容,如所有制和分配制度等,企图以此来一步登天。这完全是一种舍本逐末的行为,最后只会陷入新的空想社会主义窠臼。对此,毛泽东在1962年1月的"七千人大会"上就提出:"在社会主义建设上,我们还有很大的盲目性。社会主义经济,对于我们来说,还有许多未被认识的必然王国。……我注意得较多的是制度方面的问题,生产关系方面的问题。至于生产力方面,我的知识很少。社会主义建设,从我们全党来说,知识都非常不够。"①当知识不够时,只可能产生教条主义与盲从:教条主义是把马克思恩格斯生前关于社会主义的预设教条化,而盲从就是照抄照搬苏联模式。

在《德意志意识形态》中,马克思主义首先分析了三种所有制形式,即"部落所有制""公社所有制和国家所有制""封建的或等级的所有制",为分析批判资本主义现代化三大主题"市民社会、商业史和工业史"做铺垫。尽管马克思和恩格斯提出了社会主义的基本原则,但是,他们认为这些并不是"提出任何一劳永逸的现成方案"。恩格斯曾说:"我们是不断发展论者,我们不打算把什么最终规律强加给人类。关于未来社会组织方面的详细情况的预定看法吗?您在我们这里连它的影子也找不到。"②他还指出:"所谓'社会主义',不是一种一成不变的东西,而应当和其他任何社会制度一样,把它看成是经常变化和改革的社会。"③我们认为,这里马克思和恩格斯主要说的是他们对社会主义的制度预设,它们只是实现人的全面发展的必要条件。从恩格斯在《反杜林论》中批判杜林的"世界模式论"的态度来看,马克思主义也不赞成把社会主义固定化、模式化、教条化,但是,追求人的解放与自由却是他们坚定不移的目标。总之,他们的探索对以后社会主义理论与实践产生了重大影响。特别是马克思晚年提出跨越"卡夫丁峡谷"的设想:通过改造俄国的农村公社,"就使俄国可以不通过资本主义制度的卡夫丁峡谷,而把资本主义制度所创造的一切积极的成果用到公社中来"。马克思、恩格斯毕生都在探索社会主义现代化道路。2021年7月习近平也提出:"我国建设社会主义现代化具有许多重要特征。世界上既不存在定于一尊的现代化模式,也不存在'放之四海而皆准'的现代化标准。""现代化道路并没有固定模式,适合自己的才是最好的,不能削足适履。"④

(三)马克思主义关于历史进步动力因的论述

现代化就是一个变动不居的过程。《共产党宣言》中就有"资产阶级除非对生

---

① 顾龙生.毛泽东经济年谱[M].北京:中共中央党校出版社,1992:561—562.
② [德]马克思,[德]恩格斯.马克思恩格斯全集:第22卷[M].北京:人民出版社,1971:22—23.
③ [德]马克思,[德]恩格斯.马克思恩格斯文集:第10卷[M].北京:人民出版社,2009:588.
④ 习近平.习近平谈治国理政:第4卷[M].北京:外文出版社,2022:427.

产工具,从而对全部社会关系不断地进行革命,否则就不能生存下去。……生产的不断变革,一切社会状况不停地动荡,永远的不安定和变动,这就是资产阶级时代不同于过去一切时代的地方"。① 而推动时代变革的主力再也不是过去的帝王将相或者有产者。1888年恩格斯在《路德维希·费尔巴哈和德国古典哲学的终结》一文中提出:首先,旧唯物主义认为"精神"是历史领域中起作用的唯一动力。恩格斯认为"不彻底的地方并不在于承认精神的动力,而在于不从这些动力进一步追溯到它的动因"。其次,构成历史的真正的最后的动力也不是所谓历史人物(即使是非常杰出的人物)的动机。再次,历史发展的最大的动力来自人民群众,"不如说是使广大群众,使整个民族,并且在每一民族中间又是使整个阶级行动起来的动机;而且也不是短暂的爆发和转瞬即逝的火花,而是持久的、引起重大历史变迁的行动。……这是能够引导我们去探索那些在整个历史中以及个别时期和个别国家的历史中起支配作用的规律的唯一途径"。② 这是继《神圣家族》一文提出群众的伟大作用之后又一部以人民为中心的代表作。最后,就是"历史合力论"的提出,以往人们都把马克思主义误解为"经济决定论",恩格斯指出:"历史是这样创造的:最终的结果总是从许多单个的意志的相互冲突中产生出来的,而其中每一个意志,又是由于许多特殊的生活条件,才成为它所成为的那样。这样就有无数互相交错的力量,有无数个力的平行四边形,由此产生出一个合力,即历史结果,而这个结果又可以看作一个作为整体的、不自觉地起着作用的力量的产物。"③至此,马克思主义唯物史观彻底得以成熟。

到底是以资本为轴心,还是以人民为中心,这是检验所有现代化道路的重要尺度。马克思主义关于历史进步动力因的论述是社会主义现代化建设的重要理论。习近平指出:"全面建设社会主义现代化国家,必须充分发挥亿万人民的创造伟力。全党要坚持全心全意为人民服务的根本宗旨。树牢群众观点,贯彻群众路线,尊重人民首创精神,坚持一切为了人民、一切依靠人民,从群众中来、到群众中去,始终保持同人民群众的血肉联系,始终接受人民批评和监督,始终同人民同呼吸、共命运、心连心,不断巩固全国各族人民大团结,加强海内外中华儿女大团结,形成同心共圆中国梦的强大合力。"④

① [德]马克思,[德]恩格斯. 马克思恩格斯文集:第2卷[M].北京:人民出版社,2009:34.
② [德]马克思,[德]恩格斯. 马克思恩格斯文集:第4卷[M].北京:人民出版社,2009:304.
③ [德]马克思,[德]恩格斯. 马克思恩格斯文集:第10卷[M].北京:人民出版社,2009:592.
④ 习近平. 习近平著作选读:第1卷[M].北京:人民出版社,2023:57—58.

二、列宁的现代化理论

俄国是帝国主义中相对比较落后的国家,十月革命胜利后,列宁首先提出"一国率先建成社会主义",关注发展大工业。1922 年 5 月列宁提出:"开发资源、建立社会主义社会的真正的和唯一的基础只有一个,这就是大工业。如果没有资本主义大工厂,没有高度发达的大工业,那就谈不上社会主义。"[①]

(一)"新经济政策"的意义

为了应对国内白匪的叛乱和帝国主义武装干涉,苏俄执行"战时共产主义"政策,并一度把它视为向社会主义的直接过渡。当"战时共产主义"受阻后,苏俄从 1921 年开始实行"新经济政策"。1921 年 3 月列宁提出:"毫无疑问,在一个小农生产者占大多数的国家里,实行社会主义革命必须通过一系列特殊的过渡方法。"[②] 1922 年列宁在回答英国《曼彻斯特卫报》记者问题时提出:"新经济政策的真正实质在于:第一,无产阶级国家准许小生产者有贸易自由;第二,对于大资本的生产资料,无产阶级国家采取资本主义经济学中叫作'国家资本主义'的一系列原则。"[③]而国家资本主义的实质"就是我们能够加以限制、能够规定其活动范围的资本主义",其主要形式是推行租让制(列宁把它形容成"我们给世界资本主义一定的'贡赋'")。为此,列宁认为:"我们对社会主义的整个看法根本改变了。"[④]改变具体表现在:(1)"同社会主义相比,资本主义是祸害。但同中世纪制度、同小生产、同小生产者涣散性引起的官僚主义相比,资本主义则是幸福。"[⑤](2)利用资本主义来发展社会主义。(3)向资本家、特别是资产阶级专家"学习"。(4)"由于我国文化落后,我们不能用正面攻击来消灭资本主义。"[⑥]新经济政策对俄国这样一个落后的资本主义国家实现现代化而言非常重要。

(二)"共产主义＝苏维埃＋电气化"方案

1883 年恩格斯在致伯恩斯坦的信中预告了第二次工业革命的来临。他专门提道:"而电的利用将为我们开辟一条道路,使一切形式的能——热、机械运动、电、

---

① ［苏］列宁. 列宁全集:第 41 卷[M]. 北京:人民出版社,1986:301－302.
② ［苏］列宁. 列宁专题文集:论社会主义[M]. 北京:人民出版社,2009:201.
③ ［苏］列宁. 列宁全集:第 43 卷[M]. 北京:人民出版社,1984:263.
④ ［苏］列宁. 列宁选集:第 4 卷[M]. 北京:人民出版社,1995:773.
⑤ ［苏］列宁. 列宁专题文集:论社会主义[M]. 北京:人民出版社,2009:225.
⑥ ［苏］列宁. 列宁专题文集:论社会主义[M]. 北京:人民出版社,2009:262.

磁、光——互相转化,并在工业中加以利用。……这一发现使工业彻底摆脱几乎所有的地方条件的限制……那么到最后它必将成为消除城乡对立的最强有力的杠杆。而且非常明显的是,生产力将因此得到大发展。"①列宁认同"蒸汽时代是资产阶级时代,电的时代是社会主义时代"的说法,所以他非常重视俄国的电气化建设。早在 1918 年 3 月他就提出:要"乐于吸取外国的好东西:苏维埃政权＋普鲁士的铁路秩序＋美国的技术和托拉斯组织＋美国的国民教育等＝总和＝社会主义"。②1920 年,列宁提出:"共产主义就是苏维埃政权加全国电气化"③,并把它视为"第二个党纲";并且预言"只有当国家实现了电气化,为工业、农业和运输业打下现代大工业的技术基础的时候,我们才能得到最后的胜利"。④ 为此,他请了 200 位科学家和技术人员拟订计划,又准备用 10 亿至 12 亿金卢布(这一金额远远超过整个国家的黄金储备)实现计划。另外,列宁把实现电气化作为解决小农问题的前提条件。斯大林曾评述说:"正是为了把这种可能性变为现实,列宁才主张实现国家电气化,主张为工业、农业和运输业建立起现代化大工业的技术基础,作为社会主义在我国最终胜利的条件。"⑤

汉娜·阿伦特在她的《论革命》一书中提出:列宁"曾给出了一个古怪的、长期被人遗忘的公式:'电气化加苏维埃'。这个答案之所以引人注目,首先是因为它所忽略的东西:一方面是党的作用,另一方面是社会主义建设。取而代之交给我们的,是一种完全非马克思主义的政治与经济的分离,一种作为俄国社会问题解决方案的电气化,与一种作为俄国新政治体和革命期间从一切党派中脱颖而出的苏维埃制度之间的分野。对于一位马克思主义者来说,也许更令人吃惊的是指出,贫困问题不是通过社会化和社会主义来解决,而是通过技术手段来解决的。"⑥实际上,阿伦特误读了"电气化加苏维埃"模式,对社会主义来说,技术从来不是目的,但对于落后地区国家搞社会主义,发展生产力,离开科学技术是不行的。马克思主义从来不否定科学技术的作用,恰恰相反,其把科学技术作为第一生产力,而无产阶级政党的使命就是解放生产力、发展生产力。

---

① [德]马克思,[德]恩格斯. 马克思恩格斯文集:第 10 卷[M]. 北京:人民出版社,2009:499－500.
② [苏]列宁. 列宁全集:第 34 卷[M]. 北京:人民出版社,1985:520.
③ [苏]列宁. 列宁全集:第 40 卷[M]. 北京:人民出版社,1986:30－31.
④ [苏]列宁. 列宁专题文集:论社会主义[M]. 北京:人民出版社,2009:181－182.
⑤ [苏]斯大林. 斯大林选集(下)[M]. 北京:人民出版社,1979:68.
⑥ [美]阿伦特. 论革命[M]. 陈周旺,译. 南京:译林出版社,2011:53.

（三）帝国主义理论：金融资本批判

列宁深刻总结了《资本论》问世以来资本主义的新变化，创立了帝国主义理论，丰富发展了马克思主义。他认为，20 世纪是从旧资本主义进到新资本主义，从一般资本统治进到金融资本统治的转折点。他预言，帝国主义或金融资本的统治，是资本主义的最高阶段。① 列宁通过对金融资本的批判（"最反动的、衰朽的、过时的、走下坡路的、趋向没落的金融资本"），认为帝国主义是寄生的、腐朽的、垂死的资本主义。

米塞斯认为"资本的概念源于经济核算，它的真正的发祥地是会计学——经营合理化的首要工具"②，这里，米塞斯把"资本"与"资产""资金"混为一谈。马克思在《资本论》的序言中提出："分析经济形式，既不能用显微镜，也不能用化学试剂。二者都必须用抽象力来代替。"③"资本不是物，而是一定的、社会的、属于一定历史社会形态的生产关系，它体现在一个物上，并赋予这个物以特有的社会性质。"④马克思通过对资本的第一次抽象，发现资本不是物，它只是人与人之间的剥削关系，从而初步揭示了资本的奥秘：资本本身就是一个抽象体，而金融资本又是资本的最高阶段，所以要对它进行"最后的抽象"。经过最后的抽象，金融资本的物性荡然无存，有的只是其内在的剥削关系，并呈现为一种无形的幻象。所以，康德把幻象的产生归结为人的想象力："想象力作为一种即使对象不在场也能具有的直观能力，要么是创制的，这就是本原地表现对象的能力，因而这种表现是先于经验而发生的；要么就是复制的，即派生地表现对象的能力，这种表现把一个先前已有的感性直观带回到心灵中来。""人的想象力的加强所产生的幻觉，经常导致他相信在自身之外看见和感到了仅仅在他头脑中的东西。"⑤理解资本的抽象性，必须发挥人的想象力。

金融的起源可以追溯到古巴比伦时期，16 世纪的法国学者让·布丹就提出金融是"国家的神经"。当代西方随着实体经济的日趋萎缩，金融化的趋势愈来愈明显。金融资本是资本发展的高级阶段，它既表现为资本主体的虚幻性，即金融资本、金融工具、金融产品本身的抽象、虚拟，更表现为广大投资者也在资本的驱使下

---

①　这点也来源于 1883 年恩格斯所说的：交易所"摧毁现代经济的这个表现得最清楚的顶峰，绝对不利于无产阶级"。［德］马克思，［德］恩格斯. 马克思恩格斯文集：第 10 卷［M］. 北京：人民出版社，2009：498.

②　［奥］米塞斯. 社会主义：经济与社会学分析［M］. 王建民，等译. 北京：中国社会科学出版社，2012：89.

③　［德］马克思，［德］恩格斯. 马克思恩格斯选集：第 2 卷［M］. 北京：人民出版社，1995：99－100.

④　［德］马克思，［德］恩格斯. 马克思恩格斯选集：第 2 卷［M］. 北京：人民出版社，1995：577.

⑤　［德］康德. 实用人类学［M］. 李秋玲，译. 上海：上海人民出版社，2005：53，56.

靠赌博、博傻、投机来赢利。人们以明明白白的虚幻价格购买资产……他们相信一些更大的傻瓜会从他们手中买走资产,并给他们留下赚头。所以恩格斯认为:"当时交易所还是资本家们互相夺取他们积累的资本的地方。"①

第二次世界大战后,金融资本开始全面统治世界②,世界再一次被金融资本所绑架,建构为一种幻象的总体性存在。齐泽克认为:"因为今天(晚期资本主义全球市场)的社会现实就是被马克思所说的'现实抽象'力量统治。"③"在某种特别的社会条件中(如商品交换和全球市场经济),'抽象'成为实际社会生活的直接特点,成为具体的个人行为表现和涉及他们的命运和适应他们社会环境的方式。"凯恩斯也认为,20世纪20年代金融资本的兴起并居主导地位,意味着资本主义理性的终结,它将生产性企业变成了"投机旋涡之上的气泡"。托夫勒则提出"超象征型的经济"(super symbolic economy),"我们正急速进入越快越精妙的金融投资世界。而商品的价值是看指标的指标、函数的函数……资金快速进入越快越'超象征'的时代。如同现代科学推演出越快越长的逻辑推理,数学家把定理套上另一个定理再推演出更抽象的定理,而人工智能和知识工程也建构出让人眼花缭乱的推论。有人说我们也在创造一种不断随函数变动的'资金',就像在两个面对面的镜子里寻找无限个影子一样。"④总之,经过虚拟、抽象、幻化了的资本已经变得面目全非了,如果用马克思在《资本论》中的总结,那就是:"一切道德和自然、年龄和性别、白天和黑夜的界限都被打破了。资本在狂欢。"问题是,狂欢以后会是什么呢?

金融资本主要表现为:

(1)脱域性。"所谓脱域,我指的是社会关系从彼此互动的地域性关联中,从通过对不确定的时间的无限穿越而被重构的关联中脱离出来。"(吉登斯,2000)它指的是资本打破了时空的限制,成为一种全球性的存在,进而认为:"同任何一种存在货币的前现代文明相比较,现代货币经济中的脱域程度要高得多。……例如,现代社会最具特色的脱域形式之一是资本主义市场(包括货币市场)的扩张,从其早期形式向现代国际性规模的发展。"⑤产业资本的剥削以延长劳动时间为主,而现代金融资本是一种超时空的掠夺。它突破了康德关于时空的二律背反的原则,实现了

①　[德]马克思,[德]恩格斯.马克思恩格斯文集:第7卷[M].北京:人民出版社,2009:1028.

②　[斯洛文]齐泽克.偶然性、霸权和普遍性——关于左派的当代对话[M].胡大平,译.南京:江苏人民出版社,2004:106.

③　[斯洛文]齐泽克.有人说过集权主义吗?[M].宋文伟,译.南京:江苏人民出版社,2005:2.

④　[美]托夫勒.权力的转移[M].黄锦桂,译.北京:中信出版社,2006:40—41.

⑤　[英]吉登斯.现代性的后果[M].田禾,译.南京:译林出版社,2000:22—23.

产业资本无法实现的 24 小时生产、交易的限制。按照马克思的说法:工业资本是"用时间消灭空间",而金融资本则用高频交易消灭了时间与空间。

(2)虚拟性。它是金融资本在场的主要形式。金融产品只有价格,没有价值,本质上是剩余价值的分割与转移。金融资本有资本的剥削方式,但没有资本的生产方式,它表现为抽取了资本的一切其他属性,只剩下资本的最本质的内容,即剩余价值的分割。

(3)投机性。它是金融资本的外化表征,是指利用价差买卖而获利的交易行为,一般不考虑投资品的内在价值,这就近乎赌博,当代资本主义就表现为赌博资本主义。马克思认为:"借贷资本的世界性活动,从而使整个世界陷入金融欺诈和相互借贷。"①

英国专家苏珊·斯特兰奇认为,当代资本主义恰如一个大赌场,它具备了赌场的所有要素:赌徒、赌具、赌资、筹码和赌场的规则,它也像赌场一样充满了投机和风险。金融资本就是工具主义、交易主义、价值通约主义的集大成。

(1)工具主义。它源于美国的实用主义。西美尔在《货币哲学》中提出:"货币是最纯粹的工具",而货币又是金融资本的历史与逻辑起点。工具主义的具体表现:一是强调手段的合适性和有效性,不管目的恰当与否。二是借助于现代科学技术,广泛使用数学计量模型和计算机的各项功能。三是过度迷恋、相信、崇拜工具的强大,认为工具是万能的,恰恰忽视了人的因素。这样又产生了新的异化,即工具反客为主,进一步控制人、操弄人。所以,金融资本本质上是西方近代以来工具理性泛滥的结果。工具主义和经济理性成就了金融资本,但同时也毁灭了金融资本,西美尔就认为:"从另一方面来看,手段及其高级形式工具,是人类种族的代表性符号。工具表现或凝聚了人类意志的伟大之处,同时,也表现和凝聚了人类的局限之处。"②工具是双刃剑,它既可以成就人类,也可以毁灭自己,2008 年席卷美国及世界的金融危机就是明证。

(2)交易主义。交易是市场经济的本质。马克思、恩格斯在《共产党宣言》中提出:"资产阶级在它已经取得了统治的地方把一切封建的、宗法的和田园诗般的关系都破坏了。它无情地斩断了束缚人们的形形色色的封建羁绊,它使人与人之间除了赤裸裸的利害关系,除了冷酷无情的'现金交易',就再也没有任何别的联系

---

① [德]马克思,[德]恩格斯. 马克思恩格斯文集:第 10 卷[M]. 北京:人民出版社,2009:434.
② [德]西美尔. 货币哲学[M]. 陈戎女,译. 北京:华夏出版社,2002:109.

了。"①现代经济早被交易定义,金融资本的存在方式就是交易、交易、再交易,但这与早期商品交易不同。其具体表现为:①一切都能交易。金融资本几乎把一切都对象化了,所谓"思想有多远,交易就有多远";甚至包括婚姻,恩格斯认为"除了现金交易,资产者不承认人和人之间还有其他任何联系,甚至他和自己妻子之间的联系99％,也只是'现金交易'"。② ②交易至上。金融交易能超越一切法律、道德和监管。交易者都认为,只要符合所谓的游戏规则,其他一切都可以无所顾忌。③交易就是一切。除了交易本身是确定的,其他一切都是不确定的。所以,资本主义也就从早期生产的时代全面进入所谓的交易的时代,从实体经济进入虚拟经济,套利与对冲是它的符号。迈伦·斯科尔斯将这种相对价值套利形象比喻为吸尘器——榨取全世界的资金。

(3)价值通约主义。用货币、资本、符号兑换对象化世界的一切存在。它彰显的是人类主体性在世俗社会中的权力。《共产党宣言》中指出:"它把宗教的虔诚、骑士的热忱、小市民的伤感这些情感的神圣激发,淹没在利己主义打算的冰水之中。它把人的尊严变成了交换价值,用一种没有良心的贸易自由代替了无数特许的和自力挣得的自由。"③在金融资本的座架下,任何观念、情感、社会关系都被货币、资本通约。工具主义是为交易主义服务的,资本主义终于实现了韦伯所说的"工具理性"与"价值理性"的统一。

阿里吉认为,资本主义"从生产向金融的转变则是衰落的症候",过度发展脱离实体经济的金融资本与数字经济,会导致产业空心化,进而导致许多国家失业率升高、债台高筑,演变为"债务资本主义",充分暴露了资本的食利性、寄生性与腐朽性。美国的金融风暴和欧洲债务危机就是证明。马克思在《资本论》中提出:"在每一次证券投机中,每个人都知道暴风雨总有一天会到来,但是每个人都希望暴风雨在自己发了大财并把钱藏好以后,落到邻人的头上。我死后哪怕洪水滔天! 这就是每个资本家和每个资本家国家的口号。"④随着资本从生产领域向投机领域演变,资本主义社会所容纳的全部生产力已充分发挥,金融资本对冲的是整个资本主义制度,它将是资本主义历史的终结。

列宁帝国主义理论第二个重点就是落后地区国家无产阶级革命理论。帝国主

① [德]马克思,[德]恩格斯. 马克思恩格斯文集:第2卷[M].北京:人民出版社,2009:34.
② [德]马克思,[德]恩格斯. 马克思恩格斯文集:第1卷[M].北京:人民出版社,2009:477.
③ [德]马克思,[德]恩格斯. 马克思主义经典著作选读[M].北京:人民出版社,1999:38.
④ [德]马克思,[德]恩格斯. 马克思恩格斯文集:第5卷[M].北京:人民出版社,2009:311.

义就是战争,"战争引起革命"等是理论要点。1913年5月7日与10日,列宁先后发表《亚洲的觉醒》《落后的欧洲和先进的亚洲》等文章,提出:"世界资本主义和俄国1905年的运动终于唤醒了亚洲,几万万受压制的、由于处于中世纪的停滞状态而变得粗野的人民觉醒过来了,他们走向新生活,为争取人的起码权利、为争取民主而斗争。……亚洲的觉醒和欧洲先进无产阶级夺取政权斗争的开始,标志着20世纪初所开创的全世界历史的一个新阶段。""数亿人正在觉醒,追求生活,追求光明,追求自由。这个世界性的运动使一切懂得只有通过民主才能达到集体主义的觉悟工人多么欢欣鼓舞!一切真诚的民主主义者对年轻的亚洲是多么同情。"[①]1923年1月列宁在《论我国革命》一文中认为:"在东方那些人口无比众多、社会情况无比复杂的国家里,今后的革命无疑比俄国革命带有更多的特殊性。"[②]在《宁肯少些,但要好些》中,列宁又提出:"同时东方许多国家,如印度、中国等,正是由于最近这次帝国主义战争的影响而完全被抛出了自己的常轨。……这些国家已经卷入不能不引起整个世界资本主义危机的发展进程。……正是由于第一次帝国主义大战,东方已经最终加入了革命运动,最终卷入了全世界革命运动的总漩涡。""俄国、印度、中国等构成世界人口的绝大多数。正是这个人口的大多数,最近几年来非常迅速地卷入了争取自身解放的斗争,所以在这个意义上说,世界斗争的最近解决将会如何,是不可能有丝毫怀疑的。在这个意义上说,社会主义的最终胜利是完全和绝对有保证的。"[③]亚洲的觉醒不但撼动了"西方中心论",也是列宁预言的"世界历史新纪元"的重要组成部分。

第二节　中国式现代化的历史渊源

习近平指出:"鸦片战争之后,中国人民和无数仁人志士不屈不挠,苦苦寻求中国现代化之路。""探索中国现代化道路的重任,历史地落在了中国共产党身上。""一百多年来,中国共产党团结领导中国人民,以'为有牺牲多壮志,敢教日月换新天'的大无畏气概,书写了中华民族几千年来历史上最恢宏的史诗。"[④]这些话总结

---

① [苏]列宁.列宁专题摘编:论资本主义[M].北京:人民出版社,2009:80,82.
② [苏]列宁.列宁专题摘编:论社会主义[M].北京:人民出版社,2009:360.
③ [苏]列宁.列宁专题摘编:论社会主义[M].北京:人民出版社,2009:378.
④ 中共中央党史和文献研究院.十九大以来重要文献选编(下)[M].北京:中央文献出版社,2023:376.

了中国式现代化的来龙去脉。

一、民主革命时期的历史变革

建设现代化强国,实现中华民族伟大复兴,是近代以来中国人民梦寐以求的目标,是中华民族的最高利益和根本利益。近代以来,先进的中国人在内外交困中苦苦探索通向现代化的发展道路,洋务运动、戊戌变法、辛亥革命,无一不以失败告终,都未能找到符合中国国情、解决中国问题的现代化道路。

(一)孙中山的三民主义与《建国方略》

中华民族特别是在经济上,在人类文明史的大部分时间里都是领先于世界的。按照美国经济史专家麦迪森的观点:公元元年,印度是世界上经济总量最大的国家,占世界 GDP 总量的 32.9%,而中国当时的 GDP 总量为世界第二,占世界的26.2%。到公元 1500 年,中国经济总量超过印度,居世界第一位。1820 年中国的GDP 占全球总量比重达到历史最高峰,为三分之一(32.9%),其世界第一的位置一直保持到 1870 年(见表 3.1)。[①] 中国不但在经济上抢眼,在政治上也不逊色。法国学者雅克·热尔内认为:"中国人最早提出国家的概念、设计国家的原则、将国家作为征战工具。国家建立起一套通过法律和法规控制的等级化的管理模式,以便中央权力能够在广大的地理空间得以实施。"[②]在科学技术方面,中国有享誉世界的"四大发明";在人与自然的关系方面,中国人很早提出了"天人合一"的思想。法国启蒙思想家狄德罗认为:"中华民族,其历史悠久,文化、艺术、智慧、政治、哲学的趣味,无不在所有民族之上。"只是到了近代,由于西方殖民者的入侵,中国逐步沦为半殖民地半封建社会。当然,中国的仁人志士不甘于命运的摆布,他们前赴后继、不屈不挠,为改变近代中国落后挨打的命运而抗争。1894 年孙中山在成立兴中会时,最早提出了"振兴中华"的口号,为日后的中国现代化定下了主题,从此,中华民族为实现现代化做出不懈的努力。

---

① 胡鞍钢.中国政治经济史论(1949—1976):第 2 版[M].北京:清华大学出版社,2008:24.
② 胡鞍钢.中国政治经济史论(1949—1976):第 2 版[M].北京:清华大学出版社,2008:39.

表 3.1　　　　　　主要国家和地区占世界 GDP 总量比重(1—2003 年)①　　　　　单位:%

	公元元年	1000 年	1500 年	1600 年	1700 年	1820 年	1870 年	1913 年	1950 年	2003 年
西欧	10.8	8.7	17.9	19.9	22.5	23.6	33.6	33.5	26.3	19.2
英国			1.1	1.8	2.9	5.2	9.1	8.3	6.5	3.1
美国			0.3	0.2	0.1	1.8	8.9	19.1	27.3	20.6
苏联	1.5	2.4	3.4	3.5	4.4	5.4	7.6	8.6	9.6	3.8
日本	1.2	2.7	3.1	2.9	4.1	3	2.3	2.6	3	6.6
中国	26.2	22.7	25	29.2	22.3	32.9	17.2	8.9	4.5	15.1
印度	32.9	28.9	24.5	22.6	24.4	16	12.2	7.6	4.2	5.5
亚洲	75.1	67.6	62.1	62.9	57.6	56.2	36	21.9	15.5	33.9
拉美	2.2	3.9	2.9	1.1	1.7	2	2.5	4.5	7.9	7.7

　　毛泽东在《论人民民主专政》中提出:"自从一八四零年鸦片战争失败那时起,先进的中国人,经过千辛万苦,向西方国家寻找真理。洪秀全、康有为、严复和孙中山,代表了在中国共产党出世以前向西方寻找真理的一派人物。……要救国,只有维新,要维新,只有学外国。那时的外国只有西方资本主义国家是进步的,它们成功地建设了资产阶级的现代国家。"②1840 年后,一方面,中国逐步陷入半殖民地半封建社会的深渊;另一方面,西方资本主义逐步渗透。正如《共产党宣言》所说:"资产阶级,由于一切生产工具的迅速改进,由于交通的极其便利,把一切民族甚至最野蛮的民族都卷到文明中来了。它的商品的低廉价格,是它用来摧毁一切万里长城、征服野蛮人最顽强的仇外心理的重炮。它迫使一切民族——如果它们不想灭亡的话——采用资产阶级的生产方式;它迫使它们在自己那里推行所谓的文明,即变成资产者。一句话,它按照自己的面貌为自己创造出一个世界。"③面对几千年未有之变局,首先,地主阶级改革派魏源提出了"师夷长技以制夷"的口号,拉开了中国近代学习西方的帷幕,但当时主要学习西方的"船坚炮利",从而催生了洋务运动,它实际上是中国工业化的开端。洋务运动的指导思想还是"中学为体,西学为用",即中学为本,西学为末,中学为道,西学为器,中学为内学,西学为外学,这充分说明了中国传统知识分子复杂纠结的心态,此时学习西方只是强化中体的手段,而

　　①　胡鞍钢. 中国政治经济史论(1949—1976):第 2 版[M]. 北京:清华大学出版社,2008:24.

　　②　毛泽东. 毛泽东选集:第 4 卷[M]. 北京:人民出版社,1991:1469—1470.

　　③　[德]马克思,[德]恩格斯. 共产党宣言[M]. 北京:人民出版社,1997:31—32.

甲午中日战争的失败宣告了洋务运动的破产。就这样,中国学习西方的运动进入第二阶段,即学习西方资本主义政治制度。改良派以"社会契约说""天赋人权"等为理论武器,批评洋务派舍本逐末,认为西方的强大主要是因为立宪政体,所以政治上要围绕建立君主立宪而运作,而这一努力注定又是"旧瓶装新酒"的试验。康有为的"托古改制",依靠光绪皇帝推行新政,预示着戊戌变法必然以失败而告终。值得注意的是,康梁在大谈改良方案时,也把其他社会思潮带入了中国,最重要的就是对社会主义的介绍。19世纪末关于马克思及社会主义的一些基本情况首先由西方传教士带入中国,受其影响,中国的知识分子也开始谈论社会主义。康有为的《大同书》就多次提到共产主义,"大同之世,天下为公,无有阶级,一切平等",以致梁启超认为:"先生的哲学,社会主义派哲学也。"当然,康有为的社会主义充其量属于空想社会主义范畴,并不是科学社会主义。毛泽东在《论人民民主专政》中提出:"康有为写了《大同书》,他没有也不可能找到一条到达大同的路。"[1]

辛亥革命把旧民主主义革命推向最高峰。孙中山首先提出"振兴中华"的口号,他被毛泽东称为"伟大的革命先行者","他在政治思想方面留给我们许多有益的东西。现代中国人,除了一小撮反动分子以外,都是孙先生革命事业的继承者。我们完成了孙先生没有完成的民主革命,并且把这个革命发展为社会主义革命。我们正在完成这个革命"。[2] 1997年江泽民在中国共产党第十五次全国代表大会上提出:"一个世纪以来,中国人民在前进道路上经历了三次历史性的巨大变化,产生了三位站在时代前列的伟大人物:孙中山、毛泽东、邓小平。第一次是辛亥革命,推翻了统治中国两千年的君主专制制度。这是孙中山领导的。他首先喊出'振兴中华'的口号,开创了完全意义上的近代民族民主革命。"孙中山对未来中国现代化设计的内容及意义在于:第一,他反对全盘西化的观点,他认为西方发达国家存在着很严重的社会问题,"欧美社会之祸"已经积重难返,"社会革命其将不远"。所以,未来中国革命要政治革命与社会革命"毕其功于一役",所谓政治革命,就是资产阶级民主革命,所谓社会革命,就是无产阶级的社会主义革命,关键是解决土地问题。第二,他反对自由竞争,主张国家干预。"实业未革命以前,人皆举亚当·斯密为圭臬,其结果卒酿成社会上贫富激战之害。"如果是"一个衰弱的政府……即令是在推进与其自身安全最密切相关的现代化方面,也无法提供有效的领导"。[3] 第三,适当

---

① 毛泽东.毛泽东选集:第4卷[M].北京:人民出版社,1991:1471.
② 毛泽东.毛泽东文集:第7卷[M].北京:人民出版社,1999:156.
③ 王兴业.孙中山与中国近代化研究[M].北京:人民出版社,2005:243.

发展国营经济,防止资本垄断。"一切垄断性质之事业,悉当归国家经营""凡本国人及外国人之企业,或有独占的性质,或规模过大为私人之力所不能办者,如银行、铁道、航路之属,由国家经营管理之。"①这就是孙中山"节制资本"的思想。毛泽东认为,节制资本"是新民主主义共和国的经济构成的正确的方针"。② 特别值得关注的是,孙中山强调独立自主,他在《建国方略》中首先提出:"惟发展之权,操之在我则存,操之在人则亡,此后中国存亡之关键,则在此实业发展之一事也。"③他还把民生主义称为社会主义,1924 年 8 月他提出:"民生就是人民的生活,社会的生存,国民的生计,群众的生命。……民生主义就是社会主义,又名共产主义,即是大同主义。"但是,孙中山的社会主义毕竟不是科学社会主义,他自己也承认其社会主义与马克思主义存在差异:"中国今日是患贫,不是患不均。在不均的社会,当然可用马克思的办法,提倡阶级战争去打平他。但在中国实业尚未发达的时候,马克思的阶级战争和无产专制便用不着。所以我们今日师马克思之意则可,用马克思之法则不可。"他同时指出:"共产组织,甚至苏维埃制度,均不能引用于中国。"④但这并不妨碍他是一种"战斗的、真诚的民主主义",并且影响深远,辛亥革命的失败,是对中国走资本主义道路的第一次证伪。

从 1917 年开始,历经 3 年,孙中山终于完成了他的巨著——《建国方略》。《建国方略》被习近平总书记称为"近代中国谋求现代化的第一份蓝图",其内容及意义包括:首先,孙中山强调"振兴中国的目的,就在于把中国变成足以和西方各国并驾齐驱的国家",他确信"以我国地方之大,物产之丰,人才之众,革命之后若能一心一德从事建设,则必能乘时一跃而登上中国于富强之域……而建设一政治最修明、人民最安乐之国家""驾乎欧美之上"。"夫如是,乃能万众一心,急起直追,以我五千年文明优秀之民族,应世界之潮流,而建设一政治最修明、人民最安乐之国家,为民所有、为民所治、为民所享者也。则其成功,必较革命之破坏事业为尤速、尤易也。"其次,孙中山提出了宏伟的工业化、交通现代化蓝图。值得关注的是,中山先生当初提出的许多构想今天已经成为现实,如"北方大港计划""东方大港计划""南方大港"均已成为现实,而他的"铁路计划"更是为我们今天四通八达的高铁网所超越。2020 年 10 月,正在广东考察的习近平在《建国方略》相关规划图前驻足凝视,感慨

---

① 孙中山.孙中山全集:第 5 卷[M].北京:中华书局,1985:135.
② 毛泽东.毛泽东选集:第 2 卷[M].北京:人民出版社,1991:638－639.
③ 孙中山.建国方略[M].西安:长安出版社,2011:83.
④ 孙中山.孙中山全集:第 7 卷[M].北京:中华书局,1985：51.

地说:"只有我们中国共产党人实现了。"这也是对前人最好的纪念!

1933年7月,《申报》刊载"中国现代化问题特辑"。有人主张学习苏联模式,有人主张采取资本主义与社会主义相结合的方式,在这场辩论中,许多进步人士提出,实现现代化最根本的条件是要有坚强的政治基础,在强有力的政党领导下,中国才能真正走上现代化道路。抗日战争胜利后,中国面临着三种前途、多种命运的历史抉择,许多中间党派提出了所谓的"第三条道路"。1945年10月中国民主同盟第一次全国代表大会召开,大会提出:"我们当前唯一的责任是:实现中国的民主,要把中国造成一个十足道地的民主国家。……中国民主同盟在中国所要建立的民主制度,绝对不是,并且绝对不可能,把英美或苏联式的民主全盘抄袭,要依靠英、美、苏的经验,树立适合中国国情的民主制度。……同时,苏联的经济民主也是我们中国建立民主制度的极好的参考材料。民盟要建立的民主制度,就是拿苏联的经济民主来充实英美的民主政治。"以往史学界把"第三条道路"的实质归结为走资本主义道路。如陈旭麓认为:"资产阶级中间道路,即第三条道路,是中国民族资产阶级右翼所提倡的政治路线。他们企图在国民党大地主大资产阶级专政和中国共产党领导的人民民主专政之外,另找所谓第三条道路,这条道路实际上就是英美式的资产阶级专政的道路。"严格地讲,"第三条道路"的实质是走"民主社会主义道路"。当然,"第三条道路"最终在国民党蒋介石的破坏下失败了。对此,毛泽东总结道:"中国人向西方学得很不少,但是行不通,理想总不能实现。多次奋斗,包括辛亥革命那样全国规模的运动,都失败了。国家的情况一天一天坏,环境迫使人们活不下去。怀疑产生了,增长了,发展了。"[①]"一切别的东西都试过了,都失败了。曾经留恋别的东西的人们,有些人倒下去了,有些人觉悟过来了,有些人正在换脑筋。事变是发展得这样快,以致使很多人感到突然,感到要重新学习。"[②]恩格斯曾说:"伟大的阶级,正如伟大的民族一样,无论从哪方面学习,都不如从自己所犯错误的后果中学习来得快。"[③]终于,十月革命一声炮响,给我们送来了马列主义。"走俄国人的路——这就是结论";解放战争的炮声宣告了旧时代的终结,新中国的诞生! 中国人民站起来了,走社会主义道路,这也是结论。

(二)毛泽东新民主主义革命理论与实践

毛泽东同志把马克思主义同中国革命实践相结合,创立了新民主主义革命理

---

① 毛泽东. 毛泽东选集:第4卷[M]. 北京:人民出版社,1991:1470.
② 毛泽东. 毛泽东选集:第4卷[M]. 北京:人民出版社,1991:1471—1472.
③ [德]马克思,[德]恩格斯. 马克思恩格斯选集:第4卷[M]. 北京:人民出版社,1995:432.

论。1939 年 12 月毛泽东在《中国革命和中国共产党》中提出："现时中国的资产阶级民主主义的革命,已不是旧式的一般的资产阶级民主主义的革命。这种革命已经过时了,而是新式的特殊的资产阶级民主主义的革命。这种革命正在中国和一切殖民地半殖民地国家发展起来,我们称这种革命为新民主主义革命。……这种新式的民主革命,虽然在一方面是替资本主义扫清道路,但在另一方面又是替社会主义创造前提。中国现时的革命阶段,是为了终结殖民地、半殖民地半封建社会和建立社会主义社会之间的一个过渡的阶段,是一个新民主主义的革命过程。……所谓新民主主义的革命,就是在无产阶级领导之下的人民大众的反帝反封建的革命。中国的社会必须经过这个革命,才能进一步发展到社会主义的社会去,否则是不可能的。这种新民主主义的革命,和历史上欧美各国的民主革命大不相同……这种新民主主义的革命也和社会主义的革命不相同……中国革命的终极的前途,不是资本主义的,而是社会主义和共产主义的,也就没有疑义了。"①这里,毛泽东明确提出新民主主义革命的性质、任务、前途。为此,毛泽东还提出新民主主义革命道路理论——农村包围城市、武装夺取政权、三大法宝理论、新民主主义革命基本纲领等,从而构成了新民主主义革命理论体系。新民主主义革命理论最主要的意义就是提出不经过资本主义,而是经过新民主主义直接进入社会主义,其中最为重要的就是坚持无产阶级领导权。它既否定了中国近代以来西化的路径依赖,也否定了一般意义上的西方中心论,强调民主革命是社会主义革命的必要准备,社会主义革命是民主革命的必然趋势。它解决了我国这样一个前资本主义社会的国家如何革命、如何向社会主义发展的方向问题,也为中国的现代化指明了方向。如果说列宁想通过"新经济政策"来跨越"卡夫丁峡谷",那么,中国共产党则是以新民主主义社会来实现这一历史性跨越。此外,1949 年 3 月毛泽东在党的七届二中全会上进一步指出:"占国民经济总产值 90% 的分散的个体的农业和手工业经济,是可能和必须谨慎地、逐步地而又积极地引导它们向着现代化和集体化的方向发展的""由落后的农业国变成先进的工业国"。最后他提出:"我们不但善于破坏一个旧世界,我们还将善于建设一个新世界。"②这实际上是中国共产党第一代领导集体的现代化草案。

（三）革命与改革:百年中国梦的双重变奏

国外现代化专家艾森斯塔德重点研究了革命对一种文明变迁的巨大张力,并

① 毛泽东.毛泽东选集:第 2 卷[M].北京:人民出版社,1991:647−650.
② 毛泽东.毛泽东选集:第 4 卷[M].北京:人民出版社,1991:1432,1439.

指出革命与现代化存在着必然联系。艾森斯塔德提出"许多革命都体现了现代化的本质","它们与现代世界、现代文明的发展紧密联系,而且从那时起,革命意识形态、革命意象和革命运动就成为近现代世界的重要组成部分。革命以及革命带来的变化成为真实社会变迁的象征,革命想象也发展成近现代知识体系和学术话语的中心议题和关注焦点"。① 西方现代化与英国、美国、法国革命都有着重要关联。艾森斯塔德认为:"在一些轴心文明中,只有随着它们历史中的'早期现代化'阶段政治体制的崩溃,革命才得到发展。""大革命不能当作孤立的事件来进行分析。它们必须被放到一个文明的框架下和它们所发生的更为宽广的历史进程中展开研究,只能把它们当作在现代社会中发展出来的变迁过程的类型来研究。""革命(不论它们曾经是多么的伟大和激烈)只能形成社会和文化变革的一种重要的模式,它们只会在非常特殊的历史情境中发生。"②所以,艾森斯塔德开创的"革命现象学"研究是有意义的,但他透过革命这一现象级的社会变迁,并没有完全发现革命的本质,他并不是循着社会矛盾的视角去探寻革命的起因,而是从文明框架的范式去研究,当然得不出完整的结论。我们由此看到了理解革命必须置于现代化语境中加以分析研究的重要性。中国革命为中国式现代化准备了必要条件。中国近现代史实际上就是一部革命与改革交织的历史。

如何正确看待中国革命与改革开放的历史? 2014 年 4 月习近平·在比利时布鲁日欧洲学院发表演讲时提出:"总之,观察和认识中国,历史和现实都要看,物质和精神也都要看。中华民族5000 多年文明史,中国人民近代以来 170 多年斗争史,中国共产党 90 多年奋斗史,中华人民共和国 60 多年发展史,改革开放 30 多年探索史,这些历史一脉相承,不可割裂。脱离了中国的历史,脱离了中国的文化,脱离了中国人的精神世界,脱离了当代中国的深刻变革,是难以正确认识中国的。"他还说:"如果没有 1978 年我们党果断决定实行改革开放,并坚定不移推进改革开放,坚定不移把握改革开放的正确方向,社会主义中国就不可能有今天这样的大好局面,就可能面临严重危机。同时,如果没有 1949 年建立新中国并进行社会主义革命和建设,积累了重要的思想、物质、制度条件,积累了正反两方面经验,改革开放也很难顺利推进。"③这些观点明确指出了中国革命与改革开放的历史逻辑。历史不能割裂、历史不能虚无。没有革命,哪有改革,没有革命,哪有建设,这是中国近

① [以]艾森斯塔德. 大革命与现代文明[M].刘圣中,译. 上海:上海人民出版社,2012:3.
② [以]艾森斯塔德. 大革命与现代文明[M].刘圣中,译. 上海:上海人民出版社,2012:53,128-129.
③ 习近平. 习近平总书记系列重要讲话读本[M].北京:人民出版社,2014:18.

现代历史发展的辩证法,是历史的选择、人民的选择。

习近平指出:"改革开放是我们党的一次伟大觉醒,正是这个伟大觉醒孕育了我们党从理论到实践的伟大创造。改革开放是中国人民和中华民族发展史上一次伟大革命,正是这个伟大革命推动了中国特色社会主义事业的伟大飞跃。"①改革开放伴随着中国式现代化推进全过程。改革,英文为"reform",原意包含改良的含义,但我们却用"改革"来表达最近40多年的巨变,本身内含着近乎革命的变革。改革是一个特殊的辩证运动过程,是一个新质取代旧质的变革过程,即所谓"革故鼎新",所以邓小平称"改革是第二次革命"。他认为:"改革的性质同过去的革命一样,也是为了扫除发展社会生产力的障碍,使中国摆脱贫穷落后的状态。从这个意义上说,改革也可以叫革命性的变革。"②所以,我们所说的改革,已经超越了其原有的含义,历史、时代赋予其新的含义,这是我们在理解革命、改革等重大历史概念时必须澄明的。对于"改良",我们也不用过于紧张,列宁曾说:"无产阶级取得胜利以前,改良是革命的阶级斗争的副产品。取得胜利以后,改良在国际范围内仍然是一种'副产品'……改良又是一种必要的、合理的喘息时机。"③中国共产党进一步丰富发展了改革理论。英国学者马丁·雅克认为:"中国的改革促成了当代人类历史上最伟大的经济转型,甚至也堪称迄今全部人类历史上最伟大的经济转型。"④

马克思主义的重要论述是我们理解无产阶级革命与改革的根本依据:

1. 革命不能制造

1847年恩格斯在《共产主义原理》中说:"共产主义者很清楚,任何密谋都不但无益,而且有害。他们很清楚,革命不能故意地、随心所欲地制造,革命在任何地方和任何时候都是完全不以单个政党和整个阶级的意志和领导为转移的各种情况的必然结果。"⑤马克思在总结1848年欧洲革命时指出:"在资产阶级社会的生产力正以在整个资产阶级关系范围内所能达到的速度蓬勃发展的时候,也就谈不上什么真正的革命。只有在现代生产力和资产阶级生产方式这两个要素互相矛盾的时候,这种革命才有可能。"⑥"社会的物质生产力发展到一定阶段,便同它们一直在其中运动的现存生产关系或财产关系(这只是生产关系的法律用语)发生矛盾。于是

---

① 习近平:论中国共产党历史[M].北京:中央文献出版社,2021:214−215.
② 中央财经领导小组办公室.邓小平经济理论学习纲要[M].北京:人民出版社,1997:57.
③ [苏]列宁.列宁专题文集:论社会主义[M].北京:人民出版社,2009:295.
④ 柳丝,等.为世界提供更多的启迪和机遇[N].光明日报,2024−7−18:2.
⑤ [德]马克思,[德]恩格斯.马克思主义经典著作选读[M].北京:人民出版社,1999:239.
⑥ [德]马克思,[德]恩格斯.马克思恩格斯选集:第1卷[M].北京:人民出版社,1995:93.

这些关系便由生产力的发展形式变成生产力的桎梏。那时社会革命的时代就到来了。"①1885年恩格斯在致查苏利奇的信中提出："那些自夸制造出的革命人,在革命的第二天就会看到,他们不知道他们做的是什么,制造出的革命根本不像他们原来打算的那个样子。这就是黑格尔所说的历史的讽刺。"②所以,革命并不是偶然的、随机的。按照列宁的观点,革命形势到来有三个主要特征:(1)统治阶级已经不可能照旧维持自己的统治;(2)被压迫阶级的贫困和苦难超乎寻常地加剧;(3)群众的革命积极性大大提高。实际上,一场成功的革命也要符合天时、地利、人和三大要素。所以,如果把革命仅仅理解为一小部分人的密谋策划,那就大错特错了。艾森斯塔德认为革命的前提条件包括:(1)国家财政负担的加剧。(2)精英内部的冲突更加严重。(3)民众反叛的兴起。(4)社会纠偏和政治转型的意识形态变得日益突出。③

2. 社会变革并不拒斥其他形式

为了无产阶级的解放,马克思主义主张用一切手段、方式来达到目的,当然,暴力革命是主要手段。恩格斯曾说:"对于作为革命者的我来说,一切达到目的的手段都是可以使用的,不论是最强制的,或者是看起来最温和的。"④首先,在形式上,斗争可以是合法斗争,也可以是非法斗争。特别是斗争应利用好普选权这一工具,争取、教育、锻炼广大群众。其次,在内容上,斗争可以是经济、政治和理论斗争相结合;马克思主义一方面宣传暴力革命论,另一方面并不拒斥抗议、罢工、游行示威、请愿谈判、议会斗争等其他形式,一切视国情、形势、时机等因素而变。对此,1872年马克思就指出:"工人总有一天必须夺取政权,以便建立一个新的劳工组织……但是,我们从来没有断言,为了达到这一目的,到处都应该采取同样的手段。我们知道,必须考虑到各国的制度、风俗和传统;我们也不否认,有些国家,像美国、英国——如果我对你们的制度有更好的了解,也许还可以加上荷兰——工人可能用和平手段达到自己的目的。"⑤"我们应当向各国政府声明:我们知道,你们是对付无产者的武装力量;在我们有可能用和平方式的地方,我们将用和平方式反对你们,在必须用武器的时候,则用武器。"⑥恩格斯也说:"如果旧的东西足够理智,不加抵抗即行死亡,那就和平地代替;如果旧的东西抵抗这种必然性,那就通过暴力来

---

① [德]马克思,[德]恩格斯. 马克思恩格斯选集:第2卷[M]. 北京:人民出版社,1995:33.
② [德]马克思,[德]恩格斯. 马克思恩格斯文集:第10卷[M]. 北京:人民出版社,2009:533.
③ [以]艾森斯塔德. 大革命与现代文明[M]. 刘圣中,译. 上海:上海人民出版社,2012:34-35.
④ [德]马克思,[德]恩格斯. 马克思恩格斯选集:第4卷[M]. 北京:人民出版社,1995:686.
⑤ [德]马克思,[德]恩格斯. 马克思恩格斯全集:第18卷[M]. 北京:人民出版社,1964:179.
⑥ [德]马克思,[德]恩格斯. 马克思恩格斯全集:第17卷[M]. 北京:人民出版社,1963:700.

代替。"①中国共产党继承了马克思主义革命理论,一方面提出武装斗争是中国革命的主要形式,另一方面也提出把武装斗争与非武装斗争相结合。但当无产阶级完成革命、夺取政权后,其就应该进行社会改革、经济建设。1957 年毛泽东在《关于正确处理人民内部矛盾问题》中提出:社会主义社会仍然存在着基本矛盾,它们是非对抗性的,即可以通过社会主义自身的力量解决。这就为以后中国的改革开放提供了重要的理论依据。艾森斯塔德也认为,"革命模式不是现代性具体现实的唯一模式""向现代性转型或者突破的过程,无论其多么深远和剧烈,都会以一种非革命(not-revolution)的方式进行"。② 这也得到了世界现代化历史的验证。

3. 革命是为了解放、发展生产力

这也是现代化的目的。《共产党宣言》首先肯定了资产阶级革命的历史作用:在它的不到一百年的阶级统治中所创造的生产力,比过去一切世代创造的全部生产力还要多,还要大。但当资本主义生产关系成为生产力发展的阻碍时,无产阶级革命出场。马克思、恩格斯提出:"工人革命的第一步就是使无产阶级上升为统治阶级,争得民主。无产阶级将利用自己的政治统治,一步一步地夺取资产阶级的全部资本,把一切生产工具集中在国家即组织成为统治阶级的无产阶级手里,并且尽可能快地增加生产力的总量。"③1945 年毛泽东在《论联合政府》中提出:"中国一切政党的政策及其实践在中国人民中所表现的作用的好坏、大小,归根到底,要看它对于中国人民的生产力的发展是否有帮助及其帮助之大小,看它是束缚生产力的,还是解放生产力的。"④ 1956 年 1 月他又说:"社会主义革命的目的是解放生产力。""革命是为建设扫清道路。革命把生产关系和上层建筑加以改变,把经济制度加以改变,把政府、意识形态、法律、政治、文化、艺术这些上层建筑加以改变,但目的不在于建立一个新的政府、一个新的生产关系,而在于发展生产。"⑤改革开放后,邓小平又提出,革命是解放生产力,改革也是解放生产力,改革是第二次革命。新时代以习近平同志为核心的党中央又提出党的自我革命的时代命题,"勇于自我革命,是我们党最鲜明的品格,也是我们党最大的优势。中国共产党的伟大不在于不犯错误,而在于从不讳疾忌医,敢于直面问题,勇于自我革命,具有极强的自我修复能

① ［德］马克思,［德］恩格斯.马克思恩格斯选集:第 4 卷［M］.北京:人民出版社,1995:216.
② ［以］艾森斯塔德.大革命与现代文明［M］.刘圣中,译.上海:上海人民出版社,2012:6.
③ ［德］马克思,［德］恩格斯.马克思主义经典著作选读［M］.北京:人民出版社,1999:54.
④ 毛泽东.毛泽东文集:第 7 卷［M］.北京:人民出版社,1999:1079.
⑤ 毛泽东.毛泽东文集:第 7 卷［M］.北京:人民出版社,1999:182.

力"。① 中国革命取得胜利后,大规模疾风暴雨式的暴力革命结束了,但在新长征路上,伟大斗争、伟大革命仍然在继续,这需要中国共产党不忘初心、牢记使命!

二、中国特色社会主义现代化道路的探索

习近平指出:"实现现代化是近代以来中国人民矢志奋斗的梦想。中国共产党一百多年团结带领中国人民追求民族复兴的历史,也是一部不断探索现代化道路的历史。经过数代人不懈努力,我们走出了中国式现代化道路。"②

(一)良好开端

新中国成立后,由于当时国内外形势较为复杂,我国实行了对苏"一边倒"的政策,即全方位学习苏联模式。1956 年 2 月苏共二十大召开,赫鲁晓夫全盘否定斯大林,在国内外引起轩然大波,1956 年 4 月,毛泽东以苏为鉴,发表《论十大关系》,提出调动一切积极因素为社会主义建设服务。他指出:"十大关系的基本观点,就是同苏联做比较。除了苏联办法之外,是否可以找到别的办法,比苏联、东欧各国搞得更快更好。"③该文实际上提出了最早的中国经济社会发展模式,即:(1)重工业和轻工业、农业的关系,提出在重点发展重工业的同时,更多地发展农业、轻工业;(2)沿海工业和内地工业的关系,提出要关注沿海和内地工业平衡发展的思路;(3)经济建设和国防建设的关系,提出在加强国防建设的同时,首先要加强经济建设;(4)国家、生产单位和生产者个人的关系,提出不能只顾一头,必须兼顾国家、集体和个人三个方面;(5)中央和地方的关系,提出应当在巩固中央统一领导的前提下,扩大一点地方的权力,给地方更多的独立性,让地方办更多的事情;(6)汉族与少数民族的关系,提出既反对大汉族主义,也反对地方民族主义,搞好民族关系,巩固各民族的团结,共同建设社会主义祖国;(7)党和非党的关系,提出多党合作的原则与方针是"长期共存,互相监督";(8)革命与反革命的关系,提出对待反革命分子的办法是杀、关、管、放,但一定要分清敌我;(9)是非关系,提出党内党外都要分清是非,"惩前毖后,治病救人"是团结全党的方针;(10)中国与外国的关系。这是一个包含政治、经济、社会发展的较全面的规划。毛泽东特别强调:"我们的方针是,

---

① 习近平.论坚持全面深化改革[M].北京:中央文献出版社,2018:325.
② 习近平.携手同行现代化之路[M].北京:人民出版社,2023:5.
③ 金冲及,等.毛泽东传(1949—1976)[M].北京:中央文献出版社,2003:484.

一切民族、一切国家的长处都要学,政治、经济、科学、技术、文学、艺术的一切真正好的东西都要学。但是,必须有分析有批判地学,不能盲目地学,不能一切照抄,机械搬用。他们的短处、缺点,当然不要学。……我们要学的是属于普遍真理的东西,并且学习一定要与中国实际相结合。"①尽管《论十大关系》当时没付诸实现,但其具有显著的重要性:首先,未来的中国式现代化是全面的,必须兼顾各种重大领域内相互关系;其次,它是开放的,要学习来自各方面一切有益的长处与经验;最后,更重要的是强调独立自主走自己的路。这些对之后中国的发展影响很大。1956 年 9 月,党的八大进一步提出社会主义社会主要矛盾和主要任务的转变,并且首次提出关于经济体制改革的设想,即陈云提出的"三个主体、三个补充"的思想。在工商业经营方面,国家和集体经营是工商业的主体,附有一定数量的个体经营。这种个体经营是国家经营和集体经营的补充。在生产计划方面,全国工农业产品主要是按照计划生产的,但是同时有一部分产品是按照市场变化而在国家计划许可范围内自由生产的。计划生产是工农业生产的主体,自由生产是计划生产的补充。陈云强调:"我国的市场,绝不会是资本主义的自由市场,而是社会主义的统一市场。在社会主义的统一市场里,国家市场是它的主体,但是附有一定范围内国家领导的自由市场。这种自由市场,是在国家领导之下,作为国家市场的补充,因此它是社会主义统一市场的组成部分。"②(其后来成为社会主义市场经济理论雏形。)1957 年 3 月,毛泽东发表《关于正确处理人民内部矛盾的问题》,提出"统筹兼顾"的设想。所有这些,都标志着中国特色社会主义道路的良好开端。1960 年 6 月,毛泽东在《十年总结》中指出:"前八年照抄外国的经验。但从 1956 年提出十大关系起,开始找到一条适合中国的路线。……开始反映中国客观规律。"③这段话的确符合当时中国的实际情况。

新中国成立初期,我国现代化道路的探索最大成果就是提出"四个现代化"构想。这一概念最早在 1954 年第一届全国人民代表大会上提出,当时提出的目标包括工业、农业、交通运输业和国防的现代化。1964 年年底到 1965 年年初,在第三届全国人民代表大会第一次会议上,周恩来总理在政府工作报告中正式提出了"四个现代化"的宏伟目标,并宣布要在不太长的历史时期内,把我国建设成为一个具有现代农业、现代工业、现代国防和现代科学技术的社会主义强国。这实际上是我们

---

①　毛泽东.毛泽东文集:第 7 卷[M].北京:人民出版社,1999:41—42.
②　中共中央文献研究室.建国以来重要文献选编:第 9 册[M].北京:中央文献出版社,1994:287.
③　顾龙生.毛泽东经济年谱[M].北京:中共中央党校出版社,1992:519.

今天提出的"中国式现代化"道路的最早雏形。1990年4月,邓小平总结道:"没有四个现代化,中国在世界上就没有应有的地位。我们搞的四个现代化,是社会主义的四个现代化。只有社会主义,才能有凝聚力,才能解决大家的困难,才能避免两极分化,逐步实现共同富裕。"①

(二)探索的曲折:"大跃进"与"文化大革命"

这一时期,我国在指导思想上出现"左"的错误。在经济建设上急于求成、急躁冒进,1958年发动"大跃进",提出"跑步进入共产主义";在政治上,"以阶级斗争为纲",最终酿成"文化大革命",导致中国社会、经济发展的停滞,与发达国家和周边国家的差距进一步扩大。对此,1981年党的十一届六中全会通过的《关于建国以来党的若干历史问题的决议》指出:"社会主义运动的历史不长,社会主义国家的历史更短,社会主义社会的发展规律有些已经比较清楚,更多的还有待于继续探索。我们党过去长期处于战争和激烈阶级斗争的环境中,对于迅速到来的新生的社会主义社会和全国规模的社会主义建设事业,缺乏充分的思想准备和科学研究。马克思、恩格斯、列宁、斯大林的科学著作是我们行动的指针,但是不可能给我国社会主义事业中的各种问题提供现成答案。"②上述论断比较全面地分析了其原因。对这种急于求成、急躁冒进的"左"的错误,邓小平也承认:"我们都是搞革命的,搞革命的人最容易犯急性病。我们的用心是好的,想早一点进入共产主义。这往往使我们不能冷静地分析主客观方面的情况,从而违反客观世界发展的规律。中国过去就是犯了性急的错误。"③匈牙利学者科尔奈的解释是,对于社会主义国家最高领袖们来说,由于社会主义革命通常是在贫困、落后的国家里进行的,他们都有一种所谓"后来者"的急迫和压抑心态,深感严重落后于发达国家。"革命者自己非常心急,他们同时也感到来自大众的迫切要求实现国家富强的强大压力。……最后,从军事和国防的角度考虑,也必须以更快的速度赶上发达国家。为了创建一支具有攻击能力的强大军队,需要国家的现代化和经济力量的支撑。"另外,广大中下层干部也具有很强的内在扩张动力,官僚的目标函数就是他所支配的预算最大化,"官僚机构中所有层级的领导干部都知道,随着单位的不断扩张,他们自己的权力和声望也会不断上升,当然也包括很多物质上的奖励。……扩张冲动对官员而言是很

---

① 邓小平.邓小平文选:第3卷[M].北京:人民出版社,1993:357.
② 中共中央文献研究室.关于建国以来党的若干历史问题的决议注释本[M].北京:中共中央文献出版社,1983:37.
③ 邓小平.邓小平文选:第3卷[M].北京:人民出版社,1993:139-140.

自然的事,而且在社会主义体制下,只有官僚而没有真正的所有者,这样就几乎不存在任何内部的自我约束机制来控制这种扩张冲动,投资饥渴必然泛滥成灾。"①这在一些社会主义国家具有普遍性,所以,总结历史经验教训,关键要进一步实现马克思主义中国化时代化。正如恩格斯所说,"要获取明确的理论认识,最好的道路就是从本身的错误中学习,'吃一堑,长一智'"。② 尽管出现了"大跃进"和"文化大革命"错误,但以毛泽东同志为核心的第一代中央领导集体所建立的社会主义基本政治经济制度,为我们党在新时期开辟中国特色社会主义道路、创立中国特色社会主义理论体系,奠定了根本的政治经济等制度基础。邓小平曾说:"从许多方面来说,现在我们还是把毛泽东同志已经提出、但是没有做的事情做起来,把他反对错了的改正过来,把他没有做好的事情做好。今后相当长的时期,还是做这件事。当然,我们也有发展,而且还要继续发展。"③这完全符合实事求是的精神!

(三)邓小平理论——社会主义本质的澄明

米塞斯在他的《社会主义:经济与社会学的分析》中提出:"社会主义的本质是:全部生产资料完全处在组织起来的社会控制之下。这就是社会主义,也只有它是社会主义。所有其他定义都是错误的。"④这种概括的片面之处是把社会主义仅理解为公有制,但其也指出了以往的社会主义实践的误区。苏联和我国早期的社会主义建设之所以没有取得胜利,主要是因为背离了马克思主义关于解放、发展生产力的重要思想,背离了唯物史观的基本原理,把社会主义简单理解为公有制、按劳分配、计划经济等制度的建设,结果就陷入了误区。

恩格斯认为:"每一个时代的理论思维,包括我们这个时代的理论思维,都是一种历史的产物,它在不同的时代具有完全不同的形式,同时具有完全不同的内容。"⑤党的十一届三中全会后,在以邓小平同志为核心的第二代领导集体的指引下,我党拨乱反正,把马克思主义基本原理同中国的社会主义建设实际相结合。邓小平理论的主题就是"什么是社会主义,怎样建设社会主义",这也是建设中国特色社会主义的首要的基本理论问题。以往我国社会主义建设所经历的挫折与失误,主要是因为对这一重大问题没有完全搞清楚,根源在于教条主义以及对苏联模式

① ［匈］雅诺什·科尔奈:社会主义体制［M］.张安,译.北京:中央编译出版社,2007:155.
② ［德］马克思,［德］恩格斯.马克思恩格斯文集:第10卷［M］.北京:人民出版社,2009:560.
③ 中共中央文献研究室.十七大以来重要文献选编(上)［M］.北京:中央文献出版社,2009:254.
④ ［奥］路德维希·冯·米塞斯.社会主义:经济与社会学的分析［M］.王建民,等译.北京:中国社会科学出版社,2012:212.
⑤ ［德］马克思,［德］恩格斯.马克思恩格斯全集:第26卷［M］.北京:人民出版社,2014:499.

的崇拜,而忽视了生产力的解放与发展。1980年5月邓小平就指出:"社会主义是一个很好的名词,但是如果搞不好,不能正确理解,不能采取正确的政策,那就体现不出社会主义的本质。"①在这里,邓小平第一次提出"社会主义本质"这一概念,但其最终解题历时十二年,分为三个阶段:首先,当不能直接阐述"什么是社会主义"时,他首先批判了"文化大革命"中流行的一种反动观点,即"贫穷就是社会主义"。1985年4月邓小平提出:"经验告诉我们:贫穷不是社会主义,社会主义要消灭贫穷。不发展生产力,不提高人民的生活水平,不能说是符合社会主义要求的。"②其次,邓小平提出"社会主义两大原则"。否定了贫穷,必然要肯定富裕,如何致富?只有发展生产力。所以,邓小平提出:"社会主义原则,第一是发展生产,第二是共同致富。"③最后,邓小平在"南方谈话"中提出:"社会主义的本质,是解放生产力,发展生产力,消灭剥削,消除两极分化,最终达到共同富裕。"④至此,社会主义本质论正式形成。其不但填补了科学社会主义的理论空白,而且为未来中国式现代化的认识论、本体论、方法论注入全新内容,为中国特色社会主义发展指明了正确方向。

邓小平理论第二大历史性贡献在于确立了社会主义市场经济的目标模式。如前所述,我们长期把计划经济当成社会主义本质属性,严重束缚了自己的手脚。十一届三中全会以后邓小平就提出,只有资本主义的市场经济肯定是不正确的,社会主义应当把计划经济和市场经济结合起来,才能解放生产力,加速经济发展。1981年党的十一届六中全会提出了"计划经济为主、市场调节为辅"的方针;1984年党的十二届三中全会又提出"在公有制基础上有计划的商品经济";1987年邓小平再次强调,计划和市场都是方法,只要对发展生产力有利,就可以利用。1992年邓小平在"南方谈话"中明确指出:"计划多一点还是市场多一点,不是社会主义与资本主义的本质区别。计划经济不等于社会主义,资本主义也有计划;市场经济不等于资本主义,社会主义也有市场,计划和市场都是经济手段。"⑤党的十四大明确把社会主义市场经济体制作为我国经济体制改革的目标,正确解决了关系整个社会主义现代化建设全局的一个重大问题。

邓小平理论第三大历史性贡献在于首次提出"中国式的现代化"。他提出,"中

———

① 邓小平.邓小平文选:第2卷[M].北京:人民出版社,1994:313.
② 邓小平.邓小平文选:第3卷[M].北京:人民出版社,1993:116.
③ 邓小平.邓小平文选:第3卷[M].北京:人民出版社,1993:172.
④ 邓小平.邓小平文选:第3卷[M].北京:人民出版社,1993:373.
⑤ 邓小平.邓小平文选:第3卷[M].北京:人民出版社,1993:373.

国式的现代化,必须从中国的特点出发""我们要实现的四个现代化,是中国式的四个现代化"。① 当时强调的"中国式",主要是基于中国国情,早在改革开放之初,邓小平就明确提出,要"立足于自己,也要照顾自己的特点,完全照搬别的国家的模式来建设中国是不可能的"。② 1982 年他在党的十二大上指出:"我们的现代化建设,必须从中国的实际出发。无论是革命还是建设,都要注意学习和借鉴外国经验。但是,照抄照搬别国经验、别国模式,从来不能得到成功。这方面我们有过不少教训。把马克思主义的普遍真理同我国的具体实际结合起来,走自己的路,建设有中国特色社会主义,这就是我们总结长期历史经验得出的基本结论。"③1988 年 5 月,邓小平在会见莫桑比克总统希萨诺时说,"世界上的问题不可能都用一个模式解决""中国有中国自己的模式"。1988 年 10 月,邓小平在会见罗马尼亚总统齐奥塞斯库时提出:"各国建设社会主义的方法,一定要根据自己的实际情况,要多种形式,各有自己的特点。各国只能根据本国的实际情况来制定自己的发展战略和与之相适应的方法、方式,制定适合自己具体实际的政策。社会主义国家之间的经验相互可以参考、借鉴,但绝不能照搬。自己认为成功的东西,就应该继续坚持,不要因为别人改变了,自己也跟着改变,用不着这样。经验教训,包括成功的经验和失败的教训,要自己去总结,都是一个模式不行。我们都吃了这个亏。"④1990 年,他又说:"要求全世界所有国家都照搬美、英、法的模式是办不到的。"⑤至于中国模式大致成型的时间,邓小平在"南方谈话"中提出:"恐怕再有三十年的时间,我们才会在各方面形成一整套更加成熟、更加定型的制度。在这个制度下的方针、政策,也将更加定型化。"⑥所以,当时提"中国式的现代化",重点是"中国式",即强调本国国情与实际,对中国式现代化的内涵、特质、本质要求等还缺乏系统认识。

邓小平提出"发展是硬道理"。其要义在于:第一,"要从全人类的高度来研究发展问题"。第二,"中国解决所有问题的关键是要靠自己的发展"。第三,"中国的发展是和平力量的发展,是制约战争力量的发展"。1992 年年底召开的党的十四大把邓小平理论概括为九大方面,即发展道路、发展阶段、根本任务、发展动力、外部条件、政治保证、战略步骤、领导力量和依靠力量、祖国统一,其既突出了"发展"这

① 邓小平.邓小平文选:第 2 卷[M].北京:人民出版社,1994:164,237.
② 中共中央文献研究室.邓小平年谱(1975—1997 年)(上)[M].北京:中央文献出版社,2004:626.
③ 邓小平.邓小平文选:第 3 卷[M].北京:人民出版社,1993:2-3.
④ 中共中央文献研究室.邓小平年谱(1975—1997 年)(下)[M].北京:中央文献出版社,2007:1254.
⑤ 邓小平.邓小平文选:第 3 卷[M].北京:人民出版社,1993:359-360.
⑥ 邓小平.邓小平文选:第 3 卷[M].北京:人民出版社,1993:372.

一时代主题,也为中国模式初步定型。习近平认为,邓小平理论"第一次比较系统地初步回答了在中国这样经济文化比较落后的国家如何建设社会主义、如何巩固和发展社会主义的一系列基本问题",它是中国特色社会主义理论体系的开创之作,是最基础的重要组成部分。

要实现现代化,必须遵循"三步走发展战略"。从党的十二大起,我党开始提出"两步走"发展战略,邓小平认为:"翻两番还有个重要意义,就是这是一个新的起点。再花三十年到五十年时间,就可以接近经济发达国家的水平。"①1987 年 4 月在会见西班牙副首相格拉时,邓小平提出"三步走发展战略",并认为"要证明社会主义真正优越于资本主义,要看第三步""这就是我们的雄心壮志";习近平指出:"全面建成小康社会、加快推进社会主义现代化,是几代中国共产党人接续奋斗的重要目标。……改革开放以后,邓小平同志明确提出我国现代化建设'三步走'发展战略。"②而且充满自信地宣布"中国人民既然有能力站起来,就一定有能力永远岿然屹立于世界民族之林"。③

(四)"三个代表"重要思想——党的执政规律的全面探索

1956 年社会主义改造完成,我国进入社会主义初级阶段。随着主要矛盾转为人民日益增长的物质文化需要同落后的社会生产之间的矛盾,我党已经开始由领导革命的政党变身为领导社会主义现代化建设、改革开放的政党。马克思主义政党夺取政权不容易,执掌好政权更不容易。党的十六大报告指出:"我们党历经革命、建设和改革,已经从领导人民为夺取全国政权而奋斗的党,成为领导人民掌握全国政权并长期执政的党;已经从受到外部封锁和实行计划经济条件下领导国家建设的党,成为对外开放和发展社会主义市场经济条件下领导国家建设的党。在新的历史条件下,党要巩固自己的执政地位,实现自己的执政使命,必须用时代发展的要求审视自己,以改革的精神加强和完善自己,始终保持党的先进性。"④党的身份的转变必然带来党的任务发生以下几方面的变化:(1)由武装斗争转向以经济建设为中心;(2)由鼓动社会中下层人民搞阶级斗争转为协调、整合各阶级、阶层的关系,进而构建社会主义和谐社会;(3)由主要抓敌我矛盾转入解决人民内部矛盾;(4)由阶级斗争、无产阶级专政转向社会主义民主法治建设;(5)由封闭逐步走向开

① 邓小平. 邓小平文选:第 3 卷[M]. 北京:人民出版社,1993:89.
② 中共中央文献研究室. 十八大以来重要文献选编(下)[M]. 北京:中央文献出版社,2018:384.
③ 邓小平. 邓小平文选:第 3 卷[M]. 北京:人民出版社,1993:323.
④ 中共中央文献研究室. 十六大以来重要文献选编(上)[M]. 北京:中央文献出版社,2005:9.

放。应该说，新中国成立初期，我党没有真正开始这样的历史转型。只是到了十一届三中全会后，我党才真正开始这样的大转型。进入新世纪，中国成功实现现代化建设既定的第二步发展战略，人民生活总体上达到小康水平，开始进入全面建设小康社会、加快推进社会主义现代化新的发展阶段。以江泽民同志为核心的党的第三代中央领导集体，坚持改革开放、与时俱进，深刻认识与把握世情、国情和党情的变化，总结各执政党兴衰成败的经验教训，进一步回答了什么是社会主义、怎样建设社会主义这一重大问题，创造性地回答了在新的历史条件下建设什么样的党、怎样建设党的问题，并从始终代表中国先进生产力的发展要求、中国先进文化的前进方向和中国最广大人民的根本利益的战略高度，提出了加强党的先进性、提高党的执政能力的时代课题。"三个代表"重要思想明确提出：发展是我们党执政兴国的第一要务，它是我们党的"立党之本、执政之基、力量之源"。其核心内容包括：第一，"必须坚持用发展的办法解决前进中的问题"；第二，"能不能解决好发展问题，直接关系人心向背、事业兴衰"；第三，"发展必须相信和依靠人民，人民是推动历史前进的动力。要集中全国人民的智慧和力量，聚精会神搞建设，一心一意谋发展"。"三个代表"重要思想代表了我党对党的执政规律探索的最新成果，习近平认为，"三个代表"重要思想是中国特色社会主义理论体系承上启下的极为重要的组成部分，明确提出了其历史地位与重要意义。

　　"三个代表"重要思想积极回应时代挑战，其最鲜明的特征之一就是科学技术的发展。福山曾提出："现代自然科学的逻辑性似乎也在左右着资本主义朝着一个普世的方向发展。苏联、中国和其他社会主义国家的经验表明，尽管高度集权的计划经济确实可以达到50年代欧洲的工业化水平，然而不幸的是，在一个信息和技术创新起主导作用的所谓后工业经济时代里，这种经济体制会变得极不适宜。……虽然中央计划经济能紧跟资本主义经济进入煤、铁和重工业时代，但它们远远跟不上信息时代的要求。实际上，我们也许可以说，马列主义作为一个经济体系，高度复杂和充满活力的后工业经济世界就是它们的滑铁卢。"[①]吉登斯也认为："苏联经济的竞争力在全球电子经济兴起之际大大减弱……苏联不能在全球电子时代生存……这正是造成苏联解体的结构性原因。"[②]福山等的预言当然是错误的，但作为世界上人口最多国家的执政党能否跟上时代前进的步伐，做到"三个代表"，确实

　　① ［美］弗朗西斯·福山.历史的终结及最后之人［M］.黄胜强,许铭原,译.北京:中国社会科学出版社,2003:5,105.
　　② ［英］安东尼·吉登斯.全球时代的民族国家［M］.郭忠华,译.南京:江苏人民出版社,2010:122.

是时代的严峻挑战。我们党只有积极应战,才能勇立潮头、永葆先进性。"三个代表"重要思想特别强调先进生产力、先进文化,就是代表了中国共产党对这一时代挑战最好的回答。"三个代表"重要思想的具体实践表现为我国大力扶植与发展信息产业,提出走中国特色新型工业化、信息化、城镇化、农业现代化道路;党的十八大特别提出:建设下一代信息基础设施,发展现代信息技术产业体系,健全信息安全保障体系,发展信息网络技术。的确,任何一种发展模式都要与时俱进,否则就会被历史淘汰。

关于中国式现代化,1991 年 10 月江泽民接受美国《华盛顿邮报》采访时提出:"中国的社会主义既不是苏联模式,也不是东欧模式,而是有中国特色的社会主义。走这条道路,是中国人民经过一百多年的奋斗与摸索做出的历史性的选择。事实证明,我们所走的这条道路是完全正确的。我们没有理由改变这条道路。我们对未来充满信心。一个国家采取什么样的发展模式和社会制度,取决于这个国家的历史传统、经济发展和文化教育水平,取决于这个国家人民的选择。中国无意输出自己的模式,但我们也反对别人将其模式强加给我们。……世界是丰富多彩的,各国国情千差万别。每个国家的发展道路、经济模式、社会制度和价值观念等,都应该由本国根据自己的国情来决定。试图用某种单一的模式来套住丰富多彩的世界,是不现实的、有害的,甚至是危险的。"①1993 年 11 月江泽民在会见美国总统克林顿时提出:"各国人民根据各自国情,选择符合本国实际情况的社会制度和发展模式,制定行之有效的法律和政策,是合情合理的,应该受到尊重。""各国人民最了解本国的具体情况,最有资格找到适合本国的发展道路。"②2002 年党的十六大报告第一次正式提到"发展模式","我们主张维护世界多样性,提倡国际关系民主化和发展模式多样化"。③

所以,中国式现代化发展的内在逻辑既关系到中国式现代化的科学内涵、基本特点与根本任务,更关系到中国特色社会主义道路发展方向与未来。中国式现代化和中国特色社会主义道路既一脉相承,又与时俱进:一是表现在坚持马克思列宁主义、毛泽东思想这一理论渊源上;二是表现在建设和发展中国特色社会主义、实现中华民族伟大复兴这一理论主题上;三是表现在坚持解放思想、实事求是、与时俱进、求真务实这一理论品质上;四是表现在社会主义初级阶段这一基本国情的理

---

① 中共中央文献研究室.江泽民思想年编(1989—2008)[M].北京:中央文献出版社,2010:69—70.

② 江泽民.江泽民文选:第 1 卷[M].北京:人民出版社,2006:331.

③ 中共中央文献研究室.十六大以来重要文献选编(上)[M].北京:中央文献出版社,2004:36—37.

论基点上；五是表现在坚持以人为本，实现好、维护好、发展好最广大人民的根本利益的理论目标上。两者是在整体上不断深化和丰富社会主义建设规律、中国共产党执政规律、人类社会发展规律的认识，既完全符合中国的基本国情，又完全符合发展的辩证法。中国式现代化正是在一代又一代中国共产党人的艰苦探索中，变得敞开、无蔽、自由。

（五）科学发展观与现代化

1988 年 5 月邓小平就提出，要从全人类的高度来研究发展问题。历史经验表明，一种发展模式的成型需要有两个必要条件：一是该种模式的指导思想或理论首先要成熟；二是这种模式指导下的国家和地区在实践中完成工业化、市场化、现代化。这实际上是理论与实践相结合的过程，它既要解决发展的价值观，也要解决发展的方法论。

联合国前秘书长加利曾说："当人类走向世纪之交、发展问题变得迫在眉睫的时候，我们有必要赋予发展以新的含义。在今后几年中，关于发展问题的思考将是对人类智慧最重要的挑战。"[①]所以，发展成为当下全球关注最显著的问题。新旧世纪交替时，包括当时中国在内的世界上其他一些发展模式，或多或少都存在一些不足和遗憾，大多患上了"发展综合征"。它们只关注数量上的增长，都没有解决诸如公平与效率、环境保护、腐败等问题，主要是没有解决好经济发展中人与自然、人与社会、人与人的关系问题，即物的世界的增值与人的贬值成正比。对此，列宁早就指出："发展显然不是简单的、普遍的和永恒的生长、增多（或减少）。……此外，还必须把发展的普遍原则和世界、自然界、运动、物质等的统一的普遍原则联结、联系、结合起来。"[②]而科学发展观是站在人类文明的制高点上，以宽广眼界审视发展，以战略思维谋划发展，以辩证观点推动发展，以统筹兼顾协调发展。其第一次提出了人与自然、人与社会、人与人问题的总体性解决方案，不但回答了任何发展模式所必须发出的终极追问，即发展为了谁，发展依靠谁，发展成果为谁所享用；而且提出了发展的科学方法，确保物的增值与人的增值成正比，这在人类发展史上具有里程碑意义。2013 年 12 月，在中央政治局第十一次集体学习时，习近平强调，要"推动实现物的不断丰富和人的全面发展的统一"。这一重要论断，将发展社会生产力、物的不断丰富与人的全面发展统一起来，明确了科学发展的根本目的。

---

① 联合国教科文组织世界文化与发展委员会.文化多样性与人类全面发展[M].张玉国,译.广州:广东人民出版社,2006:2.

② [苏]列宁.列宁全集:第 55 卷[M].北京:人民出版社,1990:215.

　　回顾历史,马克思认为"资本主义生产比其他任何一种生产方式都更加浪费人和活劳动,它不仅浪费人的血和肉,而且浪费人的智慧和神经。实际上,只有通过最大地损害个人的发展,才能在作为人类社会主义结构的序幕的历史时期,取得一般人的发展"。① 所以,以资本为轴心的发展模式必将为人类所抛弃。

　　资本主义模式原来是个人主体性与资本主体性交织而成的一种社会发展模式,但随着资本无孔不入的扩张主义,其逐步演绎成资本掌控人、操弄人、折磨人的模式。张雄教授在《现代性后果:从主体性哲学到主体性资本》一文中提出,资本具有主体性,人的主体性从对抗的异己客体世界的生命活动中被取代了,资本以目的和工具合理性的符咒窃取了主体地位。资本的以太之光遮蔽了人的主体性,所以,以往几乎所有的以资本为轴心的发展模式都是以工具理性为尺度的,是拜物的模式(即商品拜物教、货币拜物教、资本拜物教)。而科学发展观应该以价值理性为尺度,是属人的模式。科学发展观是围绕"人"来作文章,要全面恢复人的主体性,但是这种主体性不是西方近代以来的以个人主义为代表的主体性,而是以广大人民群众为代表的主体性,人民群众是发展的真正主体,是发展的唯一能动的因素。另外,它也不拒斥"共同体"的概念。与此同时,我党提出的"社会主义和谐社会"的理念,就是我们当代的命运"共同体"。

　　至于谈到资本在当下中国式现代化中的地位与作用,有人片面夸大其作用。例如,有些人认为,中国改革开放的成功在某种程度上就是运用资本力量、遵循资本逻辑的成功。马克思曾说"资本是生产的,也就是说,是发展社会生产力的重要的关系",但同时也说"在资本的简单概念中必然自在地包含着资本的文明化趋势等……同时必须指出,在资本的简单概念中已经潜在地包含着以后才暴露出来的那些矛盾"②。这就是资本的辩证法。笔者认为:在社会主义初级阶段,资本的历史与现实作用是存在的。但作为生产要素之一,它不是唯一的,其他如人力、物力等也是重要的因素。而且资本的主体性又会压抑人的主体性与创造性,导致人的物化、异化。还是党的十六大报告说得好:"放手让一切劳动、知识、技术、管理和资本的活力竞相迸发,让一切创造财富的源泉充分涌流,以造福于人民。"所以,我们只有对资本进行辩证看待,才能确立其真正的历史地位。社会主义制度完全有能力驾驭资本。资本只能是手段,它绝不能成为主体或目的。此外,我们现在利用资本

----

① [德]马克思,[德]恩格斯.马克思恩格斯全集:第32卷[M].北京:人民出版社,1988:357.
② [德]马克思,[德]恩格斯.马克思恩格斯文集:第8卷[M].北京:人民出版社,2009:70,95-96.

是为了将来消灭资本,否则中国式现代化就是"华盛顿共识"主导下的西方模式的变种。

　　如何看待人与物、资本的关系,这是现代化回避不了的问题。科学发展观积极参考了国际社会关于人与发展的一系列重要观点。马克思批判了资产阶级人本主义,用历史唯物主义赋予人鲜活、能动、自由、敞开的新生命,具有表现为:(1)用"现实的人"代替"抽象的人"。"人的本质并不是单个人所固有的抽象物,实际上,它是一切社会关系的总和。"①"这里所说的个人不是他们自己或别人想象中的那种个人,而是现实的个人,也就是说,这些个人从事活动的,进行物质生产的,因而是在一定物质的、不受他们任意支配的界限、前提和条件下活动着的。"②恩格斯说:"要从费尔巴哈的抽象的人转到现实的、活生生的人,就必须把这些人作为在历史行动中的人去考察。"③"创造这一切、拥有这一切并为这一切而斗争的不是'历史',而正是人,现实的、活生生的人。'历史'并不是把人当作达到自己目的的工具来利用的某种特殊的人格。历史不过是追求着自己目的的人的活动而已。"④(2)用集体代替个体。"个人力量(关系)由于分工转化为物的力量这一现象,不能靠从头脑里抛开关于这一现象的一般观念的办法来消灭,而只能靠个人重新驾驭这些物的力量并消灭分工的办法来消灭。没有集体,这是不可能实现的。只有在集体中,个人才能获得全面发展其才能的手段。"⑤(3)用实践的观点代替。它"创造着具有人的本质的这种全部丰富性的人,创造着丰富的、全面而深刻的感觉的人作为这个社会的恒久的现实"。⑥(4)用人民群众代替。恩格斯在《路德维希·费尔巴哈和德国古典哲学的终结》中指出:"如果要去探究那些隐藏在——自觉地或不自觉地,而且往往是不自觉地——历史人物的动机背后并且构成历史的真正的最后动力的动力,那么问题涉及的,与其说是个别人物,即使是非常杰出的人物的动机,不如说是使广大群众、使整个的民族,并且在每一民族中间又是使整个阶级行动起来的动机。"⑦从此,人类社会第一次把目光聚焦到广大人民群众身上。萨特认为,当代马克思主义存在着"人学的空场",对人的价值及其实现根本没有考虑,所以当代马克思主义患

　　① ［德］马克思,［德］恩格斯.马克思恩格斯全集:第3卷[M].北京:人民出版社,1965:7.
　　② ［德］马克思,［德］恩格斯.马克思恩格斯选集:第1卷[M].北京:人民出版社,1995:71—72.
　　③ ［德］马克思,［德］恩格斯.马克思恩格斯选集:第4卷[M].北京:人民出版社,1995:241.
　　④ ［德］马克思,［德］恩格斯.马克思恩格斯全集:第2卷[M].北京:人民出版社,1957:118—119.
　　⑤ ［德］马克思,［德］恩格斯.马克思恩格斯全集:第3卷[M].北京:人民出版社,1965:458—459.
　　⑥ ［德］马克思,［德］恩格斯.马克思恩格斯全集:第42卷[M].北京:人民出版社,1957:126—127.
　　⑦ ［德］马克思,［德］恩格斯.马克思恩格斯选集:第4卷[M].北京:人民出版社,1995:249.

有贫血症。这当然是错误的。改革开放后，人的解放与发展不断得到推进，所以，科学发展观重新树起"以人为本"的大旗，对中国式现代化中人的地位与作用的发掘非常及时、必要。

第二次世界大战以后，特别是第三次科技革命后，随着西方国家生产力的发展，人的异化、物化现象更为严重，一时间，"单面人""商品人""机器人"等新名词不断出场。弗洛姆就指出："人征服了自然，却成了自己所创造的机器的奴隶。他具有关于物质的全部知识，但对于人的存在之最重要、最基本的问题——人是什么、人应该怎样生活、怎样才能创造性释放和运用人所具有的巨大能量——却茫无所知。"[①]他进一步指出："人已经失却了他的中心地位，人成了实现经济目标的工具，人与他人和自然的关系被疏远，人失去了同他人和自然的具体联系，人不再有富于意义的生活。……19 世纪的问题是上帝死了，20 世纪的问题是人死了。在 19 世纪，不人道意味着残酷；在 20 世纪，不人道系指分裂对立的自我异化。过去的危险是人成了奴隶，将来的危险是人会成为机器人。"[②]所以，资本主义的发展伴随着人的价值的终结。为此，弗罗姆指出："所谓人本主义，它的意思是指每一个人均体现了全部的人性；因此，人所具有的，每个人都具有。"从根本上说，"人本主义意指人是万物的尺度，人的全面发展是一切社会努力的目的与准则"。[③]

关于中国现代化道路，2003 年 12 月 26 日胡锦涛在纪念毛泽东同志诞辰一百一十周年座谈会上提出："各国的国情不同，实现发展的道路也必然不同，不可能有一个适用于一切国家、一切时代的固定不变的模式。"[④]2005 年 10 月，他在 20 国集团财长和央行行长会议上提出，各国要实现经济持续发展，关键是要形成符合自己国情、适应时代要求的发展模式以及与之相适应的经济体制和机制。2008 年 4 月，他在博鳌亚洲论坛上提出："世界上没有放之四海而皆准的发展道路和发展模式，也没有一成不变的发展道路和发展模式，必须适应国内外形势的新变化、顺应人民过上更好生活的新期待，结合自身实际、结合时代条件变化不断探索和完善适合本国情况的发展道路和发展模式，不断增加全社会的生机活力，真正做到与时代发展同步伐、与人民群众共命运。"[⑤]这些观点都强调了国情对于中国式现代化的重要性。习近平认为，"冷

---

① ［美］弗洛姆. 为自己的人[M]. 孙依依，译. 上海：三联书店，1988：25.

② ［美］弗洛姆. 健全的社会[M]. 孙恺祥，译. 贵阳：贵州人民出版社，1994：291.

③ ［美］弗洛姆. 在幻想锁链的彼岸[M]. 张燕，译. 长沙：湖南人民出版社，1986：16，149.

④ 中共中央文献研究室. 十六大以来重要文献选编（上）[M]. 北京：中央文献出版社，2004：647.

⑤ 胡锦涛. 坚持改革开放推进合作共赢——在博鳌亚洲论坛 2008 年年会开幕式上的演讲[N]. 人民日报，2008－4－13：1.

战结束后,不少发展中国家被迫采纳了西方模式,结果党争纷起、社会动荡、人民流离失所,至今都难以稳定下来。……我们千万不能'邯郸学步,失其故行'。……所谓的中国模式是中国人民在自己的奋斗实践中创造的中国特色社会主义道路。"①这些重要讲话表明,中国不可能照搬别国的政治制度和发展模式,否则不仅会水土不服,而且会带来灾难性后果。中国完全有信心走好自己的路。

科学发展观是对中国特色社会主义理论的丰富发展,也对中国式现代化做出了新的贡献。2006年4月胡锦涛在耶鲁大学演讲时提出:"科学发展的理念,是在总结中国现代化建设经验、顺应时代潮流的基础上提出来的,也是在继承中华民族优秀文化传统的基础上提出来的。"②一种社会发展模式首先要解决发展为了谁、发展依靠谁、发展成果为谁享用等一系列重大问题;其次,还要解决人的发展的本质含义、人的发展的必要性与可能性、人的发展的合目的性与合规律性、人的发展的总体目标等问题。马克思认为,社会发展的程度取决于人的解放与发展的程度。人的解放包括"人从自然关系奴役下的解放""人从社会关系奴役下的解放""人从旧思想、旧观念束缚下的解放",实质上是一种空前的、全面的解放。在马克思看来:"共产主义,作为完成了的自然主义,等于人道主义,而作为完成了的人道主义,等于自然主义,它是人和自然之间、人和人之间的矛盾的真正解决。"③所以,胡锦涛指出:"坚持以人为本,就是要以实现人的全面发展为目标,从人民群众的根本利益出发谋发展、促发展,不断满足人民群众日益增长的物质文化需要,切实保障人民群众的经济、政治和文化权益,让发展的成果惠及全体人民。"④

中国式现代化首先是一个社会主义发展模式,即它的首要的基本理论问题是"什么是社会主义,怎样建设社会主义";然后自然过渡到关注"建设什么样的党,怎样建设党";再过渡到关注"实现什么样的发展,怎样发展"。这些重要思想开辟了马克思主义中国化的新境界。习近平认为:"对这三大基本问题的认知程度和把握程度,决定着中国特色社会主义实践和理论创新程度、丰富程度和深刻程度。中国特色社会主义理论体系紧紧围绕探索和回答这三大基本问题展开,从实践到理论进行了卓有成效的创造,用一系列紧密联系、相互贯通的新思想、新观点、新论断,

---

①　中共中央文献研究室.十八大以来重要文献选编(上)[M].北京:中央文献出版社,2014:111.
②　胡锦涛.胡锦涛文选:第2卷[M].北京:人民出版社:2016:437-438.
③　[德]马克思,[德]恩格斯.马克思恩格斯全集:第42卷[M].北京:人民出版社,1979:120.
④　胡锦涛.在中央人口资源环境工作座谈会上的讲话[N].人民日报,2004-4-5:1.

深化和丰富了对共产党执政规律、社会主义建设规律、人类社会发展规律的认识。"①三大基本问题是三大规律的重要核心内容。

第三节　中国式现代化理论的形成与发展

习近平指出:"在新中国成立特别是改革开放以来长期探索和实践基础上,经过十八大以来在理论和实践上的创新突破,我们党成功推进和拓展了中国式现代化。"②"从第一个五年计划到第十四个五年规划,一以贯之的主题是把我国建设成为社会主义现代化国家"③,所以,中国式现代化是历史与现实的结合。

一、中国式现代化理论形成时代背景及其过程

首先我们来看一组经济数据(见表 3.2)。

表 3.2　　　　　1978—2023 年中国三大产业产值及其平均增速

	1978 年	2023 年	1978—2023 年平均增速(%)
第一产业(亿元)	1 018.5	89 755.2	4.4
第二产业(亿元)	1 755.1	482 588.5	9.9
第三产业(亿元)	905.1	688 238.4	9.9

资料来源:国家统计局.经济社会发展统计图表[J].求是,2024(13):79.

表 3.2 一方面显示改革开放以来我国产业结构的巨变,另一方面说明我国当下已基本完成工业化,更为重要的是服务业占 GDP 比重达到 54.6%,中国式现代化的经济基础已经具备。与此同时,中国式现代化理论也渐入佳境。关于中国式现代化的形成与发展,2023 年 2 月习近平总书记谈道:"十年来……初步构建中国式现代化理论体系。"自党的十八大以来,中国式现代化经历了三个重要阶段:

(一)第一阶段(2012 年 10 月到 2021 年 12 月)

该阶段中国式现代化理论的提出并初步形成轮廓阶段。2018 年 5 月习近平在

---

① 中共中央文献研究室.十七大以来重要文献选编(上)[M].北京:中央文献出版社,2009:246.
② 中共中央党史和文献研究院,中央学习贯彻习近平新时代中国特色社会主义思想主题教育领导小组办公室.习近平新时代中国特色社会主义思想专题摘编[M].北京:中央文献出版社,2023:86.
③ 习近平.习近平著作选读:第 2 卷[M].北京:人民出版社,2023:366.

纪念马克思诞辰 200 周年大会上提出："当代中国的伟大社会变革,不是简单延续我国历史文化的母版,不是简单套用马克思主义经典作家设想的模板,不是其他国家社会主义实践的再版,也不是国外现代化发展的翻版。"①这段话为以后提出"中国式现代化"做了铺垫与定位。2020 年 10 月习近平在十九届五中全会第二次全体会议上首次概括了中国式现代化的"五大特征"。2021 年 7 月习近平在庆祝中国共产党成立一百周年大会上,首次提出"中国式现代化"的概念;2021 年 7 月 6 日他在中国共产党与世界政党领导人峰会上提出"中国共产党将团结带领中国人民深入推进中国式现代化,为人类对现代化道路的探索作出新贡献",2021 年 11 月,党的十九届六中全会审议通过的《中共中央关于党的百年奋斗重大成就和历史经验的决议》指出:"党领导人民成功走出中国式现代化道路,创造了人类文明新形态,拓展了发展中国家走向现代化的途径,给世界上那些既希望加快发展又希望保持自身独立性的国家和民族提供了全新选择。"这些重要论述标志着中国式现代化基本形成理论轮廓。

（二）第二阶段（2022 年 1 月到 2022 年年底）

在该阶段,中国式现代化理论正式形成。党的二十大概括提出并深入阐述中国式现代化理论,着重强调了中国式现代化五个方面的特色、九个方面的本质要求和必须牢牢把握的五大原则,对中国式现代化科学内涵、精神实质和根本要求做了全面系统的阐述。

（三）第三阶段（2023 年至今）

在该阶段,中国式现代化理论进一步丰富和发展。2023 年 2 月,习近平在学习贯彻党的二十大精神研讨班开班式上,深刻阐述了中国式现代化的一系列重大理论和实践问题。他从方法论的角度提出,推进中国式现代化是一个系统工程,需要统筹兼顾、系统谋划、整体推进,正确处理好顶层设计与实践探索、战略与策略、守正与创新、效率与公平、活力与秩序、自立自强与对外开放等一系列重大关系。他正式宣布"初步构建中国式现代化理论体系"。当然,理论创新永无止境。2023 年 2 月习近平指出:"推进中国式现代化是一个长期任务,还有许多东西需要我们深化认识。要进一步加强理论研究和实践探索,使我们的认识、政策、举措更加符合客观规律,从而逐步进入中国式现代化建设的'自由王国'。"②

---

① 习近平.习近平谈治国理政:第 3 卷[M].北京:外文出版社,2020:76.

② 中共中央党史和文献研究院.习近平关于中国式现代化论述摘编[M].北京:中央文献出版社,2023:31-32.

二、中国式现代化的科学内涵、特征与本质要求

（一）中国特色与科学内涵

习近平明确指出，"中国特色社会主义最本质的特征是中国共产党领导，中国特色社会主义制度的最大优势是中国共产党领导，中国共产党是最高政治领导力量"。坚持中国特色社会主义是对中国式现代化社会制度的本质要求，彰显中国式现代化的制度优势，对中国式现代化起方向引领作用。实现高质量发展是对中国式现代化经济建设的本质要求。发展全过程人民民主是对中国式现代化政治建设的本质要求。丰富人民精神世界是对中国式现代化文化建设的本质要求。实现全体人民共同富裕是对中国式现代化社会建设的本质要求。促进人与自然和谐共生是对中国式现代化生态文明建设的本质要求。推动构建人类命运共同体是中国式现代化对外交往的本质要求。创造人类文明新形态是中国式现代化对文明形态的本质要求。

"中国式现代化"就是具有中国特色、中国风格、中国气派的现代化道路。党的二十大概括了中国式现代化五个方面的特色，深刻阐明了中国式现代化的科学内涵：

（1）中国式现代化是人口规模巨大的现代化。我国14亿多人口整体迈进现代化社会，其规模超过现有发达国家人口的总和，将彻底改写现代化的世界版图，在人类历史上是一件有深远影响的大事。中国式现代化其艰巨性和复杂性前所未有，发展途径和推进方式也必然具有自己的特点。

（2）中国式现代化是全体人民共同富裕的现代化。共同富裕是中国特色社会主义的本质要求，也是一个长期的历史过程。中国式现代化坚持以人民为中心的发展思想，自觉主动解决地区差距、城乡差距、收入分配差距，促进社会公平正义，逐步实现全体人民共同富裕，坚决防止两极分化。

（3）中国式现代化是物质文明和精神文明相协调的现代化。物质富足、精神富有是社会主义现代化的根本要求。物质贫困不是社会主义，精神贫乏也不是社会主义。我们说的共同富裕，是全体人民共同富裕，是人民群众物质生活和精神生活都富裕，不是少数人的富裕，也不是整齐划一的平均主义。中国式现代化坚持社会主义核心价值观，加强理想信念教育，弘扬中华优秀传统文化，增强人民精神力量，促进物的全面丰富和人的全面发展。

(4)中国式现代化是人与自然和谐共生的现代化。人与自然是生命共同体。我们坚持可持续发展,坚持节约优先、保护优先、自然恢复为主的方针,像保护眼睛一样保护自然和生态环境,坚定不移走生产发展、生活富裕、生态良好的文明发展道路,实现中华民族永续发展。

(5)中国式现代化是走和平发展道路的现代化。我国不走一些国家通过战争、殖民、掠夺等方式实现现代化的老路,那种损人利己、充满血腥罪恶的老路给广大发展中国家人民带来深重苦难。我们坚定站在历史正确的一边、站在人类文明进步的一边,高举和平、发展、合作、共赢旗帜,在坚定维护世界和平与发展中谋求自身发展,又以自身发展更好维护世界和平与发展。

从原先"四个现代化"到五大特征的概括,从聚焦产业发展到社会各方面现代化,充分显示了我党对中国式现代化的理解已渐入佳境。

(二)中国式现代化的本质要求。

2022年10月,习近平在党的二十大报告中提出中国式现代化的本质要求,具体有九个方面,即坚持中国共产党领导,坚持中国特色社会主义,实现高质量发展,发展全过程人民民主,丰富人民精神世界,实现全体人民共同富裕,促进人与自然和谐共生,推动构建人类命运共同体,创造人类文明新形态。"这一概括是党深刻总结我国和世界其他国家现代化建设的历史经验,对我国这样一个东方大国如何加快实现现代化在认识上不断深入、战略上不断完善、实践上不断丰富而形成的思想理论结晶,我们要深刻领会、系统把握,特别是要把这个本质要求落实到各项工作之中。"①只有全面把握中国式现代化本质要求,才能最终打破"现代化=西方化"的迷思。

(三)中国式现代化的鲜明特色

中国式现代化本质上是马克思主义中国化的产物,具体来说,就是把马克思主义同中国历史、中国文化、中国现实等结合起来。它一定是具有中国气派、中国风格、中国特色的现代化道路。

(1)人民性。人民至上是中国式现代化的目的。马克思主义在《神圣家族》中首次提出"人民至上","同这种黑格尔学说同时发展的,在法国有空论派的学说。他们宣布理性至上来同人民至上相对立,为的是排斥群众而单独地实行统治"。②

---

① 中共中央党史和文献研究院. 习近平关于中国式现代化论述摘编[M]. 北京:中央文献出版社,2023:139-140.

② [德]马克思,[德]恩格斯. 马克思恩格斯文集:第1卷[M]. 北京:人民出版社,2009:292.

而中国式现代化必然是"绝大多数人的运动"。习近平强调："我们要坚守人民至上理念,突出现代化方向的人民性。"①人民性具体表现在以下几方面:首先,中国式现代化的宗旨与目的是人民至上。习近平指出:"'以人民为中心'的发展思想,不是抽象的、玄奥的概念,不能停留在口头上、止步于思想环节,而要体现在经济社会发展各个环节。要坚持人民主体地位,顺应人民对美好生活的向往,不断实现好、维护好、发展好最广大人民的根本利益,做到发展为了人民、依靠人民,发展成果由人民共享。"②其次,它的工作路线、方法是群众路线,它的衡量标准是"三个有利于"。习近平指出:"我们要始终坚持人民至上。全面建成社会主义现代化强国,人民是决定性力量。……让现代化建设成果更多更公平惠及全体人民。"③只有尊重人民的首创精神,坚持问政于民、问需于民、问计于民,最广泛地调动人民群众的积极性、主动性、创造性,才能保障人民的各项权益,实现人民群众对美好生活的追求与愿望。最后,相信谁、依靠谁、为了谁,是否始终站在最广大人民的立场上,是区分唯物史观和唯心史观的分水岭,也是判断马克思主义政党的试金石。党和国家始终把实现人民根本利益作为中国式现代化一切工作的出发点和落脚点。

事实证明,中国式现代化也得到了广大人民群众的关注与支持,英格尔斯认为:"无论哪个国家,只有它的人民从心理、态度和行为上都能与各种现代形式的经济发展同步前进,相互配合,这个国家的现代化才能够实现。"④《人民论坛》杂志社联合人民网、人民论坛网等进行"你如何看待中国模式?"的专题调查:74.55%受调查者认为有"中国模式",其中认为"中国模式还是在探索中的发展模式"占调查者的60.25%,认为"中国模式已经成型"的占受调查者的14.3%。用创新、试验、兼容、渐进、改革、公平、效率、稳定、发展、自主、开放、共享12个关键词来描述中国模式,调查结果显示,排在前六位的分别为:改革、发展、渐进、试验、开放、稳定。当被问及"中国模式要进一步完善,你认为应当重点解决哪些方面问题?"时,排在前四位的分别为:"完善社会分配体制,缩小社会贫富差距"(占81.34%);"加快推进医疗、教育、住房等方面的改革"(占78.76%);"完善公共财政,加强政府的公共服务"(占61.69%);"改变城

---

① 习近平.携手同行现代化之路[N].人民日报,2023-3-16:1.

② 习近平.论把握新发展阶段、贯彻新发展理念、构建新发展格局[M].北京:中央文献出版社,2021:94.

③ 中共中央党史和文献研究院,中央学习贯彻习近平新时代中国特色社会主义思想主题教育领导小组办公室.习近平新时代中国特色社会主义思想专题摘编[M].北京:中央文献出版社,2023:108.

④ [美]英格尔斯.人的现代化[M].殷陆君,编译.成都:四川人民出版社,1985:5.

乡二元结构发展模式,注重城乡一体化协调发展"(占 58.47%)。① 以上调查数据说明,我国人民群众充分关注中国模式,并把自己的切身利益与国家的发展紧密联系在一起。俄罗斯科学院院士季塔连科也认为,中国的经验,就是实行了最大限度地调动个人积极性的政策,由此,中国模式最主要的特色之一就是中国人民自觉成为改革的主人和主要实践者。这一评价非常精准、贴切。

(2)实践性。这是中国式现代化最重要、最显著的特征。马克思认为:"人的思维是否具有客观的真理性,这不是一个理论的问题,而是一个实践的问题。人应该在实践中证明自己思维的真理性,即自己思维的现实性和力量,自己思维的此岸性。"②中国式现代化是在建设中国特色社会主义的实践中产生和发展起来的,具体特点表现为:"边干边学""摸着石头过河",这并不代表盲目,相反证明了中国式现代化一开始就准备走自己的路,而且步伐是稳健的。对此,有的西方学者也表示理解与支持,如奈斯比特认为:"当开始朝着某个目标进发的时候,我们并不知道会遭遇什么样的挫折和机遇。我们必须从实践中学习。这就是邓小平的格言'摸着石头过河'的基本思想。……从改革一开始,中国就运用小规模试点的方式来检验哪些东西是可行的,哪些是不可行的。法规、保险、制度、教育模式、投资模式,甚至文化领域的一些做法都是在试点之后再向全国推广的。"③我们所说的"摸着石头过河",不等于"盲人摸象",因为我们有着马克思主义指导,有着解放思想、实事求是的思想路线,有着群众路线这样的政治、组织路线,最关键的是,我们有党的领导、人民群众的支持,所以我们能战胜一个又一个困难,取得一个又一个胜利。改革开放的发展战略是明确的,而政策、策略是灵活机动的。它具体表现为一切从实际出发、理论联系实际、实践是检验真理的唯一标准。"摸着石头过河"的确反映了改革开放初期的实际状况,但是当中国特色社会主义道路基本定型后,或者说中国模式基本成型后,我们就应该扬弃原有的方式,具体表现为我们的方针政策一般都经历"试验——修改——再试验——再修改……",直至定型;一般首先在基层先行先试,然后逐渐推向全国,最后进入党代会的决议或宪法,反之则采取休克或暂停的方式。"摸着石头过河"与"大胆地试、大胆地闯"相结合就是中国改革开放时代我党实干精神的重要内容。

① 　邹东涛. 中国道路与中国模式 [M]. 北京:社会科学文献出版社,2009:500—509.

② 　[德]马克思,[德]恩格斯. 马克思恩格斯选集:第 1 卷[M]. 北京:人民出版社,1995:55.

③ 　[美]奈斯比特. 中国大趋势[M]. 魏平,译. 长春:吉林出版集团,2009:81—82.

（3）开放性。中国式现代化具有开放性，它面向世界、面向现代化、面向未来。"只有开放的中国，才会成为现代化的中国。"一方面，中国的发展离不开世界；另一方面，世界的和平发展也离不开中国。中国式现代化的成功之处就在于正确处理好对外开放与独立自主、自力更生的关系。以往的经济发展模式要么像苏联模式那样在封闭中独立发展，要么像拉美模式、东亚模式那样，过度依赖外资，甚至产生所谓的"依附性"发展，结果是仰人鼻息，沦为别国的附庸。这两个极端都不足取，所以，处理好一种发展模式的开放性与独立性是非常重要的问题。中国式现代化"既有各国现代化的共同特征，更有基于自己国情的中国特色"。[①] "既基于自身国情，又借鉴各国经验，既传承历史文化，又融合现代文明，既造福中国人民，又促进世界共同发展，是我们强国建设、民族复兴的康庄大道，也是中国谋求人类进步、世界大同的必由之路。"[②]

（4）与时俱进。既要坚持"面向世界、面向现代化、面向未来"，积极回应"时代之问""世界之问"，又要使党的全部理论和工作体现时代性，把握规律性，富于创造性。新加坡学者郑永年认为，中国模式既具有世界性，也具有中国性。因此，在讨论中国模式时，光强调国际性或者光强调地方性（中国特色）都不是科学的。国际性表明，中国的发展无论对发展中国家还是对发达国家都具有参照意义；而中国性则表明，各国只能根据自己的情况来参照中国模式。研究模式是为了发现人类社会发展的客观规律，但又不是一劳永逸的。马克思在《资本论》序言中提出："一个社会即使探索到了本身运动的自然规律，……它还是既不能跳过也不能用法令取消自然的发展阶段。但是它能缩短和减轻分娩的痛苦。"而且这种探索要对世界的和平发展大业有所贡献。1988 年邓小平就指出："中国把自己的发展看作是对人类贡献的问题，是保证世界和平的问题。我们要为人类做贡献主要靠自己努力。"中国式现代化要持"胸怀天下"的开放心态，不但要解决中国自身发展问题，而且要解决社会主义发展问题，还要探索人类共同发展的问题，意义非同一般。

三、如何深刻理解"中国式现代化"？

（一）首先要重点把握中国式现代化重大原则

在前进的道路上，推进中国式现代化，总结历史和现实经验，遵循客观发展规

① 习近平. 习近平著作选读：第 1 卷[M]. 北京：人民出版社，2023：18.
② 习近平. 携手同行现代化之路[N]. 人民日报，2023－3－15：11.

律,我们必须牢牢把握五个重大原则:一是坚持和加强党的全面领导,二是坚持中国特色社会主义道路,三是坚持以人民为中心的发展思想,四是坚持深化改革开放,五是坚持发扬斗争精神。

(二)推进中国式现代化需要正确处理的重大关系

推进中国式现代化,需要统筹兼顾、系统谋划、整体推进,正确处理顶层设计与实践探索、战略与策略、守正与创新、效率与公平、活力与秩序、自立自强与对外开放等一系列重大关系。

我们党提出,中国式现代化绝不是匆忙应对,而是见微知著、高屋建瓴、立足当下、志存高远,不仅仅是关注中国问题,还把全人类的发展纳入自己的大视野,作为自己的伟大使命。党的十七届五中全会和“十二五”规划建议中,强调要加强“改革顶层设计”。“顶层设计”原为系统工程领域中的重要概念,现用于中国的改革开放大业中。中国的改革到了中盘,犹如逆水行舟、不进则退,改革要有大的突破、大的进展,党中央必须俯瞰全局、高屋建瓴,以大无畏的勇气,驾驭纷繁复杂的国内外局势,尽快推出系统性、全局性、战略性及前瞻性的总体性解决方案。对政治经济生活中的一切改革要探究其本因、追根溯源,从全局出发且始终贯穿全局,统筹兼顾、突出重点,解决根本的民生问题。

顶层设计涉及战略与策略等一系列重大问题。党的十八大以来,中央反复强调要加强“改革顶层设计”。2013 年 11 月党的十八届三中全会提出:“加强顶层设计和摸着石头过河相结合,整体推进和重点突破相促进,提高改革决策科学性,广泛凝聚共识,形成改革合力。”2018 年 3 月,中共中央根据《深化党和国家机构改革方案》,成立中国共产党中央全面深化改革委员会,这是由原中央全面深化改革领导小组改成的中共中央直属决策议事协调机构,负责改革的总体设计、统筹协调、整体推进、督促落实。

唯有登高望远,才能牢记“国之大者”,才能放眼世界,“胸怀天下”!

(三)中国式现代化与中国特色社会主义道路

2012 年 11 月,党的十八大报告指出:“道路关乎党的命脉,关乎国家前途、民族命运、人民幸福。在中国这样一个经济文化十分落后的国家探索民族复兴道路,是极为艰巨的任务。”经过几代中国共产党人的艰辛探索,中国特色社会主义道路逐渐明朗。

1.中国特色社会主义道路的含义

党的十七大指出:“中国特色社会主义道路,就是在中国共产党领导下,立足基本国情,以经济建设为中心,坚持四项基本原则,坚持改革开放,解放和发展社会生产力,巩固和完善社会主义制度,建设社会主义市场经济、社会主义民主政治、社会主义先进文化、社会主义和谐社会,建设富强民主文明和谐的社会主义现代化国家。"这条道路的主体是社会主义初级阶段的基本路线和基本纲领的结合。习近平提出:"中国特色社会主义道路,既坚持以经济建设为中心,又全面推进经济建设、政治建设、文化建设、社会建设、生态文明建设以及其他各方面建设;既坚持四项基本原则,又坚持改革开放;既不断解放和发展生产力,又逐步实现全体人民共同富裕、促进人的全面发展。"①所以,中国特色社会主义道路既是人类解决自身所关涉的一系列问题的一种新模式,也是一条通往人类解放与发展的新道路。

2. 中国特色社会主义道路与中国式现代化的关系

一般来说,道路指的是一个国家或民族特定的历史发展轨迹,偏重于历史性与实践性,它是一种具有新的普遍意义的社会实践和价值创造,必须具有明确的路向和具体的可操作性。一般是先有道路的探索与实践,然后是经验教训的总结,再上升为理性的抽象,才初步形成模式。黑格尔从他的"绝对精神"出发,提出了从抽象到具体为概念体系的结构原则。但是,我们认为,一种模式的确立首先是从具体到抽象的过程,进而是抽象到具体,而且很有可能是一个循环往复的过程。马克思在1873年为《资本论》写的第二版跋中提出:"研究必须充分地占有材料,分析它的各种发展形式,探寻这些形式的内在联系。只有这项工作完成以后,现实的运动才能适当地叙述出来。这点一旦做到,材料的生命一旦观念地反映出来,呈现在我们面前的就好像是一个先验的结构了。"②这里所说的"先验的结构",实际上与"模式"类似,同样说明了实践与认识的辩证关系。例如,先有西方工业革命,然后才有所谓的西方工业化模式。所以,中国特色社会主义道路是中国模式的历史起点与逻辑起点。另外,道路是构成模式的核心与主体。胡锦涛认为,中国特色社会主义道路是由诸多具体道路构成的我国发展的总道路。但一些西方学者在谈及中国模式时,有意无意回避中国特色社会主义道路,实际上是别有用心,因为他们错误地认为,中国是一种模式,其令人眩晕的经济增长水平,没有自由民主,产生了让西方感觉是冷战结束以来最大的意识形态威胁。2013年1月,习近平在学习贯彻党的十八大精神研讨会上提出:"我们始终认为,各国的发展道路应由各国人民选择。所

① 习近平.习近平谈治国理政[M].北京:外文出版社,2014:9.

② [德]马克思,[德]恩格斯.马克思恩格斯全集:第23卷[M].北京:人民出版社,1972:23—24.

谓的中国模式是中国人民在自己的奋斗实践中创造的中国特色社会主义道路。"[①] 2017年1月,习近平在世界经济论坛年会上总结了"中国道路",指出"这是一条从本国国情出发确立的道路。这是一条把人民利益放在首位的道路。这是一条改革创新的道路。这是一条在开放最后谋求共同发展的道路。"[②]2017年12月,习近平提出"我们不输入外国模式,也不'输出'中国模式,不会要求别国'复制'中国的做法"[③];2023年6月,习近平强调"中国式现代化是强国建设、民族复兴的康庄大道"。"我国的实践向世界说明了一个道理:治理一个国家,推动一个国家实现现代化,并不只有西方制度模式这一条道,各国完全可以走出自己的道路来。"[④]所以,我们认为,中国特色社会主义道路与中国式现代化的关系是辩证统一的,二者相辅相成,不能割裂。

（四）中国式现代化与中国经验

中国共产党历来注重总结历史经验。毛泽东就曾说过,我们党是靠总结经验吃饭的。我们党是一个善于把马克思主义中国化的政党,也是一个善于不断总结经验的马克思主义政党。所以,我党历史上有三个非常重要的历史性决议。十一届三中全会以后,我党历次重要代表大会、会议都要及时总结每一阶段的经验。特别是党的二十大全面总结改革开放40多年的宝贵经验,就是对中国式现代化最好的注解。郑杭生认为:"所谓'中国经验',是当代中国在社会经济发展方面比较突出的经历和过程中,所获得的有自己特点的经验,这些经验的积累为中国发展道路的特定模式和类型奠定了基础。'中国模式'和'中国经验'在实践中有着密切的关系,但在学术内涵上显然还是有一定的区别的。"[⑤]中国经验本质上是党领导人民治国理政的重要经验。

对于改革开放以来我党积累的中国经验,党的十七大提出"十个结合":

(1)"把坚持马克思主义基本原理同推进马克思主义中国化结合起来";

(2)"把坚持四项基本原则同坚持改革开放结合起来";

(3)"把尊重人民首创精神同加强和改善党的领导结合起来";

(4)"把坚持社会主义基本制度同发展市场经济结合起来";

---

① 中共中央文献研究室.十八大以来重要文献选编(上)[M].北京:中央文献出版社,2014:111.

② 习近平.习近平谈治国理政:第2卷[M].北京:外文出版社,2017:482-483.

③ 中共中央党史和文献研究院.十九大以来重要文献选编(上)[M].北京:中央文献出版社,2019:113.

④ 中共中央党史和文献研究院.习近平关于中国式现代化论述摘编[M].北京:中央文献出版社,2023:66.

⑤ 郑杭生.社会学视域下的"中国经验"[N].光明日报,2010-9-9:10.

(5)"把推动经济基础变革同推动上层建筑改革结合起来";

(6)"把发展社会生产力同提高全民族文明素质结合起来";

(7)"把提高效率同促进社会公平结合起来";

(8)"把坚持独立自主同参与经济全球化结合起来";

(9)"把促进改革发展同保持社会稳定结合起来";

(10)"把推进中国特色社会主义伟大事业同推进党的建设新的伟大工程结合起来"。

2021年11月,习近平在《中共中央关于党的百年奋斗重大成就和历史经验的决议》中提出了十大经验,即坚持党的领导、坚持人民至上、坚持理论创新、坚持独立自主、坚持中国道路、坚持胸怀天下、坚持开拓创新、坚持敢于斗争、坚持统一战线、坚持自我革命。他主要从执政党角度总结百年历史经验。习近平进一步指出:"这十条历史经验是系统完整、相互贯通的有机整体,揭示了党和人民事业不断成功的根本保证,揭示了党始终立于不败之地的力量源泉,揭示了党始终掌握历史主动的根本原因,揭示了党永葆先进性和纯洁性、始终走在时代前列的根本途径。"①

一般来说,总结经验已经接近中国式现代化道路的初步形成,国内许多学者对此表示认同。如沈云锁和陈先奎提出,所谓"中国模式",特指中国改革开放以来的社会发展道路或发展经验,是从全球化的角度或世界视野来看待中国社会发展道路,也称为"中国道路""中国经验"。霍国庆指出,"中国模式"也可以称为"中国道路"或"中国经验",特指在维持社会稳定的前提下主动创新、大胆实践,从而实现经济的持续增长、社会的协调发展、国家的和平崛起的一整套思路、经验和理论。有的学者还认为提"中国道路""中国经验"比"中国模式"更加科学合理,更符合中国国情。

模式具有归纳性、总体性,它可以包括道路、经验、方法等方面。所以,中国式现代化的内涵是丰富的、明确的,外延也是宏大的、深远的,包括中国道路、中国经验、中国元素、中国方案等的总汇,即中国式现代化=中国道路+中国经验+中国模式+……它既是对我国改革开放和社会主义现代化建设的科学总结,也是对外宣传中国改革开放成果的锐利武器。2012年11月,习近平在中央政治局第一次集体学习时指出:"中国特色社会主义特就特在其道路、理论体系、制度上,特就特在其实现路径、行动指南、根本保障的内在联系上,特就特在这三者统一于中国特色

---

① 习近平.习近平谈治国理政:第4卷[M].北京:外文出版社,2022:27.

社会主义伟大实践。"①所以,道路、理论体系、制度是中国式现代化重要组成部分。总之,理解中国式现代化,必须将其置于习近平新时代中国特色社会主义思想体系中思考,关键是坚持与时俱进,核心是坚持社会主义,本质是坚持执政为民。

四、中国式现代化的当代意义:对中国模式、中国道路澄明

以往的发展模式都是有增长无发展,我国改革开放后四十多年经济高速增长也带来了许多问题,所以就有人怀疑以经济建设为中心是否还能存立? 对此,习近平明确指出:"要深刻理解第一要义是发展。强调第一要义是发展,是基于我国社会主义初级阶段基本国情,基于人民过上美好生活的深切愿望,基于巩固和发展社会主义制度,基于巩固党的执政基础、履行党的执政使命作出的重要结论。发展是马克思主义最基本的范畴之一。马克思主义最注重发展社会生产力。"②所以,增强综合国力、改善人民生活,离不开发展;解决国内各种矛盾和问题,保持社会稳定,离不开发展;坚持"一国两制",实现祖国完全统一,离不开发展;促进世界的和平发展大业,同样离不开中国的发展。但是,不同于前三十年的发展,这一次要"着力把握发展规律、创新发展理念、转变发展方式、破解发展难题,提高发展质量和效益,实现又好又快发展",关键是转变经济发展方式,而提高自主创新能力又是其中心环节。改革开放以来,中国共产党几代领导人都非常重视发展这一时代主题,从邓小平提出"发展是硬道理",到江泽民提出"发展是执政兴国的第一要务",再到胡锦涛提出"第一要义是发展",无不反映了我党追求科学发展、现代化发展的决心与目的。

中国式现代化蕴含着独特的世界观、价值观、历史观、文明观、民主观、生态观等及其伟大实践,是对世界现代化理论和实践的重大创新。

(一)中国式现代化的核心是以人民为中心

"以人为本就是以最广大人民的根本利益为本。""以人为本的人,是指最广大人民群众。在当代中国,就是以工人、农民、知识分子等劳动者为主体,包括社会各阶层在内的最广大人民群众。"首先,"以人为本,是我们党根据历史唯物主义关于人民是历史发展的主体,是推动历史前进的根本力量的基本原理提出来的"。③ 马

---

① 习近平. 习近平总书记系列重要讲话读本[M]. 北京:人民出版社,2014:11.
② 中共中央文献研究室. 科学发展观重要论述摘编[M]. 北京:中央文献出版社,2008:23.
③ 江金权. 科学发展观学习读本[M]. 北京:学习出版社,2006:18-19.

克思主义认为,人民群众是社会发展的主体,是历史发展的真正动力。恩格斯曾说:"在十七世纪的英国和十八世纪的法国,甚至资产阶级的最光辉灿烂的成就都不是他们自己争得的,而是贫民大众,即工人和农民为他争得的。"①他还把唯物史观称为"关于现实的人及其历史发展的科学"。其次,"以人为本,与我们党提出的始终代表中国最广大人民的根本利益是完全一致的"。党和人民政府的宗旨就是全心全意为人民服务。对此,毛泽东早就指出,共产党人的一切言论行动,必须以合乎最广大人民群众的最大利益,以最广大人民群众所拥护为最高标准。邓小平也强调:中国共产党的含义或任务,就是"全心全意为人民服务,一切以人民的利益作为每一个党员的最高准绳"。他还把"人民答应不答应、人民支持不支持、人民满意不满意"作为党的各项工作的重要标准。"三个代表"重要思想更是直接提出把"代表中国最广大人民群众的根本利益"作为党的工作的出发点和落脚点。习近平提出:"江山就是人民,人民就是江山。"他提出,要"实现好、维护好、发展好最广大人民群众的根本利益,保证人民群众共享改革发展的成果"。我们党要始终坚持"权为民所用,利为民所谋,情为民所系"。再次,"人民是我们党执政的最大底气,是我们共和国的坚实根基,是我们强党兴国的根本所在"。② 实践证明,推动改革开放,一定要尊重人民主体地位,紧紧依靠人民群众,切实体现人民意愿,坚持问政于民、问需于民、问计于民。最后,以人为本也是古今中外执政兴国的历史经验教训的总结。"以人为本"最早出自《管子》一书:"夫霸王之所始,以人为本。本理则国固,本乱则国危。"③唐代官员马周向唐太宗提出"天下者,以人为本"的谏言。"水能载舟,亦能覆舟"似乎代表中国封建统治阶级认识的最高境界。以上这些都代表了中国传统文化中的民本思想。东欧剧变发生的重要原因就是与人民群众脱离。所以,在定位面向 21 世纪的中国式现代化时,人民群众的主体定位、对主体利益的保障是其重中之重。

(二)中国式现代化解决了人类发展的价值问题

中国式现代化是以辩证唯物主义和历史唯物主义为其哲学基础的。唯物辩证法认为:"要真正地认识事物,就必须把握住、研究清楚它的一切方面、一切联系和'中介'。我们永远也不会完全做到这一点,但是,全面性这一要求可以使我们防止

① [德]马克思,[德]恩格斯. 马克思恩格斯全集:第 18 卷[M]. 北京:人民出版社,1964:325.
② 中共中央党史和文献研究院. 十九大以来重要文献选编(中)[M]. 北京:中央文献出版社,2021:110.
③ 谢浩范,朱迎平. 管子全译(上)[M]. 贵阳:贵州人民出版社,2009:292.

犯错误和防止僵化。"①所谓全面的发展观,就是摒弃了单纯的经济发展观。第二国际的拉法格等人把马克思主义误认为是"经济决定论",对此,1890 年恩格斯就提出:"根据唯物史观,历史过程中的决定性因素归根到底是现实生活的生产和再生产。无论马克思或我都从来没有肯定过比这更多的东西。如果有人在这里加以歪曲,说经济因素是唯一决定性因素,那么他就是把这个命题变成毫无内容的、抽象的荒诞无稽的空话。"②恩格斯在此基础上提出"历史合力论"。全面的发展观就是包括政治、经济、文化、社会等诸方面的总体性解决方案,即要着力解决片面发展、盲目发展、只顾眼前发展等问题,拒斥粗放式、掠夺式发展。这表明执政党要一改以往重经济增长轻社会发展、重物质文明轻精神文明、重经济体制改革轻政治体制改革的旧模式,进入科学全面的"并联式"发展模式。

(三)中国式现代化要处理好市场与政府的关系

许多人都认为市场经济是资源配置的最佳制度,其认为市场可以自发地调节供给与需求,达到所谓的市场均衡。如约翰·格雷就认为:市场是"永动机,它们只需要一个法律框架和不干预它的政府,就能提供不间断的增长"。③ 但卡尔·波兰尼在《大转型:我们时代的政治与经济起源》中提出:"我们的论点是,自我调节市场的信条意味着一种荒蛮的乌托邦。如果不以损害人类社会以及自然的本质为前提,这样一种制度一刻也不可能存在;它在毁灭人们的身体健康,并把人类的环境变成荒野。社会必须采取措施保护自己,但是不管采取何种措施,又都会损害这种自我调节的市场,使工业生产发生紊乱,从而从另一方面危及社会。正是这种困境,迫使市场体制的发展进入了死胡同(definite groove),并最终破坏了它的社会组织基础。"④这就是所谓的"波兰尼困境"。波兰尼之所以视自由市场经济为乌托邦,是因为他同时认为自由主义经济学本身是错误的。西方经济学中也有所谓的"市场失灵"的概念。当自由主义经济学失灵后,西方资本主义又祭起了凯恩斯主义的大旗。凯恩斯主义打破了政府不干预经济的符咒,它虽然帮助资本主义摆脱了大危机的困境,但西方经济随之又陷入所谓的"滞胀",经济裹足不前。就这样,新自由主义又沉渣泛起。但资本主义始终找不到一条根本的出路,反而陷人类于粗放

---

① ［苏］列宁.列宁选集:第 4 卷［M］.北京:人民出版社,1995:419.

② ［德］马克思,［德］恩格斯.马克思恩格斯选集:第 4 卷［M］.北京:人民出版社,1995:695－696.

③ ［英］安东尼·吉登斯.第三条道路:社会民主主义的复兴［M］.郑戈,译.北京:北京大学出版社、三联书店,2000:13.

④ ［美］理查德·罗宾斯.资本主义文化与全球问题:第 4 版［M］.姚伟,译.北京:中国人民大学出版社,2010:196.

发展的模式。

对此,我们却找到了相应的"良方",即进一步发挥政府的宏观调控作用。1957年1月,毛泽东第一次提出把"统筹兼顾,各得其所"作为我们的方针政策,其实质就是"调动一切积极力量,为了建设社会主义"。此后,邓小平等党和国家领导人都重申统筹兼顾的重要性。只是到科学发展观提出后,我党对统筹兼顾才有了全面的、科学的认识,即把它理解成"五大统筹"(统筹城乡、统筹区域、统筹经济社会发展、统筹人与自然和谐发展、统筹国内发展和对外开放)。社会主义国家可以充分发挥原有政府的强大力量,充分发挥计划经济与市场经济的积极作用,协调人民的当前利益和长远利益、局部利益和整体利益,使国民经济健康稳定地发展。党的十八届三中全会又提出"市场在资源配置中起决定性作用以及更好地发挥政府的作用",这说明我党对"两手抓"(市场与政府)又有了崭新的认识。

(四)中国式现代化的重大意义

(1)中国式现代化证明一个人口多、底子薄的社会主义初级阶段的发展中国家同样能够实现工业化、市场化、现代化,它一方面大大拓宽了民族国家走向现代化的途径,促进了人类文明的多样性发展;另一方面,它也是准备跨越"卡夫丁峡谷"的伟大尝试。当初马克思为俄国革命能否跨越"卡夫丁峡谷"设定了四个前提条件:一是俄国不脱离现代世界孤立存在而与世界市场相联系;二是不像东印度那样成为外国征服者的猎获物;三是能够不通过资本主义生产的一切可怕的波折而吸收它的一切"肯定的成就";四是俄国革命成为西方无产阶级革命的信号并实现双方互补。[①] 这对同处东方的中国影响深远。在全球化的今天,中国通过改革开放、通过坚定走中国特色社会主义道路来实现这一历史性的跨越。

(2)中国式现代化证明了一个社会主义国家同样能够实现工业化、市场化、现代化,粉碎了西方所谓的"历史终结论"。长期以来,人们似乎形成了一种思维定式,即工业化、市场化、现代化就是西方化。苏联模式虽然初步做出挑战,但苏联的解体又宣告了苏联模式的失败。如今,中国的再崛起正进一步破解"现代化=西方化"这一"迷思"。所以,邓小平认为,这不但是给占世界总人口四分之三的欠发达国家走出了一条路,更重要的是向人类表明,社会主义是必由之路,社会主义优于资本主义。

(3)中国式现代化的和平发展道路粉碎了所谓的"文明冲突论"和"中国威胁

---

① 丰子义:发展的呼唤与回应[M].北京:北京师范大学出版社,2009:388.

论"。以往的经济发展模式存立,都带来了某地区甚至全世界局势的动荡,即所谓"大分化、大改组"。各种力量的重新配置、组合,"富者必霸"这似乎也成为一条规律。但是,中国式现代化以其特有的和平发展的道路,粉碎了西方世界对我国的各种妖魔化宣传,其正在证明中国的发展有利于世界的和平发展大业。

综观世界上已发生的各种经济发展模式,从人类历史的宏大尺度来量度,其主要分为两种类型:一种是以资本、以个人为目的的单向度经济发展模式,另一种是以人为本,以最广大人民根本利益为目的的全面发展模式,而后者越来越被国际社会接受。美国学者约瑟夫·奈认为:"中国的经济增长不仅让发展中国家获益巨大,中国特殊的发展模式和道路也被一些国家视为可效仿的榜样……更重要的是将来,中国倡导的政治价值观、社会发展模式和对外政策做法,会进一步在世界公众中产生共鸣和影响力。"①总之,新时代以来,人类面临"百年未有之大变局""东升西降""中治西乱",东西方发展态势出现重大转折,中国式现代化的出场创造了人类文明新形态,打破了"现代化＝西方化"的迷思,丰富了人类发展道路的多样性,为广大发展中国家提供了全新选择。我们应该充满"四个自信",继续迈着稳健的步伐,走向世界舞台中央!

---

① 颜鹏飞.中国社会经济形态大变革:基于马克思和恩格斯的新发展观[M].北京:经济科学出版社,2009:271.

第四章

中国式现代化大格局：国家治理
体系与治理能力现代化

中国式现代化既是人口规模巨大的现代化,也是一个最大的发展中国家史无前例的现代化。其最大特征就是"大"。孟子曰:"充实而又光辉之谓大。""中国式现代化是绝无仅有、史无前例、空前伟大的"①,中国式现代化是一个系统工程。既要有大局观、全局观,也要有重点论,既要谋全局,也要谋一域。从原来的"四化"到现在的聚焦国家治理体系与治理能力现代化,本身就说明了我们对中国式现代化的认识由必然王国向自由主义的历史进步。

党的十八届三中全会第一次提出全面深化改革总目标是坚持完善和发展中国特色社会主义制度,推进国家治理体系和治理能力现代化。这是针对像我国这样特大型国家走现代化道路专门提出的新要求、新任务。新时代我党加强国家治理体系和治理能力现代化是要实现从古代的"无为而治"到建设现代"有为政府"、从"封建专制"走向"现代民主"、从"人治"走向"法治"的历史性跨越,彻底摆脱"周期率",走好新时代的"长征路"!

---

① 中共中央党校校务委员会.新时代新征程上把中国式现代化不断推向前进[J].求是,2024(13):23.

第一节　社会主义市场经济体系的建构

一、坚持与完善社会主义基本经济制度

所有制是决定一个社会性质的重要制度。长期以来,我们把公有制界定为社会主义最重要的特征,不顾原有生产力的落后,盲目追求所谓的"一大二公",所以搞出来的社会主义是贫穷的、空想的社会主义。1978 年我国 GDP 总量(3 645 亿元)中,国有经济占 56%,集体经济占 43%,非公经济只占 1%;城镇就业人口中,在国有单位就业的占 78.3%,在集体单位就业的占 21.5%,个体从业者仅为 0.2%。公有制经济一统天下的背后是经济效益的低下和停滞不前。所以,有人公开批评公有制,主张私有化。但是,根据国外学者莱本斯坦的研究,垄断条件下的任何组织都有可能丧失理性,从而导致"X 效率"的产生,但只要引入创新、激励与竞争机制,假设在资本和劳动投入不变的情况下,通过改变经理与雇员之间的关系,或是改变激励机制,就可以得到劳动生产率的显著变化。这清楚地表明,除了传统的投入因素,如劳动投入和资本等,还有一种更大的力量、因素在决定着产出和劳动生产率,目的在于校正这样一种假设,即市场竞争压力自动导致每一经济单位内部的资源得到最有效率的应用(成本最小化)。所以,公有制经济的效率问题未必一定要通过私有化来解决,完全可以通过经济体制改革来实现。改革是激发公有制活力的动力,是大势所趋。只要调动人的积极性,就能化解 X 效率。而林毅夫等的研究也表明,中国渐进式改革最接近于"帕累托改进"或"卡尔多改进"。这意味着,我们的改革开放,主要考虑的是社会价值最大化和社会财富最大化,尽管它是从一部分人、一部分地区先富起来开始的。构筑中国式现代化大格局需要重大的理论创新,这样才能汇聚改革开放的磅礴力量。如同马克思所说:"理论一经掌握群众,也会变成物质力量。理论只要说服人,就能掌握群众,而理论只要彻底,就能说服人。所谓彻底,就是抓住事物的根本。"[①]

回顾改革开放,我们的第一大理论突破就是明确社会主义基本经济制度。十

---

① ［德］马克思,［德］恩格斯. 马克思恩格斯文集:第 1 卷[M]. 北京:人民出版社,2009:11.

一届三中全会以后，我党解放思想、实事求是，在所有制问题上取得了重大突破。党的十五大提出："以公有制为主体、多种所有制经济共同发展，是我国社会主义初级阶段的一项基本经济制度。"同时提出："非公经济是社会主义市场经济重要组成部分"，首次明确了非公经济的重要地位。2015年11月，习近平就提出："我国基本经济制度是中国特色社会主义制度的重要支柱，也是社会主义市场经济体制的根基，公有制主体地位不能动摇，国有经济主导作用不能动摇。这是保证我国各族人民共享发展成果的制度性保证，也是巩固党的执政地位、坚持我国社会主义制度的重要保证。"[①]所有这些，都是由我国社会主义初级阶段的基本国情决定的。首先，公有制是社会主义生产关系的经济基础，它既集中代表了全体人民群众的根本利益，也是社会化大生产和社会主义生产力发展的必然要求，没有公有制，就没有社会主义。其次，公有制经济掌握着国家经济命脉，是中国式现代化的经济支柱。经过改革，绝大部分公有制经济沉淀于金融、能源、国防、交通运输等有关国计民生的关键领域，对经济发展起主导作用。最后，公有制经济是社会主义市场经济健康、稳定发展的根本保证。现实生活中公有制的比重在下降，国有企业的数量在减少，有人就开始鼓噪要大力推进私有化，其实这种言论不管在理论上还是在实践中都是错误的。首先，我们认为，公有制既要看数量，更要看质量，反映在近年来国有企业的效益不断提高，控制力在不断加强，主导作用不断提升。特别是中央企业，截至2023年11月，国务院国资委履行出资人职责的中央企业共97家。80％以上的资产集中在石油石化、电力、国防、通信、运输等行业和领域，资产总量从2002年的7.13万亿元增加到2023年的86.6万亿元；同期营业收入从3.36万亿元增加到39.8万亿元，2023年累计实现净利润2.6万亿元。其次，公有制企业保证了广大人民稳定的就业和收入以及社会保障，从而也就保障了社会的基本公平。再次，在维护国家经济安全等方面，特别是应对国际金融危机的冲击方面，国有企业发挥了中流砥柱的作用。当然，我们也要处理好发展公有制与非公有制的关系，处理好垄断与竞争的关系、效率与公平的关系、政府与市场的关系，使公有制经济更好、更快地发展。特别重要的是，要让公有制真正做到"民有民治民享"，成为发展国有经济的中流砥柱，成为国计民生的根本保障，绝不能成为少数人、个别利益集团的提款机，否则就成为"虚幻的公有制"。我们也不回避当前国企存在的问题。由于种种

---

① 习近平. 论把握新发展阶段、贯彻新发展理念、构建新发展格局[M]. 北京：中央文献出版社，2021：63.

原因,国企利润率偏低。根据财政部数据,2024 年 1—7 月,国有企业营业总收入为 472 872.7 亿元,同比增长 1.6％。国有企业利润总额为 25 701.5 亿元,同比下降 2.0％。国有企业应交税费 34 872.7 亿元,同比增长 1.3％。7 月末,国有企业资产负债率为 64.9％,提质增效迫在眉睫。对此,应加快国企体制机制改革,引入激励与惩罚机制。科尔奈就提出:"财产的非人格化走到了极致。以国有企业为例,无论是个人、家庭,还是一群人,都可以成为所有者。没有人能够从国有企业的利润中让自己受益,更没有人用自己的钱包为企业的损失承担责任,从这个意义上说,这份财产不仅被非人格化,而且成为无主之物。国家财产属于所有人,但又不属于任何人。"[1]这种空心化必然导致国有资产长期闲置、浪费或被侵吞。国有企业肯定要改,但私有化绝不是方向,"华盛顿共识"在其他发展模式中没有成功,在中国更没有市场。斯蒂格利茨认为:"中国之所以取得举世瞩目的成功,就是因为中国创立和发展了许多新的企业,而不是把原有的国有企业私有化。"[2]我们在现代企业制度改革的基础上,最新推出混合所有制的改革,就是要从制度上改变上述问题。社会主义国家驾驭资本的核心就是积极推进产权改革。如果再叠加高质量发展与新质生产力的增长,作为中国式现代化主力军的国有企业将大有可为。

　　我国正处在社会主义初级阶段,中国经济发展离不开非公经济的发展。改革开放以来,非公经济从无到有、从小到大、从弱到强,其在纳税和提供就业等方面发挥了重要作用。习近平指出:"非公有制经济是稳定经济的重要基础,是国家税收的重要来源,是技术创新的重要主体,是金融发展的重要依托,是经济持续健康发展的重要力量。"[3]"五个重要"点出了非公有制经济独特的地位与作用。截止到 2024 年 5 月底,全国登记注册的民营经济经营主体总量达 18 045 万户,占全国实有企业数的 96％左右,非公经济创造的国内生产总值已超过一半。但是,非公经济的进一步发展还是受到各方面的限制。《国民经济和社会发展第十四个五年规划》提出:"消除制约非公有制经济发展的制度性障碍,全面落实促进非公有制经济发展的政策措施。鼓励和引导民间资本进入法律法规未明文禁止准入的行业和领域,市场准入标准和优惠扶持政策要公开透明,不得对民间资本单独设置附加条件。鼓励和引导非公有制企业通过参股、控股、并购等多种形式,参与国有企业改制重

① ［匈］科尔奈.社会主义体制[M].张安,译.北京:中央编译出版社,2007:69.
② ［美］斯蒂格利茨.社会主义向何处去——经济体制转型的理论与证据[M].周立群,等译.长春:吉林人民出版社,2011:220.
③ 习近平.习近平谈治国理政:第 2 卷[M].北京:外文出版社,2017:260.

组。完善鼓励非公有制经济发展的法律制度,优化外部环境,加强对非公有制企业的服务、指导和规范管理。改善对民间投资的金融服务。切实保护民间投资的合法权益。"①事实上,非公经济也遭遇了所谓"玻璃门""弹簧门""旋转门"的窘境。鉴于非公经济的重要性,我们还要真正为其松绑解套,更好地发挥其积极作用。党的十八届三中全会提出,要积极发展混合所有制经济。强调国有资本、集体资本、非公有制资本等交叉持股、相互融合的混合所有制经济,是基本经济制度的重要实现形式,有利于做大做强国有资本,也有利于各种所有制资本的共同发展。

中国式现代化在所有制改革上取得的经验是:一方面坚持公有制的主体地位,一方面大力发展非公经济,互为补充、互相竞争、共同发展,从而打破其他发展模式中私有制一统天下的神话。如果国企与民企真正实现双轮驱动、优势互补,我们就拥有了其他现代化模式所不具备的所有制优势。首先,我们从原先"姓社姓资""姓公姓私"等教条主义的束缚中解放出来,重新确立"三个有利于"标准,为我们解放生产力、发展生产力扫清了障碍。其次,在实践中,我们还把公有制和公有制的实现形式区别开来,大胆利用一切反映社会化生产规律的经营方式和组织形式,大力发展股份制和股份合作制经济,这不仅有利于所有权和经营权的分离,还有利于提高企业和资本的运作效率。再次,针对公有制企业缺乏激励机制的情况,我们引入股权激励机制等手段,激发管理经营者的积极性。这些举措得到了人民群众的拥护。北京大学中国国情研究中心的抽样调查反映,大部分群众也非常认可我国现有的所有制结构:有39.74%的公民选择"我希望中国有更多的公有制成分"这一说法,有27.45%的公民选择"我希望中国有更多的私有制成分",还有32.81%的公民选择"现在的比例正好"。②

改革开放的第二大理论突破就是提出社会主义市场经济体制。市场经济一度被奉为"西方中心论"的圭臬,计划还是市场曾经是区别社会主义与资本主义的主要标志。中国式现代化也要打破"市场化=西方化"的迷思。1992年党的十四大把建立社会主义市场经济体制确立为我国经济体制改革的目标,党的十八届三中全会明确提出使市场在资源配置中起决定性作用和更好发挥政府作用。党的十九届四中全会将社会主义市场经济上升为基本经济制度。党的二十大报告明确提出构建社会主义市场经济体制。这一系列紧锣密鼓的举措就是为了建立高水平社会主

---

① 人民出版社.中华人民共和国国民经济和社会发展第十二个五年规划纲要[M].北京:人民出版社,2011:122.

② 严洁,等.公民文化与和谐社会调查数据报告[M].北京:社会科学文献出版社,2010:49.

义市场经济体制。

构建高水平社会主义市场经济体制是中国式现代化的重要保障。社会主义市场经济体制打破了西方现代性"市场"与"政府"二元对立的范式，创造更加公平、更有活力的市场环境，实现资源配置效率最优化和效益最大化，既"放得活"又"管得住"，更好维护市场秩序、弥补市场失灵，把看得见的手与"看不见的手"有机结合起来，"两手抓，两手都要硬"。其"努力在实践中破解这道经济学上的世界性难题"。

构建高水平社会主义市场经济体制是贯彻新发展理念、构建新发展格局、实现高质量发展的制度保障。党的二十大报告中，"构建高水平社会主义市场经济体制"位居"加快构建新发展格局，着力推动高质量发展"专章首位，足见其特殊地位。

改革开放的第三大理论突破就是提出坚持"两个毫不动摇"与驾驭资本。马克思主义基本观点之一是：资本是资产阶级社会支配一切的经济权力。它必须成为起点又成为终点。《共产党宣言》直接提出了"消灭私有制"的主张。马克思提出："在一切社会形式中都有一种一定的生产决定其他一切生产的地位和影响，因而它的关系也决定其他一切关系的地位和影响，这是一种普照的光，它掩盖了一切其他色彩，改变着它们的特点。这是一种特殊的以太，它决定着它里面显露出来的一切存在的比重。"①

（一）资本的限制性与否定性

马克思提出："撇开劳动过程的一切历史形式不谈，资本是人类劳动过程一般的必要要素，从而是某种永恒的和由人类劳动性质决定的东西。……一切社会形式下的劳动过程，必然就是资本的劳动过程。"②即在社会化大生产背景下，劳动首先具有了普遍性，资本也就具有一定的普遍性。习近平也指出"既然是社会主义市场经济，就必然会产生各种形态的资本"。③

这种普遍性是由资本的社会性与进步性所决定的：（1）资本的社会性："劳动的集体力量，它作为社会劳动的性质，是资本的集体力量。……一切社会生产能力都是资本的生产力，因此，资本本身表现为一切社会生产能力的主体。"（2）资本的进步性："这种进步，这种社会的进步属于资本，并为资本所用。……只有资本才掌握历史的进步来为财富服务。"④以前一切社会阶段都只表现为人类的地方性发展和

---

①　［德］马克思，［德］恩格斯. 马克思恩格斯全集：第46卷：上册［M］. 北京：人民出版社，1979：44.

②　［德］马克思，［德］恩格斯. 马克思恩格斯全集：第38卷［M］. 北京：人民出版社2019：64.

③　习近平. 习近平谈治国理政：第4卷［M］. 北京：外文出版社，2022：211.

④　［德］马克思，［德］恩格斯. 马克思恩格斯全集：第30卷［M］. 北京：人民出版社，1995：593,587.

对自然的崇拜,只有资本首次使人类具有了世界历史性的发展。(3)多向度的资本范畴:资本的有机构成,即作为物的资本与作为社会关系的资本。在马克思看来,资本的物性表现的只是资本的形式("形式上的资本")①,资本的人性表现为资本的主要内容及其本质;"资本就被看成这样一种物,它在生产过程中起着某种物的作用,起着它作为物应用的作用。"②("具有自我意识和自我意志的物。")对此,鲍德里亚产生了误解:马克思对物的理解并没有超越旧唯物主义的实体论思维,仍将物解读为可观的实体物,而他的拜物教批判理论实际上只不过是一种最初级的对"现实的、物质性的物的崇拜"③;这是对马克思主义的曲解。马克思超越德国古典哲学对"物"的感性与知性的理解,从具体到抽象,用"抽象力"建构了全新的唯物主义的解读模式,从而澄明了自古希腊哲学以来一直悬而未决的元哲学问题。④ "资本只不过是把它找到的大量人手和大量工具结合起来,资本把它们聚集在自己的统治之下,这是资本的实在的积累。"⑤有些社会主义者提出,我们需要资本,但不需要资本家,这是完全错误的。"在资本的概念中包含着这样一点,劳动的客观条件(而这种客观条件是劳动本身的产物)对劳动来说人格化了。"⑥

相对于奴隶制与封建制,"资本的文明面之一是,它榨取剩余劳动的形式和条件,同以前的奴隶制、农奴制等相比,都更有利于生产力的发展,有利于社会关系的发展,有利于更高级的新形态的各种要素的创造。"这样就为进入新社会创造了条件。所以,马克思明确指出:资本的这种普遍性带来的"不是普遍的肯定,而是普遍的否定"。

西斯蒙第最早就看到生产遇到的限制是由资本本身所产生的,于是资本陷入矛盾,这些矛盾甚至必然导致资本的毁灭。但他只是想通过习惯、法律等来干预,这只是空想。马克思指出,资本存在着一系列的限制性。"资本主义生产的真正限制是资本本身,这就是说:资本及其自行增殖。"⑦

(1)"资本的限制就在于:这一切发展都是对立地进行的,生产力,一般财富等,

---

① [德]马克思,[德]恩格斯.马克思恩格斯全集:第32卷[M].北京:人民出版社,1998:33.
② [德]马克思,[德]恩格斯.马克思恩格斯文集:第8卷[M].北京:人民出版社,2009:460.
③ [法]鲍德里亚.符号政治经济学批判[M].夏莹,译.南京:南京大学出版社,2009:7.
④ "分析经济形式,既不能用显微镜,也不能用化学试剂。二者必须用抽象力来代替"。[德]马克思,[德]恩格斯.马克思恩格斯全集:第49卷[M].北京:人民出版社,1982:41.
⑤ [德]马克思,[德]恩格斯.马克思恩格斯全集:第30卷[M].北京:人民出版社,1995:503.
⑥ [德]马克思,[德]恩格斯.马克思恩格斯全集:第30卷[M].北京:人民出版社,1995:50.
⑦ [德]马克思,[德]恩格斯.马克思恩格斯文集:第7卷[M].北京:人民出版社,2009:278—279.

知识等的创造,表现为从事劳动的个人本身的外化;他不是把他自己创造出来的东西当作他自己的财富的条件,而是当作他人财富和自身贫穷的条件。但是这种对立的形式本身是暂时的,它产生出消灭它自身的现实条件。"

(2)"资本本身在其历史发展中所造成的生产力的发展,在达到一定点以后,就会不是造成而是消除资本的自行增殖。超过一定点,生产力的发展就变成对资本的限制;因此,超过一定点,资本关系就变成对劳动生产力发展的一种限制。一旦达到这一点,资本即雇佣劳动就同社会财富和生产力的发展发生像行会制度、农奴制、奴隶制同这种发展所发生的同样的关系,就必然会作为桎梏被摆脱掉。"①

(3)"决不能因为资本把每一个这样的界限都当作限制,因而在观念上超越它,所以就得出结论说,资本已在实际上克服了它。并且因为每一个这样的限制都是同资本的使命相矛盾的,所以资本的生产是在矛盾中运动的。这些矛盾不断地被克服,但又不断地产生出来。不仅如此,资本不可遏止地追求的普遍性,在资本本身的性质上遇到了限制。这些限制在资本发展到一定阶段时,会使人们认识到资本本身就是这种趋势的最大限制,因而驱使人们利用资本本身来消灭资本。"②这说明资本的限制是其追求普遍性所带来的,因而也是内生的、不可克服的。

(4)"资本按照自己的本性来说,会为劳动和价值创造确立界限,这种界限是和资本要无限度地扩大劳动和价值创造的趋势相矛盾的。因为资本一方面确立它特有的界限,另一方面又驱使生产超出任何界限,所以资本是一个活生生的矛盾。"③

(5)"即使资本主义生产是迄今为止一切生产方式中最有生产效力的,但它由于自身的对立性质而包含着生产的界限,它总是力求超出这些界限,由此就产生危机,生产过剩等等。"④"资本的发展程度越高,它就越是生产的界限。"

资本的限制性既来自自身的二律背反,又来自社会及法律、道德等的限制。市场经济本身就不是万能的,当然资本逻辑也不可能是万能的,它受到各方面条件的限制。这就迫使资本必须打破时空、制度、技术及文化等各种限制。资本"力求用时间去消灭空间",争得自由发展的空间,这样就使其更加趋向全球化、金融化、技术化、数字化。马克思、恩格斯在《共产党宣言》中提出:"资产阶级除非对生产工具,从而对生产关系,从而对全部社会关系不断地进行革命,否则就不能生存下

---

① [德]马克思,[德]恩格斯.马克思恩格斯全集:第31卷[M].北京:人民出版社,1998:149.
② [德]马克思,[德]恩格斯.马克思恩格斯全集:第30卷[M].北京:人民出版社,1995:390—391.
③ [德]马克思,[德]恩格斯.马克思恩格斯全集:第30卷[M].北京:人民出版社,1995:405.
④ [德]马克思,[德]恩格斯.马克思恩格斯文集:第8卷[M].北京:人民出版社,2009:387.

去。"然后其在《资本论》中又提出"现代工业的技术基础是革命的"。①

资本具有其自身不可克服的否定性，"资本在每个特殊阶段上，都是对作为各种转化的主体的它自身的否定"。资本主义生产方式的确立，是对个人的、以自己劳动为基础的私有制的否定，"资本通过自由竞争对行会制度等所做的否定这个历史方面只不过意味着，足够强大的资本借助于与它相适应的交往方式，摧毁了束缚和妨碍与资本相适应的运动的那些历史限制"。② 但资本主义生产由于自然过程的必然性，造成了对自身的否定，这是否定的否定。具体表现在资本的矛盾性："资本本身就是矛盾，……资本把必要劳动时间作为它的再生产和价值增殖的必要条件。物质生产力的发展——同时又是工人阶级力量的发展——到一定时候就会扬弃资本本身。"③"资本本身是处于过程中的矛盾，因为它一方面竭力把劳动时间缩减到最低限度，另一方面又使劳动时间成为财富的唯一尺度和源泉。""资本就违背自己的意志，成了为社会可以自由支配的时间创造条件的工具，使整个社会的劳动时间缩减到不断下降的最低限度，从而为全体[社会成员]本身的发展腾出时间。"④我们对马克思主义的解读，既不能采用谱系式的"断裂"，也不能运用"知识考古学"的方法，还是要从思想史发展的角度，全面、整体来把握。我们对于资本的批判也要辩证地看待，在社会主义初级阶段，我们要善于利用资本。

（二）"用资本来消灭资本"

马克思在《1857—1858 年经济学手稿》中提出："资本的伟大的历史方面就是创造这种剩余劳动……即一方面，需要发展到这种程度，以致超过必要劳动的剩余劳动本身成为普遍需要，成为从个人需要本身产生的东西，另一方面，普遍的勤劳，由于世世代代所经历的资本的严格纪律，发展成为新的一代的普遍财产，最后，这种普遍的勤劳，由于资本的无止境的致富欲望及其唯一能实现这种欲望的条件不断地驱使劳动生产力向前发展，而达到这样的程度，以致一方面整个社会只需用较少的劳动时间就能占有并保持普遍财富，另一方面劳动的社会将科学地对待自己的不断发展的再生产过程，对待自己的越来越丰富的再生产过程，从而，人不再从事那种可以让物来代替人从事的劳动，一旦到了那样的时候，资本的历史使命就完成

---

① ［德］马克思，［德］恩格斯. 马克思恩格斯文集：第 5 卷［M］. 北京：人民出版社，2009：560.
② ［德］马克思，［德］恩格斯. 马克思恩格斯全集：第 31 卷［M］. 北京：人民出版社，1998：41—42.
③ ［德］马克思，［德］恩格斯. 马克思恩格斯全集：第 30 卷［M］. 北京：人民出版社，1995：541，543.
④ ［德］马克思，［德］恩格斯. 马克思恩格斯全集：第 31 卷［M］. 北京：人民出版社，1998：101，103.

了。"①人类普遍的勤劳、创造的普遍财富是消灭资本的前提条件。

（三）暴力没收

对资本的改造一直是一个重大问题。马克思提出："用暴力消灭资本不是通过资本的外部关系，而是被当作资本自我保存的条件，这是忠告资本退位并让位于更高级的社会生产状态的最令人信服的形式。"②恩格斯在《反杜林论》中也提出"一切经济现象都应该由政治原因来解释，即由暴力来解释""暴力，用马克思的话说，是每一个孕育着新社会的旧社会的助产婆"③，通过没收资本，建立公有制，进而进入社会主义社会。列宁提出了"剥夺剥夺者"，实现了苏俄的国有化。"在此以前，居首要地位的是直接剥夺剥夺者的措施。现在居首要地位的是在资本家已被剥夺的那些企业和其余一些企业中组织计算和监督。"④

（四）具有中国特色社会主义改造道路

《共产党宣言》中就提出"把资本变成公共的、属于社会全体成员的财产"。马克思主义设想了"没收"与和平"赎买"两种方式。结合中国实际，1953—1956年我国通过"赎买"政策，顺利完成了资本主义工商业的改造，为我国进入社会主义初级阶段创造了必要条件。由于当时生产力落后，不适合过于先进的"一大二公"所有制，故党的八大上，陈云提出了"三个主体、三个补充"的建议，但由于受到当时各种限制，这一建议未被实行。直到1978年改革开放，我党首先为发展非公有制经济松绑，为吸引外资创造便利。1992年邓小平在"南方谈话"中提出："多搞点三资企业不要怕。只要我们头脑清醒，就不怕。我们有优势，有国营大中型企业，有乡镇企业，更重要的是政权在我们手里。"⑤

2002年党的十六大报告正式指出，放手让一切劳动、知识、技术、管理、资本的活力竞相迸发，让一切创造社会财富的源泉充分涌流，以造福于人民。这是自建党以来首次在党的代表大会上肯定资本的积极作用，是中国共产党理论上"自我革命"的集中表现，这在中华民族伟大复兴征程中具有重要的意义。2021年年底，中央经济工作会议又提出，要正确认识和把握资本的特性和行为规律。社会主义市场经济中必然会有各种形态的资本，要发挥资本作为生产要素的积极作用，同时有

---

① [德]马克思，[德]恩格斯. 马克思恩格斯全集：第30卷[M]. 北京：人民出版社，1995：286.
② [德]马克思，[德]恩格斯. 马克思恩格斯全集：第31卷[M]. 北京：人民出版社，1998：149.
③ [德]马克思，[德]恩格斯. 马克思恩格斯文集：第9卷[M]. 北京：人民出版社，2009：166，191.
④ [苏]列宁. 列宁专题文集：论社会主义[M]. 北京：人民出版社，2009：86.
⑤ 邓小平. 邓小平文选：第3卷[M]. 北京：人民出版社，1993：373.

效控制其消极作用。要为资本设置"红绿灯",依法加强对资本的有效监管,防止资本野蛮生长与垄断。① 2022 年 4 月,习近平指出:"要历史地、发展地、辩证地认识和把握我国社会存在的各类资本及其作用。……规范和引导各类资本健康发展。"②这并不是"断裂"或倒退,而是社会主义的资本更要受到合理合法的监管。现在看来,1956 年的社会主义改造的确是存在急于求成的问题,但走社会主义道路的大方向是完全正确的,新中国成立初期对民族资本"利用、限制、改造"的方针今天看来也是具有现实意义的,其是今后我国资本领域内中长期相关工作的指导方针。

二、建设现代化经济体系

现代化经济体系为实现高质量发展打造了超级"矩阵",它包括:(1)创新引领、协调发展的产业体系;(2)统一开放、竞争有序的市场体系;(3)体现效率、促进公平的收入分配体系;(4)彰显优势、协调联动的城乡区域发展体系;(5)资源节约、环境友好的绿色发展体系;(6)多元平衡、安全高效的全面开放体系;(7)充分发挥市场作用、更好发挥政府作用的经济体制。

(一)效率与公平并存的分配制度

斯密在《道德情操论》中指出:"如果一个社会的经济发展成果不能真正分流到大众手上,那么它在道义上就是不得人心的,而且是有风险的,因为它注定要威胁社会稳定。"但是古典经济学设计的"三位一体"的分配模式遭到了马克思主义的批判。《共产党宣言》中提出:资产阶级社会"劳者不获,获者不劳",但并没有提出详细具体的分配制度,只是到 1875 年《哥达纲领批判》中才提出:"每一个生产者,在作了各项扣除以后,从社会领回的,正好是他给予社会的。他给予社会的,就是他个人的劳动量。"③

在我国,分配问题不但是一个经济问题,更是一个事关全局的战略问题。以往所有的发展模式基本上都能解决生产领域内的增长问题,但大多解决不好分配问题,或者说都没有处理好公平与效率问题。邓小平早就提出:"中国发展到一定的程度后,一定要考虑分配问题。也就是说,要考虑落后地区和发达地区的差距问题。不同地区总会有一定的差距。这种差距太小不行,太大也不行。如果仅仅是

---

① 陈放.正确把握资本范畴推动实现共同富裕[N]光明日报,2021−12−11:15.

② 习近平.习近平谈治国理政:第 4 卷[M].北京:外文出版社,2022:219.

③ [德]马克思,[德]恩格斯.马克思恩格斯文集:第 3 卷[M].北京:人民出版社,2009:436.

少数人富有，那就会落到资本主义去了。要研究提出分配这个问题和它的意义。"①
从某种意义上说，分配问题是否处理得好，直接关系到发展模式的合法性与合理
性。所有制决定分配，有什么样的所有制就有什么样的分配制度。中国式现代化
在财富分配上的经验是：坚持按劳分配与按生产要素分配相结合，协调公平与效率
的关系，坚持一部分人、一部分地区先富起来，最终达到共同富裕。它不但适合社
会主义初级阶段的需要，而且是一种具有中国特色的社会主义分配制度。在我国
成为第二大经济体的同时，城乡居民收入也成倍增长。我国城乡居民人均实际收
入平均每十年翻一番，农村居民纯收入由 1978 年的 133.6 元提高到 2014 年的
8 527 元，城镇居民家庭人均可支配收入由 343.5 元增加到 22 044 元。在城乡居民
收入总额中，金融资产性收入比重逐渐提高。但值得关注的是，全国居民收入基尼
系数依然较高，城乡居民之间收入差距依然较大，这也要求我们更要坚持按劳分配
为主体、多种分配方式并存的基本分配制度。

1. 坚持按劳分配为主体

马克思主义提出要以按劳分配为原则，这是由公有制和生产力发展水平决定
的，前者是按劳分配的所有制基础，后者是物质基础。所以，恩格斯说："分配方式
本质上毕竟取决于可分配的产品的数量。"按劳分配的原则是以劳动为尺度分配，
等量劳动领取等量产品，多劳多得、少劳少得、不劳不得。按劳分配使分配关系第
一次实现了公平正义，它是人类历史上一场具有重大意义的分配革命。但现阶段
我国实行的按劳分配与马克思、恩格斯所设想的按劳分配存在较大差异。

按劳分配的主体是企业。而马克思原来设想的是以社会为主体。企业是自主
经营、自负盈亏的生产者和经营者，劳动者的个人收入不完全取决于自己付出的劳
动量，而取决于企业生产的商品在市场交换中所实现的价值量。

按劳分配的尺度是经过市场形成的社会必要劳动。在社会主义条件下，只有
劳动者的个别劳动转化为社会必要劳动，才能按照经过市场形成的社会必要劳动
量分配。

按劳分配必须通过商品货币的形式来实现。马克思曾设想用发放"劳动券"的
方式来实现，而我们现在还是基本采取货币工资的形式。所有这些变化都是由生
产力发展状况决定的。

2. 多种分配方式并存

---

① 中共中央文献研究室. 毛泽东 邓小平 江泽民论科学发展[M]. 北京：中央文献出版社，2009：62.

实行多种分配方式是由社会主义初级阶段这一基本国情决定的,其实质是按生产要素分配。多种分配方式主要包括:(1)个体劳动和经营收入。主要指个体劳动者和农村专业户的个人收入,收入的高低直接取决于劳动的效率。(2)按资分配。指资金、资产所有者通过集资、入股、投资所获得的利息、股息、红利或级差收益。它虽然不是直接的劳动所得,但绝不属于剥削收入。(3)按经营成果分配。指承包经营者、租赁经营者、委托经营者参与企业收益的分配方式。按经营成果分配而取得的收入,通常包括劳动收入、经营收入,还有一定的风险收入或机会收入。(4)按劳动力价值分配。指外资经济和私营企业中工作的职工收入。(5)按技术、专利、信息等生产要素分配。在我国,按技术要素分配主要包括以专利权的形式和以技术入股的形式获取利润分红等。(6)社会保障性收入,主要指国家和企业为劳动者提供的社会保障和福利基金。所有这些,有利于调动一切积极因素,实现效率与公平有机统一,更好地为中国式现代化建设服务。

3.加快完善再分配调节机制

由于初次分配主要以效率优先,因此建立完善再分配调节机制主要就是为了实现公平,这对广大民众,尤其是弱势群体更为重要。"十四五"规划提出:加快健全以税收、社会保障、转移支付为主要手段的再分配调节机制。合理调整个人所得税税基和税率结构,提高工资薪金所得费用扣除标准,减轻中低收入者的税收负担,加大对高收入者的税收调节力度。逐步建立健全财产税制度。调整财政支出结构,提高公共服务支出比重,加大社会保障投入,较大幅度地提高居民转移性收入。要建立健全统一、公正、规范、透明的再分配调节机制,调节国民收入分配格局,推进经济发展和社会进步,促进社会公平正义。当前急需解决的问题包括:(1)目前3亿多工薪阶层收入来源单一,实行代扣代缴,事实上其已成为个人所得税的税负主体,而高收入者、私营企业主由于种种原因,其个人所得税比重不断下降。据统计,工薪阶层收入在城市居民总收入中约占三分之一,却承担60%～70%的个人所得税,而私营企业主、自由职业者、个体工商户等的纳税份额不到10%。(2)经营性、财产性收入征税过低。改革开放后,城乡居民的财产性收入增加,但财产租赁、转让所得两税缴税额不足个人所得税的1%;企事业单位承包、承租经营所得纳税额不足个人所得税的2%。对此,我们要加快改变税收中存在的逆向调节现状,充分发挥税收的整体调节作用,更好地体现公平公正的原则。

4.整顿和规范收入分配秩序

改革开放初期,收入分配领域的确存在不公平、不合理、不规范、不合法的问题。"十二五"规划提出,要健全法律法规,强化政府监管,加快执法力度,加快形成公开透明、公正合理的收入分配秩序。保护合法收入,坚决取缔非法收入。清理规范国有企业和机关事业单位工资外收入、非货币性福利等。加强政府非税收入管理,清理规范各种行政事业性收费和政府性基金。加快收入信息监测系统建设。建立收入分配统筹协调机制。中国当下的基尼系数过高,只有管住两头,即压住高收入,抬高低收入,着力培育中等收入人群,才能真正做到兼顾公平与效率,才能真正体现社会主义制度的优越性。

从最新的人均 GDP 指标看,我们已接近经济学所谓的"中等收入"临界点。国际社会普遍关注中国能否成功跨越"中等收入陷阱"。对此,我们相信,有上述系统全面的分配制度、政策安排,有不断增长的中国经济,我们一定能跨越"中等收入陷阱"。预计到 2035 年,中国中等收入群体将超过 8 亿,约占总人口的一半以上,届时,人民收入水平将迈向更高的台阶!

(二)具有中国特色的宏观调控:从统筹兼顾到"五大统筹"

如前所述,有人把中国的成就归功于强势政府,这并不全面。我党一直强调对经济工作的领导与统筹。1957 年 1 月,毛泽东在省、自治区、直辖市党委书记会议上第一次提出"统筹兼顾",当时指的主要是调动一切积极力量。1957 年 2 月,毛泽东又在《关于正确处理人民内部矛盾的问题》一文中正式提出"统筹兼顾"的方针,"这里所说的统筹兼顾,是指对于六亿人口的统筹兼顾。……我们的方针是统筹兼顾、适当安排。无论粮食问题,灾荒问题,就业问题,教育问题,知识分子问题,各种爱国力量的统一战线问题,少数民族问题,以及其他各项问题,都要从对全体人民的统筹兼顾这个观点出发"。[①] 至此,统筹兼顾成为我党处理经济社会问题一大法宝。但当时由于受到苏联模式的影响,国民经济始终无法实现健康平稳发展。2012 年 3 月,党的十六届三中全会正式提出"五大统筹",即统筹城乡发展、统筹区域发展、统筹经济社会发展、统筹人与自然和谐发展、统筹国内发展和对外开放。"五个统筹"充分发挥我们制度与体制的力量,以政治、经济、文化、社会全面发展为内容,以社会主义物质文明、政治文明和精神文明、生态文明整体推进为目标,以经济、社会、自然协调发展为途径,着眼于全面发展,囊括了当前改革和发展所要解决的一系列战略性、全局性的重大问题,反映了社会主义现代化建设的客观规律,体现了社会主义社会全面发展的战略构想。党的十七大后提出的新统筹思路包括:

---

① 毛泽东.毛泽东文集:第 7 卷[M].北京:人民出版社,1999:228.

统筹中央和地方关系,统筹个人利益和集体利益、局部利益和整体利益、当前利益和长远利益,统筹国内、国际两个大局。党的十八大进一步指出:"必须更加自觉地把统筹兼顾作为深入贯彻落实科学发展观的根本方法,坚持一切从实际出发,正确认识和妥善处理中国特色社会主义事业中的重大关系,统筹改革发展稳定、内政外交国防,治党治国治军各方面工作,统筹城乡发展、区域发展、经济社会发展、人与自然和谐发展、国内发展和对外开放,统筹各方面利益关系,充分调动各方面积极性,努力形成全体人民各尽其能、各得其所而又和谐相处的局面。"2020 年 10 月,习近平在《中共中央关于制定"十四五"规划和 2035 年远景目标的建议》中,又提出统筹安全与发展新思路:"当前和今后一个时期是我国各类矛盾和风险易发期,各种可以预见和难以预见的风险因素明显增多。我们必须坚持统筹发展和安全,增强机遇意识和风险意识,树立底线思维,把困难估计得更充分一些,把风险思考得更深入一些,注重堵漏洞、强弱项,下好先手棋、打好主动仗,有效防范化解各类风险挑战,确保社会主义现代化事业顺利发展。"①

　　能不能实现科学发展,关键看能不能做到统筹兼顾。统筹兼顾的核心是坚持党的领导,难点是处理政府与市场的关系。实际上,如何正确处理政府与市场的关系,是任何市场经济国家都会碰到的难题。萨缪尔森认为:"完全自由的放任主义,不仅会导致个人之间的不平等发展到完全不必要的程度,而且会带来不可避免的宏观经济不稳定性——通货膨胀与通货紧缩、经济衰退与经济不景气,还有投资性金融泡沫与狂躁的价格暴跌危机。"②在经济起飞初期,强势的政府的确能够将有限的人力、物力、财力集中投入国家倡导的支柱产业或公共设施。但当市场经济运行比较成熟时,政府要"有所为有所不为",不能陷入"政府万能"的迷思。对此,美国学者斯蒂格利茨在 1998 年和 2004 年的两篇演讲稿中强调,无论是发达国家还是发展中国家、转型国家,都不应该把政府在发展中的作用看得太简单、太绝对、太机械。也就是说,不能够在任何情况下,把政府始终看作问题的来源,而不是解决问题的来源;政府是市场的一个"补充物"(complement)。注意:政府不是市场的"上司",更不是它的"替代物"。③ 这一观点还是较为客观的。党的十八届三中全会提出使市场在资源配置中起决定性作用和更好发挥政府作用,我国政府统筹兼顾和

---

①　习近平. 习近平谈治国理政:第 4 卷[M]. 北京:外文出版社,2022:117.

②　[美]保罗·萨缪尔森. 中间道路经济学[M]. 何宝玉,译. 北京:首都经济贸易大学出版社,2000:序言.

③　丁学良. 辩论"中国模式"[M]. 北京:社会科学文献出版社,2011:17.

宏观调控的能力经受住了考验。

"使市场在资源配置中起决定性作用，不是说政府就无所作为，而是必须有所为、有所不为。"政府对市场经济的突出作用表现在宏观调控上。政府要保持宏观经济政策的连续性和稳定性，提高宏观调控的科学性、预见性、协同性，防范各类潜在风险，避免经济大起大落。其应把短期调控政策和长期发展政策有机结合起来，加强各项政策协商配合，促进经济平稳较快发展。我国宏观调控的目标就是把人民的当前利益、长远利益、局部利益与整体利益结合起来，确保宏观经济健康、稳健运行，注重宏观控制的预见性、及时性和有效性。我国实行的宏观调控基本保持了经济总量平衡，优化了经济结构，引导国民经济实现了持续快速稳定增长，推动了社会的全面进步。正如习近平同志所说，"既要'有效的市场'，也要'有为的政府'，努力在实践中破解这道经济学上的世界性难题"。① 只有政府和市场双向发力，才能更好地应对市场经济纷繁复杂的不确定性。

（三）中国式区域经济发展战略

一般来说，区域经济发展最初是一个原始均衡状态。随着经济起飞，其出现非均衡状态，在经济发达后，其又趋于均衡发展。非均衡发展是一个国家区域经济发展的常态。恩格斯就提出："在国和国、省和省，甚至地方和地方之间总会有生活条件方面的某种不平等的存在，这种不平等可以减少到最低限度，但是永远不可能完全消除。"②这看起来是一个老大难问题，但我国必须尽快解决，这既关系到广大人民群众的福祉，更关系到一个多民族大国的长治久安。

我国是一个幅员辽阔的大国，经济社会发展存在着严重的地区差距。新中国成立初期，我国70%以上的工业集中在占全国面积11.3%的东部沿海地区。新中国成立以来，中国共产党一直致力于缓解区域经济发展不平衡的问题，具体分为三个历史阶段：

1. 1956—1978 年：东西平衡发展战略

为了缩小沿海地区和内地的差距，也为了战备的需要，我国在实施第一个五年计划时，提出"为了改变原有地区分布不合理状态，必须建立新的工业基地"。1956年，毛泽东发表《论十大关系》，专门提到"沿海工业和内地工业的关系"，而且还从中央和地方的关系、汉族和少数民族的关系等方面提出了平衡发展战略，此后，中

---

① 习近平. 论把握新发展阶段、贯彻新发展理念、构建新发展格局[M]. 北京：中央文献出版社，2021：64.

② ［德］马克思，［德］恩格斯. 马克思恩格斯选集：第 3 卷[M]. 北京：人民出版社，1976：31.

共八大和《关于正确处理人民内部矛盾的问题》进一步强化了这一战略。中苏关系日趋紧张后,1964 年 6 月中央工作会议正式拉开"三线建设"的序幕,提出全国按一、二、三线进行战略整体布局,集中力量建设三线大后方。"三线建设"的重点在西部地区,当时全国计划实施的大中型项目 2 000 个左右,其中三线地区就有 823 个,投资额达 360 亿元,占全国投资的 42%,其中投资最大的是四川省(占全国总投资的 10%)。

当时之所以推进平衡发展战略,主要是基于政治、军事等方面的考虑。从政治上说,平衡发展战略受到苏联生产力布局理论的影响,另外,当时我们还认为平衡发展是社会主义的,不平衡发展则是资本主义的。恩格斯在《反杜林论》中就指出:"只有按照一个统一的大的计划协调地配置自己的生产力的社会,才能使工业在全国分布得最适合于它自身的发展和其他生产要素的保持或发展。……因此,从大工业在全国的尽可能均衡的分布是消灭城市和乡村的分离的条件这方面来说,消灭城市和乡村的分离也不是什么空想。"①从军事上说,重点发展中西部也是战备的需要,"三线建设"就是最好的证明。最后,从传统文化上看,我们受"不患寡而患不均"的平均主义思想的影响,《庄子》中也有"四海之内共利之之谓悦,共给之之谓安"的内容。② 这是自然经济时代的诉求,当然不符合现代化的要求。

平衡发展战略的影响表现在以下几个方面:

(1)经过近四个五年计划的努力,在国家大量人力、物力、财力的投入下,内地工业从无到有、从小到大、从弱到强,初步建立了工业化的基础,区域经济发展的差距开始缩小。

(2)虽然我国区域发展的差距开始缩小,但原来经济基础较好的东部沿海地区的发展速度下降,使得中国与世界经济的差距进一步扩大。所以,当时的平衡发展战略某种程度上是一种"零和游戏",即一方得益,另一方出现相应损失。

(3)当时的平衡发展完全是一种粗放型发展模式,战线拉得太长、摊子铺得太大,特别是"三线建设"完全是战备的需要。其片面强调"靠山、分散、进洞"原则,严重违反了客观经济规律,造成巨大经济损失。

(4)国民经济重大比例关系严重失调。主要表现为农轻重的比例关系、积累与消费的比例关系等严重失调。

---

① [德]恩格斯.反杜林论[M].北京:人民出版社,1999:314.
② 曹础基.庄子译注[M].北京:中华书局,1982:179.

2. 1978—1990 年:一部分地区先富起来的非均衡发展战略

十一届三中全会后,邓小平提出"一部分人、一部分地区先富起来"的主张。他在《解放思想,实事求是,团结一致向前看》一文中首次提出了非均衡发展战略,主要目的是缩小与其他国家的差距,使中国的一部分地区先富起来。这一阶段的非均衡发展战略主要表现为沿海发展战略。1988 年 3 月,国务院召开沿海地区对外开放工作会议,将"沿海地区经济发展战略"作为国家方针正式提出,这样就把中国经济发展条件最好的沿海以"两头在外,大进大出"的方式先抛出去参与国际竞争。由于沿海地区本来就具有较好的基础,再加上中央政策加持,其经济开始起飞。一部分地区先富起来战略取得重大成果,产生了一系列影响:(1)沿海地区迅速发展,为中西部地区发展发挥了一定的示范、带动、帮助作用,从而为全面建设小康社会以及实现现代化奠定了坚实基础。(2)地区差距进一步扩大。如中部地区收入为 1,东中西三大区域的收入比例由 1988 年的 1.4∶1∶1.11 变为 2000 年的 1.49∶1∶1.06。

3. 1990 年至今:区域经济协调发展战略

随着我国沿海地区的高速发展,区域经济的差距进一步扩大,引起了党和政府的高度重视。1991 年 3 月,七届人大四次会议通过《国民经济和社会发展十年规划和第八个五年计划纲要》,第一次提出区域经济协调发展的思路。1995 年 10 月,江泽民发表《正确处理社会主义现代化建设中的若干重大关系》,正式提出区域经济协调发展战略。事实上,西部地区发展也是不平衡的。按照 2023 年的数据:四川GDP 突破 6 万亿元,而西藏 GDP 仅为 2 393 亿元,相差 25 倍,GDP 低于 1 万亿元的还有宁夏(5 315 亿元)、青海(3 799 亿元)。[①]

新时代党中央直面区域板块分化重组、人口跨区域转移加快、农民落户城市意愿下降等问题,提出了区域经济协调发展辩证法:

(1)高质量发展阶段对区域经济协调发展提出了新要求。不能简单要求各地区在经济发展上达到同一水平,而是要根据各地区的条件,走合理分工、优化发展的路子。要形成几个能够带动全国高质量发展的新动力源,特别是京津冀、长三角、珠三角三大地区,以及一些重要城市群。不平衡发展是普遍的,要在发展中促进相对平衡。

(2)推动东北全面振兴取得新突破。深化国有企业改革,统筹推进全国老工业

---

① 陈之殷,陈恒.西部地区如何因地制宜发展新质生产力[N].光明日报,2024-8-1:7.

基地调整改造;优势产业升级,大力发展现代服务业,加快转变农业发展方式,同时做好生态环境保护;促进资源枯竭地区转型发展,增强资源型城市可持续发展能力;重点推进辽宁沿海经济带和沈阳经济区、长吉图经济区、哈大齐和牧绥地区等区域发展。积极支持东北地区率先发展:发挥东北地区对全国经济发展的重要引领和支撑作用,在更高层次参与国际合作和竞争,在改革开放中先行先试,在转变经济发展方式、调整经济结构和自主创新中走在全国前列。

(3)大力促进中部地区崛起。发挥承东启西的区位优势,壮大优势产业,发展现代产业体系;加强大江大河大湖综合治理,加快构建沿陇海、沿京广、沿京九和沿长江中游经济带,重点推进太原城市群、皖江城市带、鄱阳湖生态经济区、中原经济区、武汉城市圈、环长株潭城市群等区域发展。

(4)支持革命老区、民族地区加快发展,加强边疆地区建设,推进兴边富民、稳边固边。实行地区互助政策,开展多种形式的对口支援。缩小全国各地经济发展的差距。发挥两个积极性:既发挥经济发达地区的积极性,又发挥经济不发达地区的积极性。

因地制宜发展新质生产力,走高质量发展之路,是当下缩小区域发展差距的最新思路。首先,对接国家战略,如"东数西算工程",贵州等地应找准定位,发展大数据产业。其次,结合资源禀赋、比较优势,发展新能源、新材料等新兴产业,如内蒙古、宁夏等地。再次,要留住人才。

第二节　社会主义政治文明建设新战略

有的国外学者把中国模式概括为:市场经济＋共产党领导。这种概括尽管简单,但却切中要点,那就是在中国崛起时,如果没有中国共产党的领导,根本不可能取得如此大的成就。"没有中国共产党,哪有社会主义中国? 哪有中国特色社会主义? 哪有中华民族伟大复兴?"[①]对此,邓小平早就明确指出:"从根本上说,没有党的领导,就没有现代中国的一切。"[②]中国共产党领导是中国特色社会主义最本质的特征。习近平在党的二十大报告中强调中国式现代化,中国共产党领导的现代化,

① 中共中央党史和文献研究院.习近平关于中国式现代化论述摘编[M].北京:中央文献出版社,2023:43.

② 邓小平.邓小平文选:第2卷[M].北京:人民出版社,1994:266.

为什么要强调党在中国式现代化建设中的领导地位？这是因为，党的领导直接关系中国式现代化的根本方向、前途命运、最终成败。① 党始终要总揽全局、协同各方，才能走好"并联式"中国式现代化道路。

"人民是中国式现代化的主体，必须紧紧依靠人民，尊重人民创造精神，汇集全体人民的智慧和力量，才能推动中国式现代化不断向前发展。"②民主代表了人类共同的美好追求，具有历史的普遍性，但西方的民主绝不具有普适性。连美国政治学家达尔也说："没有一种真正的民主理论——而只有各式各样的民主理论。"③党的十九大报告指出：世界上没有完全相同的政治制度模式，发展社会主义民主，建设社会主义政治文明，最根本的是要把坚持党的领导、人民当家作主和依法治国有机统一起来。党的领导是人民当家作主和依法治国的根本保证，人民当家作主是社会主义民主政治的本质要求，依法治国是党领导人民治理国家的基本方略。报告第六部分标题是"健全人民当家作主制度体系，发展社会主义民主政治"。党的二十大报告第六部分标题是"发展全过程人民民主，保障人民当家作主"。中国的民主政治模式就是要处理好党、国家、人民之间的关系。

一、中国特色社会主义政治发展道路——全过程人民民主

马克思主义历来重视民主政治建设。早在 1844 年，马克思在《黑格尔法哲学批判导言》中就提出，工人阶级"没有任何地位，但必须成为一切"，这种舍我其谁的无产阶级战斗精神一直是社会主义革命与建设宝贵财富。1919 年列宁也提出："只有当全体居民都参加管理工作时，才能把反官僚主义的斗争进行到底，直到取得完全的胜利。这在资产阶级共和国里不仅不可能，而且法律本身也妨碍这样去做。最好的资产阶级共和国，不管它怎样民主，也有无数法律上的障碍阻挠劳动者参加管理。"④针对官僚主义顽障痼疾，列宁提出"大力吸收觉悟的工人和农民参加交通人民委员部和国家监察部的工作，以改进工作，根除官僚主义、拖拉现象和文牍主义""大力发展、加强和扩大工农检查机构，使国家监察委员会的一切工作全盘'工

---

① 中共中央党史和文献研究院.习近平关于中国式现代化论述摘编[M].北京:中央文献出版社,2023:58.

② 中共中央党史和文献研究院.习近平关于中国式现代化论述摘编[M].北京:中央文献出版社,2023:61.

③ [美]达尔.民主理论的前沿[M].顾昕,等译.上海:三联书店,1999:2.

④ [苏]列宁.列宁全集:第36卷[M].北京:人民出版社,1985:154-155.

人化'(及'农民化')""目的:把全体劳动群众,男子特别是妇女,都吸收来参加工农检查工作"。① 这并非"民粹主义",而是社会主义人民民主的宝贵尝试。

习近平指出:"中华民族创造了灿烂的古代文明,形成了关于国家制度和国家治理的丰富思想。"②我们创立了人民民主专政的国体,其实质是发展社会主义民主,切实保护人民的根本利益,维护国家的主权、安全、统一和稳定。它是马克思主义关于无产阶级专政的理论同我国国情相结合的产物,具有显著的中国特色。

(1)从政权组成的阶级结构和专政对象看,在新民主主义向社会主义过渡时期,存在着两大联盟,即工农联盟以及工人同小资产阶级、民族资产阶级的联盟;三大改造以后,小资产阶级和民族资产阶级不复存在,他们中的绝大部分都被改造成自食其力的劳动者,知识分子也成为工人阶级的一部分。

(2)从概念的表述看,人民民主专政更符合中国国情。无产阶级专政,从字面上看,只有无产阶级一阶级,只有专政,没有民主,容易被误解,容易被外来势力攻击诽谤;而人民民主专政恰好回避了这些缺陷,更全面、更科学、更符合中国实际。所以邓小平认为,人民民主专政"实质上也就是无产阶级专政,但是人民民主专政的提法更适合我国的国情"。③

(3)结合中国特色社会主义政治发展道路,必须坚持党的领导、人民当家作主、依法治国的有机统一。三者统一于我国社会主义民主政治的伟大实践。

党的二十大报告提出:"人民民主是社会主义的生命,是全面建设社会主义现代化国家的应有之义。"习近平指出:"我们的民主法治建设同扩大人民民主和经济社会发展的要求还不完全适应,社会主义民主政治的体制、机制、程序、规范以及具体运行上还存在不完善的地方,在保障人民民主权利、发挥人民创造精神方面也还存在一些不足,必须继续加以完善。……切实防止出现人民形式上有权,实际上无权的现象。"④2019 年 11 月 2 日,习近平在上海长宁区虹桥街道古北市民中心考察时提出:"我们走的是一条中国特色社会主义政治发展道路,人民民主是一种全过程的民主,所有的重大立法决策都是依照程序、经过民主酝酿,通过科学决策、民主

① [苏]列宁.列宁全集:第 38 卷[M].北京:人民出版社,1986:253,7.
② 习近平.坚持和完善中国特色社会主义制度 推进国家治理体系和治理能力现代化[J].求是,2020(1):209.
③ 邓小平.邓小平文选:第 2 卷[M].北京:人民出版社,1994:372.
④ 习近平.习近平谈治国理政:第 2 卷[M].北京:外文出版社,2017:280,290.

决策产生的。"①由此,全过程人民民主理念正式提出。

习近平关于全过程人民民主重大理念的主要内容包括:首先,全过程人民民主是社会主义民主政治的本质属性。"民主不是装饰品,不是用来做摆设的,而是要用来解决人民需要解决的问题的。"②其次,"我国全过程人民民主不仅有完整的制度程序,而且有完整的参与程序。"再次,全过程人民民主实现了过程民主和成果民主、程序民主和实质民主、直接民主和间接民主、人民民主和国家意志相统一,是全链条、全方位、全覆盖的民主,是最广泛、最真实、最管用的社会主义民主。全过程人民民主更加强调人民民主的人民性、可及性、可操作性。

我们不能机械地、教条地理解人民民主专政,毕竟政治的最高正义是民主,绝不是专政。我们更要强调人民民主:一方面,人民民主是专政的前提和基础,另一方面,人民民主具有更大的广泛性。阶级斗争已不是社会的主要矛盾,但其作为一种社会现象在一定范围内还将长期存在,有时还会表现得较尖锐和激烈。特别是近几年来,伴随着民族问题而产生的恐怖主义有所抬头,国内严重刑事犯罪活动有所加剧,国外反华势力的颠覆、渗透、破坏有所加强。所以,专政的职能不能放弃、不能削弱。

(1)以经济建设为中心,是巩固和加强人民民主专政的坚实的物质基础。邓小平曾说:"对刑事犯罪活动的打击是必要的,今后还要继续打击下去,但是只靠打击并不能解决根本的问题,翻两番、把经济搞上去才是真正治本的途径。经济发展是个基础,在这个基础上工作就好做了。"说到底,经济基础决定上层建筑,上层建筑必须为经济基础服务。

(2)正确认识与处理社会主义时期的阶级斗争,是巩固和加强人民民主专政的重要前提。以往我们有过阶级斗争扩大化的教训,党的十一届三中全会果断停止了"阶级斗争为纲"的口号。邓小平指出,社会主义条件下的阶级斗争,"不同于过去历史对阶级的斗争(他们不可能形成一个公开的完整的阶级)",其是一种"特殊形式的阶级斗争,或者说是历史上的阶级斗争在社会主义条件下的特殊形式的遗留"。

(3)坚持"两手抓、两手都要硬",是巩固和加强人民民主专政的基本方针。邓

---

① 中共中央党史和文献研究院,中央学习贯彻习近平新时代中国特色社会主义思想主题教育领导小组办公室.习近平新时代中国特色社会主义思想专题摘编[M].北京:中央文献出版社,2023:245.
② 习近平.习近平谈治国理政:第2卷[M].北京:外文出版社,2017:296.

小平多次提出不同版本的"两手抓"，如一手抓改革开放，一手抓坚持四项基本原则；一手抓物质文明建设，一手抓精神文明建设；一手抓经济建设，一手抓法治建设；等等。除了经济建设，应坚持民主法治，这样既坚持了唯物辩证法，也为后来中国特色社会主义理论与实践的发展开拓了政治空间。

二、一切权力属于人民的政体——人民代表大会

人民代表大会是我国的政体，是我国的根本政治制度，是把党的领导与人民当家作主和依法治国高度结合的最高权力机关，是实现全过程人民民主的重要制度载体。它起源于新民主主义革命时期，有着较长的发展历史，其特点如下：

（1）一切权力属于人民，人民是国家的主人。人民当家作主体现了社会主义国家的性质和方向，也是我党立党为公、执政为民的体现。

（2）中国共产党的领导本质是领导、支持保证人民当家作主。中国共产党的领导地位是历史的选择，人民的选择。中国人民当家作主，是在中国共产党领导下经过新民主主义革命实现的。中国的民主政治制度的创建、发展、完善，是中国共产党领导中国人民自主进行的。中国共产党的领导从根本上保证了人民当家作主。党要善于把自己的政治主张通过人民代表大会变成人民的共同意志。日本学者加茂具树认为，人大在中国共产党的领导下更加制度化、科学化，对中国政治生活的作用会不断增强，中国共产党与人大的关系"会从中国共产党中的人大转变为人大中的中国共产党，这或许是中国共产党与人大之间关系的正常状态"。国外学者的看法值得我们关注。

（3）民主集中制，即民主基础上的集中与集中指导下的民主。只有充分发扬民主，才能达到正确的集中；只有实行高度集中，才能实现真正的民主。民主集中制既是一种组织原则，又是一种活动原则，它是中国国家政权的根本组织原则和领导原则。毛泽东认为："在人民内部，不可以没有自由，也不可以没有纪律；不可以没有民主，也不可以没有集中。这种民主和集中的统一，自由和纪律的统一，就是我们的民主集中制。"[①]如人民代表大会及其常务委员会行使任免权，就是按照民主集中制的原则，在发扬民主、听取人民群众意见的基础上，有组织、有秩序地实行高度集中，以集体行使职权的形式统一形成国家意志，决定有关国家机关工作人员的

---

① 毛泽东.毛泽东文集：第 7 卷[M].北京：人民出版社，1999：209.

任免。

此外,我们的人民代表大会没有议会党团。无论是代表大会,还是常委会或专门委员会,其都不按党派分配席位,因为其根本利益都是为人民服务。

邓小平认为,民主集中制的人民代表大会制度是个好的制度,人民代表大会制度的特点和优势就在于能够充分反映人民的要求,集中人民的意志,维护人民的权益,可以集中力量办大事,提高工作效率。人民代表大会的职权主要有四项:立法、监督、人事任免、重大事项决定。在立法工作上,中国仅用了 40 年左右的时间,就完成了西方国家几百年才能完成的国家法律体系建设任务,基本形成了中国特色社会主义法律体系。今后,我国还要进一步改进立法工作,扩大立法工作的公众参与度;采取多种形式广泛听取意见,对于关系人民群众切身利益的草案,要采取听证会、论证会、座谈会或者向社会公布草案等方式向社会听取意见;尊重多数人的意愿,充分反映最广大人民的根本利益。

近年来,地方人大及其常委会就本地区的城市建设规划、环境保护等重大事项行使了决定权,但其在行使罢免权等方面却乏善可陈。《求是》曾指出,人大对政府的监督有三个不够:不够严格、不够公平和不够文明。

由于种种原因,目前广大选民对基层人大代表选举不够重视。北京大学中国国情研究中心的抽样调查显示:中国公民对乡镇人大选举和县/区人大选举感兴趣的比例分别为 28.17％和 26.86％,大大低于村委会/居委会选举(41.28％)。其中,对乡镇人大选举表示"非常感兴趣"和"比较感兴趣"的公众分别为 6.1％和 22.07％,对县/区人大选举表示"非常感兴趣"和"比较感兴趣"的比例分别为 6.11％和 20.75％。[①] 这些比例不高,与基层人大代表的作用发挥不够或者政府不够重视有很大关联。

党的十八大进一步提出"提高基层人大代表特别是一线工人、农民、知识分子代表比例,降低党政领导干部代表比例"。2010 年,新修改的《选举法》规定:城乡按相同人口比例选举人大代表。2011 年年底的县乡基层人大代表的选举结果也显示,妇女代表、基层一线代表的比例提高,领导干部的比例下降。习近平指出:"要保证人民依法行使选举权利,民主选举产生人大代表,保证人民的知情权、参与权、表达权、监督权落实到人大工作各方面各环节全过程,确保党和国家在决策、执行、

---

① 严洁,等.公民文化与和谐社会调查数据报告[M].北京:社会科学文献出版社,2010:192.

监督落实各个环节都能听到来自人民的声音。"①上述论断就是针对近年来人大存在的具体问题而提出的。

我们相信:随着社会主义民主政治的不断推进,作为社会主义根本政治制度的人民代表大会制度一定会得到进一步完善与发展。

三、汇聚中国力量:政党、民族等关系和谐

中国式现代化是人口规模巨大的现代化。只有把十四亿多中国人民的积极性、主动性、创造性充分激发出来、凝聚起来,汇聚成伟大磅礴的中国力量,才能实现中国式现代化。其中,中华民族各种力量的和谐是关键。十六届六中全会通过的《中共中央关于构建社会主义和谐社会若干重大问题的决定》指出:"社会和谐是中国特色社会主义的本质属性。"其同时提出,构建和谐社会必须最大限度地促进五种关系的和谐,即"促进政党关系、民族关系、宗教关系、阶层关系、海内外同胞关系的和谐",其中位居首位的是政党关系,促进政党关系的和谐,是激发社会活力,增进社会团结和睦的一项重要内容;加强各党派的团结和谐,是巩固和壮大最广泛的爱国统一战线,充分调动各方面积极性的必然要求。因为只有政党关系和谐,才能有稳定团结的政治局面,才能保证其他社会关系的和谐。政党关系和谐既是实现其他和谐的基础,也是实现其他和谐的政治基础。

延安时期,我党推出了"三三制"政权建设,同时强调共产党员与其他党派以及无党派人士"在政府工作中都有同等的权利和义务",在工作中,其应"互相勉励、互相尊重、互相原谅""风雨同舟、和衷共济","三三制"在多党派的合作中体现了同明相见、同音相闻的和谐精神。② 这一时期实际上是中国政党和谐关系初步形成的时期。

(1)1949—1957 年:多党合作阶段。中国共产党与各民主党派一起组建新中国,一起进行社会主义改造,然而,1957 年的反右运动终止了多党合作的大好局面。

新中国成立前后,中国共产党真诚表达了多党合作的愿望。毛泽东指出:"究竟是一个党好,还是几个党好? 现在看来,恐怕是几个党好。不但过去如此,而且

---

① 习近平.习近平谈治国理政:第 4 卷[M].北京:外文出版社,2022:261.

② 杨爱珍.当代中国政党制度研究 [M].上海:学林出版社,2004:70.

将来也可以如此，就是长期共存、互相监督。"①多党合作精神完全体现在第一届中央人民政府的组成中：毛泽东担任主席，六位副主席中，党外人士有 3 人（宋庆龄、李济深、张澜），委员 56 人中，党外人士占 48%；4 名副总理中，党外人士有 2 人；15名政务委员中，党外人士占 60%；政务院所辖 34 个部、会、院、署、行中，担任正职的党外人士占 41%。这些数据充分显示多党合作的良好开局。此外，毛泽东特别强调党外人士要有职有权，要求共产党人要主动与党外人士合作、商量。

(2)1957—1977 年：是我国政党关系的磨合期，特别是在"文化大革命"，多党合作经受考验。

中国共产党领导的多党合作如何开展并无先例，而中国共产党如何接受各民主党派的批评监督、各民主党派怎样参政议政，双方都没有经验。故政党关系自然存在一个磨合期。

事实上，多党合作名存实亡之时，是中国共产党最困难、最危险的时候，也是国家和民族利益遭受重大损失的时候。

(3)1978 年到现在：由多党合作走向政党和谐。十一届三中全会后，我党实现了拨乱反正。邓小平提出："统一战线仍然是一个重要法宝，不是可以削弱，而是应该加强，不是可以缩小，而是应该扩大。"②随着改革开放的深入发展，新时期的统一战线呈现出新的特征，即空前的广泛性、巨大的包容性、鲜明的多样性和显著的社会性。在中国共产党领导下，新时期的统一战线高举爱国主义、社会主义两面大旗，坚持大团结大联合的主题，坚持发扬社会主义民主，坚持求同存异、体谅包容，坚持以人为本、照顾同盟者利益，使中国共产党和各民主党派的团结更加巩固、更加和谐、更加密切。经历了历史考验的中国共产党领导的多党合作终于走向和谐。纵观世界上绝大多数政党，其大多是一种竞争关系，即便出现短暂的合作，其也是同床异梦。而中国共产党和各民主党派由于共同的国家利益（振兴中华）而走到一起，其不但长期合作，还会走向和谐。这是我们的政治优势，故我们要倍加珍惜！党的十六届六中全会又正式提出政党关系的和谐，至此，我党对中国共产党领导的多党合作制度的理解与认识达到一个新的水平。习近平提出："说它是新型政党制度，新就新在它是马克思主义政党理论同中国实际相结合的产物，能够真实、广泛、持久代表和实现最广大人民根本利益、全国各族人民根本利益，有效避免了旧式政

---

① 毛泽东. 毛泽东选集：第 5 卷[M]. 北京：人民出版社，1991：278.
② 邓小平. 邓小平文选：第 2 卷[M]. 北京：人民出版社，1994：203.

党制度代表少数人、少数利益集团的弊端；……是对人类政治文明的重大贡献。"①构建大统战工作格局的条件日益成熟。

人民政协是中国人民爱国统一战线的组织，是中国共产党领导的多党合作和政治协商的重要机构，是实行科学民主决策的重要平台，是中国共产党提高执政能力的重要途径，是我国政治生活中发扬社会主义民主的重要形式。人民政协围绕团结和民主两大主题，认真履行政治协商、民主监督、参政议政的职能。围绕中心、服务大局，突出特点、发挥优势，努力促进参加政协的各党派、无党派人士开展协商，团结合作。人民政协广泛联系社会各界人士，畅通反映社情民意的渠道，广开言路、广求良策、广谋善举，求同存异，求得共识，为巩固和发展民主团结、生动活泼、安定和谐的政治局面发挥积极作用。党的十八大进一步明确提出"健全社会主义协商民主制度"：把政治协商纳入决策程序，坚持协商于决策之前和决策之中，增强民主协商的实效性。深入进行专题协商、对口协商、界别协商、提案办理协商。积极开展基层民主协商。

"回顾党的百年历程，党的民族工作取得的最大成就，就是走出了一条中国特色解决民族问题的正确道路。"民族问题历来是敏感问题之一。苏联模式中民族问题悬而未决，苏联最终解体为15个国家。我国拥有56个民族，之所以没有出现重大的民族问题，与民族区域自治这一基本政治制度有着密切关系。"多民族的大一统、各民族多元一体，是老祖宗留给我们的一笔重要财富，也是我们国家的一个重要优势。"②我党在民主革命时期就开始探索民族区域自治的道路。1938年10月，毛泽东在党的六届六中全会上阐述了民族区域自治的思想。他提出："各民族与汉族有平等权利，在共同对日原则之下，有自己管理自己事务之权，同时与汉族联合建立统一的国家。"并强调："各少数民族与汉族杂居的地方，当地政府须设置由当地少数民族的人员组成的委员会，作为省县政府的一部门，管理和他们有关的事务，调节各族间关系，在省县政府委员中应有他们的位置。"毛泽东还提出要反对大汉族主义，"尊重各少数民族的文化、宗教、习惯"。③ 1947年5月1日，针对当时一些人提出的内蒙古"独立自治"的错误倾向和分裂活动，我党明确提出并正式成立第一个少数民族自治区——内蒙古自治区。1949年9月公布的《共同纲领》明确提

---

① 习近平. 论人民当家作主[M]. 北京：中央文献出版社，2021：229－230.

② 习近平. 习近平谈治国理政：第2卷[M]. 北京：外文出版社，2017：299.

③ 浦兴祖. 中华人民共和国政治制度[M]. 上海：上海人民出版社，2005：413.

出:"各少数民族聚居的地区,应实行民族的区域自治,按照民族聚居的人口多少和区域大小,分别建立各种民族自治机关。"截至2003年年底,我国共建立了155个民族自治地方,其中包括5个自治区、30多个自治州、120个自治县(旗),实行自治的少数民族占少数民族总人口的71%,民族自治地区的面积占全国总面积的64%左右。

实行民族区域自治制度主要是由我国的国情决定的。首先,由于历史的原因,我国各民族呈现大杂居、小聚居的局面,这种你中有我、我中有你、相互依存的状况,客观上有利于各民族的交流、团结与合作。其次,由于中国近代以来政治、经济、文化发展的不平衡,要改变边疆少数民族地区经济文化落后的面貌,需要实行民族区域自治制度。周恩来指出:"在中国这个民族大家庭中,我国采取民族区域自治政策,是为了经过民族合作、民族互助,求得共同发展、共同的繁荣。"①民族区域自治制度体现了民族因素与区域因素、历史因素与现实因素、制度因素和法律因素以及政治与经济文化社会发展的有机结合。

1996年费孝通先生提出,中华民族是包括中国境内56个民族的民族实体,并不是把56个民族加在一起的总称。其中,汉族发挥核心凝聚作用,把多元结合成一体。要牢牢坚持"三个离不开"的思想,即汉族离不开少数民族、少数民族离不开汉族、各少数民族之间也相互离不开。要形成以平等为基础、以团结为主线、以互助为保障、以和谐为愿景的社会主义民族关系。应按照习近平指出的"促进各民族在中华民族大家庭中像石榴籽一样紧紧抱在一起",实现中华民族的大团结、大联合。

实现民族关系和谐,最根本的原则是始终坚持民族平等、加强民族团结、推动民族互助、促进民族和谐。各民族始终要同呼吸、共命运,共同培育全国各族人民大团结的根基。新时代习近平主席又提出加强和改进民族工作12条原则,其中特别强调把推动各民族为全面建设社会主义现代化国家共同奋斗作为新时代党的民族工作的重要任务。这说明56个民族是实现中国式现代化最伟大的"中国力量"。

宗教工作是党和国家工作的重要组成部分。党的十八大确立了全面贯彻党的宗教信仰自由政策、依法管理宗教事务、坚持独立自主自办原则、积极引导宗教与社会主义相适应的宗教工作基本方针,为新时代党的宗教工作指明了方向。贯彻落实党的民族宗教政策,必须做到"四个维护",即维护法律尊严,维护人民利益,维

---

① 周恩来.周恩来选集:下卷[M].北京:人民出版社,1984:261.

护民族平等和团结，维护祖国统一。事实证明，民族区域自治将民族问题与区域问题相结合，将历史与现实相结合，将政治因素与经济、社会、文化等因素相结合，走出了一条具有中国特色的民族发展之路。在我国现有的 14 亿多人口中，至少有 1 亿多信奉各种宗教的群众，有数以千计的各级宗教团体。信奉不同宗教的群众及宗教团体能否和谐相处，直接关系到我国社会的稳定和现代化建设。亨廷顿把宗教看成冲突的根源，我们则把它看成团结的对象。习近平对党的宗教工作提出的"九个必须"中特别强调"必须坚持和发展中国特色社会主义宗教理论，必须坚持我国宗教中国化方向"，提出了新时代党的宗教工作的重点与发展方向。

海内外同胞在中国的改革开放中起了关键作用。1993 年邓小平就指出："对于中国人来说，大发展的机遇并不多。中国与世界各国不同，有着自己独特的机遇。比如，我们有几千万爱国同胞在海外，他们对祖国做出了很多贡献。"[①]习近平提出，"坚持大团结大联合，动员全体中华儿女围绕实现中华民族伟大复兴中国梦一起来想、一起来干"。据统计，到 20 世纪末，海外华侨华人总数约为 3 000 万人，他们以各种方式帮助祖国进行社会主义现代化建设。20 世纪 80 年代，海外华侨华人每年投资大陆的金额为 10 亿～20 亿美元，到 20 世纪 90 年代，这一金额达到 100 亿～200 亿美元。除了资金，海外侨胞还为祖国引进了人才、技术、设备等生产要素。我们的侨务工作原则是"凝聚侨心、汇集侨智、发挥侨力"，坚持把维护海外侨胞和归侨侨眷的根本利益作为侨务工作的出发点和落脚点，使海外华侨华人共同为中华民族的复兴大业贡献力量。

"不同同之之谓大。"古人的智慧启发我们，实现中国式现代化需要凝聚中国力量。统一战线一直是中国革命与现代化建设的法宝，其本质是大团结大联合。新时代我们要实现中国梦，更要构建大统战的工作格局。

四、全面依法治国

法治是现代化国家的标志之一，也是衡量一个国家治理体系与治理能力的重要依托。党的十五大第一次提出"依法治国"。新时代随着国家治理体系与治理能力现代化的不断推进，2017 年 10 月习近平在党的十九大报告中提出，成立中央全面依法治国领导小组，加强对法治中国建设的统一领导。2022 年 10 月习近平在二

---

① 邓小平. 邓小平文选：第 3 卷[M]. 北京：人民出版社，1993：366.

十大报告中强调,坚持全面依法治国,推进法治中国建设。"全面依法治国是国家治理的一场深刻革命,关系党执政兴国,关系人民幸福安康,关系党和国家长治久安。必须更好地发挥法治固根本、稳预期、利长远的保障作用,在法治轨道上全面建设社会主义现代化国家。"①这阐明了全面依法治国的重要地位与作用。

依法治国是中国共产党领导全国各族人民治理国家的基本方略。

(1)依法治国的主体是中国共产党领导下的人民群众;"我国社会主义制度保证了人民当家作主的主体地位,也保证了人民在全面推进依法治国中的主体地位。这是我们的制度优势,也是中国特色社会主义法治区别于资本主义法治的根本所在"。②

(2)依法治国的本质是崇尚宪法和法律在国家政治、经济和社会生活中的权威。其彻底否定人治,确立法大于人、法高于权的原则,使社会主义民主制度和法律不受个人意志的影响。

(3)依法治国的根本目的是保证人民充分行使当家作主的权利,维护人民当家作主的地位,维护社会公平正义。依法治国是一切国家机关必须遵循的基本原则。

(4)全面推进依法治国基本方略的新方针:"科学立法,严格执法,公正司法,全民守法。"

(5)全面推进依法治国的总目标是建设中国特色社会主义法治体系,建设社会主义法治国家。全面推进国家各方面工作的法治化。

2018 年 8 月,习近平指出:"我们把全面依法治国纳入'四个全面'战略布局,就是要为全面建成小康社会、全面深化改革、全面从严治党提供长期稳定的法治保障。我多次强调,在'四个全面'中,全面依法治国具有基础性、保障性作用。在统筹推进伟大斗争、伟大工程、伟大事业、伟大梦想,全面建设社会主义现代化国家的新征程上,我们要更好发挥法治固根本、稳预期、利长远的保障作用。"③

"立善法于天下,则天下治;立善法于一国,则一国治。"新时代全面依法治国要有新思路、新路径。坚持全面依法治国,在法治轨道上深化改革、推进中国式现代化,做到改革与法治相统一,重大改革于法有据,及时把改革成果上升为法律制度。

---

① 习近平.高举中国特色社会主义伟大旗帜,为全面建设社会主义现代化国家而团结奋斗[J].求是,2022(21):29.

② 习近平.论坚持人民当家作主[M].北京:中央文献出版社,2021:112.

③ 习近平.论坚持全面依法治国[M].北京:中央文献出版社,2020:227.

五、中国特色基层民主政治建设

"基层民主是全过程人民民主的重要体现。"十一届三中全会后，随着农村家庭联产承包责任制的推进，广大农民在经济上开始自主，迫切希望在政治上的民主权利。在这种背景下，广西罗城县、宜山县的一些乡村，自发选举建立了村民委员会，得到当地党委和政府的肯定与支持，也引起了党中央的高度关注。1982 年 12 月《宪法》修改，全国人大第一次把农民自发创造的"村民委员会"和城市居民委员会这种地方组织形式写进《宪法》，明确规定：城市和农村按居民居住地区设立的居民委员会或者村民委员会是基层群众性自治组织。居民委员会、村民委员会的主任、副主任和委员由居民选举产生。党的十七大第一次把基层群众自治制度作为我国社会主义民主政治建设四项重要制度之一，进一步提出要把发展基层民主作为发展社会主义民主政治的基础性工程予以重点推进，保障人民享有更多更切实的民主权利。

1989 年 12 月，全国人大常委会通过《中华人民共和国村民委员会组织法》，规定在中国农村逐渐实行村民自治制度，国家权力机关不再直接管理农民事务，村主任和其他村民委员会成员完全由村民自由选举产生。村民自治主要包括四项内容：(1)村民选举制度，村主任及村委会成员，由村民通过直接的、自由的、无记名投票选举产生。(2)村民议事制度，村里的大事，包括经济和社会发展的规划、公益事业的兴办以及群众普遍关切的热点问题的处理等，都必须依据有关法规，由村民代表会议或村民大会讨论决定。(3)村务公开制度，凡涉及全村利益的事情，都必须定期向村民张榜公布，接受村民监督。(4)村规民约制度。村内的日常事务通过订立村民自治章程和村规民约管理。这在中国几千年农村基层管理中是史无前例的。

基层民主政治建设的核心内容是：民主选举、民主决策、民主管理、民主监督。

民主选举是基层群众自治的基础与前提。农民群众在实践中创造了"海选""无候选人选举""自荐海选"等方式，实现了村民委员会成员由过去的组织任命到由群众民主选举产生的过渡。

民主决策是基层群众自治的关键。农民群众创造了村民代表会议、村务大事村民公决、划片召开村民会议等方式，在民主决策的程序中，城市居民委员会创造了民主听政、议事协商、网络投票等方式。

民主管理是基层群众自治的根本。广大村(居)民通过召开会议、制定规约章程、开展议事协商、网上论坛等方式，实现自我管理、自我约束、自我监督，从而达到自治的目的。

民主监督是基层群众自治的保证。通过村(居)务公开、民主评议村(社区)干部和村(居)委会定期报告工作等形式,村(居)民监督村(社区)中重大事务,监督干部行为。

截至 2007 年年底,我国设有村民委员会 61 万多个、居民委员会 8 万多个,其中 95％以上的村委会、22％的居委会全部实行了直接选举,各地村委会的参选率都在 80％以上。我国基层民主政治的实践引起了国际社会的关注。美国前总统吉米·卡特就认为:"村委会选举取得了很显著的成果。首先,每个参加选举的村民现在都对人格尊严和自尊有了一种全新的感受。他们深切感受到自己亲自参与设计自己的未来、选择自己的领导人、真正把握自己的生活。其次,这一程序在全中国已经普及了,大约有 8 亿中国村民已不同程度地参与到这一过程中了,并且几乎无一例外地取得了成功。"

当然,由于我国现在仍处于社会主义初级阶段,现有的基层民主政治建设还存在着一些问题,主要表现为基层干部和人民群众的民主法治素质与基层民主的发展要求不相适应,封建思想与宗法势力还不断影响基层民主政治建设,一些地方和单位甚至出现"贿选"等不合法问题。在我国西部边远地区,境外势力已经通过非政府组织等向基层民主选举渗透。这些问题必须引起我们的高度重视,而有些问题只能在进一步推动基层民主政治建设中逐步解决。

最近,中国基层政权研究会、中国农村村民自治制度研究课题组调查显示:当被问到"村委会成员是否需要经过直接选举产生"时,80.4％的被访者回答"需要经过选举",10.8％的被访者回答"不用选举,由乡(镇)或村党支部指定就可以了",6.7％回答"选不选举无所谓,反正与我无关"。当被问到"村委会选举是否走形式,有无作用"时,62.6％的被访者回答"不是走形式,选举有很大作用",22.3％的被访者回答"虽说是走形式,但还是有一定的作用",11％的被访者回答"根本就是走形式,没有什么用"。当被问到"是什么动机让你去投票"时,4.5％的被访者回答"村委会成员动员我们去投票",4.7％的被访者回答"大家都去投票,所以我也去投",88％的被访者回答"投票是我的权利,我要认真投这一票"。① 这说明大部分村民还是支持农村基层民主建设的。

---

① 中国基层政权建设研究会中国农村村民自治制度研究课题组. 中国农村村民代表会议制度[M]. 北京:中国社会出版社,1994:9—10.

就如同中国经济体制改革首先起源于农民自发的改革积极性，中国的政治体制改革也呼唤着人民大众的首创精神。基层民主建设最大的实践意义就是可以自下而上地推动我国的民主政治建设。邓小平曾说，现在立即搞全国普选还不行，只能在县(市)以下的基层开展直接选举，待以后时机成熟后再推进至中高层。[①] 尽管说的是选举，但邓小平同志提出了自下而上的基层民主政治的模式。1999 年浙江温岭在松门镇进行民主恳谈试验，领导干部和农民就某一特定的公共问题进行了面对面的沟通，9 月后该举措被推广至其他乡镇。除乡镇人大代表、政府部门代表和村民代表外，群众均可自愿参加。恳谈议题由乡镇党委和镇长(村级为村党委或支部)提出，也可由乡镇(村)人民代表或群众联名提出。领导小组(各镇组建)将群众在会上提出的问题和政府所承诺的事项落实到相应的单位和个人，并将完成情况以书面形式反馈到提问者本人，同时在镇、村的政务公开栏上公开落实。这一阶段的民主恳谈是一种对话机制：与群众平等对话、听取现场意见、现场答复、事后办理。而后我国又将民主恳谈与地方人民代表大会制度相结合，在国内率先进行了参与式预算改革，引起了国内学者和政府部门的关注。温岭以民主恳谈为核心的基层民主实践被称为"温岭模式"。2005 年温岭市开始在新河、泽国两镇率先"试水"公共预算变革，逐渐形成所谓的"参与式财政"，或者说是"参与式预算"。经过十多年的实践，温岭模式越来越成熟。其不仅将预算恳谈从乡镇一级升格到市级，在预算改革方面还进行了多项技术性创新。一方面，其在提交预算修正案后植入代表辩论程序，这是中国人民代表大会制度史的一项前所未有的创举；另一方面，其将 5 年前诞生于新河镇的参与式公共预算改革扩大到市里的 5 个大镇。海外也关注温岭模式的发展。2010 年 5 月 15 日，美国《洛杉矶时报》刊发美国记者查尔斯·胡兹勒发自温岭的采访报道。报道认为，温岭正走出一条新路：民众可以参加市政府的预算制定听证会，向政府建议该如何花钱。

温岭模式，简单来说就是"参与式财政"模式。这项将民主恳谈与预算审查相结合的"参与式财政"改革，无疑开启了我国基层预算民主的按钮，具有重要的实践指导意义。首先，其有利于公众对基层政府"钱袋子"的看管。地方政府公共财政预算变革，尤其是参与式预算改革，不仅能让公众利用这个新平台有效监督政府的日常行为，推动人大监督政府改革，更为重要的是，其也有利于普通老百姓对政府的"钱袋子"进行有效看管，从而提高公共资金的使用效率和透明度。温岭自此走

---

① 唐晋.大国策:政治模式[M].北京:人民日报出版社,2009:34.

上了"阳光财政""民生财政""民主财政"的道路。其次,看紧"钱袋子",也可进一步使得地方政府不敢乱花钱、乱作为,把有限的资金更多用于民生。希望温岭模式向其他地方推广,也衷心希望我国其他地方的基层民主政治建设搞得更好,从而为中国特色社会主义民主政治提供有益经验。

第三节　建设社会主义文化强国战略

如果说政治经济是中国式现代化的骨架,那么文化就是它的血脉与灵魂。恩格斯在《反杜林论》中也说:"文化上的每一个进步,都是迈向自由的一步。"联合国世界文化与发展委员会指出:"文化赋予人类存在以意义,它本身就是人类发展的目的。"佩鲁也认为:"经济体系总是沉浸于文化环境的汪洋大海之中,在这种文化环境里,每个人都遵守自己所属的群体的规则、习俗和行为模式。"[①]在我国,文化发展还具有重要的意义。党的十九大报告中明确提出:"文化是一个国家、一个民族的灵魂。文化兴国运兴,文化强民族强。没有高度的文化自信,没有文化的繁荣兴盛,就没有中华民族伟大复兴。要坚持中国特色社会主义文化发展道路,激发全民族文化创新创造活力,建设社会主义文化强国。"[②]

韦伯首先把资本主义道路与资本主义精神联系在一起,因此中国式现代化也应有自己的精神支柱。2007年江泽民主席访问美国,在哈佛大学发表演讲,高度概括了当代中国精神,即"团结统一,爱好和平,独立自主,自强不息"。黑格尔在《历史哲学》中认为:"世界历史从东方到西方,因为欧洲绝对地是历史的终点,亚洲是起点。"由于各种原因,中国近代沦为半殖民地半封建社会,文化自觉、文化自信逐步丧失,渐渐转变为文化自卑。这种自卑的表现就是五四前后有人提出"全盘西化",但是,西方资本主义文化救不了中国。新中国成立后,中国人民站起来了,特别是中国在意识形态上确立了马克思主义的指导地位后,中国才重新走向文化自觉自信。改革开放后,随着各种文化、社会思潮的涌入,一部分人又产生了困惑。全球化视域下,民族文化遭遇到空前的挑战,对此,费孝通提出了"文化自觉"的概念。他说:"文化自觉只是指生活在一定文化中的人对其文化有自知之明,自知之

---

①　[法]佩鲁.新发展观[M].张宁,等译.北京:华夏出版社,1987:19.
②　习近平.习近平谈治国理政:第3卷[M].北京:外文出版社,2020:32.

明是为了加强对文化转型的自主能力，取得决定适应新环境、新时代文化选择的自主地位。""文化自觉是一个艰巨的过程，只有在认识自己的文化，理解所接触到的多种文化的基础上，才有条件在这个正在形成中的多元文化的世界里确立自己的位置。然后经过自主的适应，和其他文化一起，取长补短，共同建立一个有共同认可的基本秩序和一套各种文化都能和平共处、各抒所长、联手发展的共处守则"，从而达到"各美其美，美人之美，美美与共，天下大同"的境界。① 文化自觉首先要有自知之明，然后就是要在文化转型与发展中牢牢把握话语权。文化自觉与文化自信之间存在辩证统一关系：文化自觉是文化自信的基础、前提，而文化自信又可以进一步促进文化自觉。这种自觉、自信，来自对时代发展潮流、中国特色社会主义实践的深刻把握，来自对自身文化内涵和价值的充分了解与肯定，及对自身文化生命力和创造力的坚定信念。应站在中华优秀传统文化的原点上，坚持马克思主义，坚持文化的对外开放，积极吸收人类一切优秀文化成果，从而确立中国式现代化的文化主体性。

一、文化强国战略的新思考

传统意义上的现代化重物轻文，而中国式现代化强调物质文明与精神文明协调发展。全面建设社会主义现代化国家，必须坚持中国特色社会主义文化发展道路。应按照党的二十大要求，建设社会主义文化强国。

(一)加强马克思主义指导

毛泽东在新中国成立前夕向世界宣告："自从中国人学会了马克思列宁主义以后，中国人在精神上就由被动转入主动，从这时起，近代世界历史上那种看不起中国人，看不起中国文化的时代应当完结了。伟大的胜利的中国人民解放战争和人民大革命，已经复兴了并正在复兴着伟大的中国人民的文化。这种中国人民的文化，就其精神方面来说，已经超过了整个资本主义的世界。"②这种文化自信成为新中国成立初期完成社会主义改造、走上社会主义道路的至关重要的精神支柱。所以，当代中国的文化主体性首先要坚持以马克思主义为指导。应坚持马克思主义的立场、观点、方法，把坚持和发展马克思主义统一于中国特色社会主义实践中，在坚持中发展，在发展中坚持，自觉做到"两个坚定不移、决不含糊"。坚持马克思主义的立场、观

---

① 费孝通.费孝通论文化与文化自觉[M].北京：群言出版社，2005：212，216.
② 毛泽东.毛泽东选集：第4卷[M].北京：人民出版社，1991：1516.

点、方法,坚持马克思主义的基本原理,这一点要坚定不移,不能含糊;贯彻解放思想、实事求是的思想路线,坚持勇于追求真理和探索真理的革命精神,这一点也要坚定不移,不能含糊。马克思主义决定了社会主义文化的性质与发展方向。应发展马克思主义,即结合时代、结合国情,将马克思主义中国化、时代化。

（二）先进文化建设

建设什么样的文化,坚持什么样的方向,是文化建设的首要问题。中国共产党从诞生之日起就是中华优秀传统文化的忠实继承者和弘扬者,就是中国先进文化的积极倡导者和发展者。文化主体性建设的主要任务就是发展面向世界、面向现代化、面向未来的民族的、科学的、大众的社会主义文化,不断满足人民日益增长的文化需求。先进文化建设的具体内容如下：

（1）把握先进文化的前进方向,必须坚持以马列主义、毛泽东思想、邓小平理论、"三个代表"重要思想、科学发展观为指导。马克思主义作为反映人类社会发展规律的科学理论,给中华文化注入了先进的理论内涵,是引领我国文化建设的根本指针。必须始终坚持马克思主义在意识形态中的领导地位,坚持中国特色社会主义理论体系的指导地位。

（2）把握先进文化前进方向,必须贯彻党的文化发展方针。坚持为人民服务、为社会主义服务的方向和"百花齐放、百家争鸣"的方针,弘扬主旋律、提倡多样化。以科学的理论武装人,以正确的舆论引导人,以高尚的精神塑造人,以优秀的作品鼓舞人。古为今用,洋为中用。

（3）把握先进文化前进方向,必须努力改造没落文化,抵制腐朽文化。我们完全可以用磅礴大气的中国文化的精华荡涤一切腐朽没落的文化的残渣余孽。

（4）把握先进文化前进方向,必须始终立足改革开放和社会主义现代化建设实践,准确把握世界科学技术创新的新潮流、新趋势,在历史的进步中、人民群众的伟大创造中实现文化的进步和再造。

文化繁荣是社会主义现代化建设的重要内容。党的十七届六中全会指出：创作生产更多无愧于历史、无愧于时代、无愧于人民的优秀作品,是文化繁荣发展的重要标志。要坚持正确的创作方向,繁荣发展哲学社会科学,加强和改进新闻舆论工作,发展健康向上的网络文化,完善文化产品评价体系和激励机制。

当然,先进文化建设离不开党的领导。改革开放初期,我党就提出了"两手抓、两手都要硬"的战略方针。新时代习近平继续强调"中国式现代化既要物质财富极大丰富,也要精神财富极大丰富"。中国式现代化是物质文明和精神文明相协调的现代化。各级党委和政府要切实担负起推进文化改革发展的政治责任，把文化建设摆在全局工作重要位置、纳入经济社会发展总体规划、纳入科学发展考核评价体系，形成合力，共同推动新时代文化大发展。

二、社会主义核心价值观建设

核心价值体系是一个社会价值体系中居于支配地位、起主导作用、统摄一切的核心理念，是一个社会稳定发展的基本价值准则。在阶级社会中，占统治地位的意识形态是统治阶级的意识形态，而价值体系是意识形态的重要内容。核心价值体系具有阶级性，不存在所谓的普世价值体系。习近平指出："改革开放以来，我国经济发展很快，人民生活水平提高也很快。同时，我国社会正处在思想大活跃、观念大碰撞、文化大交融的时代，出现了不少问题。其中比较突出的一个问题就是一些人价值观缺少。"[①]重塑社会主义核心价值观显得尤为重要。

党的十六届六中全会把社会主义核心价值体系概括为四个方面，即马克思主义指导思想、中国特色社会主义共同理想、民族精神和时代精神、社会主义荣辱观。这四个方面相互联系、相互贯通。习近平在党的十九大报告中指出："社会主义核心价值观是当代中国精神的集中体现，凝结着全体人民共同的价值追求。"上述论断突出了社会主义核心价值观的重要战略地位。

（1）社会主义核心价值体系是我国各族人民的指导思想与精神支柱；是构建民族认同、国家认同、公民认同的核心内容；是凝聚与整合社会资源的重要依靠。社会主义核心价值体系是当代中华民族精神文化的最大公约数，它决定了我国的性质与发展方向，关系到全国各族人民的根本利益和前途命运。之所以要构建四大部分的社会主义核心价值体系，就是考虑到我国是个多民族国家，还有几千万的港澳台同胞、海外侨胞。另外，社会主义核心价值体系具有空前强大的整合功能，是我们最大限度包容、吸纳、团结、凝聚各种社会资源的有力的思想武器。习近平要求："把培育和弘扬社会主义核心价值观作为凝魂聚气、强基固本的基础工程。"

（2）社会主义核心价值体系是国家综合国力的重要组成部分。

习近平指出："核心价值观是一个民族赖以维系的精神纽带，是一个国家共同

---

① 中共中央党史和文献研究院.习近平关于中国式现代化论述摘编[M].北京：中央文献出版社，2023：104.

的思想道德基础。如果没有共同的核心价值观,一个民族、一个国家就会魂无定所、行无依归。为什么中华民族能够在几千年的历史长河中生生不息、薪火相传、顽强发展呢?很重要的一个原因就是中华民族有一脉相承的精神追求、精神特质、精神脉络。"[1]当今世界国与国的竞争越来越聚焦综合国力竞争,现在把社会主义核心价值体系纳入综合国力的范畴是一大进步与创新。

(3)社会主义核心价值体系是体现社会主义优越性、巩固社会主义制度的重要工具。

党的十八大进一步提出社会主义核心价值观:国家层面是倡导富强、民主、文明、和谐;社会层面是倡导自由、平等、公正、法治;个体层面是倡导爱国、敬业、诚信、友善。这既契合了中国特色社会主义发展要求,又承接了中华优秀传统文化和人类文明优秀成果。中华民族的精神凝聚力工程形成并得到完善。党的十八大还把坚持社会主义核心价值体系纳入新时代坚持和发展中国特色社会主义的基本方略。习近平指出:"核心价值观是一个国家的重要稳定器,能否构建具有强大感召力的核心价值观,关系社会和谐稳定、关系国家长治久安。"[2]

党的二十大进一步提出,推动理想信念教育常态化制度化,持续抓好"四史"宣传教育,引导人民知史爱党、知史爱国,不断坚定中国特色社会主义共同理想。把社会主义核心价值观融入法治建设、融入社会发展、融入日常生活(见表4.1)。

表 4.1　　　　　　　　　公众对社会主义核心价值观等的认同[3]　　　　　单位:%

	人数	比例		人数	比例
平等	3 410	46.3	公正	2 895	39.3
民主	3 128	42.4	和谐	2 691	36.5
富强	3 016	40.9	尊崇宪法	1 749	23.7
文明	2 895	39.3	爱国	1 733	23.5
团结	1 726	23.4	包容	670	9.1
尊重人权	1 616	21.9	崇尚科学	654	8.9
诚信	1 528	20.7	友善	640	8.7
法治	1 487	20.2	敬业	278	3.8
自由	1 283	17.4	集体主义	224	3.0
创新	991	13.4	其他	62	0.8

①　习近平.论党的宣传思想工作[M].北京:中央文献出版社,2020:111.
②　习近平.论党的宣传思想工作[M].北京:中央文献出版社,2020:54.
③　李培林,等.2014年中国社会形势分析与预测[M].北京:社会科学文献出版社,2013:118－119.

三、建设中华民族现代文明

不忘历史才能开辟未来,善于继承才能善于创新。2022 年 10 月,习近平考察河南省安阳市时首次提出"中华民族现代文明"这一概念。2023 年 6 月,习近平在《文化传承发展座谈会上的讲话》中强调:"在新的起点上继续推动文化繁荣、建设文化强国、建设中华民族现代文明,是我们在新时代新的文化使命。"

(一)中华民族现代文明的科学内涵及特征

文明是现代化国家的显著标志,"五位一体"总体布局本身就是创建中华民族现代文明的需要。创建中华民族现代文明首先要处理好传统与现代的关系。2022 年 9 月习近平指出:"传统文化在其形成和发展过程中,不可避免会受到当时人们的认识水平、时代条件、社会制度的局限性的制约和影响,因而也不可避免会存在陈旧过时或已成为糟粕性的东西,这就要求人们在学习、研究、应用传统文化时坚持古为今用、推陈出新,结合新的实践和时代要求进行正确取舍,而不能一股脑儿都拿到今天来照套照用。要坚持古为今用、以古鉴今,坚持有鉴别的对待、有扬弃的继承,而不能搞厚古薄今、以古非今,努力实现传统文化的创造性转化、创新性发展,使之与现实文化相融相通,共同服务以文化人的时代任务。"①在这里,习近平不但揭示了建设中华民族现代文明的必要性,而且提出了具体的建设路径、原则与方法。

中华民族现代文明是中华文明的现代形态,是中国式现代化创造的人类文明新形态。建设中华民族现代文明必须明确其中华文明的本质特征,在以中国式现代化全面推进中华民族伟大复兴的历史进程中有序推进。通过推动中华优秀传统文化创造性转化、创新性发展,来建设中华民族现代文明。中国式现代化与中华民族现代文明是相互成就的辩证关系,"中国式现代化赋予中华文明以现代力量,中华文明赋予中国式现代化以深厚底蕴""中国式现代化是中华民族的旧邦新命,必将推动中华文明重焕荣光"。

对于传统,黑格尔认为:"这种传统并不是一尊不动的石像,而是生命洋溢的,有如一道洪流,离开它的源头愈远,它就膨胀得愈大。"②作为四大文明古国之一的

---

① 习近平.习近平外交演讲集:第 1 卷[M].北京:中央文献出版社,2022:192—193.
② [德]黑格尔.哲学史讲演录:第 1 卷[M].王虎学,译.北京:商务印书馆,1959:8.

中国更应该为世界贡献新的文明成果。马丁·雅克从文明的不同角度比较了中国与西方文明,其认为:中国是文明的产物,而西方国家是民族的产物,西方难以理解"文明型国家"和"民族型国家"的区别,"从西方的视角来看,民族型国家(而非全世界)的利益才是一切行动的出发点,世界不过是民族型国家的集合"。的确,《周易》中就有"天下文明"之句。"受传统'天下'理念影响的中国,其思维方式是截然不同的:它包容而不排斥,观照的是整个世界而非仅仅是本民族。""中国几千年的成功,归功于其文明的延续性。发展与文明是一枚硬币的两面。前者是经济,后者是文化。发展需要文明自信和文化自信,二者之间有着千丝万缕的联系。"①从历史视角来看,中华民族现代文明是在传统文明基础上创新性发展的现代文明;从现代化视角来看,中华民族现代文明是在中国式现代化基础上形成的现代文明;从文化视角来看,中华民族现代文明是在中国特色社会主义文化基础上形成的现代文明;从全球视角来看,中华民族现代文明是一种人类文明的新形态。

(二)创造性转化与创新性发展

中华优秀传统文化是中华民族的根与魂。如何守正创新,实现"第二个结合"?这是习近平总书记念兹在兹的"国之大事"。2014 年 2 月,习近平就提出"双创"的重要思路:"弘扬中华优秀传统文化,要处理好继承和创造性发展的关系,重点做好创造性转化与创新性发展。创造性转化,就是要按照时代特点和要求,对那些至今仍有借鉴价值的内涵和陈旧的表现形式加以改造,赋予其新的时代内涵和现代表达形式,激活其生命力。创新性发展,就是要按照时代的新进步新进展,对中华优秀传统文化的内涵加以补充、拓展、完善,增强其影响力和感召力。"②事实上,"双创"一直伴随着中国革命与改革开放,典型的例子有"实事求是"以及"小康社会",其都是"古为今用"的成功例子。所以,继承中华优秀传统文化不光是"为往圣继绝学",更要与时俱进,坚持创造性转化与创新性发展。应在中国式现代化进程中更好地展示中华民族独特的精神坐标,更好地构筑中国精神、中国价值、中国力量,在全球化大潮中走好自己的路。

第四节 "国之大者":社会建设与治理的现代化

民众是"国之大者",民生是"国之大事",中国式现代化社会建设要以人民为中心。社会治理是国家治理的重要领域,推进社会治理现代化是推进国家治理体系和治理能力现代性的重要内容。

一、"以人民为中心":加强与创新社会建设

社会是个"联合体",这一概念是西方文化的重要范畴。马克思、恩格斯曾多次批判过资本主义"联合体"的虚伪性,并在此基础上提出了"自由人的联合体"的思想。

(一)马克思主义关于"共同体"的重要论述

马克思主义关于"共同体"思想是其唯物史观的重要内容。其认为个体是社会共同体中的个体,个人离不开群体,孤立的个体是不存在的,同样,共同体也离不开个体,共同体不是抽象体,抽象的群众也是不存在的;个人和共同体的历史作用是辩证统一的,其基础是社会实践。首先,个人的社会作用和共同体的社会作用是相互依存、密切配合的,个人的作用离不开共同体的作用,共同体的作用也离不开个人的作用;个人的作用是共同体作用的个别表现,共同体的作用寓于个人的作用之中并通过个人的作用表现出来。其次,个人的作用和共同体的作用相互制约、相互促进。个人的作用既渗透着联合体的作用,也影响和制约着共同体的作用;同样,共同体也制约着个人,任何个人的作用都要受到联合体的影响。再次,个人的作用和共同体的作用在一定条件下可以相互转化。个人的作用可以转化为共同体的作用,共同体的作用也可以转化为个人的作用。马克思在《德意志意识形态》中就提出:"而在控制了个人的生存条件和社会全体成员的生存条件的革命无产者的共同体中,情况就完全不同了。在这个共同体中各个人都是作为个人参加的。它是各个人的这样一种联合(自然是以当时发达的生产力为前提的),这种联合把个人的自由发展和运动的条件置于他们的控制之下。"①"个人力量(关系)由于分工而转化

---

① [德]马克思,[德]恩格斯. 马克思恩格斯文集:第 1 卷[M].北京:人民出版社,2009:573.

为物的力量这一现象,不能靠人们从头脑里抛开关于这一现象的一般观念的办法来消灭,而只能靠个人重新驾驭这些物的力量,靠消灭分工的办法来消灭。没有共同体,这是不可能实现的。只有在共同体中,个人才能获得全面发展其才能的手段,也就是说,只有在共同体中才可能有个人自由。"①对于如何理解"自由人"的概念,恩格斯指出,社会主义"不仅可能保证一切社会成员有富足的和一天比一天充裕的物质生活,而且还可能保证他们的体力和智力获得充分的自由的发展和运用";②只是"在真正的共同体的条件下,各个人在自己的联合中并通过这种联合获得自己的自由"。③ 马克思在《论犹太人问题》中就开始批判所谓的"市民社会":"后一种是市民社会中的生活,在这个社会中,人作为私人进行活动,把他人看作工具,把自己也降为工具,并成为异己力量的玩物。"马克思主义批判了所谓资产阶级的"共同体":"在过去的种种冒充的共同体中,如在国家等等中,个人自由只是对那些在统治阶级范围内发展的个人来说是存在的,他们之所以有个人自由,只是因为他们是这个阶级的个人,从前各个人联合而成的虚假的共同体,总是相对于各个人而独立的;由于这种共同体是一个阶级反对另一个阶级的联合,因此对于被统治的阶级来说,它不仅是完全虚幻的共同体,而且是新的桎梏。在真正的共同体的条件下,各个人在自己的联合中并通过各种联合获得自己的自由。"正是在这一系列批判的基础上,恩格斯在《共产主义原理》中对"自由人的联合体"做出这样的概括:"由社会全体成员组成的共同联合体来共同地和有计划地利用生产力;把生产发展到能够满足所有人的需要的规模;结束牺牲一些人的利益来满足另一些人的需要的情况;彻底消灭阶级和阶级对立;通过消除旧的分工,通过产业教育、变换工种、所有人共同享受大家创造出来的福利,通过城乡的融合,使社会全体成员的才能得到全面的发展。"④这也是恩格斯对未来社会的构想;1867 年马克思在《资本论》里提出:"让他们换一个方面,设想有一个'自由人联合体',他们用公共的生产资料进行劳动,并且自觉地把他们许多个人劳动力当作一个社会劳动力来使用。"⑤在《资本论》第三卷中,马克思提出了"自由王国"的重要思想。至此,马克思主义"自由人的联合体"的思想真正成熟了! 人类社会现代化发展的方向也变得清晰了!

---

① [德]马克思,[德]恩格斯. 马克思恩格斯文集:第1卷[M]. 北京:人民出版社,2009:570—571.
② [德]马克思,[德]恩格斯. 马克思恩格斯全集:第3卷[M]. 北京:人民出版社,1972:322.
③ [德]马克思,[德]恩格斯. 马克思恩格斯选集:第1卷[M]. 北京:人民出版社,1995:119.
④ [德]马克思,[德]恩格斯. 马克思恩格斯选集:第1卷[M]. 北京:人民出版社,1995:243.
⑤ [德]马克思,[德]恩格斯. 马克思恩格斯文集:第9卷[M]. 北京:人民出版社,2009:138.

美国学者古尔德认为:"对马克思来说,一个公正的共同体以自由个性的全面发展为条件。而且,自由个性的价值与共同体的价值彼此是相互一致的。"①所以,作为一种社会主义探索的中国道路,首先从理论上已完全回归马克思主义。2005年2月19日,胡锦涛在省部级主要领导干部提高构建社会主义和谐社会能力专题研讨班上指出:"马克思、恩格斯对未来社会的发展方向做出了科学设想。他们在《共产党宣言》中明确提出:'代替那存在着阶级和阶级对立的资产阶级旧社会的,将是这样一个联合体,在那里,每个人的自由发展是一切人的自由发展的条件。'按照马克思、恩格斯的设想,未来社会将在打碎旧的国家机器、消灭私有制的基础上,消除阶级之间、城乡之间、脑力劳动和体力劳动之间的对立和差别,极大地调动全体劳动者的积极性,使社会物质财富极大丰富、人民精神境界极大提高,实行各尽所能、各取所需,实现每个人自由而全面的发展,在人与人之间、人与自然之间都形成和谐的关系。"②这段话不但揭示了社会主义和谐社会的重要意义,而且阐明了它与马克思主义的紧密联系。

一般来说,共同体或联合体必须具有以下几个重要特征:

第一,"认同感"(identity):它使人们相互聚集在一起,并把对方视为"同志"。

第二,"安全感":在共同体中可免受外来的伤害。

第三,"归属感":进入共同体就好像回家一样。

第四,凝聚力:往往因为文化、宗教等因素而生成凝聚力。

"和谐"是社会治理的最高境界。2006年3月20日,习近平在回答《光明日报》记者提出的"您是怎样理解和谐社会的?"这一问题时,结合中华优秀传统文化,指出:琴瑟和鸣,黄钟大吕,这是音律的和谐;青山绿水,山峦峰谷,这是自然的和谐;天有其时,地有其财,人有其治,天人合一,这是人与自然的和谐;尊老爱幼,夫妻和睦,邻里团结,谅解宽容,与人为善,这是人与人之间的和谐;社会各阶层平等和谐,兼容而不冲突、协作而不对立、制衡而不掣肘、有序而不混乱,这是社会分工和社会内部的和谐。和谐就是指矛盾着的双方在一定条件下达到统一而出现的状态。在这种状态下,自然界内部,人与人、人与社会、人与自然之间以及社会内部诸要素之间等诸多元素实现均衡、稳定、有序,相互依存,共生共荣。③这段话对我们今天理解

---

① [美]古尔德.马克思的社会本体论:马克思社会实在理论中的个性和共同体[M].王虎学,译.北京:北京师范大学出版社,2009:4.

② 中共中央文献研究室.十六大以来重要文献选编(中)[M].北京:中央文献出版社,2006:705-706.

③ 张雄,等.科学发展观:党的指导思想与时俱进[M].上海:上海人民出版社,2015:94.

社会治理的意义非常重要。

我们要构建的社会主义和谐社会,就是要打造这样一个共同体:它以爱国主义为核心,以集体主义为原则,促进政党关系、民族关系、宗教关系、阶层关系、海内外同胞关系的和谐;团结一切可以团结的力量,调动一切积极因素,实现振兴中华、中华民族伟大复兴的共同理想。同时,社会主义和谐社会也是马克思所说的"自由人的联合体"的初级阶段。

(二)加快经济发展,完善社会保障体系

从源头上化解人民内部矛盾,就要牢记"国之大者"。习近平在 2014 年 4 月发表的《切实维护国家安全和社会安定》一文中提出:"要以促进社会公平正义、增进人民福祉为出发点和落脚点,加大协调各方面利益关系的力度,推动发展成果更多更公平惠及全体人民。"[①]根据中央党校 2006 年在全国八省市 2 000 名干部的调查问卷统计,构建和谐社会需要着力解决的问题中,受访者反映最强烈的是建立覆盖城乡全体居民的社会保障体系。2011 年人民日报社和人民网就群众最关注的"两会"热点问题调查统计显示,对社会保障问题的关注位居网民最关注的十大问题之首。西方国家把社会保障视为"社会减震器",它可以通过保障公民的基本生活需要,来缓解社会矛盾,避免社会动荡。我国是一个人口最多的发展中国家,又长期处于社会主义初级阶段,再加上近年来我国迅速由"人口红利"大国向老龄化社会发展,就业、医疗、养老等问题突出,迫切需要建立社会保障体系。但是,由于社会主义建设历史不长,公共财富积累不多,现有的社会保障体系还很脆弱,这就要求政府开源节流、让利于民。习近平指出:"建设中国特色社会保障体系。世界各国发展水平、社会条件、文化特征不同,社会保障制度必然多种多样。我们注重学习借鉴国外社会保障的有益经验,但不是照抄照搬、简单复制,而是立足国情、积极探索、大胆创新,成功建设具有中国特色的社会保障体系。我们坚持发挥中国共产党领导和我国社会主义制度的政治优势,集中力量办大事,推动社会保障事业行稳致远;坚持人民至上,坚持共同富裕,把增进人民福祉、促进社会公平作为发展社会保障事业的根本出发点和落脚点。使改革发展成果更多更公平惠及全体人民。"[②]党中央已把完善社会保障体系作为安邦兴国的根本大计。2020 年 9 月习近平指出:"谋划'十四五'时期发展,要坚持发展为了人民、发展成果由人民共享……让人民

---

① 习近平.习近平谈治国理政:第 1 卷[M].北京:外文出版社,2018:204.

② 习近平.习近平谈治国理政:第 4 卷[M].北京:外文出版社,2022:343—344.

群众获得感、幸福感、安全感更加充实、更有保障、更可持续。"社会保障制度就是建立在以人民为中心的基础上的。

"民之所忧我必念之，民之所盼我必行之。"要确保我国社会保障体系的可持续发展，必须做到开源节流。现存的主要问题是社会保障基金存在缺口，养老保险个人账户部分空转。据世界银行测算，中国的养老金缺口在 8 万亿至 10 万亿元之间。截止到 2023 年年底，全国企业职工基本养老保险基金累计结余已接近 6 万亿元，还存在一定缺口。

"开源节流"，确保社会保障基金落实到位的具体措施包括以下几个方面：

（1）把部分国有股划转社会保障基金。国有股本的产权本身就属于全民所有，应取之于民，用之于民，真正体现公有制的优势与作用。2009 年国务院决定将国有企业上市股份的 10% 转让给社保基金。"十一五"期间，我国的央企已向全国社保基金转持近 84 亿国有股，发行市值为 589.144 亿元。同时，2010 年全国社保基金收到境外转持国有股 67.54 亿元。另据中金公司测算，如果将国有股权每 5 年划拨 10% 给社保基金，至 2030 年划拨至 40% 后保持不变，那么分红收益折现后相当于 2014 年 GDP 的 25.2%，也就是 16 万亿元，平均每年有超过万亿元的资产充实社保。"为有源头活水来。"官方数据显示，截至 2011 年年末，国有股份累计划拨给全国社保基金理事会的资金为 2 119 亿元，只占中央和地方持有的全部国企股份净资产的 1%，占国有上市股份的 1.5%。此外，中央在国资划拨社保的路径上也进行了改革：划拨不受限于首次公开募股（IPO），即使在国企重组或改组新建国有资本投资、运营公司时，也可以划转国有股权，灵活度大大提升，国企的分红和转让收益均可用于弥补社保资金缺口。

（2）从我国的税收状况看，随着近年来中央政府不断减税让利，用税收增加社会保障基金的空间已不大。[①] 从个人所得税中抽取部分资金划转社会保障基金，鼓励纳税人积极纳税。根据国家税务总局公布的数据，2023 年我国个人所得税实现收入为 14 775 亿元，如果部分划转社保基金，也是一笔可观而稳定的收入。

（3）政府削减开支以充实社会保障基金。如果机构精简、"三公"消费能得到有效遏制，这就能通过节约政府开支来补充社保基金。

财政是国家治理的基础。2023 年我国一般公共预算支出达到 27.46 万亿元，增长 5.4%，支出规模再创新高。其中，社会保障和就业支出增长 8.9%，教育支出

---

① 从 2023 年 G20 国家的企业税率来看，最低为 20%，最高为 35%，中国为 25%，低于中位数。

增长 4.5％,科技支出增长 7.9％,农林水支出增长 6.5％,城乡社区支出增长 5.7％。从民生支出占大头的情况可以看出,我国迫切需要建立现代财政制度,而地方政府用来支付扩大的医疗、教育和养老金覆盖范围的资金相对有限。对此,党的十八届三中全会明确财政体制改革的目标是构建中央和地方税收和支出责任协调一致的财政系统。习近平提出:"坚持实事求是,既尽力而为又量力而行,把提高社会保障水平建立在经济和财力可持续增长的基础之上,不脱离实际、超越阶段。"①这对我们在新时代构建以人民为中心的社会保障制度具有重要指导意义。

二、完善社会治理体系

长期以来,我们一直强调社会管理,随着改革开放的深入,迫切需要改革社会管理体制机制。2006 年 10 月,党的十八届三中全会提出创新社会治理体制。党的十九大报告进一步指出打造共建共治共享的社会治理制度,体现了我党对社会运行和治理规律的认识的深化。党的十九大报告还提出到 2035 年基本形成现代社会治理格局。党的十九届四中全会提出,要完善党委领导、政府负责、民主协商、社会协同、公众参与、法治保障、科技支撑的社会治理体系。

习近平指出:"社会治理是一门科学,管得太死,一潭死水不行;管得太松,波涛汹涌也不行。要讲究辩证法,处理好活力和秩序的关系,全面看待社会稳定形势,准确把握维护社会稳定工作,坚持系统治理、依法治理、综合治理、源头治理。在具体工作中,不能简单依靠打压管控、硬性维稳,还要重视疏导化解、柔性维稳,注重动员组织社会力量共同参与,发动全社会一起来做好维护社会稳定工作。"②上述论断全面论述了加强社会治理的必要性和方法论。

2020 年习近平指出:"一个现代化的社会,应该既充满活力又拥有良好秩序,呈现出活力和秩序的有机统一。要完善共建共治共享的社会治理制度,实现政府治理同社会调节、居民自治良性互动,建设人人有责、人人尽责、人人享有的社会治理共同体。"③上述论断进一步明确了社会治理的目标与愿景。

(一)正确处理人民内部矛盾

毛泽东在 1957 年就提出:正确处理人民内部矛盾是国家政治生活的主题。

---

① 习近平.习近平谈治国理政:第 4 卷[M].北京:外文出版社,2022:344.
② 中共中央文献研究室.习近平关于社会主义社会建设论述摘编[M].北京:中央文献出版社,2017:125.
③ 习近平.习近平著作选读:第 2 卷[M].北京:人民出版社,2023:332.

2012年12月习近平说："我国进入了社会矛盾多发期，各种人民内部矛盾和社会矛盾较多，而我们的社会管理工作在很多方面还跟不上。"①我们认为，新时期我国社会结构变化较大，带来了一系列新问题。要在新形势下正确处理人民内部矛盾。准确把握新时期人民内部矛盾的实质和特点，是正确处理人民内部矛盾的基本前提。首先，全党要树立"立党为公、执政为民"的理念，要践行"权为民所用、情为民所系、利为民所谋"。其次，反对官僚主义，杜绝一切形式的不正之风与腐败行为。再次，坚持群众路线，即一切为了群众、一切依靠群众，从群众中来、到群众中去。它是我党根本的政治路线与组织路线。最后，还是要把解决人民内部矛盾与改革、发展、稳定相结合，要在改革发展中解决问题，要在稳定前提下化解矛盾。

"枫桥经验"的继承发扬就充分显示了我党基层群众路线的创新。"枫桥经验"是指20世纪60年代初，浙江省诸暨市枫桥镇干部群众创造的"发动和依靠群众，坚持矛盾不上交，就地解决，实现捕人少，治安好"的基层社会治理经验。"枫桥经验"成为全国政法综治战线的一面旗帜。毛泽东曾专门做出批示，向全国推广"枫桥经验"。2013年12月，习近平在中央农村工作会议上指出："要学习和推广'枫桥经验'，做到'小事不出村，大事不出镇，矛盾不上交'。"②这首先要求党的基层领导杜绝官僚主义、形式主义，有"使命担当"。党的十八大以来又逐渐形成了新时代"枫桥经验"，即坚持和贯彻党的群众路线，在党的领导下，充分发动群众、组织群众、依靠群众解决自己的事情。2023年9月，习近平在浙江考察时强调，要坚持好、发展好新时代"枫桥经验"，坚持党的群众路线，正确处理人民内部矛盾，紧紧依靠人民群众，把问题解决在基层、化解在萌芽状态。

枫桥经验也在与时俱进：枫桥紧紧依靠人民群众，提升基层治理体系和治理能力的现代化水平。枫桥培育发展镇级社会组织66个、村级社会组织304个，参与人员1.6万，占常住人口的20%。红枫义警联合会、平安志愿者协会等累计服务人次超过20万。2023年枫桥镇社会治理中心调解各类矛盾纠纷361起，成功率达98%。党的二十届三中全会《决定》提出，坚持和发展新时代枫桥经验，健全党组织领导的自治、法治、德治相结合的城乡基层治理体系，完善共建共治共享的社会治理制度。③

（二）正确处理改革、发展、稳定的关系

1989年2月邓小平在会见美国总统布什时提出："中国的问题，压倒一切的是

---

①　中共中央党史和文献研究院，中央学习贯彻习近平新时代中国特色社会主义思想主题教育领导小组办公室.习近平新时代中国特色社会主义思想专题摘编[M].北京：中央文献出版社，2023：425.

②　习近平.论"三农"工作[M].北京：中央文献出版社，2022：102.

③　叶琦，等.坚持和发展新时代枫桥经验[N].人民日报，2024-8-8：1.

需要稳定。没有稳定的环境，什么都搞不成，已经取得的成果也会失掉。中国一定要坚持改革开放，这是解决中国问题的希望。但是要改革，就一定要有稳定的政治环境。"①中国的稳定关乎世界的和平发展。1990年邓小平在会见埃及总统穆巴拉克时说："中国最关键的问题是稳定，中国乱不得。中国乱起来，不仅是中国的问题，也不仅是亚洲、太平洋地区的问题，会影响整个世界。中国一乱，将出现内战局面，难民往外跑，周围国家都要受影响。千方百计、一心一意致力于发展和稳定，是中国人民的责任，也是世界各国政治家们的责任。"②这些谈话都表达了党中央对稳定工作的重视。

处理好改革发展稳定的关系，是巩固和加强人民民主专政的可靠保证。邓小平认为，改革是动力，中国必须改革，不改革就没有出路；发展是目的，中国必须发展，不发展就没有希望；稳定是前提，中国必须稳定，不稳定将一事无成。这就是具有中国特色的国家治理的新课题。而且，改革发展稳定与人民民主专政是相互依存、互相促进的：处理好改革、发展与稳定的关系，可以加强人民民主专政；反之，强化人民民主专政，也有助于处理好改革、发展与稳定的关系。

国内学者俞可平认为："对于像中国这样的发展中国家来说，一条比较实用的策略是，先稳定后发展，以发展促稳定，以改革促发展，实现改革、发展与稳定之间的协调和平衡。"③稳定是和谐的前提，稳定并不一定是和谐社会，而和谐社会则一定是稳定的。我们构建"平安中国"，必须首先从抓稳定开始。

第五节　中国式现代化生态观

生态文明建设是任何现代化道路都回避不了的大事，它关系中华民族的永续发展，也是构建人类命运共同体的核心任务，全党、全国、全社会要予以高度重视。

一、"生态兴则文明兴"

恩格斯在《自然辩证法》中就提醒世人："但是我们不要过分陶醉于我国人类对

---

① 中共中央文献研究室. 邓小平年谱(1975—1997年)(下)[M]. 北京：中央文献出版社,2007:1267.
② 中共中央文献研究室. 邓小平年谱(1975—1997年)(下)[M]. 北京：中央文献出版社,2007:1314.
③ 黄平,崔之元. 中国与全球化：华盛顿共识还是北京共识[M]. 北京：社会科学文献出版社,2005:202.

自然界的胜利。对于每一次这样的胜利,自然界都对我们进行报复。每一次胜利,
起初确实取得了我们预期的结果,但是往后和再往后却发生完全不同的、出乎预料
的影响,常常把最初的结果又消除了。美索不达米亚、希腊、小亚细亚以及其他各
地的居民,为了得到耕地,毁灭了森林,但是他们做梦也想不到,这些地方今天竟因
此而成为不毛之地,因为他们使这些地方失去了森林,也就失去了水分的积聚中心
和贮藏库。……因此我们每走一步都要记住:我们统治自然界,决不像征服者统治
异族那样,决不是像站在自然界之外的人似的——相反地,我们连同我们的肉、血
和头脑都是属于自然界和存在于自然之中的;我们对自然界的全部统治力量,就在
于我们比其他一切生物强,能够认识和正确运用自然规律。"①2013 年习近平提出:
"生态文明是人类社会进步的重大成果。人类经历了原始文明、农业文明、工业文
明,生态文明是工业文明发展到一定阶段的产物,是实现人与自然和谐发展的新要
求。历史地看,生态兴则文明兴,生态衰则文明衰。"②2018 年 5 月在全国生态环境
保护大会上又进一步明确我国生态文明建设所处的时代方位,即"三期叠加":"正
处于压力叠加、负重前行的关键期,已进入提供更多优质生态产品以满足人民日益
增长的优美生态环境需要的攻坚期,也到了有条件有能力解决生态环境突出问题
的窗口期。各级党委和政府要提高政治判断力、政治领悟力、政治执行力,心怀'国
之大者',担负起生态文明建设的政治责任,坚决做到令行禁止,确保党中央关于生
态文明建设各项决策部署落地见效。"③

习近平关于生态文明建设重要地位与作用的论述包括:

首先,"中华民族向来尊重自然、热爱自然,绵延五千多年的中华文明孕育着丰
富的生态文化"。

其次,"生态环境是关系党的使命宗旨的重大政治问题,也是关系民生的重大
社会问题"。

再次,生态文明建设是统筹推进"五位一体"总体布局和协调推进"四个全面"
战略布局的重要内容。

最后,生态文明建设不但是贯彻新发展理念、实现高质量发展的要求,也是构
建人类命运共同体的必然要求。

这些重要内容全面论述了生态文明建设的战略地位,其对丰富发展马克思主

① [德]马克思,[德]恩格斯. 马克思恩格斯选集:第 4 卷[M]. 北京:人民出版社,1995:383-384.
② 习近平. 论坚持人与自然和谐共生[M]. 北京:中央文献出版社,2022:29.
③ 习近平. 习近平谈治国理政:第 4 卷[M]. 北京:外文出版社,2022:366.

义生态治理理论以及中国式现代化建设具有重要意义。

二、"绿水青山就是金山银山"

习近平强调"在生态环境保护上，一定要树立大局观、长远观、整体观"，而"两山论"就是把自然与人的和谐结合起来，其主要内容包括以下几个方面：

首先，"我们既要绿水青山，也要金山银山。宁要绿水青山，不要金山银山，而且绿水青山就是金山银山"。经济发展与环境不是"零和博弈"，而是可以"合作博弈"。

其次，"绿水青山和金山银山决不是对立的，关键在人，关键在思路"。马克思认为"被确定为与人分隔开来的自然界，对人来说是无"。① 唯物史观视域中的自然不是抽象的，而是具体的、现实的、属人的，因为"工业的历史和工业的已经生成的对象性的存在，是一本打开了的关于人的本质力量的书……在人类历史中即在人类社会的形成过程中生成的自然界，是人的现实的自然界；因此，通过工业——尽管以异化的方式——形成的自然界，是真正的、人本学的自然界"。② "人创造环境，同样，环境也创造人"③；马克思的这些观点深刻说明了人与自然唇齿相依的关系。

再次，"绿水青山既是自然财富，又是社会财富、经济财富"。"人不负青山，青山定不负人。""两山论"并不是道家的"无为而治"，而是"有所为，有所不为"。这为我们的"绿色发展"战略提供了理论支撑。

最后，"绿水青山就是金山银山。这是重要的发展理念，也是推进现代化建设的重大原则"。它指明了中国式现代化将是"人与自然"协调发展的现代化。就如恩格斯所说，"自然界是检验辩证法的试金石"。④ 2023 年 6 月 28 日，十四届全国人大常委会第三次会议通过决定，将 8 月 15 日设立为全国生态日。首个全国生态日主场活动由国家发展改革委联合中央宣传部、自然资源部、生态环境部等部门和浙江省人民政府共同举办，主题为"绿水青山就是金山银山"。

"两山论"具有重要的理论与现实意义：首先，发展生产力与环境保护并不矛盾，"两山论""阐述了经济发展和生态环境保护的关系，揭示了保护生态环境就是

① ［德］马克思，［德］恩格斯. 马克思恩格斯文集：第 1 卷［M］. 北京：人民出版社，2009：220.
② ［德］马克思，［德］恩格斯. 马克思恩格斯文集：第 1 卷［M］. 北京：人民出版社，2009：192－193.
③ ［德］马克思，［德］恩格斯. 马克思恩格斯文集：第 1 卷［M］. 北京：人民出版社，2009：545.
④ ［德］马克思，［德］恩格斯. 马克思恩格斯文集：第 9 卷［M］. 北京：人民出版社，2009：386.

保护生产力、改善生态环境就是发展生产力的道理,指明了实现发展和保护协同共生的新路径"。① 其次,"两山论"的话语摒弃了西方二元对立的思维模式,而是中国式的"合二为一"。再次,"两山论"中的"绿水青山"代表中国传统的自然观,而"金山银山"又是现代性的表述,二者能够完美结合,本身就代表了中国式现代化创造性转化的全新生态观。庄子曰:"顺物自然而无容私焉,而天下治矣。""两山论"在实践中也得到了兑现。以中国最有竞争力的光伏产业为例,在最近的十年里,中国光伏装机量保持在全球的40%左右,光电转换率达到了25%。中国生产的最先进的光伏组件,其成本比印度低10%,比美国低20%,比欧洲低35%,具有强大的全球竞争力。

三、建设"美丽中国"

"美丽中国"一直是中国人的梦想。《庄子》中提出,"天地有大美而不言,四时有明法而不议,万物有成理而不说。圣人者,原天地之美而达万物之理"。② 庄子描述的是农业社会"天人合一"的自然美,是前现代化社会的"桃花源"。但工业革命后,由于"资本主义生产方式以人对自然的支配为前提",自然发生了翻天覆地的变化,生态环境也趋向恶化。中国式现代化不能复制西方现代化"先污染后治理"的生态模式,而要实现发展与保护并举,实现"人与自然和谐发展"的现代化。西方文化二元对立的思想把人与自然放置于对立对抗的状态,而中国古代提出的"天人合一"理念却另辟蹊径。正如中国考古学家张光直认为:"中国传统的天人合一的概念,建基于与人类和自然之间一种和谐关系,建基于传统文化行为的一致性,这些行为表现在农业、建筑、医药、畜牧、烹饪、废物处理,以及物质生活的每一方面。而西方观念却不同。"③

马克思早在《1844年经济学哲学手稿》中就提出:"动物只生产自身,而人再生产整个自然界;……人也按照美的规律来构造。"④从"自然美"到"社会美",本身就体现了共产党人的使命担当。中国式现代化"以美丽中国建设全面推进人与自然和谐共生的现代化"。2023年我国组织实施了美丽中国建设首次正式评估,包括空

---

① 习近平.论坚持人与自然和谐共生[M].北京:中央文献出版社,2022:10.
② 曹础基.庄子译注[M].北京:中华书局,1982:325.
③ 池田大作,季羡林,等.畅谈东方智慧[M].成都:四川人民出版社,2004:238.
④ [德]马克思,[德]恩格斯.马克思恩格斯文集:第1卷[M].北京:人民出版社,2009:192.

气清新、水体洁净、土壤安全、生态良好、人居整洁 5 类指标,共 22 项具体指标。2023 年 12 月 27 日《中共中央 国务院关于全面推进美丽中国建设的意见》发表,其对建设美丽中国做出具体部署:要求到 2027 年美丽中国建设成效显著;到 2035 年,生态环境治理体系和治理能力现代化基本实现,美丽中国目标基本实现;到本世纪中叶全国建成美丽中国。这一意见发表,标志着美丽中国建设全面启动。

首先,"走向生态文明新时代,建设美丽中国,是实现中华民族伟大复兴的中国梦的重要内容"。应"共建美丽中国,让人民群众在绿水青山中共享自然之美、生命之美、生活之美,走出一条生产发展、生活富裕、生态良好的文明发展道路"。①

其次,"我们要坚持节约资源和保护环境的基本国策,像保护眼睛一样保护生态环境,像对待生命一样对待生态环境,推动形成绿色发展方式和生活方式,协同推进人民富裕、国家强盛、中国美丽"。②

再次,"要加大城乡环境综合整治力度,建设美丽城镇和美丽乡村""建设健康、宜居、美丽家园"。当然,这一切的前提是消灭贫困,逐步实现共同富裕。马克思认为:"忧心忡忡的、贫穷的人对最美丽的风景都没有什么感觉。"③这说明现代化本身就要求物质文明和生态文明协调发展。

最后,胸怀"国之大者",应呼应人民对于日益增长的美好生活的追求,而"良好生态环境是最普惠的民生福祉"。

---

① 习近平.论党的自我革命[M].北京:中央文献出版社,2023:233.
② 习近平.论坚持人与自然和谐共生[M].北京:中央文献出版社,2022:135-136.
③ [德]马克思,[德]恩格斯.马克思恩格斯文集:第 1 卷[M].北京:人民出版社,2009:162-163.

第五章

中国式现代化的开放性与
国际性：胸怀天下

　　毛泽东在 1956 年 11 月发表的《纪念孙中山》一文中提出："再过四十五年，就是二千零一年，也就是进到二十一世纪的时候，中国的面目更要大变。中国将变为一个强大的社会主义工业国。中国应当这样。因为中国是一个具有九百六十万平方公里土地和六万万人口的国家，中国应当对于人类有较大的贡献，在过去一个长时期内，则是太少了。这使我们感到惭愧。但是要谦虚。不但现在应当这样，永远应当这样。中国人在国际交往方面，应当坚决、彻底、干净、全部地消灭大国主义。"①经过半个多世纪的奋斗，伟人的愿望已经实现！但是，当今世界正经历百年未有之大变局，2023 年 3 月，习近平指出："人类社会发展进程起伏曲折，各国探索现代化道路的历程充满艰辛。……人类社会现代化进程又一次来到历史的十字路口。"②中国式现代化应该是开放的，它应该面向现代化、面向世界、面向未来。它既是民族的，又是世界的；它既承继了五千年的历史文化传统，又是与时俱进的。所以，在全球化所定义的新世纪，中国与世界的双向奔赴，是中国式现代化世界性的出场与在场。美国哈佛大学教授安守廉认为："每一个国家在建立起来自己模式的时候，都需要做两件事情。一要关注自己本国的特色、自己国家的文化、经济发展水平，同时也应该注意世界的趋势、世界的义务，这不是一个国家能够回避的。"③"胸怀天下"，是中国式现代

---

①　中共中央文献研究室.建国以来重要文献选编:第 9 册[M].北京:中央文献出版社,1994:409.

②　习近平.携手同行现代化之路 [N].人民日报,2023－3－15:1.

③　张冠梓.哈佛看中国[M].北京:人民出版社,2010:181.

化新的世界观,这才是一个负责任的大国应有的国际气派与风度。

第一节　时代之问:人类文明新形态的在场

一、关于民族历史与世界历史的关系

西方现代化的进程就是从民族历史走向世界的历程。维科认为,历史过程的"世界性"是指它的普遍性,即一切民族所经过的相同历史。黑格尔进一步指出,世界历史是进步的,其本质特征乃是历史过程的内在否定性,各个民族历史的变革是世界历史辩证发展的内在否定性,各个民族历史的变革是世界历史辩证发展的内在否定性环节。黑格尔提出的"世界历史"思想是精神的历史,"世界历史是理性各环节光从精神的自由的概念中引出的必然发展,从而也是精神的自我意识和自由的必然发展"①,它是抽象的,不是现实的、实践的。黑格尔的世界历史是通过扬弃国家而实现的,这又是片面的。"黑格尔在哲学中扬弃的存在,并不是现实的宗教、国家、自然界。"②

同时代的德国思想家莱布尼茨却认为:"全人类最伟大的文化和最发达的文明仿佛今天汇集在我们大陆的两端,即汇集在欧洲和位于地球另一端的东方的欧洲——支那(人们这样称呼它)。我相信,这是命运的特殊安排。大概是天意要使得这两个文明程度最高的(同时又是地域相隔最为遥远的)民族携起手来,逐渐地使位于它们两者之间的各个民族都过上一种更为合乎理性的生活。"③莱布尼茨除了赞美中华文明外,还提出中国和欧洲应当取长补短、相互学习,共同创造一个崭新的世界文化,对全人类做出更大的贡献。

马克思也站在全人类的利益上,提出"凡是民族作为民族所做的事情,都是他们为人类社会而做的事情"。《德意志意识形态》中提出:"只有随着生产力的这种普遍发展,人们的普遍交往才能建立起来;普遍交往,一方面,可以产生一切民族中同时都存在着'没有财产的'群众这一现象(普遍竞争),使每一民族都依赖于其他

---

① ［德］黑格尔.法哲学原理［M］.范扬,等译.北京:商务印书馆,1961:352.
② ［德］马克思,［德］恩格斯.马克思恩格斯文集:第1卷［M］.北京:人民出版社,2009:216.
③ ［德］夏瑞春.德国思想家论中国［M］.陈爱政,等译.南京:江苏人民出版社,1995:3.

民族的变革,最后,地域性的个人为世界历史性的、经验上普遍的个人所代替。不这样,(1)共产主义就只能作为某种地域性的东西而存在;(2)交往的力量本身就不可能发展成为一种普遍的因而是不堪忍受的力量:它们会依然处于地方的、笼罩着迷信气氛的'状态';(3)交往的任何扩大都会消灭地域性的共产主义。共产主义只有作为占统治地位的各民族'一下子'同时发生的行动,在经验上才是可能的,而这是以生产力的普遍发展和与此相联系的世界交往为前提的……无产阶级只有在世界历史意义上才能存在,就像共产主义——它的事业——只有作为'世界历史性的'存在才有可能实现一样。"①所以,黑格尔世界历史观是建筑在抽象的绝对精神基础上的,而马克思主义世界历史的思想是建筑在唯物史观基础上,即生产力的发展和人的普遍交往基础上的。《共产党宣言》中指出,工业革命结束了各个孤立的、彼此分离的民族历史,开辟了"世界历史进程"。"各个相互影响的活动范围在这个发展进程中愈来愈扩大,各民族的原始闭关自守状态则由于日益完善的生产方式、交往以及因此自发地发展起来的各民族之间的分工而消灭得愈来愈彻底,历史也就在愈来愈大的程度上成为全世界的历史。"②"凡是民族作为民族所做的事情,都是他们为人类社会而做的事情",在世界历史的条件下,任何一个国家、民族都不可能脱离国际环境而长期生存和孤立发展,其经济发展都是相互依赖的。

邓小平进一步提出"现在的世界是开放的世界""中国的发展离不开世界"。如果说中国近代学习西方、走向世界是被迫的,因而是屈辱的,那么改革开放,我们走向世界是主动的,因而是从容的、独立自主的。

所以,从工业革命以后的各种发展模式的变迁来看,本身就是一个否定之否定的历史过程,即不断扬弃的过程,各种现代化模式就应该相互学习、取长补短。绝对的民族化,可能会脱离世界文明进步的主潮流;过度强调世界化,又会脱离本国实际,使现代化进程半途而废。

在现代化过程中,发展中国家是否存在后发优势? 亚历山大·格申克龙认为,落后国家具有先进国家不曾有的发展条件,例如可以利用先进国家的技术、熟练工人和资本、技术等,可以从国外引进资金,先进国家过去的历史经验可以为落后国家工业化的一般前景提供积极的借鉴,使它们选择那些能够以较小的代价取得较

---

① [德]马克思,[德]恩格斯.马克思恩格斯选集:第1卷[M].北京:人民出版社,1995:87.
② [德]马克思,[德]恩格斯.马克思恩格斯选集:第1卷[M].北京:人民出版社,1995:51.

大成果的道路。① 美国社会学家列维认为,第一,维持较高水平现代化的必备条件,并不一定就是获得这种现代化水平的前提条件;第二,"内源发展者"现代化的前提条件不一定就是"后来者"现代化的前提条件;第三,同是后来者,某一国家现代化起步的前提条件并不一定就是另一国家现代化起步的前提条件;第四,在现代化程度较低的后来者中,其社会结构中与较现代化国家的社会结构最相类似的因素,并不一定就是走向现代化的最好基础。② 从历史上看,这种后发优势又往往建立在一个民族沉沦、幻灭、痛苦基础上。印度哲人泰戈尔认为:"……黑夜降临了,欧洲敲打我们的门,从恍惚中爬起的时候,我们并没有接受欧洲的准备。西方不是来给我们它最好的东西,或者来寻找我们最好的东西,而是来剥削我们的……我们并没有在相同的方面与之相遇。一方面是侵害,另一方面则是羞辱……我们必须走出恍惚并证明我们不是乞丐……在东方,有些人认为我们应当复制并模仿西方。我不相信这是对的。"③泰戈尔的感慨是对的,后发优势并不是先天存在的,它要靠广大发展中国家通过改革开放去积极争取,通过独立自主、自力更生,积极参与国际市场竞争去获取的,而且还会受到西方的打压、遏制,所以,孤立抽象地讲后发优势没有意义,发展中国家必须在独立自主原则上加强南南合作、抱团发展,才能自信地走向世界。

中国之问与世界之问相互关联。习近平指出:"解决好民族性问题,就有更强能力去解决世界性问题;把中国实践总结好,就有更强能力为解决世界性问题提供思路和方法。"④中国式现代化是一个人口规模巨大的现代化。中国人口占全球总人口的五分之一左右,它的成败直接关乎世界和平发展大业的进程。

二、对外开放是我国的基本国策

改革开放初期,中国共产党就明确指出"对外开放是我国的国策"。1984 年 10月,党的十二届三中全会正式提出了"对外开放作为长期的基本国策"。这极大地改变了中国,也改变了世界经济格局。党的二十大进一步指出要坚持对外开放的基本国策,坚定奉行互利共赢的开放战略,不断以中国新发展为世界提供新机遇推

---

① [美]塞缪尔·亨廷顿. 现代化:理论与历史的再探讨[M]. 张景明,译. 上海:上海译文出版社,1993:186－191.

② 孙立平. 传统与变迁[M]. 哈尔滨:黑龙江人民出版社,1992:177.

③ 马汝伦. 如果泰戈尔今天来华[J]. 读书,2011(3):28－36.

④ 习近平. 习近平著作选读:第 1 卷[M]. 北京:人民出版社,2023:481.

动建设开放型世界经济,更好惠及各国人民。中国共产党新的"世界历史"的大格局逐步澄明、敞开。

(一)"现在的世界是开放的世界"

这是对世界历史、世界经济发展史的高度概括与总结,是生产社会化和市场经济发展的必然趋势。商品经济、市场经济本质上是开放型经济。随着经济全球化愈演愈烈,国际分工与协作不断加强,国际金融与贸易不断扩大,各国纷纷实行对外开放政策,积极吸收外资、人才、技术,争夺经济全球化的红利。再大的国家,都不可能具备经济社会发展所需要的全部要素,必须开放。"任何国家要发展,孤立起来,闭关自守是不可能的。不加强国际交往,不引进发达国家的先进经验、先进科学技术和资金,是不可能的。"[①]2022 年,习近平指出:"中国将坚持实施更大范围、更宽领域、更深层次对外开放,坚持走中国式现代化道路,建设更高水平开放型经济新体制。"[②]

第二次世界大战结束后,全球有 13 个经济体实现 25 年多的高速增长,其共同特征都是采取开放政策。吉登斯提出:"有相当的证据表明,只要条件适合,一个较为贫困的国家通过对外开放,也能带来经济增长和在某些情况下缓和经济不平等现象。世界银行发布的一份权威报告证明了这一点。在过去 30 年中,那些奉行自我封闭发展模式的弱小而贫困的经济体,它们没有对外开放,经济平均增长率徘徊在零左右,而开放型经济体的平均增长率却达到 5% 左右,当然很多国家的经济增长率远高于此。因此,经济增长的可能性与参与更加广泛的世界之间的确存在着联系。"[③]在以数字化为主的第三次科技革命的推动下,经济全球化愈演愈烈,世界经济联系不断加强,各国相互依赖和利益融合进一步加深。客观地讲,通过 40 多年的开放,我们获得了巨大的红利,进出口贸易额与外汇储备跃居世界第一。但我国的对外开放仍有很大潜力:2013 年我国服务贸易额仅为美国的 1/2,对外直接投资存量仅为美国的 1/10、英国或德国的约 1/3。国务院发展研究中心的研究表明,我国对外开放度尚处于或低于世界平均水平,整个社会的开放程度尚不高。2014 年 11 月,习近平在中央外事工作会议上指出,我国已经进入了实现中华民族伟大复兴的关键阶段。中国与世界的关系在发生深刻变化,我国同国际社会的互联互动也已变得空前紧密。我们对世界的依靠、对国际事务的参与在不断加深,世界对我国的依靠、对我国的影响也在不断加深。我们观察和规划改革发展,必须统筹考虑和综合运用国际国内两个

①　邓小平.邓小平文选:第 3 卷[M].北京:人民出版社,1993:117.

②　习近平.习近平在亚太经合组织第 29 次领导人非正式会议上的讲话[M].北京:人民出版社,2022:12.

③　[英]安东尼·吉登斯.全球时代的民族国家[M].郭忠华,编.南京:江苏人民出版社,2010:327.

市场、国际国内两种资源、国际国内两类规则。我们要实现"两个一百年"奋斗目标,仍然需要主动参与全球化,使我们的经济社会更加开放。

(二)"中国的发展离不开世界":构建"新发展格局"

"中国的发展离不开世界"是邓小平对中国近现代历史的深刻总结。他说:"我们吃过这个苦头,我们的老祖宗吃过这个苦头。"中国自明代中后期逐步开始闭关锁国,换来的并不是国家的长治久安,反而是落后挨打。新中国成立后,我国在一段时间里实行关门建设的政策,资金、技术、人才等要素又高度短缺,使得我国同周边国家和地区的差距进一步拉大。痛定思痛,1984 年党的十二届三中全会把实行对外开放定为基本国策。2001 年年底经过长达 15 年的艰苦谈判,我国正式加入世界贸易组织,标志着我国正式进入全面开放的新阶段。数据显示:1978 年我国刚开始改革开放时,货物进出口总额仅为 355 亿元,在世界排名第 32 位,所占比重不足1%。2023 年我国货物进出口总额为 417 568 亿元,比 1978 年增长 1 176 倍,成为世界货物贸易第一出口大国;同时,我国的外汇储备 1978 年仅为 1.67 亿美元,如今已突破 3 万亿美元。历史告诉我们,一个国家要发展繁荣,必须把握和顺应世界发展大势,反之必然会被历史抛弃。但是我们也要清醒地看到:随着近些年中国人口红利的下降以及全世界范围内的贸易摩擦,我国传统出口导向模式越来越受到挑战,安永会计师事务所发布的报告显示:目前 32% 的商界领导人认为印度是世界上最具吸引力的投资目的地。中国以 15% 的得票率排在第二位,东南亚、巴西和北美则分别排在第三、第四、第五的位置。这项调查是在 2015 年 3 至 4 月进行的,包括了全球 500 多位来自工业、汽车业、消费品、生命科学、基础设施与技术业等行业的跨国企业决策者的观点。与 2014 年的调查相比,此次调查中,受访者对宏观经济稳定、政治与社会稳定、外国直接投资政策放宽以及政府改善营商环境的努力等关键问题的认知均呈现明显改善。实行高水平的对外开放迫在眉睫。

中国自改革开放后,连续七年保持世界货物贸易第一大国、第一网络零售市场纪录,稳居全球第二大进口市场(中国已连续 6 年举办进口博览会)、第二大消费市场地位。2017 年至 2022 年中国利用外资连续 6 年位居世界第二。这些亮眼的数据只能说明过去。面向未来,在我国已成为"世界工厂"后,形势需要我们转变经济发展方式和对外贸易增长方式。习近平提出,"构建新发展格局则是应对新发展阶段机遇和挑战、贯彻新发展理念的战略选择""构建新发展格局明确了我国经济现代化的路径选择"。党的十八大正式提出加快形成更高水平对外开放新格局。党的十九大提出推动形成全面开放新格局。"十四五"规划提出:要构建"以国内大循环为主体、国内国际双循环相互促进的新发展格局。""新发展格局决不是封闭的国内循环，而是开放的国内国际双循环。推动形成宏大顺畅的国内经济循环，就能更好吸引全球资源要素，既满足国内需求，又提升我国产业技术发展水平，形成参与国际经济合作和竞争新优势。"①新发展格局是新时代面对新形势、新任务，致力于高水平开放的新思路、新格局。其着力解决第二大经济体循环过程中出现的堵点、断点与痛点，打通中国经济发展的"任督二脉"。

"构建新发展格局最本质的特征是实现高水平的自立自强。"应充分利用好国内国际两个市场、两种资源，在全球范围内配置好各种资源。只有实现内需与出口的双轮驱动，才能进一步推动中国这一世界第二大经济体在中国式现代化道路上继续前行。习近平总结说，中国式现代化坚持独立自主、自力更生，依靠全体人民的辛勤劳动和创新创造发展壮大自己，通过激发内生动力与和平利用外部资源相结合的方式实现国家发展，不以任何形式压迫其他民族、掠夺他国资源财富，而是为广大发展中国家提供力所能及的支持和帮助。1950—2016 年，中国累计对外援助 4 000 多亿元人民币，实施各类援外项目 5 000 多个，为发展中国家在华培训各类人员 26 万多名。改革开放以来，中国累计吸引外资超过 1.7 万亿美元，累计对外直接投资超过 1.2 万亿美元。这些数字充分显示了中国的双向开放成果。

（三）如何看待"逆全球化"

经济全球化是世界经济发展的必然趋势。曾几何时，以美国为首的西方是全球化的积极倡导者。20 世纪 90 年代以来，按照布热津斯基的说法：全球化成了美国政界和商界精英们的非正式思想观念，它决定了美国在世界上的角色。全球化是全球霸权的自然学说。2000 年 12 月美国总统克林顿在内布拉斯加大学发表讲话时还说"全球化的列车是不会倒行逆驶的……如果我们不想让美国偏离正道，除了努力当好火车头别无选择"。② 对西方来说，全球化就是西方化、美国化。

"经济全球化曾经被人们视为阿里巴巴的山洞，现在又被不少人看作潘多拉的盒子。国际社会围绕经济全球化问题展开了广泛讨论。"③当全球化有利于西方时，它只是"西方中心论"的变种，但发展中国家起来时，"逆全球化"实际上变成了"西方优先论"。2001 年 10 至 12 月间，环球国际有限公司在 24 个国家为世界经济论坛做了一次民意调查，各国认为反全球化运动对自己有利者与不同意此观点者的

① 习近平.习近平谈治国理政：第 4 卷[M].北京：外文出版社，2022：115.
② [美]布热津斯基.大抉择：美国站在十字路口[M].王振西，译.北京：新华出版社，2005：157.
③ 习近平.习近平谈治国理政：第 2 卷[M].北京：外文出版社，2017：477.

比率分别为:土耳其,73％对 8％;印度,60％对 34％;法国,54％对 35％;意大利,41％对 49％;美国,39％对 52％;日本,24％对 50％。① 值得注意的是,土耳其与印度等发展中国家当时大多反全球化,而西方大多赞成全球化。但如果放到现在进行调查,恐怕结果会有很大不同。"经济全球化是时代潮流。大江奔腾向海,总会遇到逆流,但任何逆流都阻挡不了大江东去。动力助其前行,阻力促其强大。尽管出现了很多逆流、险滩,但经济全球化方向从未改变、也不会改变。"②所以,全球化不是选择,而是现实。但它已经不是"东方从属于西方"的早期全球化,它不以人们的好恶为转移,世界市场对每个国家、每个民族都是机遇与挑战。

吉登斯认为,全球化的本质就是流动的现代性。如果一味地"脱钩断链",的确损人不利己。2017 年 1 月,习近平在世界经济论坛年会开幕式上代表中国政府提出对全球化的看法:首先,困扰世界的许多问题,并不是经济全球化造成的;其次,经济全球化是社会生产力发展的客观要求和科技进步的必然结果;再次,经济全球化是一把"双刃剑","反全球化的呼声,反映了经济全球化进程的不足,值得我们重视和深思"。"面对经济全球化带来的机遇和挑战,正确的选择是,充分利用一切机遇,合作应对一切挑战,引导好经济全球化走向。"应对全球化的具体对策包括:第一,坚持创新驱动,打造富有活力的增长模式;第二,坚持协同联动,打造开放共赢的合作模式;第三,坚持与时俱进,打造合理公正的治理模式;第四,坚持公平包容,打造平衡普惠的发展模式。③ "四个模式"就是应对逆全球化的"中国方案"。

(四)实现互利共赢的开放战略——"一带一路"

马克思主义认为,"各民族之间的相互联系取决于每一个民族的生产力、分工和内部交往的发展程度。这个原理是公认的"。④ 随着生产力发展,"人们的普遍交往才能建立起来;普遍交往,可以产生一切民族中同时存在着'没有财产的'群众这一现象(普遍竞争),使每一民族都依赖于其他民族的变革"。"交往的普遍性,从而世界市场成了基础。这种基础是个人全面发展的可能性。"⑤面对西方逆全球化、贸易保护主义愈演愈烈的局面,中国应更好地落实和平发展的国际战略。2013 年 9月和 10 月,习近平分别提出建设"新丝绸之路经济带"和"21 世纪海上丝绸之路"

① [美]布热津斯基.大抉择:美国站在十字路口[M].王振西,译.北京:新华出版社,2005:180.
② 习近平.习近平谈治国理政:第 4 卷[M].北京:外文出版社,2022:485.
③ 习近平.习近平谈治国理政:第 2 卷[M].北京:外文出版社,2017:477,480－482.
④ [德]马克思,[德]恩格斯.马克思恩格斯文集:第 1 卷[M].北京:人民出版社,2009:520.
⑤ [德]马克思,[德]恩格斯.马克思恩格斯文集:第 8 卷[M].北京:人民出版社,2009:171.

（"一带一路"）的战略构想，横跨欧亚非三大洲、涉及沿线 60 多个国家、覆盖全球 44 亿人口。"一带一路"建设旨在促进经济要素自由有序流动、资源高效配置和市场深度融合，进一步推动沿线各国实现经济政策统筹协调，开展大范围、高水平、深层次的区域合作，共同打造开放、包容、均衡、普惠的区域经济合作架构。

"一带一路"建设秉承共商、共享、共建原则，体现了不同发展模式、不同社会制度、不同文化之间的交流合作，具体表现为以下几个方面：

恪守联合国宪章的宗旨和原则。遵守和平共处五项原则，即尊重各国主权和领土完整、互不侵犯、互不干涉内政、和平共处、平等互利。

坚持开放合作。"一带一路"相关的国家基于但不限于古代丝绸之路的范围。欢迎各国和国际、地区组织积极参与，让共建成果惠及更广泛的区域。

坚持和谐包容。倡导文明宽容，尊重各国发展道路和模式的选择，加强不同文明之间的对话，求同存异、兼容并蓄、和平共处、共生共荣。

坚持市场运作。遵循市场规律和国际通行规则，充分发挥市场在资源配置中的决定性作用和各类企业的主体作用，同时发挥好政府的作用。

坚持互利共赢。兼顾各方利益和关切，寻求利益契合点和合作的最大公约数，群策群力、各施所长、各尽所能，把各方优势和潜力充分发挥出来。

"一带一路"方案出台后，引起国际社会热议。大部分学者指出，陆上丝绸之路的重点是中亚国家，其地理位置独特，有利于加强中欧俄三方的经济合作。其中，中方不仅可受惠于该区域的自然资源，而且该区域也可以成为中国出口产品的目的地。当然中亚地区亟须大规模基础建设项目，这也可以缓解中国的过剩产能问题。俄罗斯学者强调，欧亚经济联盟（EEU）在其中可以作为辅助机构。他们还强调了在基础设施建设、交通、能源和投资方面合作的可能性。

在欧洲外交委员会的《一带一路：中国向外跃进》报告中，"一带一路"倡议完成的时间将相当长，可能会达到 35 年。该报告着重讨论欧洲在亚洲基础建设与投资银行（AIIB）中的角色。比起欧洲在 AIIB 中的角色，更应该关心的是欧洲应如何运用来自中国的资本促进欧洲经济的发展。目前欧洲本身就在酝酿"容克计划"，总额在 3 150 亿欧元的投资机会也预计将投入欧洲的基础建设领域。而如何将"一带一路"倡议同"容克计划"相连接，对于欧洲而言似乎更为紧迫、重要。针对有人认为参加一带一路是"搭中国经济的便车"的观点，习近平明确指出，"欢迎大家搭乘中国发展的列车,搭'快车'也好,搭'便车'也好,我们都欢迎,正所谓'独行快,众行远'"。① 笔者认为,在全球化的今天,世界各国在一条大船上,合作共赢是时代发展的轴心原理。我们要同舟共济,共同打造人类命运共同体。马克思认为,在资本主义社会,"资本是共同体的公认的普遍性和力量"。在全球化高度发展的今天,我们通过共建共享来摆脱世界性贫困之难题。世界银行有关报告认为,到 2030 年,共建"一带一路"有望帮助全球 760 万人摆脱极端贫困,帮助 3 200 万人摆脱中度贫困。"中国方案",善莫大焉! 英国新共产党也认为"共建'一带一路'倡议为全球千百万人带来了实实在在的利益"。所以,"一带一路"倡议致力于"人的实现或人的现实","共产主义的博爱则径直是现实的和直接追求实效的"。

习近平指出"一带一路"是互利共赢之路,强调相关各国要打造互利共赢的"利益共同体"和共同繁荣发展的"命运共同体"。他特别强调要坚持正确的义利观,做到义利兼顾,要讲信义、重情义、扬正义、树道义。要坚持不干涉别国内政原则,坚持尊重各国人民自主选择的发展道路和社会制度,坚持通过对话协商,以和平方式解决国家间的分歧和争端,反对动辄诉诸武力或以武力相威胁。这既是构建人类命运共同体的中国方案,也是马克思主义"自由人联合体"的国际版。

目前,中国已与150 多个国家、30 多个国际组织签署了 200 多份共建"一带一路"合作文件,形成 3 000 多个合作项目,拉动了近万亿美元投资。"十年磨一剑","一带一路"自倡议之日起走过了第一个"十年",正阔步迈入"一带一路高质量发展"新阶段。2021 年 4 月,习近平在博鳌亚洲论坛上正式宣布"一带一路"进入高质量发展阶段,提出"面向未来,我们将同各方继续高质量共建一带一路,践行共商共建共享原则,弘扬开放、绿色、廉洁理念,努力实现高标准、惠民生、可持续目标"。② 这为未来"一带一路"高质量发展指明了前进方向。

三、承担相应的国际义务是我们的责任

(一)维护世界和平

首先,解决中国的发展问题,是对世界和平发展事业的巨大贡献,即既通过争取和平的国际环境来发展自己,又通过自己的发展来促进世界和平。其次,积极参

---

① 习近平.习近平外交演讲集:第 1 卷[M].北京:中央文献出版社,2022:171.
② 习近平.习近平谈治国理政:第 4 卷[M].北京:外文出版社,2022:493.

与国际事务,反对霸权主义和强权政治。霸权主义和强权政治是造成当前国际局势动荡不安的重要根源。我们不把自己的社会制度与意识形态强加于人,也决不允许别国把他们的社会制度和意识形态强加于我们。再次,维护世界多样性,促进国际关系民主化和发展模式多样化。各国都有权选择符合本国国情的社会制度、发展战略和生活方式。各国的大事由各国人民自己作主,国际事务要由大家共同协商解决。最后,树立新安全观,努力营造长期稳定的国际和平环境。新安全观的核心是互信、互利、平等和协作。它可以消解军备竞赛等现象。新安全观是综合安全观、发展安全观、合作安全观、共同安全观,是建立在世界多样性和共同利益基础上的安全观念和安全模式,既符合人民意愿,也顺应时代潮流。

中国致力于用和平方式解决国际争端和热点问题。在科索沃战争、伊拉克战争、俄乌冲突、巴以冲突等重大地区问题上,中国一贯主张以和平方式消除冲突,遵守联合国宪章宗旨和原则,反对使用暴力;中国积极斡旋朝鲜半岛核问题,取得阶段性重要成果;中国积极推动国际和地区安全合作。此外,中国还积极参加联合国维和行动,1990年中国人民解放军向联合国中东维和任务区派遣5名军事观察员,首次参加联合国维和行动。30多年来,累计派出维和官兵4万余人次。中国是联合国安理会常任理事国派遣维和人员最多的国家,为维护世界和平与稳定做出了巨大贡献。中国一直积极加入国际组织和国际条约,认真履行条约义务,努力维护联合国的核心地位和安理会的权威。迄今为止,中国参加了近300多个国际条约、130多个国际组织,承担相应责任,在国际多边事务中发挥着重要的建设性作用。

(二)促进共同发展

(1)坚持独立自主地处理一切国际事务的原则。独立自主,即坚持从我国的实际情况出发,依靠自己的力量,同任何国家友好相处,不容许任何国家损害我国的尊严和主权。不管国际风云如何变幻,我们都始终不渝地奉行独立自主的和平外交政策。

(2)坚持将和平共处五项原则作为指导国家间关系的基本准则。和平共处五项原则符合《联合国宪章》的宗旨和原则,它已经愈来愈成为国际社会的共识。

(3)坚持同发展中国家加强团结与合作的原则。发展中国家维护国家主权、实现经济发展的根本目的是趋同的。中国永远属于发展中国家,加强同其他发展中国家的团结与合作是我国对外政策的基本立足点。

(4)坚持爱国主义与履行国际义务相统一的原则。

改革开放以来,我国党和国家领导人出访所发表的谈话中,出现频率最高的关键词是"共同发展"，其他频率较高的词语还有合作共赢、共同繁荣、共创美好未来、人类命运共同体等。我们不能简单地把这些看成外交辞令。它们真诚表达了中国政府愿意与世界各国共同发展的美好愿望，充分反映了我国独立自主的和平外交政策的主旨。

承担相应的国际义务是我们义不容辞的责任，当今世界，各种矛盾频现，世界各国都要共同应对金融危机、核危机、生态危机和恐怖主义等问题。1945年8月6日和9日，原子弹在广岛和长崎爆炸，把人类拉入核威慑时代。早在1963年7月，中国政府就提出了全面、彻底、干净、坚决地禁止和销毁核武器的主张，并倡议召开世界各国政府首脑会议加以讨论。我国成为核大国以后，提出全面禁止和彻底销毁核武器，坚定奉行自卫防御的核战略，恪守在任何时候和任何情况下不首先使用核武器的政策，明确承诺无条件不对无核武器国家和无核武器区使用或威胁使用核武器。近年来，中国政府又提出并履行以互信、互利、平等、协作为核心的新安全观，坚持把是否有利于捍卫国家主权和安全、是否有利于维护全球战略稳定、是否有利于增进各国的普遍安全和互信作为原则，致力于构建良好的国际和地区安全环境。与此同时，中国坚决反对核武器扩散，积极支持各国平等享有和平利用核能权利，主张全面禁止与彻底销毁核武器、生化武器、太空武器。中国已加入包括国际原子能机构在内的130多个政府间国际组织，加入《不扩散核武器条约》等260多个国际多边条约。在处理朝鲜半岛无核化问题上，中国政府将一如既往、坚持不懈地与有关各方一道致力于实现朝鲜半岛无核化，积极推动会谈。在处理伊朗核事件中，中国政府始终主张采取对话和谈判的办法解决，多次表达希望该问题能够在国际原子能机构框架内妥善解决，最终谋求中东地区无核化。

第二次世界大战后，世界充满着不确定性与各种风险，周期性的经济危机更多表现为债务危机、金融危机。中国在面对危机时，临危不惧，首先做好国内的工作，然后采取积极负责的态度，与周边及世界各国应对危机。1998年亚洲金融危机时，中国政府坚持人民币不贬值，为亚洲渡过难关做出了应有贡献。2008年，在由美国次贷危机引起的国际金融危机席卷全球时，中国政府再一次果断出手，及时推出应对国际金融危机的一揽子计划。一揽子计划主要包括：一是全面促进经济平稳较快发展，大规模增加政府投资，实施总额4万亿元的两年投资计划，其中，中央政府拟新增1.18万亿元，实行结构性减税，扩大国内需求；二是大范围实施调整振兴产业计划，提高国民经济整体竞争力；三是大力推进自主创新，增强发展后劲；四是大幅度提高社会保障水平，扩大城乡就业，促进社会事业发展。2012年中国对亚洲经济增长的贡献率已经超过 50%。截止到 2012 年年底,中国累计批准外商投资企业 76 万家,外商直接投资约 13 000 亿美元。中国已经同 20 个国家和地区签署了 12 个自由贸易协定。未来 5 年,中国进口商品将超过 10 万亿美元,对外投资将超过 5 000 亿美元,出境旅游将超过 4 亿人次。中国经济的全球化程度越来越高,中国练好内功就是对世界经济的带动,中国政府的举措引得了国际社会的赞誉。中国政府建议:一是加强国际金融监管合作,完善国际监管体系,建立评级机构行为准则,加大全球资本流动监测力度,加强对各类金融机构和中介组织的监管,增强金融市场及其产品透明度;二是推动国际金融组织改革,改革国际金融组织决策层产生机制,提高发展中国家在国际金融组织中的代表性和发言权,尽快建立覆盖全球特别是主要国际金融中心的早期预警系统,改善国际金融组织内部治理结构,建立及时高效的危机应对救助机制,提高国际金融组织切实履行职责能力;三是鼓励区域金融合作,增强流动性互助能力,加强区域金融基础设施建设,充分发挥地区资金救助机制的作用;四是改善国际货币体系,稳步推进国际货币体系多元化,共同支撑国际货币体系稳定。

四、参与全球治理、建立国际新秩序

习近平指出:"随着全球性挑战增多,加强全球治理、推进全球治理体制变革已是大势所趋。这不仅事关应对各种全球性挑战,而且事关给国际秩序和国际体系定规则、定方向。"[①]全球性问题必须通过加强全球治理来应对。

(一)国际新秩序的提出及其含义

国际秩序是指在一定的世界格局基础上形成的国际行为规则和相应的保障机制,通常包括国际规则、国际协议、国际惯例和国家组织等。国际旧秩序是建立在殖民主义、霸权主义、强权政治基础上的,它严重危害了世界的和平与发展。1974 年邓小平在联合国发言时就提出建立国际新秩序。正是在中国政府的倡议与推动下,联合国特别大会通过《关于建立新的国际经济秩序的宣言》《行动纲领》以及《各国经济权利和义务宪章》,强调鉴于发达国家与发展中国家之间的差距进一步加大,因此必须在国际范围内重新分配财富。1988 年邓小平在会见印度总理拉吉

① 中共中央党史和文献研究院,中央学习贯彻习近平新时代中国特色社会主义思想主题教育领导小组办公室.习近平新时代中国特色社会主义思想专题摘编[M].北京:中央文献出版社,2023:529.

夫·甘地时又提出："世界上现在有两件事情要同时做,一件是建立国际政治新秩序,一件是建立国际经济新秩序。"①

国际新秩序的主要内容是:各国政治上应该相互尊重、共同协商,而不应把自己的意志强加于人;经济上应该相互促进、共同发展,而不应造成贫富悬殊;文化上应该相互借鉴、共同繁荣,而不应排斥其他民族的文化;安全上应该相互信任、共同维护,树立互信、互利、平等和协作的新安全观,通过对话和合作解决争端,而不应诉诸武力或以武力相威胁。建立国际新秩序的核心为:不干涉别国的内政,尊重和维护世界各的主权独立和国家利益,建立民主、平等、合理、公正的新型国际关系,以促进世界持久和平与人类共同繁荣。

到底谁来主导? 1991 年苏联解体后,美国政府喊出要建立"世界新秩序",其实现主要是借助美国价值观和制度对其他国家的间接影响。中国一直坚持维护联合国的合法地位与作用,坚持积极发挥各国际性组织的作用,并强调广大发展中国家的话语权。2021—2023 年,中国相继发布《全球发展倡议》《全球安全倡议》《全球文明倡议》,提出了全球治理的中国方案,得到了广大发展中国家的支持与响应。

(二)建立国际新秩序的意义

国际新秩序是为了应对全球化的各种问题与挑战,首先要保障各国享有主权平等和内政不受干涉的最基本权利,各国有权根据自身的国情决定发展道路和模式,推动经济上相互融合、共同发展,缩小南北差距;其次是保障各国享有平等参与国际事务的权利,应该推进国际关系民主化,协商解决国际问题,共同应对人类面临的挑战;再次是保障各民族和各种文明共同发展的权利,只有在尊重世界多样性的前提下,各民族、各种文明才能和谐相处,相互学习借鉴,共同发展,构建全球发展命运共同体。

五、中国文化走向世界

马克思、恩格斯在《共产党宣言》中指出:"各民族的精神产品成了公共的财产。民族的片面性和局限性日益成为不可能,于是由许多种民族的和地方的文学形成了一种世界的文学。"②但是,这里所讲的"世界文学",并不是脱离各民族文化而独立

---

① 邓小平.邓小平文选:第 3 卷[M].北京:人民出版社,1993:282—283.
② [德]马克思,[德]恩格斯.马克思恩格斯选集:第 1 卷[M].北京:人民出版社,1995:276.

生成的一种全球性文化,而是各民族文化相互作用、相互影响而产生的一种新的文化;文化的全球化不等于文化的同质化、单一化。世界文化仍然是一个色彩斑斓的巨幅图卷,它是由世界上各民族优秀文化组成的。没有文化的民族性,就没有真正意义上的世界文化。所以,愈是民族的,就愈是世界的。1922年英国学者罗素在《中国问题》一书中认为,不同文明之间的交流过去已经多次证明是人类文明发展的里程碑。但"如果中国真的照搬她正在与之打交道的这些外国的模式,这个世界又将会变得怎样呢?""如此说来,中国要胜于我们英国。我们的繁盛以及我们努力为自己攫取的大部分东西都是依靠侵略弱国而得来的,而中国的力量不至于加害他国,他们完全是依靠自己的能力来生存的。……我相信,中国人如能对我们的文明扬善弃恶,再结合自身的传统文化,必将取得辉煌的成就。但在这个过程中要避免两个极端的危险。第一,全盘西化,抛弃有别于他国的传统。那样的话,徒增一个浮躁好斗、智力发达的工业化、军事化国家而已,而这些国家正折磨着这个不幸的星球。第二,在抵制外国侵略的过程中,形成拒绝任何西方文明的强烈排外的保守主义(只有军事除外)。""中华民族是全世界最富忍耐力的,当其他的民族只顾及数十年的近忧之时,中国则已想到几个世纪之后的远虑。它坚不可摧,经得起等待。"①罗素的评述与建议值得我们深思。近代饱受欺凌的中华民族通过自强不息、顽强奋斗,终于实现了站起来、富起来、强起来。中华民族伟大复兴离不开中国文化的伟大复兴。文明不是用来孤芳自赏的,而是需要交流互鉴。一个国家要真正屹立于世界民族之林,除了政治、经济、军事的发展壮大,文化是一个非常重要的环节。民族文化的发展既要坚持独立自主,又要海纳百川,应自觉使民族文化走向世界。

中华优秀传统文化注重人的价值,强调以民为本。"圣人无常心,以百姓心为心。""天地之间,莫贵于人。""民惟邦本,本固邦宁。""乐民之乐者,民亦乐其乐;忧民之忧者,民亦忧其忧。"这些论述均主张治国要无为,要休养生息,要利民、裕民、养民、惠民。

中华优秀传统文化注重坚韧刚毅,强调自强不息。"天行健,君子以自强不息""富贵不能淫、贫贱不能移、威武不能屈"。中华历史上下五千年,历经各种磨难考验,靠的就是这种不屈不挠、愈挫愈奋的精神。

中华优秀传统文化注重"和而不同",强调求同存异。中华文化强调和谐而又不千篇一律,不同而又不相互冲突,和谐以共生共长,不同以相辅相成。

---

① [英]罗素.中国问题[M].秦悦,译.上海:学林出版社,1996:4,6.

中华优秀传统文化注重"天人合一",强调人与自然的和谐相处。"天地者,万物之父母也""人法地,地法天,天法道,道法自然"。

中华优秀传统文化注重睦邻友好,"百姓昭明,协和万邦"。很多典籍均强调国与国之间要和谐相处。

总之,中华优秀传统文化包含着中华民族最根本的文化基因,是我们生生不息、发展壮大的精神养分。近年来,中国注重"以文会友",与有关国家合作举办的各种形式的"文化年""文化周""文化节""文化行"等活动,把中华优秀传统文化传播到四面八方,进一步促进了国际文化交流。孔子学院是我国在海外常设的教授汉语和传播中国文化的非营利性公益机构。它秉承"和为贵""和而不同"的理念,以建设一个持久和平、共同繁荣的和谐世界为宗旨,推动中外文化的交流与传播。2004 年 11 月 21 日,由中国国家对外汉语教学领导小组办公室(国家汉办)负责筹备的全球第一所孔子学院在韩国首尔正式成立。2009 年 10 月 28 日,美国众议院高票通过一项孔子诞辰 2560 周年的决议案,也反映了中华优秀传统文化逐步为世界各国所接受。

目前,全球已有 100 多个国家近 4 000 所大学开设了汉语课程,全球学习汉语的总人数达到 4 000 万。我们不能仅仅满足于这些数字,更要重视内容方面的建设。美国学者德里克认为:"将文化作为经济或政治商品,不仅削弱了任何严肃拷问过去的努力,而且其表述方式便是孔子学院所宣扬的歌舞和武术成为中国文化的象征——孔子学院同时教授商务汉语,这似乎成为他们的主要工作。同时,中国官方详细记录了全世界学习中文的人数,人们相信,它可以用作评定中国文化是否成功的标准,被冠以软实力之名,似乎与政治和经济的硬实力息息相关。"[1]国家汉办正在考虑实施和启动"孔子新汉学计划"。该计划以六个项目为支撑,包含人文科学与社会科学的专业内容,其中有一个题为"理解中国"的项目,主要通过课题研究等方式资助专业领域的外国专家学者来华访学和研修。党的十八届三中全会又提出鼓励社会组织、中资机构等参与孔子学院和海外文化中心建设。除了孔子学院,我国还向外推出极具中国特色的其他项目,如主打中国功夫的"精武会"(目前在 34 个国家设立了 79 个"精武会")、主打工匠精神的"鲁班工坊"[2](中国已在亚非

---

① ［美］阿里夫·德里克.后革命时代的中国［M］.清华大学国学研究院,主编.上海:上海人民出版社,2015:302.

② 重点面向东盟、上合组织、非洲国家,采取学历教育和职业培训相结合的方式,自 2016 年在泰国共建第一个鲁班工坊以来,为 20 多个国家培养数以万计的人才。

欧三大洲 20 多个"一带一路"共建国家合作建成了一批鲁班工坊,为相关国家培养数以万计的技术技能人才)等,形成文化、体育、劳动"三位一体"的模式。应坚持通过孔子学院等机构和平台,向国外宣传中华优秀传统文化的精华,让世界了解中国、接受中国,让中国文化真正走向世界。

第二节　人类文明新形态的机遇与挑战

一、"有朋自远方来"——世界看中国

(一)西方的声音

面对中国的快速发展,西方的心态是复杂而微妙的。由于社会制度、意识形态的不同,他们普遍采取只谈中国模式,回避中国的社会主义制度。西方对中国模式的评价也存在多种声音。一部分西方学者对中国模式持肯定赞扬的态度。约翰·奈斯比特在《中国大趋势》一书中说:"2009 年中国却在创造一个崭新的社会、经济和政治体制,它的政治模式也许可以证明资本主义这一所谓的'历史之终结'只不过是人类历史道路的一个阶段而已。"[1]马丁·雅克也认为,今天的中国正在创造一种新型国际范式。对于自己正在走的中国式现代化道路,中国也有着比以往更为确定和清晰的判断,并勇于向世界主动展示这一道路,与各国积极共享这一道路带来的机遇和福祉。意大利学者阿尔贝托认为:"企业改革创新是中国式现代化道路的重要驱动力。""一方面是国家主导的产业发展导向型政策,另一方面是以市场为主导的经济发展方式,两者之间复杂而不断演变的相互作用,构成了中国独特经济模式的本质。"[2]瑞士共产党总书记马西米利亚诺·阿伊认为:"中国的发展成就向世界证明,无需照搬西方国家发展模式,从中国的实际出发,完全可以走出一条光明的现代化之路。"[3]

也有西方学者并不认同中国模式,其中比较极端的就是"中国模式威胁论",它起源于历史上的"黄祸论"。西方宣传"种族主义"由来已久,连启蒙思想家孟德斯

---

① ［美］约翰·奈斯比特,等.中国大趋势[M].魏平,译.北京:中华工商联合出版社,2009:4.
② 王峰.海外学者论中国式现代化的世界意义[N].中国社会科学报,2023-3-30:5.
③ 邱夏,等.为现代化开辟广阔前景　为共同发展开创共赢通途[N].光明日报,2024-7-23:3.

鸠对黑人也公开嘲讽，"我们不可能设想这些生命竟会是人；因为如果我们假设他们是人的话，也就会开始相信我们自己竟不是基督徒了"。① 据说还有所谓的"科学"依据，"白人优越观念作为现代话语的一个对象而出现的第二个阶段，主要发生于颅相学和面相学兴起之时"。② 黑格尔的《精神现象学》第五章就有"面相学与头盖骨相学"的内容。据考证，最早宣扬中国人和其他黄种人威胁的文件，是 1877 年美国参众两院公布的《调查中国移民问题的联合特别委员会报告书》。该报告称，美国人是世界上最优秀的种族，而中国人、日本人、马来人是劣等民族，200 年以后，他们就将"如同加利福尼亚的蝗虫猖獗为害于农夫的田地一样"进入美国，改变美国人种，使美国退化。这是典型的宣扬种族主义的言论。20 世纪初美国海军专家马汉在《海权论》中正式提出"中国威胁论"，他认为，一是中国规模大，人口多；二是中国正逐渐成为一个现代化大国。③ "中国威胁论"自产生之日起，其荒谬性就遭到一些西方学者的批评。约翰·奈斯比特在《定见》一书中认为："原来，人们担心苏联将会统治世界，现在又换成了中国。导致这种错误论断的原因之一就是直线推断。"④西方二元对立的世界观使得西方在没有敌人、对手情况下，也要"无中生有"，臆造出新的对手，否则其就失去了优越感、存在感。面对各种歪曲质疑，我们只能像马克思在《资本论》第一版序言中所说："走你的路，让人们去说吧！"

（二）俄罗斯、中亚、东欧的声音

苏联解体、东欧剧变后，俄罗斯、东欧各国彷徨无助、孤立无援，迫切需要寻找新的出路。与西方相比，俄罗斯、东欧以及其他发展中国家在评价中国模式时就客观公正得多。2009 年 10 月，普京在回答有关俄中关系 60 年发展历程的问题时说，中华民族找到了发展自己国家的基础和模式。⑤ 俄罗斯共产党主席久加诺夫认为，中国共产党成功的公式：社会主义＋中华民族传统＋国家调控市场＋现代化技术和管理。"在 100 年的历史中，中国共产党走过了一条光荣的斗争和胜利之路，坚定不移地、创造性地遵循马克思列宁主义的原则，作为劳动人民的先锋队，把中国带到了现代世界的前列。"⑥俄罗斯科学院高级研究员亚历山大·萨利茨基说："中国的发展模式是一个综合体，它借鉴了其他国家的经验，并将之与本国国情相结

① 汪民安,等. 现代性基本读本（下）[M]. 郑州：河南人民出版社,2005：724.
② 汪民安,等. 现代性基本读本（下）[M]. 郑州：河南人民出版社,2005：721.
③ 成龙. 海外马克思主义中国化理论研究[M]. 广州：广东人民出版社,2009：505－506.
④ ［美］约翰·奈斯比特. 定见[M]. 魏平,译. 北京：中信出版社,2007：168.
⑤ 文龙杰. 俄罗斯人如何看待中国的发展[J]. 俄罗斯中亚东欧市场,2011(4)：49－53.
⑥ 杨成果. 国外共产党论中国式现代化的成就与价值[N]. 中国社会科学报,2024－6－20：4.

合,其中有苏联的影子、新兴工业国家的成就和'罗斯福新政'的亮点;我们既能窥见德国和法国的社会福利模式,也能感受到北欧社会资本主义的影响。中国人将上述经验成功组合并加以总结归纳……中国的社会主义并非他国模式的盲目拷贝,而是人类社会众多成就的创造性集大成者。"①吉尔吉斯前总理奥托尔巴耶夫认为:"现代化是全球性进程,但现代化的实现路径可以是截然不同的。在跨文明关系中,不应由一方充当全知全能的教师,而其他群体只能盲目跟从。相反,在实现现代化和谋求更大发展的过程中,各文明应互相扶持,取长补短。"②

保加利亚科学院院士尼·波波夫认为,中国选择了社会主义市场经济这条正确道路,"中国目前选择并实践的模式,是唯一可以挽救和建设社会主义的模式,是唯一正确的充满希望之路。"这些观点也是苏联解体、东欧剧变后其对中国式现代化的致敬与友好祝愿。

(三)其他发展中国家的心声

第二次世界大战后许多发展中国家一直在西方模式与苏联模式之间摇摆不定,苦苦找寻适合自身的发展模式与道路,而中国模式、中国道路无疑为他们提供了一个新的备选方向。印度政治家尼赫鲁曾说:"现在我最感兴趣的国家是印度和中国。我们的政治和经济结构显然相同,但是我们实际面临同样的问题。未来会证明,哪个国家、哪种治理模式将在各方面取得更大成功。"③同样作为人口众多的发展中国家,印度的评价值得我们重视。印度前总理辛格多次在公开场合表示,邓小平是他学习的榜样,而学习的重点就在于中国的模式。印度尼赫鲁大学的中国问题专家孔塔帕里认为,中国在不偏离社会主义方向的前提下,在实践层面奉行务实变通,在理论层面实行兼收并蓄、继承发展,从而形成了一整套紧密结合国情的发展方略。印度社会学家拉姆戈帕尔·阿加瓦拉认为,中国的试验将是人类历史上最受钦佩的,中国有自己的道路。许多非洲国家领导人将中国模式概括为"以人为本""不断的试验""渐进改革,而非激进革命""一个致力于发展的政府""有选择的学习""正确的优先顺序"等。埃及前总统塞西高度评价中国共产党成立一百年的历史成就,称"中国共产党成功地领导中国实现了民族独立,为现代中国奠定了基础,实现了与发达国家并驾齐驱的中国经济奇迹"。④ 中国的发展也提升了非洲

①　文龙杰.俄罗斯人如何看待中国的发展[J].俄罗斯中亚东欧市场,2011(4):49—53.
②　[吉]奥托尔巴耶夫.全球文明倡议助力各国现代化进程[N].光明日报,2024—7—8:12.
③　王新颖.奇迹的建构:海外学者论中国模式[M].北京:中央编译出版社,2011:259.
④　王峰.海外学者论中国式现代化的世界意义[N].中国社会科学报,2023—3—30:5.

的信心。尼日利亚学者奥努奈居提出，如果有中国（发展现代化）的方式，那么肯定有尼日利亚方式、南非方式；如果有中国的道路，那么肯定有肯尼亚的道路。① 这些评论一方面比较客观地描述了中国的发展，另一方面也彰显了现代化道路的多样性。

二、"华盛顿共识"的末路

1989 年约翰·威廉姆森首次提出所谓的"华盛顿共识"，它是典型的新自由主义的产物，主要建立在三个主要假设之上：（1）人们能够在不同的结果之间，依据其价值，进行理性的分辨和选择。（2）个人追求效用最大化，公司追求利润最大化。（3）人们在充分信息的基础上独立行事。②

威廉姆森宣称"华盛顿共识"的"三大理念"是：宏观经济纪律、市场经济、向世界开放。它以经济私有化、自由化、市场化等为核心要义，本身没有什么新意，基本上是西方古典经济学的继承。但由于苏联解体、东欧剧变与拉美模式的困境，因此其具有一定的影响。当初"华盛顿共识"针对俄罗斯转型采取了"休克疗法"，结果并不成功。而"拉美病"以及 2008 年金融风暴无不证明了新自由主义理论的失败。特别具有反讽意义的是，以往总是别的国家爆发货币、金融危机，美国渔翁得利；而这次标榜金融自由化程度最高的美国由于彻底放松政府监管，金融危机爆发。这无疑是"搬起石头砸自己的脚"。吊诡的是：美国是靠金融自由化起家的，尚且弄出这么大的乱子。现在美国要那些政局不稳定、法制不健全的发展中国家全面推行金融自由化，居心何在？ 这是典型的黑格尔式的"理性的狡计"。对此，威廉姆森狡辩说，虽然私有化对促进发展是必需的，但是如何实施也同样重要。他还极力否认自己与新自由主义是同谋。在此基础上，威廉姆森又提出 2.0 版的"华盛顿共识"，内容包括：拥有强有力的司法机构、高效率的公共服务、有效而审慎的金融监管、独立的中央银行、反腐败机构和社会安全网络以及减少贫困等（见表 5.1）。他并没有特别将民主化包括进来作为必要条件。美国学者奈姆认为："它的自相矛盾之处在于，任何有能力满足这些严格要求的国家，都已经是发达国家了。"③

---

① 王珩，等. 为非洲现代化道路提供重要借鉴[N]. 光明日报，2024－8－14：12.
② ［英］纳菲兹·摩萨迪克·艾哈迈德. 文明的危机[M]. 北京：新华出版社，2012：272.
③ 王新颖. 奇迹的建构：海外学者论中国模式[M]. 北京：中央编译出版社，2011：8－11.

表 5.1　　　　　　　　　华盛顿共识 1.0 版与 2.0 版的区别①

华盛顿共识 1.0 版	华盛顿共识 2.0 版
·财政纪律 ·重新定位公共支出 ·税收改革 ·金融自由化 ·统一的、竞争性的汇率 ·贸易自由化 ·对外国直接投资的开放 ·私有化 ·缩小干预范围 ·保护知识产权	在 1.0 版基础上再加上 ·法律/政治改革 ·管制机构 ·反腐败 ·劳动力市场弹性 ·世界贸易组织协定 ·金融规则和标准 ·"审慎的"资本账户开放 ·非中间汇率机制 ·社会安全网络 ·减贫

　　很明显，2.0 版是对 1.0 版遭受全面失败后的"打补丁"（见表 5.1）。2018 年威廉姆森在接受采访时说："华盛顿共识已经脱离了我的控制，它已经变成了人们想要表达的任何东西。"近期他在接受记者采访时，又辩解"华盛顿共识经常受到攻击的原因是，它给市场定位的作用太大。可事实是市场本就应该在经济体制中发挥很大作用，我认为这一判断没有错，或者至少是言之成理的。"但我们应该看到：对资本主义来说，自由化是永恒的主体，所谓的市场监管，只是危机来临后暂时的补救措施，完全是治标不治本的投机行为。斯蒂格利茨也对"后华盛顿共识"（Post-Washington Consensus）予以反击，他认为"华盛顿共识"既不是成功增长的必要条件，也不是充分条件。"它经常把手段和目标混淆了：它把私有化和贸易自由化作为终极目标，而不是把它们作为实现更加可持续的、公平的和民主的增长的手段。"②他提出：第一，仅仅局限在华盛顿的框架内是不会出现成功的发展战略的。第二，"一刀切"的政策注定要失败。第三，经济科学尚未提供足够的理论依据和经验证据，以就特定领域的政策达成广泛共识。发展不仅是经济增长，而且还是社会的进步，要关注贫困、收入分配、可持续发展等问题。③ 有学者认为中国模式受华盛顿共识的影响较大，甚至提出中国要全面私有化。对此，笔者不敢苟同。中美根本制度不同。我们发展经济是为了大部分人的利益，最终达到共同富裕。在金融、贸

　　① ［英］戴维·赫尔德. 全球盟约：华盛顿共识与社会民主［M］. 周军华，译. 北京：社会科学文献出版社，2005：12.

　　② ［美］约瑟夫·斯蒂格利茨. 发展与发展政策［M］. 纪沫，等译. 北京：中国金融出版社，2009：144.

　　③ 黄平，崔之元. 中国与全球化：华盛顿共识还是北京共识［M］. 北京：社会科学文献出版社，2005：99—100.

易领域开放的同时,我们基于稳健审慎的原则,实施固定汇率制度并对资本项目实行严格管制,对资本市场实行有限度的开放。正是这种"共同而又区别"的努力,使得我们多次规避了区域性、世界性的金融危机,充分享受改革开放的红利,且在进出口贸易、外汇储备等方面已跃居世界第一。与此同时,许多西方学者也对传统的西方模式能否解决实际问题表示怀疑,而对中国一方面坚持独立自主,一方面坚持对外开放的这种稳健的发展模式表示肯定。斯蒂格利茨在比较中俄两国的改革路径后提出:"中国经济在过去 20 年中取得的成功对标准理论而言也是一个令人困惑的现象。该经济体不仅避开了彻底私有化的策略,而且也没有采取自由化/华盛顿共识学说所倡导的许多其他政策。但中国的经历是过去 20 年最成功的故事。"①他还进一步追问:私有化的边界在哪? 私有化过程中如何避免腐败? 政府应该做什么? 这些都是华盛顿共识无法回答的。

　　雷默认为,北京共识"取代了广受质疑的华盛顿共识。……中国的新发展方针是由取得平等、和平的高质量增长的愿望推动的。严格地讲,它推翻了私有化和自由贸易这样的传统思想。它有足够的灵活性,它几乎不能成为一种理论。它不相信对每一个问题都采取统一的解决方法。它的定义是锐意创新和试验,积极地捍卫国家边界和利益,越来越深思熟虑地积累不对称投放力量的手段。它既讲求实际,又注重意识形态,它反映了几乎不区别理论与实践的中国古代哲学观。……求变、求新和创新是这种共识中体现实力的基本措辞。"②也有人干脆指出:华盛顿共识的目的是帮助银行家、金融家,而北京共识的目标是帮助普通人,强调以人为本。

　　对此,西方的反应是复杂的。英国史学家汤因比在中国改革开放之初时就说:"西方观察者不应低估这样一种可能性:中国有可能自觉地把西方更灵活、也更激烈的火力与自身保守的、稳定的传统文化熔为一炉。如果这种有意识、有节制地进行的恰当融合取得成功,其结果可能为人类的文明提供一个全新的文化起点。""中国似乎在探索一条中间道路,想把前工业社会的传统生活方式和近代以来已经在西方和西方化国家生根的工业方式这二者的优点结合起来,而又避免二者的缺点。"③他在与池田大作的对话中,更是认为中国将是世界大同的新轴心,尽管它曾经遭受屈辱,尽管它现在还在奋斗。其理由如下:"从鸦片战争到中国共产党统一大陆之前,世界各国都以轻蔑的态度对待中国,无所顾忌地欺负中国。从物质方面

---

　　①　[美]斯蒂格利茨.发展与发展政策[M].纪沫,等译.北京:中国金融出版社,2009:119.

　　②　[美]雷默.中国形象:外国学者眼里的中国[M].北京:社会科学文献出版社,2008:47—48.

　　③　[英]汤因比.历史研究[M].刘北成,郭小凌,译.上海:上海人民出版社,2000:394.

说,就是现在中国和西欧各国、苏联、日本等相比,也不比过去受屈辱的那个世纪强大多少。虽然如此,像今天高度评价中国的重要性,与其说是由于中国在现代史上比较短时期中所取得的成就,毋宁说是由于认识到在这以前两千年期间所建立的功绩和中华民族一直保持下来的美德的缘故。中华民族的美德,就是在那屈辱的世纪里,也仍在继续发挥作用。"①对汤因比这样一个拥有大历史观的史学家来说,多难兴邦、自强不息是中华民族所特有的民族精神与优良传统。

当代新儒家代表杜维明认为,北京共识建设在开放、多元、自我反思等价值观之上,主张各种文明要善于学习,由此来追求国际社会和谐共处的境界。因此,北京共识主张对话、协作,这契合了天下为公等儒家基本精神。但是,理解的主体不可避免地受到语境预先的影响,我们也要清醒地认识到:包括"北京共识"在内的任何国外对中国的看法,都是属于吉登斯所说的"眼望着东方但却在西方语境中写作的人"。他们之所以不能真正了解中国模式的内涵、实质,除了社会制度与意识形态的不同,主要原因包括以下几个方面:

(1)他们无法理解中国共产党领导下的社会主义政治制度的优越性。这是中国不同于其他发展中国家的根本所在,也是中国模式能够成功的真正奥秘。西方学者大多把中国的政治模式归属于东方威权主义,甚至是独裁统治。他们不了解东方的历史文化,不了解中国的国情,当然也不了解什么是社会主义,怎样建设社会主义。

(2)他们无法理解社会主义市场经济的优越性。有人简单地认为中国的经济体制就是20世纪50年代东欧的"市场社会主义",其实,中国的市场经济除了所有制,分配制度与东欧有着很大的差异,它能把政府强大的调控能力与市场有效配置资源的优势结合起来,充分发挥计划经济和市场经济的长处,确保经济健康稳定增长。

(3)他们无法理解中国文化的博大精深。中西方文化交流早在希腊、罗马时代就已经开始。但由于各种条件的限制,中西方交流是短暂的、碎片化的。到了近代,由于我们成为西方国家殖民侵略的对象,这种交流逐渐具有非对称性、歧视性和攻击性。特别是新中国成立后,中西方文化交流一度中断,西方对中国的现当代文化缺乏全面了解(或根本就不想了解)。西方对中国的认识或是隔靴搔痒,或是隔山打牛,也存在肆意歪曲、颠倒黑白的现象。

---

① [英]汤因比,[日]池田大作.展望二十一世纪:汤因比与池田大作对话录[M].荀春生,等译.北京:国际文化出版公司,1985:287.

（4）最后就是他们的"傲慢的偏见"，及作为"他者"的思维定式。就像萨特所说："它的概念不是从经验中引出来的——或者，至少不是从它企图加以解释的新经验中引出来的——它早已把这些概念成形化（formed）；它早已肯定了它们的真实性，它给它们指定了构成范式（constitutive schemata）的任务；它唯一的目的是把所考察的事变、人物或行动纳入一个预制的模子（prefabricated moulds）。"①

西方往往称自己为主体性的"自我"，而将西方以外的非西方世界视为"他者"，其实质是西方中心的霸权主义意识形态。在他们看来，"他者"应该是依附的、追随的、屈从的，而不应是独立的、自主的；"他者"永远是"较低"的，它不能并且永远不能超越主体；"他者"永远是手段而不是目的。所以，中国对于西方来说，不但是社会制度的他者、意识形态的他者、发展道路的他者，也是文化的他者。萨特认为："'他人就是地狱'这句话总是被人误解，人们以为我想说的意思是，我们与他人的关系时刻都是坏透了，而且这永远是难以沟通的关系。然而这根本就不是我的本意，我要说的是，如果与他人的关系被扭曲了，被破坏了，那么他人只能够是地狱。……其实，对于我们认识自己来说，他人是我们身上最为重要的因素。"②这段话也可用来反映东西方关系：一方面如果东西方关系破裂，那么他人就是地狱；另一方面，东西方关系又必须维系，因为这对双方同样重要。

西方打压中国式现代化的意图还是竭力维护西方中心主义，即世界只有一个西方模式，它是不可取代的，它必须永远被世界所关注，任何其他东西都不允许分散其注意力。模式在英语中主要有三个单词指代，即 Pattern\Model\Style，三个词都有模式、样式、形式、方式、方法、类型、类别等意思，但前两个单词还有模范、典范、榜样等意。"中国模式"一般被西方翻译为 Chinese-style，而 Style 恰恰不含模范、典范、榜样等意，这充分表明西方对中国这四十多年发展的复杂心理，即不希望中国模式对其他发展中国家发挥榜样示范作用。对此，齐泽克就指出："对拉康而言，幻想的物体不仅仅是你看到的最终那样东西，而是注视本身。让西方着迷的不是真正民主的爆发，而是东方对西方的注视。西方的想法就是，尽管我们知道我们的民主是腐败的，我们也不再对民主抱有激情，但外面仍然有人在朝我们这边看，羡慕我们，并且也想变成我们这样；尽管我们不信任我们自己，但外面有其他的人仍然相信我们。真正使西方的政治阶级，甚至广大民众着迷的是东方对西方这种

---

①　［法］萨特.辩证理性批判［M］.林骧华，等译.北京：商务印书馆，1963：28－29.
②　［法］萨特.他人就是地狱［M］.周煦良，等译.西安：陕西师范大学出版社，2003：10.

入迷的注视,这就是幻想的结构:注视本身。"①德里达在转述法国哲学家科热夫的话时说:"美国生活道路是后一历史时期所固有的生活类型,美国在世界上的存在显示了整个人类的'永恒在场'的将来。"②美国学者德里克进一步指出,它"力求根据资本主义现代性所勾勒的幻景来改造世界。它表达了对全球政治经济权利关系的一种构想,即通过霸权排除不同于其发展主义前提的其他一些可能性考虑"。③而西方认为崛起的中国是自苏联模式以来的最大挑战。英国《卫报》提出,中国的成功故事是自 20 世纪 30 年代以来"自由民主所面临的最严峻的挑战"。

这些评价中尽管存在着许多理想主义的色彩,但以对话代替对抗、以谈判代替冲突的主张还是对构建新型国家间的关系具有一定的积极影响。其中提到的"话语的共识非常重要"。西方对中国的评论往往站在"文化霸权"位置上,以"教师爷"自居,颐指气使、指手画脚,把别国都视为他者。而我们目前提出"中国式现代化",就是要讲好"中国故事",打造自己的"中国话语体系"。

第三节　世界之问:构建人类命运共同体

"木秀于林,风必摧之。"随着中国式现代化高速发展,西方变得越来越狂躁不安,各种指责、歪曲,甚至谩骂不绝于耳。面对各种非议,中国提出构建人类命运共同体,深刻回答"人类社会何去何从"的历史之问、世界之问。

一、"中国威胁论":来自西方的噪声

大千世界,无所不有。目前全世界共有 80 多亿人口、200 多个国家、2 500 多个民族、6 000 多种语言以及各种宗教。人类社会要走向和谐世界,表面上看似乎有些理想化。德里达认为:"经济战争、民族战争、少数民族间的战争、种族主义和排外现象的泛滥、种族冲突、文化和宗教冲突,正在撕裂号称民主的欧洲和今天的世界。"④尽管第二次世界大战后,全人类再也没有经历过世界大战,但世界并不安宁,

---

① [英]格林·戴里. 与齐泽克对话[M]. 孙晓坤,译. 南京:江苏人民出版社,2005:146.
② 杜小真,等. 德里达中国讲演录[M]. 北京:中央编译出版社,2003:77.
③ [美]阿里夫·德里克. 全球主义与地域政治[J]. 少辉,译. 马克思主义与现实,1998(5):41-48.
④ [法]德里达. 马克思的幽灵[M]. 何一,译. 北京:中国人民大学出版社,1999:115.

霸权主义和强权政治依旧存在,局部战争连绵不断,地区热点问题层出不穷,全球经济失衡加剧,南北差距进一步扩大。传统安全威胁和非传统安全威胁相互交织,世界和平与发展面临诸多挑战,人类正经历百年未有之大变局。

(一)文化威胁论

亨廷顿认为,随着冷战的结束,"文明冲突"模式应运而生,"这一模式强调文化在塑造全球政治中的主要作用"。① 文化的差异本来是再自然不过的了,比起经济动荡、政治冲突,文化的演化较为缓慢悠长,但有人偏偏盯上了它,而且故意夸大文化间的冲突。亨廷顿认为:"在这个新的世界里,最普遍的、重要的和危险的冲突不是社会阶级之间、富人和穷人之间,或其他以经济来划分的集团之间的冲突,而是属于不同文化实体的人民之间的冲突。"②随着冷战结束,意识形态及其分歧不再重要,各国开始发展出某种新的对抗和协调模式;这一模式突出地强调文化因素在塑造全球政治格局中的核心作用。在这样的格局中,世界政治和国际关系的基本单位乃是文明的核心国家,而不再是一般的民族国家;而冷战后的世界乃由七个(或八个)主要的文明——西方文明、中华文明、伊斯兰文明、日本文明、印度文明、斯拉夫即东正教文明、拉丁美洲文明(以及可能的非洲文明)——所构成。这样一些作为"文化实体"的文明正在取代冷战集团,而成为全球政治的主要活动者和行为者。因此,新的世界秩序正在依循着"文化线"聚合与重构;而"文明的冲突"则意味着宏观的"核心冲突"以及微观层面上的"断层线冲突"。前者是指不同文明的邻国间或一国内不同文明集团间的冲突。

他还特别提到中国:"中国的历史、文化、传统、规模、经济活力和自我形象,都驱使它在东亚寻求一种霸权地位。这个目标是中国经济迅速发展的自然结果。所有其他大国(英国、法国、德国、日本、美国和苏联),在经历高速工业化和经济增长的同时或在紧随其后的年代里,都进行了对外扩张、自我伸张和实行帝国主义。没有理由认为,中国在经济和军事实力增强后不会采取同样的做法。"③亨廷顿的观点在西方有着较大市场。连基辛格也在他的《世界秩序》一书中说:"亚洲坚信自己正在崛起,认为世界尚未完全给予它应有的重视。尽管没有国家挑战别国的主权和尊严,各国均宣布致力于非零和的外交,但许多国家同时追求树立国威,这本身就给地区秩序带来了一定的动荡性。随着现代技术的发展,亚洲各大国均储备了具

① [美]亨廷顿.文明的冲突与世界秩序的重建[M].周琪,等译.北京:新华出版社,1999:1.
② [美]亨廷顿.文明的冲突与世界秩序的重建[M].周琪,等译.北京:新华出版社,1999:6.
③ [美]亨廷顿.文明的冲突与世界秩序的重建[M].周琪,等译.北京:新华出版社,1999:255.

有强大破坏力的武器,远超 19 世纪最强大的欧洲国家,一旦发生误判,后果不堪设想。因此,亚洲的构成天生就是对世界秩序的挑战。""老牌大国和崛起中的大国之间存在潜在的紧张因素。这一点自古皆然。……哈佛大学的一项研究表明,历史上新兴大国和原有大国互动的 15 个例子中,10 个导致战争。"①这些观点归根到底还是西方中心论作祟。笔者对此一直有个疑问:为什么西方各大博物馆中都以收藏中国文物、艺术品为傲? 它们被放置在各国文物、艺术品中并没有什么不和谐。说到底世界就是一个巨大的博物馆,文化的多样性、民族性就是它的精彩之处。那些唯恐世界不乱的各种论调说到底还是意识形态作祟,还是冷战思维死灰复燃。

亨廷顿的观点引起热议。德国学者米勒发表《文明的共存——对塞缪尔·亨廷顿"文明冲突论"的批判》一文反驳:"文明的冲突现象并非自然之力的结果,而是人为引起的,因此人类完全可以依靠自身的力量来逾越这个障碍。"从世界历史来看,一个大国崛起后必然对其原处的国际地位不满,必然会挑战原有的国际秩序,挑战原有的霸权,从而导致国际局势的不稳定、不安全。这种大而必霸的西方逻辑是不是历史的必然,中国的发展能不能打破这种"魔咒"? 在意大利学者阿里吉看来,成为世界霸权的可能性会带来三个积极后果:第一,通过重建当今由西方主导的国家等级体系,东亚领导的时代或许带来国家间更大的平等。第二,中国或许比欧美先例具有更少的军事色彩和更多的和平倾向。第三,中国的崛起开创了更加平等和人道的东亚发展道路,它建立在市场交换的基础上。阿里吉希望中国取代西方来领导世界,其实际上还是用旧思维来理解新世界。中国会继续走和平发展的现代化道路。

2010 年习近平在访问新加坡时对李光耀总理说,现在有一种观点认为中国发展起来以后,迟早会走上"国强必霸"的路子。这种看法不符合中国讲信修睦的文化传统,不符合中国的外交方针和实践,也不符合邓小平先生关于"将来我们发展了"也"永远不称霸"的郑重宣誓和承诺。中国会把和平发展道路、把互利共赢开放战略、把中国永远不称霸的宣示和承诺一代代传承下去。2013 年 12 月,习近平指出:"文化是沟通心灵的桥梁。以理服人,以文服人,以德服人,是中华文化的生命禀赋和生存耐心。"②2014 年 11 月,习近平在访问澳大利亚发表演讲时说,中国虽然是个大块头,但两千多年前中国的先人就认识到"国虽大,好战必亡"的道理。纵观

---

① [美]基辛格. 世界秩序[M]. 胡利平,等译. 北京:中信出版集团,2015:276,297.

② 中共中央党史和文献研究院,中央学习贯彻习近平新时代中国特色社会主义思想主题教育领导小组办公室. 习近平新时代中国特色社会主义思想专题摘编[M]. 北京:中央文献出版社,2023:328.

历史,任何国家试图通过武力实现自己的发展目标,最终都是要失败的,历史上那些不可一世的帝国如今都成了过眼云烟。这是一条颠扑不破的真理。关于一国强大后是否必然走上称霸之路,实际上中国古代就已经提出并解决了这一问题。早在春秋战国时期,中国就产生了著名的"王霸之争"。管仲最早提出:"夫丰国之谓霸,兼正之国之谓王"①,即霸权之国以实力为基础,而王权之国则以实力和道义为本,因此,"得天下之众者王,得其半者霸"。即要成王者,必须得到绝大多数国家(诸侯国)的支持,而要称霸,只要一半支持即可。实际上管子在这里给出了王道与霸道的质与量的规定。但管子认为,霸道是王道的基础、前提、条件,王道是最终目的。孟子则通过道德的力量解构了"王霸之争",他认为:"以力假仁者霸,霸必有大国;以德行仁者王,王不待大……以力服人者,非心服也,力不赡也;以德服人者,中心悦而诚服也,如七十子之服孔子也。"②而"以德服人"就是"行仁义而顺天理",就是王道,而"假仁义以济私欲"就是霸道。其特别强调"强不执弱""富不侮贫"的精神。罗素认为:"中华帝国延续至今,并非依靠军事,而靠的是它的幅员辽阔,物产丰富。"③费正清也提出,中华民族从来就不是一个外向型、扩张型的民族。从中国几千年的历史来看,我国在大部分时间内一直是世界上最强大的国家,但我们很少耀武扬威、侵略别国,大多数时间里与邻国保持和平共处、友好往来的状态,而且我们特别注重经济文化交流。

约瑟夫·奈认为:"在国际政治中,一个国家可以由于别的国家愿意追随它、景仰它的价值观、学习它的榜样、追求它所达到的繁荣与开放的高度,从而获得它所期望的结果。这种软实力就是吸引力,靠的是同人们合作,而不是强制他人。在国际政治中,产生软实力的资源中的一大部分来源于一个组织或国家所表达的价值观。这种价值观体现在它的文化中,体现在它的对内行为和政策所树立的榜样中,也体现在它处理同其他组织或国家关系中。"④"软实力是指一方通过吸引力而非靠强硬手段或利益引诱的方法去影响另一方,来达到其所想要达到的目的。软实力来源于一个国家的文化、政策和价值观念的吸引力。在世界政治中,一个国家可以通过它在文化、政策或价值观念上的吸引力,使别的国家模仿、理解和认同其在国际社会上的主张和维护国家利益的行为。软实力不是强国的专利,所有国家都具

---

①　谢浩范,朱迎平.管子全译(上)[M].贵阳:贵州人民出版社,2009:256.

②　杨伯峻.孟子译注(上)[M].北京:中华书局,1960:74.

③　[英]罗素.中国问题[M].秦悦,译.上海:学林出版社,1996:20.

④　王文.争辩中国[M].上海:上海人民出版社,2010:222.

有创造软实力,并通过软实力来提升自己国家的国际地位的能力。软实力比强制性威胁的方式更文明,也更持久。"①霸道主要依靠的是硬实力,而王道主要偏重于软实力。我们现在重视中国式现代化的研究与宣传,也是增强我国软实力的具体表现。中国历来爱好和平,反对霸权扩张。

"文明冲突论"受到了哈贝马斯的批判。他认为,所谓文明或文化冲突论,不论站在何种立场,其实质都是在自私的政治战略或狭隘的民主主义情绪驱使下,强调某一文化类型的优越性或特殊性,贬低或排斥异己的文化类型。文明冲突论将文明之间的差异性绝对化,从而制造出一种假象,似乎各文化类型之间只存在矛盾和对抗,而没有互补和融合,并进而宣扬它们之间的对立和冲突不可调和,不可避免。这种论调是一种新形式的"冷战话语",虽极其片面,却有很大的蛊惑性。它有意无意地煽动民族对立情绪,挑起不同信仰和价值观之间的矛盾与对抗,人为地加剧紧张气氛,因而对于当今世界的和平发展有百害而无一利。所谓文明冲突或文化冲突,说到底不过是政治和经济利益冲突的代名词,是"不同宗教信仰、价值观念、生活习惯的差异和碰撞的国家政治化或集团政治化形式"。文明或文化冲突历来就被国家或国家集团用作贯彻自己政治意图和谋求经济利益的借口。世界历史上发生的无数次战争,从十字军东征到美国入侵伊拉克、西方干涉利比亚,西方国家发动的无数次干涉、入侵、征服和占领都证明了这一点。哈贝马斯指出:西方资本主义的历史,特别是长期的殖民主义扩张和两次世界大战,集中反映了它弱肉强食的本性。而与此同时,西方中心论的文化观也流露出一种强烈的自我优越感。正是这种充满偏见的文化观的流行与泛滥,造成了西方文化和非西方文化间的不平等关系,以及前者对后者的歧视与误解。

(二)经济威胁论

改革开放 40 多年,中国在经济增长方面的确取得了巨大成就,集中反映在2010 年中国 GDP 总量位居世界第二。在这种情况下,有人提出所谓的"中国经济威胁论",其具体内容包括:其一,夸大中国 GDP 的增长速度。许多国外智库都预测,要么十年,要么二十年,中国的 GDP 将超越美国,成为世界上最大的经济体。其二,用购买力平价指标来误导世界。如 1995 年美国中央情报局情报委员会副主席格雷厄姆·富勒在《下一个意识形态》报告中,根据其对中国购买力平价的分析,认为到 2020 年,中国的 GDP 将超过 20 万亿美元,届时美国仅为 13 万亿美元,日本

---

① 张冠梓.哈佛看中国 [M].上海:人民出版社,2010:229-230.

只有 5 万亿美元。① 这比唱衰中国心机更深。其三,由经济威胁论派生出所谓的
"资源威胁论"和"粮食威胁论"等。由于我国经济高速增长,我国对资源的需求与
日俱增。以石油为例,我国从 1993 年开始成为石油纯进口国,2000 年我国进口
4 000 万吨,2002 年进口 7 000 万吨,预计到 2010 年左右,中国石油需求量的 41%
即 12 000 万吨需要进口,2020 年我国将进口 21 000 万吨。② 预计中国到 2030 年人
口将达到 15 亿,需要 7 亿吨粮食,而当前中国的粮食产量只能达到 5 亿吨。2 亿吨
的差额必然导致国际粮价暴涨。针对这些言论,我国政府一一予以了澄清或驳斥。

　　这种危言耸听既不专业,也不真实,而且完全无视中国经济发展对世界经济增
长的贡献。通过几十年的高速增长,中国对全球经济增长的贡献率保持在 30%左
右,超过 G7 国家贡献率的 2 倍,约相当于其他金砖成员国的 2.4 倍(BBVA,2011)。
中国经济发展对世界经济增长的贡献具体表现为:(1)中国经济成为世界经济增长
的主要驱动力量,中国经济增长对全球控制通货膨胀和稳定经济增长起着十分重
要的作用。(2)中国的经济增长改变了全球经济的"南北"格局,促使全球经济重心
的"东移",促进全球供应链的发展和全球分工的深化。(3)中国的发展极大地促进
了全球的技术进步和技术效率的提升。(4)不断壮大的中等收入人群正在促使中
国成为全球商品和服务越来越重要的消费市场。(5)快速增长的中国企业对外投
资,为全球跨境投资活动注入了新的活力。2024 年 6 月,习近平提出,从现在起至
2030 年,中国自发展中国家累计进口额有望超过 8 万亿美元。面对这些事实和预
期,我们不得不怀疑那些鼓吹"中国经济威胁论"的用意。

　　(三)军事威胁论

　　中国自古以来崇文不尚武。《道德经》中就有:"兵者,不祥之器,非君子之器。
不得已而用之。"③倒是古希腊哲学家赫拉克利特鼓吹战争,他说:"战争是万物之
父,也是万物之王,它使一些人成为神,它使一些人成为人,它使一些人成为奴隶,
它使一些人成为自由人。"④克劳塞维茨提出"战争是迫使敌人服从我们意志的暴力
行为",即战争是推行"西方中心论"的主要手段。吉登斯更把军事力量定义为西方
现代性四个向度之一,他认为:"二十世纪的战争对一般化变迁模式的作用如此的

---

　　① 郭万超.中国崛起:一个东方大国的成长之道[M].南昌:江西人民出版社,2004:6.
　　② 牛文元,胡鞍钢.能源的压力与挑战//路甬祥.21 世纪中国面临的 12 大挑战[M].北京:世界知识出
版社,2001:52—54.
　　③ 楼宇烈.老子道德经注校释[M].北京:中华书局,2008:80.
　　④ [英]罗素.西方哲学史[M].何兆武,等译.北京:商务印书馆,1963:51—52.

突出,以致要想理解这些模式而不求诸战争是非常荒唐的。"①战争是帝国主义的存在方式。近年来,随着中国综合国力的迅速壮大,面对一个动荡不安的世界,我国适当提高了国防经费,然而,这也被西方舆论拿来大做文章。美国智库兰德公司在其研究报告《美国与正在崛起的中国》中提出:"在将来中国实现现代化之后,中国与美国爆发冲突的可能性增大。现实主义理论认为新崛起的国家必然要向旧的国际秩序发起挑战。从中国历史来看,中国古代一直维持着地区霸权。所以,未来美国将面临中国的严重威胁。"②一些国家对中国政府近几年来增加国防经费的举措予以攻击。尽管我国政府每年在多个公开场合公布国防费用,但西方仍表示怀疑。伦敦国际战略研究所认为,中国的实际军事开支至少是官方数字的 5 倍。这真是危言耸听,也是"只许州官放火,不许百姓点灯"的行径。尽管近年来中国适度增加了国防开支,但中国是一个大国,有 22 000 多千米的陆地边界、18 000 多千米的大陆海岸线,有 14 亿人口和 200 万军队,无论是从国防费用占国内生产总值的比重,还是军人人均数额,在世界上都处于较低水平。1979 年至 2010 年,中国国防费占同期全国财政支出的比例呈总体下降趋势,1979 年为 17.37%,2010 年为 6.3%,下降 11 个百分点。2010 年,中国的国防预算为 5 321.15 亿元人民币,约合 783 亿美元。作为世界第一人口大国,2010 年中国国防费只为美国国防费的 12.3%,人均国防费只有美国的 2.5%,军人人均国防费也只有美国的 6.6%。因此我国国防投入仍是适度和有限的。中国增加的国防经费除了适度增加装备外,主要用于人力资源开支,即提高军队人员的工资待遇,进一步完善军人社会保险制度,相应增加编余人员退役安置等开支,加大军队人才建设等。基辛格也认为:"即便根据最高的估计,中国的军费预算也不足美国的 20%……即便是高,也是刚刚高于日本……远低于与中国接壤的日本、印度和俄罗斯的军费预算总和,更不要说 2001 年美国决定支持中国台湾地区的军事现代化了。中国对中期未来构成的挑战十有八九是政治和经济的,而非军事的。"③"清者自清。"正如习近平在庆祝中国共产党成立一百周年大会上所说:"和平、和睦、和谐是中华民族 5 000 多年来一直追求和传承的理念,中华民族的血液中没有侵略他人、称王称霸的基因。中国始终是世界和平的建设者、全球发展的贡献者、国际秩序的维护者。"④我们坚持走和平发展道路,坚决

① ［英］吉登斯. 资本主义与现代社会理论［M］. 郭忠华,等译. 上海:上海译文出版社,2013:10.
② 郭万超. 中国崛起:一个东方大国的成长之道［M］. 南昌:江西人民出版社,2004:6—7.
③ ［意］乔万尼·阿里吉. 亚当·斯密在北京［M］. 路爱国,等译. 北京:社会科学文献出版社,2009:293.
④ 习近平. 习近平谈治国理政:第 4 卷［M］. 北京:外文出版社,2022:11.

抵制西方的歪曲指责。

以上种种威胁论透视出西方面对中国崛起所产生的失落、矛盾、怀疑、忌恨的复杂心态。对此,法国汉学家魏柳南认为,"中国威胁论"是某些西方政治家在冷战结束后寻找"新的敌人"的需要。在西方人心中,最近四百年的世界,就是西方人的世界。这个世界是美国和欧洲决定的,至于别人怎么想,都无关紧要。我们仍然像19世纪那样,掌握着价值观,并可以将其随心所欲地强加给别人。直到中国的崛起,开始涉足很多西方世界固有的势力范围,一切都发生了改变。西方人渐渐明白,以往四百年的时代正在走向终结。在文化方面,以往我们认为启蒙时代开创的西方文化模式是世界上唯一的文化模式,这样的观点受到了空前挑战。在经济方面,西方从1945年以来推广的经济模式,在很多国家特别是发展中国家,可以说是失败了,而取而代之的,很可能是中国模式。这两点,对西方人来说,都是很难接受的事实。这道出了那些持"中国威胁论"者的真实用意。按照邓小平的说法,"西方国家正在打一场没有硝烟的第三次世界大战。所谓没有硝烟,就是要社会主义国家和平演变"①,西方发出各种噪声的真正目的,一方面是干扰中国,另一方面就是采取"和平演变"战略来破坏中国的发展。习近平指出:"面对中国的块头不断长大,有些人开始担心,也有一些人总是戴着有色眼镜看中国,认为中国发展起来了必然是一种'威胁'……这只能再次证明了一条真理:偏见往往最能消除。"②这不禁使笔者想起柏拉图的"洞穴"隐喻:一群被绑住手脚的人只能通过火光看到自己的"影子",这当然是幻象,唯有冲出洞穴,才能看到真实的世界。中国有句古话"百闻不如一见",持"中国威胁论"者往往是作茧自缚,其中有些人根本就没来过中国。就像恩格斯在《自然辩证法》中所说:"书斋里的学者是例外,他们不是二流或三流的人物,就是唯恐烧着自己手指的小心翼翼的庸人。"③提出"北京共识"的雷默,在北京生活了5年,所以才能写出比较客观的著作。"西方中心论"在许多人眼里成为柏拉图式的"理念",只有它是真实的,是"共相",而各种各样鲜活的现代化实践是"殊相",反而是虚假的。殊不知,连黑格尔也承认,"理念是共相,不过是自己规定自己的、自身具体的共相。……于是理念就是规定了的理念"。④ 罗素也认为"柏

---

① 邓小平. 邓小平文选:第3卷[M]. 北京:人民出版社,1993:344.
② 习近平. 习近平谈治国理政[M]. 北京:外文出版社,2014:264.
③ [德]马克思,[德]恩格斯. 马克思恩格斯文集:第9卷[M]. 北京:人民出版社,2009:410.
④ [德]黑格尔. 哲学史讲演录:第2卷[M]. 贺麟,译. 北京:商务印书馆,1960:206.

拉图关于理念的学说包含着许多显然的错误"①。

　　面对如此多"高超的胡说"的干扰,我们将如何应对?一种是清者自清,以不变应万变,"走自己的路,让别人去说吧";另一种是积极回应,积极塑造"国家形象"。在 2008 年 BBC 对全球 21 个国家 1.3 万人的调查中,对中国持积极看法的国际民众占 39%,比上年降低 6%,持消极印象的占 40%,比上年上升 7%。对中国持正面态度的国家为 10 个,对中国持负面态度的国家也有 10 个。②雷默甚至认为,中国目前最大的"战略威胁"之一,在于其"国家形象"。一般认为,西方人比较担心的是中国的发展方向:中国会不会打破固有的国际体系?中国目前最重大的战略挑战,都与其"国家形象"相关。中国自己如何看待中国,以及其他国家如何看待中国,将在很大程度上决定中国改革和发展的未来。……国家形象直接关系到国家在国际社会的"声誉资本",而声誉资本的缺乏则会增大改革的风险。对于中国来说,在国际舞台上若缺乏足够的声誉资本,将带来以下危害:(1)增加经济改革的成本;(2)增大货币和金融风险;(3)延缓农村改革;(4)增大国际压力;(5)伤害中国的企业。③实际上,中国领导人早已注意到这一问题。邓小平曾说:"中国今天的形象,不是晚清政府、不是北洋军阀,也不是蒋氏父子创造出来的。是中华人民共和国改变了中国的形象。"④新中国一改落后挨打的旧貌,完成了民族独立、人民解放的历史任务,改革开放又启动了国强民福的工程。习近平在党的二十大报告中提出:"我国不走一些国家通过战争、殖民、掠夺等方式实现现代化的老路,那种损人利己、充满血腥罪恶的老路给广大发展中国家人民带来深重苦难。"

　　习近平指出:"要重视塑造我国的国家形象,重点展示中国历史底蕴深厚、各民族多元一体、文化多样和谐的文明大国形象,政治清明、经济发展、文化繁荣、社会稳定、人民团结、山川秀美的东方大国形象,坚持和平发展、促进共同发展、维护国际公平正义、为人类作出贡献的负责任大国形象,对外更加开放、更加具有亲和力、充满希望、充满活力的社会主义大国形象。……让当代中国形象在世界上不断树立和闪亮起来。"⑤"让世界知道'发展中的中国''开放中的中国''为人类文明作贡

　　① [英]罗素.西方哲学史(上)[M].何兆武,李约瑟,译.北京:商务印书馆,1963:160.
　　② 李智.中国国家形象[M].北京:新华出版社,2011:2.
　　③ [美]雷默.中国形象:外国学者眼里的中国[M].北京:社会科学文献出版社,2008:3.
　　④ 邓小平.邓小平文选:第 3 卷[M].北京:人民出版社,1993:60.
　　⑤ 中共中央党史和文献研究院,中央学习贯彻习近平新时代中国特色社会主义思想主题教育领导小组办公室.习近平新时代中国特色社会主义思想专题摘编[M].北京:中央文献出版社,2023:328-329.

献的中国'。"①"四大形象""三种样式的中国"是中国式现代化的显著特征。我们不但要讲好过去的中国,而且要讲准现在的中国,更要讲清未来的中国。2012 年我国启动每年一次的"中国国家形象"全球调查,涉及中国整体形象、政治、经济、外交、军事、文化和科技的国际形象与传播。根据《环球时报》2023 年的调查,对于中国提出的、有别于西方现代化模式的"中国式现代化",19 国(不含中国)的平均数据显示,85％的受访者知道"中国式现代化",三成多受访者认同这"是人类社会发展的创新实践",还有三成多认为这"可能是新的伟大创举"。分国家来看,印度尼西亚、肯尼亚和南非 3 国中对中国式现代化持正面态度的受访者比例均在八成左右;巴西、阿根廷、埃及、沙特 4 国超过七成;美国、英国、意大利、俄罗斯等 7 国也超过六成。这说明广大发展中国家对中国式现代化更感兴趣。

当被问及"您希望本国与中国的关系未来如何变化"时,19 国(不含中国)的均值显示,近六成受访者希望本国与中国的关系更密切友好,其中超两成希望变得"非常密切和友好",还有超三成希望变得"比较密切和友好"。在巴西、沙特、俄罗斯等 7 个国家中,均有接近或超过七成的受访者希望与中国发展更好的双边关系;在英、法、美、澳等 6 国,也有接近或超过半数做出同样的选择;在韩国,希望保持现状和更友好的比例相当,均在四成左右;印度也有近半受访者希望印中关系更密切和友好。尽管调查样本不大,但调查也反映了中国独立自主和平外交政策的成功。

"失语就要挨骂。"我们要主动讲好中国故事,传播好中国声音,阐释好中国特色。以上引用的这些数据反映了国际社会对中国式现代化的看法与评价,可以帮助我们更好地塑造国家形象。伴随着中国经济的高速发展,我们对内提出实现中国式现代化,对外提出坚持走和平发展的道路。在不久的将来,中华民族将以崭新的面貌屹立于世界民族之林,对世界的和平发展大业做出更大的贡献。

二、"人类命运共同体"的提出及其要义

我国古代就有人提出"大同"的设想,它与"人类命运共同体"的理想有什么区别? 首先,"大同"社会是建立在农业文明基础上的田园牧歌式的构想,而"人类命运共同体"是 21 世纪人类面向全球化、现代化、科学技术日新月异的时代呼唤,它

---

① 习近平.习近平谈治国理政:第 2 卷[M].北京:外文出版社,2017:340.

是建立在全球性、科学性、实践性的基础上的。其次,"大同"带有空想色彩,而人类命运共同体经过世界各国努力是可以达到的。再次,"大同"是一种古老的东方智慧,而人类命运共同体将成为当今全球的共识。

马克斯·韦伯在《经济与社会》一书中,从社会学意义上区分了"共同体"与"联合体",提出"如果并且只要社会行动——无论是个别情况、一般情况还是纯粹类型——的取向是基于各方同属的主观感情,这种社会关系就可以叫作共同体(Vergemeinschaftung)关系,不管他们的感情是情绪型还是传统型的。如果并且只要一种社会关系内部的社会行动取向是基于理性动机下的利益平衡,或者类似动机下的同意,它就可以叫作联合体(Vergesellschaftung)关系,不论这种理性动机是价值理性的还是工具理性的"。①　所以,以往意义上的"共同体""联合体""市民社会",虽然看上去是集体概念,但本质上是一种"想象的共同体",恰恰都是以个人为前提和目的的,其他人只是他实现个人目的的工具。

西方模式本身就带有较强的攻击性、扩张性。许多西方学者更倾向于文化的冲突与对抗。习近平认为:"文明没有高下、优劣之分,只有特色、地域之别。文明差异不应该成为世界冲突的根源,而应该成为人类文明进步的动力。"②马克思主义的"世界历史"理论为构建人类命运共同体提供了理论基础;中华优秀传统文化更强调和谐共生,"和羹之美,在于合异",这为构建"人类命运共同体"提供了深厚的文化基础。

面对一个经济全球化、政治多极化、文化多样化,充满各种风险与不确定性的世界,中国方案是:构建人类命运共同体,实现共赢共享。2013 年 3 月,习近平在莫斯科国际关系学院发表演讲,首次提出"命运共同体"理念;2014 年 3 月,习近平在联合国教科文组织总部发表题为"文明因交流而多彩,文明因互鉴而丰富"的讲话,再次提出"命运共同体"思想。他提出:"当今世界,人类生活在不同文化、种族、肤色、宗教和不同社会制度所组成的世界里,各国人民形成了你中有我、我中有你的命运共同体。"③2015 年,习近平在联大会议上提出构建人类命运共同体"五位一体"总体框架。2017 年 1 月,习近平在联合国总部发表演讲,提出"同大家一起探讨构建人类命运共同体这一时代命题",并提出建设"五个世界"的总目标。2019 年开始的新冠疫情进一步推动"人类命运共同体"加速形成。2020 年 5 月,习近平在第 73

①　[德]马克斯·韦伯.经济与社会:第 1 卷[M].阎克文,译.上海:上海人民出版社,2010:132－133.
②　习近平.习近平谈治国理政:第 2 卷[M].北京:外文出版社,2017:544.
③　习近平.习近平谈治国理政[M].北京:外文出版社,2014:261.

届世界卫生大会上进一步提出"人类是命运共同体"。2021 年 9 月,习近平在第 76 届联合国大会上提出全球发展倡议。2022 年 4 月,习近平在博鳌亚洲论坛年会上提出全球安全倡议。2023 年 3 月,习近平在中国共产党与世界政党高层对话会上提出全球文明倡议。"三大倡议"代表了当下解决"世界之问"的中国智慧、中国方案,也成为构建人类命运共同体的"四梁八柱"。习近平总书记这么密集的主题发言一方面凸显我们赖以生存的地球正面临前所未有的问题与危机,另一方面也表达了中国政府对人类未来命运的关切。

人类命运共同体反映了全人类的共同价值追求。要坚持对话协商、共建共享、合作共赢、交流互鉴、绿色低碳,建设一个持久和平、普遍安全、共同繁荣、开放包容、清洁美丽的世界。

人类命运共同体有着丰富的内涵。其一,在承认多元性、多样性、差异性的前提下,人类命运共同体提倡各国在平等互利互信的基础上,通过对话、协商、合作,在不同理念、不同制度的各国中间寻找和扩大共同点,妥善处理矛盾分歧,发展和增长现实世界中的和谐因素,又化解和消除影响国际社会共同利益的消极因素,使不同国家在友好合作中实现共赢。其二,人类命运共同体表明中国超越了单纯为本国建设营造和平国际环境的目的,而准备肩负起维护世界和平、促进世界发展的重大责任;表明中国认同、融入和维护现行国际体系和规则,既在其框架下维护自身利益和国际社会共同利益,又与其他国家一起,在国际关系中弘扬民主、和睦、协作、共赢精神,逐步改变这种体系和规则中不公正、不合理的方面,建立国际政治经济新秩序。其三,中国倡导在国际关系中弘扬民主、和睦、协作、共赢精神,推动建设和谐世界;这同目前世界盛行的所谓国家都追逐本国利益最大化的丛林法则是截然相反的,是和《联合国宪章》的基本精神相一致的。[①]

人类命运共同体的具体合作机制包括:(1)坚持多边主义,实现共同安全。(2)坚持互利合作,实现共同繁荣。(3)坚持包容精神,共建和谐世界。(4)坚持积极稳妥方针,推进联合国改革。[②]

党的十九大报告提出构建"人类命运共同体"的具体方法,即五个"要"(要"相互尊重、平等协商",要"坚持以对话解决争端、以协商化解分歧",要"同舟共济",要"尊重世界文明多样性",要"坚持环境友好"),全面概括了构建"人类命运共同体"

---

① 徐崇温.中国的和平发展道路[M].重庆:重庆出版社,2009:346－348.
② 中共中央文献研究室.十六大以来重要文献选编(中)[M].北京:中央文献出版社,2006:995－997.

的原则与措施。

人类命运共同体的具体框架包括:

(1)在国际政治上,倡导民主平等。指的是国家不论大小、强弱、贫富,都是国际社会的一分子,绝不能以大欺小、以强凌弱。要在和平共处五项原则的基础上处理国与国之间的关系。

(2)在世界经济上,主张互利共赢。目前南北差距非常大,特别是不合理的国际经济旧秩序,造就了穷国越穷、富国越富的局面,严重影响世界的和平发展事业。

(3)在文化上,要尊重文化多样性。从整个世界看,文化无所谓先进落后,强势弱势,都是人类共有的遗产。我们既要反对文化霸权主义,也要反对文化保守主义,更要反对所谓的"文明冲突论"。在文化上,我国要相互借鉴、求同存异,促进各民族的文化和谐相容、共同发展。

(4)在安全上,强调合作安全。中国提出互信、互利、平等、协作的新安全观,提出对话是实现安全的根本手段,合作是维护安全的最佳方式。

(5)在环境保护上,强调区别责任。中国提出要同舟共济,相互帮助、协力推进,不互相推诿,不互相指责,各自尽力而为,共同呵护地球这一人类共同的家园。

"德不孤,必有邻。"人类命运共同体的构想是有国际基础的。联合国教科文组织(UNESCO)和世界文化与发展委员会(WCCD)提出:"这里有一个最基本的原则,即培育对其他文化的尊重,只要我们所尊重的这种文化的价值观包含对他人的宽容。尊重超过了容忍,它意味着对他人的一种更积极的态度,要为别的民族所创造的灿烂文化而鼓舞喝彩。社会和平与稳定是人的发展的必要条件,反过来,社会和平与稳定要求不同文化之间不能视同陌路、互相拒绝、充满仇恨,要把其他文化看作不同的人类生活方式,其中包含着对所有民族都有益的经验教训和信息。"[1]哈贝马斯也呼吁:"不同的文化类型应当超越各自传统和生活形式的基本价值的局限,作为平等的对话伙伴相互尊重,并在一种和谐友好的气氛中消除误解,摈弃成见,以便共同探讨对于人类和世界的未来有关的重大问题,寻找解决问题的途径。这应当作为国际交往的伦理原则得到普遍遵守。"[2]所以,中国式现代化倡导的和平发展道路是对人类命运共同体理念的真正践行!

---

[1] 联合国教科文组织. 文化多样性与人类全面发展[M]. 张玉国,译. 广州:广东人民出版社,2006:4.

[2] [德]米夏埃尔·哈勒. 作为未来的过去——与著名哲学家哈贝马斯对话[M]. 章国锋,译. 杭州:浙江人民出版社,2001:215.

三、积极参与应对气候变化全球治理

在全球工业化大潮中,经济发展与环境保护是两难问题。气候变化是环境问题,也是发展问题,更是全球问题。中国式现代化所面对的环境问题越来越突出。发展绝不能以牺牲环境为代价,也不能以牺牲广大人民的根本利益为代价,更不能以透支子孙后代的利益为代价。

以往各种现代化模式大多忽视经济增长的自然、环境成本,甚至认为其交易成本为零。一些西方学者提出质问,齐泽克把忽视经济增长的自然、环境成本视为"有史以来最大的市场失灵"。1968 年美国学者哈定提出"公地悲剧"理论:公地作为一项公共资源或财产有许多拥有者,他们中的每个人都有使用权,但没有权利阻止他人使用,从而造成资源过度使用和枯竭。之所以叫作悲剧,是因为每个人都知道资源将由于过度使用而枯竭,但每个人对阻止事态的继续恶化都感到无能为力,而且都有"及时捞一把"的心态。"在一个信奉任意享用公有资源的社会,人人都追求自己的最大利益,毁灭是其必然的命运。任意享用公有资源会带来毁灭。"①科斯在他的《社会问题成本》中提出:如果一块土地产权不清晰,或者说产权公有,所有人都有权利在公地上放牧。在此情况下,放牧的收益归自己,放牧的成本则由大家分摊。在这种机制下,大家都会倾向于多放牧,多获得收益,长此以往,草地最终会受到损害,所有人都会受损。气候变化属于典型的全球性公共产品,影响范围跨越国界、代际和民族。一个国家、企业或个人排放温室气体,会给全球其他国家、企业、个人带来负面影响,具有典型的外部性。1972 年,罗马俱乐部发表《增长的极限》报告,认为传统经济增长方式造成的资源消耗和环境污染,使地球不堪重负,其正式向各种粗放增长模式敲响了警钟。1985 年德国社会学家约瑟夫·胡伯教授提出生态现代化理论,认为人类在现代化进程中必然会出现环境污染问题,但这并不妨碍人们实现现代化的决心与目标。但人们在发展的同时应该更多考虑生态环境,走可持续发展之路。所有这些理论与观点都是为了唤醒世人,使其关注环境保护。

不管是哈定的"公地悲剧",还是科斯的"交易成本"理论,造成环境恶化背后的始作俑者还是资本逻辑。所以福斯特认为,"人类按唯利是图的原则通过市场'看不见的手'为少数人谋取狭隘机械利益的能力,不可避免地要与自然界发生冲突",

---

① Hardin,G. The Tragedy of the Commons[J]. Science,1968(162):1243—1248.

资本主义永远不会以牺牲经济增长和资本积累来进行环境改造。其内在逻辑永远是"让别人吃污染",环境保护与"冷酷的资本需要短期回报的本质是格格不入的。资本需要在可预见的时间内回收,并且确保要有足够的利润抵消风险,并好于其他投资机会。……这样一来,资本主义投资商在投资决策中短期行为的痼疾便成为影响整体环境的致命因素"。[①] 他认为,资本主义生产存在四条反生态法则:第一,事物之间仅有的永恒关系是金钱关系,金钱关系是衡量一切的标准,金钱关系异化了自然界中事物之间固有的关系,使自然碎片化。第二,只要不重新进入资本循环,事物去哪里都无关紧要。资本主义生产不是一个循环系统,而是一条直线——从资源地到废物堆。第三,市场懂得什么是最好的。在资本主义社会里,市场规则统率一切社会的和自然的规律。利润是最高目的,自然和社会本身是手段。第四,自然的施与是资本主义的免费礼物。所以,指望资本主义制度解决环境问题无疑是与虎谋皮。法国思想家高兹则认为,资本主义的危机本质上就是生态危机,生态危机是资本主义各种危机的最终根源,所以,"保护生态环境的最佳选择是先进的社会主义";在他看来:社会主义制度之所以为生态保护提供了可能性,关键在于它不以利润作为生产动机。如果说资本主义生产遵循的是经济理性,即以利润为生产动机的理性,社会主义生产所实施的必然是以生态保护为宗旨的生态理性。两种理性的区别是:经济理性属于工具理性,生态理性属于价值理性;经济理性不惜对资源的肆意开发,不顾对环境的破坏,追求最大限度的生产和消费;而生态理性则尽量少运用劳动、资本和资源,努力生产耐用、具有高使用价值的东西,以满足人们适可而止的需求。"生态理性力求以尽可能最好的方式、尽可能最低限度的、具有最大使用价值和最具耐用性的物品来满足人们的物质需求。并花费最少量的劳动、资本和自然资源产生出这些物品实现这一点。与此相反,经济理性追求最大的生产力,最大量的消费和需求,以求获取最丰厚的利润。只有通过这种最大量的消费和需求,才能获得资本的增殖。"[②]生态学家乔尔·科威尔把生态危机比喻成"癌症":"资本的统治时期是人类历史上迄今为止最具破坏性的阶段。……目前的危机不同于以往,对自然的威胁,不论大小,都源于资本的癌变性入侵。"因此,"资本不只是一种经济剥削的工具,而且是死亡天使";我们必须明白:"根本的问题不是技术性的,而在于我们改造自然和消费我们劳动成果的方式。要合理地做到这一

---

① [美]福斯特.生态危机与资本主义[M].耿建新,译.上海:上海译文出版社,2006:3-4.

② 张一兵.资本主义理解史:第6卷[M].南京:江苏人民出版社,2009:154.

点，必须坚持生态社会主义的时代精神。"①"生态社会主义最最重要的是为了生命，致力于生命的延续和繁荣。这就是生态社会主义存在的核心意义。"②就算资本偶尔出面宣传、保护环境，也是为了获得更多的利润，所以，解决生态问题的最终出路在于社会主义。

现实表明，面对空前的环境赤字，人类缺乏共同应对的机制、手段与方法。美国学者大卫·格里芬提出："作为人类的我们如果想要继续繁荣发展，甚至是想要继续生存的话，就需要走向一种生态文明。只要我们遗忘掉现代世界秩序而赞同一种后现代的世界秩序，即全球民主，那么发展一种生态文明就是很有可能的。"③他认为，全球性生态危机的根源就在于缺乏一个能整合各国利益的全球民主机制，无政府的文明导致了今天全球性生态危机。他指出："缺少全球政府意味着没有一种有权威的制度去确保国家之间互动的公正。我们处于一种'自助'状态下，每个国家必须自己照顾自己（这种状态仅由联合国安理会的成立而得到略微的改观）。其次，没有一种有权威的制度去协调不同国家的行为以促进共同完善，我们所拥有的民族国家政府的多样性，每个政府均得到授权为其自身内部的完善而工作。"解决全球问题应当建立全球民主，而这种民主并非美国和多数名义上民主的国家之中的财阀民主。④ 所以，当今应对全球气候变化最大的困难就是发达国家与发展中国家如何看待自己的责任与义务：美国认为自己承担的减排义务太重，不接受强制性减排义务，而且非要发展中国家也接受减排义务；发展中国家基于自身责任、发展需要、财力物力等原因，采用一手推（拒绝强制性减排要求）、一手要（要求发达国家提供资金和技术）的策略。这使得自 20 世纪 70 年代开始的世界气候会议大多无功而返，很难达成实质性协议，就算达成协议也很难执行。各国要么相互攻讦，要么扯皮推诿，使得全球气候变化危机愈演愈烈。

英国学者吉登斯面对生态危机，提出了"吉登斯悖论"，即"不管别人告诉我们威胁有多大，正视这些威胁总是很难的，因为它们让人感觉不是太真实——同时，生活还得照旧下去，生活的一切快乐和压力也得照旧下去。气候变化的政治学必须处理我所说的'吉登斯悖论'，它表明，全球变暖带来的危险尽管看起来很可怕，但它们在日复一日的生活中不是有形的、直接的、可见的，因此许多人会袖手旁观，

① 曹荣湘. 全球大变暖：气候经济、政治与伦理[M]. 北京：社会科学文献出版社，2010：20.
② 曹荣湘. 全球大变暖：气候经济、政治与伦理[M]. 北京：社会科学文献出版社，2010：441.
③ 曹荣湘. 全球大变暖：气候经济、政治与伦理[M]. 北京：社会科学文献出版社，2010：245.
④ ［美］大卫·格里芬. 全球民主和生态文明[J]. 马克思主义与现实，2007(6)：23—28.

不会对它们有任何实际的举动。然而,坐等它们变得有形,变得严重,那时再去临时抱佛脚,定然是太迟了。"①吉登斯主要借此呼吁各国应该立即把环境治理与保护提上议事日程。但环境问题的复杂性在于:各个主体的经济发展、利益诉求、认知等都参差不齐。

低碳经济是英国在 2003 年发布的能源白皮书《我们能源的未来:创建低碳经济》中提出的。当时,英国政府提出的总体目标是到 2050 年将二氧化碳的排放量相比 1990 年削减 60%。低碳经济是低能耗、低污染、低排放的经济模式,以降低温室气体排放为主要目标;其基础是建立低碳能源系统、低碳技术体系和低碳产业结构;其特征是低排放、高能效、高效率;其核心内容包括制定低碳政策、开发利用低碳技术和产品、采取减缓和适应气候变化的相关措施。低碳经济的实质是提高能源效率,解决清洁能源结构问题。笔者认为,要构筑低碳世界,光靠低碳经济是远远不够的,要靠低碳政治、低碳文化相互影响、相互促进,多管齐下、综合治理。所谓低碳政治,就是执政者的施政重点要转向低碳政策,在制度、政策、法律等方面保护低碳生活。而在环境保护问题上,市场往往是"失灵"的,政府要积极介入。低碳文化就是全社会要形成低碳生活的氛围,即人们的观念、习俗、行为规范都以低碳为圭臬,推广绿色生产、生活方式。这样才能构建全球环境治理体系。

2003 年美国学者布朗出版《B 模式:拯救地球 延续文明》一书,提出著名的 A 模式与 B 模式之争:A 模式是指大量使用化石燃料,以破坏与牺牲生态环境为代价、以追逐经济利润为中心的传统西方模式;B 模式是以人为本,使用新能源(风能、太阳能、地热资源、小型水电、生物能源等)的生态经济发展新模式。他提出,以化石燃料为基础,以汽车为中心和一次性产品泛滥的经济,已经到了山穷水尽的日子;其呼吁尽快稳定水生产,促进人口以及地球的稳定(气候),应不惜用战争动员的方式重构全球经济,实现生态文明。他提出:"西方的经济模式不适用于中国。它在印度也肯定不适用……对于也在做着美国梦的其他发展中国家的 30 亿人口,西方的经济模式也必然不适用。"②他高度评价中国的经济发展成就。但其对我国面临的生态恶化、能源紧张、人口、粮食等问题也提出警告,希望中国在生态文明建设方面拥有光明的未来。

尽管从表 5.2、表 5.3 中可以看出,我国并不是因气候变化受损最严重的国家,但出于大国责任、国际主义义务、人类命运共同体的愿景,我们不能袖手旁观,要积

---

① [英]吉登斯. 气候变化的政治[M]. 曹荣湘,译. 北京:社会科学文献出版社,2009:2.

② [美]莱斯特·R. 布朗. B 模式:拯救地球 延续文明[M]. 林自新,等译. 北京:东方出版社,2003:3.

极参与国际环境保护的相关合作。

表 5.2　　　　　　　　2004—2030 年主要国家和地区二氧化碳排放趋势　　　　单位:吨

国家/地区	2004 年	2015 年	2020 年	2030 年
美国	5 923	6 589	6 944	7 950
加拿大	584	659	694	750
墨西哥	385	532	592	699
欧盟 15 国	4 381	4 558	4 579	4 684
日本	1 262	1 290	1 294	1 306
韩国	497	574	614	691
澳大利亚/新西兰	424	490	516	573
俄罗斯	1 685	1 908	2 018	2 185
中国	4 707	7 607	8 795	11 239
印度	1 111	1 507	1 720	2 156
巴西	334	454	500	597
中东	1 289	1 788	1 976	2 306
非洲	919	1 291	1 423	1 655
世界	26 922	33 889	36 854	42 880

资料来源:EIA(2007)。

表 5.3　　　　　　　　　温度升高 2.5 度后 GDP 损失的比例　　　　　　　单位:%

国别/地区	比　例
印度	4.93
非洲	3.91
欧洲经合组织	2.83
高收入石油输出国组织	1,95
东欧	0.71
日本	0.50
美国	0.45
中国	0.22
俄罗斯	—0.65

资料来源:曹荣湘.全球大变暖:气候经济、政治与伦理［M］.北京:社会科学文献出版社,
2010:280。

吉登斯认为:"技术进步对于我们削减温室气体排放的机会来说将是十分关键的,但国家的支持才是让它落到实处的必要条件。""从权力关系来说,世界气候的未来某种程度上只掌握在两个国家的手中——美国和中国,因为它们加在一起占了世界温室气体排放的极高比例。二者都在无止境地满世界寻找能源供给以支撑它们的经济。"①但他还是希望"在工业化的下一个阶段,中国成为低碳技术的先锋"。需要强调的是,美国是一个消费主导的经济体,而中国是一个生产主导的经济体,二者在应对全球气候变化中扮演着非常重要的角色。1992 年联合国环境与发展大会通过的《21 世纪议程》指出:"地球所面临的最严重的问题之一,就是不适当的消费和生产模式,尤其是工业化国家的这类模式。"乔尔·科威尔认为:"资本所强加的消费水平,正是生态危机也是气候变化紊乱的直接导火索。"②第二次世界大战后,随着西方经济的高速发展,西方社会步入所谓的"消费社会"。拜金主义、享乐主义等大行其道,不但败坏人们的心智,而且破坏了社会和环境。关于生产与消费,马克思在《政治经济学批判》导言中提出:生产直接也是消费,消费直接也是生产。"(1)因为产品只是在消费中才成为现实的产品,(2)因为消费创造出新的生产的需要。"③所以,我们不能人为地割裂生产与消费的辩证统一。但过度消费显然是错误的。

以消费逻辑主导的国家要倡导节俭、理性、科学消费,而以生产逻辑主导的发展中国家则要转变经济增长方式,即从粗放型转变到集约型,从外向型转变为内需型。对此,马克思在《资本论》中就提出两种再生产方式,即"如果生产场所扩大了,就是在外延上扩大;如果生产效率提高了,就是在内涵上扩大"。④ 而西方经济学的发展也注意到了这一问题:从早期的哈罗德-多玛模型单方面注重投资对经济增长的作用,到索洛的新古典增长模型注重技术进步的作用,再到罗默-卢卡斯的新增长理论关注知识的作用,说明经济增长是由多种要素、多种变量综合作用的结果(见表 5.4)。此外,工业化在各个发展阶段各种要素的作用也是不同的,早期资本的投入作用较大,但随后就会出现递减的趋势,人力资源、技术等的作用会上升。我国已处于工业化发展的中后期,应该开始转变经济发展方式,即实现由外延式增长逐步转变为内涵式发展。我国现有的经济增长依赖投资拉动的比率还较高,投资在 GDP 所占的份额由改革开放初期的 25% 左右,提高到 2004 年的超过 44%,大

① [英]吉登斯. 气候变化的政治[M]. 曹荣湘,译. 北京:社会科学文献出版社,2009:15.
② 曹荣湘. 全球大变暖:气候经济、政治与伦理[M]. 北京:社会科学文献出版社,2010:444.
③ 中央编译局. 马克思主义经典著作导读[M]. 北京:人民出版社,1999:76.
④ [德]马克思. 资本论:第 2 卷[M]. 北京:人民出版社,1972:192.

大超过其他国家。对此,1994 年美国麻省理工学院教授克鲁格曼质疑"亚洲奇迹",认为其经济增长完全归功于劳动和资本等要素投入的增加,而不是劳动生产率的提高,所以谈不上"奇迹",反而蕴藏着巨大的危机。按照中国香港学者刘遵义教授 1996 年的研究,中国的经济增长的各要素贡献中资本为 92.2%,劳动力贡献率为 9.2%,技术进步则为－1.4%。① 后者明显偏低。

表 5.4　　　　　　　　　先行工业化国家的经济增长阶段和相关的增长理论②

时间	增长阶段	主要内容	驱动因素	主导产业	增长理论
1770 年以前	"起飞"前阶段	对自然资源的开发	更多自然资源的投入	农业	"马尔萨斯陷阱"
约 1770 年至 1870 年	早期经济增长阶段	大机器工业代替手工劳动	资本积累	重化工业	哈罗德—多马增长模型
约 1870 年至 1970 年	现代经济增长阶段	效率提高	技术进步	与服务业一体化的制造业及农业	索洛的新古典外生增长模型
1970 年以后	信息时代	用信息通信技术改造国民经济	信息化	渗透到各个产业的信息通信产业	新增长理论的内生增长模型

正常消费有助于经济增长,但奢侈性消费则对经济社会发展具有负面影响。国外学者罗伯特·弗兰克认为,奢侈性消费是一种"个体的骄傲,群体的悲剧"。西方自由主义主张奢侈性消费。奥地利学派代表人物米塞斯宣称:"今天的奢侈品就是明天的必需品,这就是经济历史的发展规律,人类生活的一切改善和进步都首先以少数富人奢侈的形式进入人们的生活领域,过了一段时间之后,奢侈品就变成了所有人生活的必需品。奢侈鼓励了消费水平的提高,刺激了工业的发展,促进工业新产品的发明创造并投入大批量生产。它是我们经济生活的动力源之一。工业的革新与进步、所有居民生活水平的逐步提高,都应当归功于奢侈。"这简直是一派胡言。作为学者的米塞斯,居然混淆正常需求与奢侈的边界,造成了恶劣的影响。而且这股歪风很快影响到我国。根据高盛发布的数据,2010 年中国奢侈品消费高达 65 亿美元,连续三年全球增长率居第一位,销售量居第一位。国外学者称中国为"奢侈性的新型帝国"。北宋政治家司马光曾提出,由俭入奢易,由奢入俭难。习近

　　① 吴敬琏:中国增长模式选择[M].上海:远东出版社,2006:48.
　　② 吴敬琏:中国增长模式抉择[M].上海:远东出版社,2006:43.

平总书记提出,"我们一定要牢记'奢靡之始,危亡之渐'的古训"。① 如何看待这一现象? 众所周知,经济学上有所谓的"棘轮效应",即人的消费习惯形成后有不可逆性,易于向上发展而难于向下调整,其习惯效应较大,以致产生有正截距的短期消费函数。如果中国也变身为一个奢侈浪费型的消费大国,这对世界意味着什么?

传统发展模式一般不关注自然、环境的成本,总是"先污染后治理"。而中国在发展中可以做到边发展边治理,事实上中国政府也是努力这样做的。1999 年,我国代表团团长刘江在气候变化公约第五次缔约方会议上强调,中国在达到中等发达国家水平之前,不可能承担减排温室气体的义务。但中国政府将继续根据自己的可持续发展战略,努力减缓温室气体的排放增长率。出于一个发展中大国应尽的责任与义务,中国积极响应国际社会的有关倡议:1997 年,在联合国主导下中国签署《京都议定书》,39 国承诺在 2008—2012 年间的第一承诺期内,年均温室气体排放量比 1990 年减少 5%。2006 年年初,我国在"十一五"规划中首次将控制二氧化碳排放列为社会经济发展目标之一,提出到 2010 年能源强度在 2005 年基础上降低 20% 的约束性政策目标,这比许多发达国家在《京都议定书》承诺的减排量都要大。2007 年 6 月,中国政府发布《应对气候变化国家方案》,提出了一系列应对措施。吉登斯评介说:"中国领导人已经完全明白这一事实,即他们的国家不能走西方发展时走过的老路。"②2001 年诺贝尔经济学奖得主乔治·阿克洛夫也提出:"中国是一颗冉冉升起的经济之星,也是世界领导舞台上一颗正在升起的明星。世界的领导权不应该仅仅由于某些国家富裕和强大就交给它们。它应该交给那些有道德使命感的去做符合人道和正义的事情的国家。全球变暖正是这样一个领域。在这个领域里,美国尤其只顾眼前而罔顾是非。这对中国树立其道德威信是个机遇,也许还不需要付出特别大的代价。这也是中国开始树立其世界领导权的起点。随着 21 世纪向前发展的脚步,中国将逐步拥有这种领导权。"③俄罗斯学者维诺格拉多夫认为:"中国文明从一开始就以与自然界建立和谐关系,从而将其破坏性影响减到最低程度为目标。中华民族的成长遵循自然规律,从来不会为了建立使自己舒适的空间而企图直接改变外部世界。中华民族生存的王道是对现有事物进行利用和改善,而不是按照人类的理想来改变环境。"④中国政府积极参与全球气候治理是明智

① 习近平.习近平谈治国理政[M].北京:外文出版社,2014:371.
② [英]吉登斯.气候变化的政治[M].曹荣湘,译.北京:社会科学文献出版社,2009:249.
③ 曹荣湘:全球大变暖:气候经济、政治与伦理[M].北京:社会科学文献出版社,2010:44.
④ 王新颖:奇迹的建构:海外学者论中国模式[M].北京:中央编译出版社,2011:50.

的,且会对我国的国际地位提升带来正面影响。

我国本身就是环境污染的最大受害者之一。按照原国家环保总局和世界银行的报告,空气和水的污染使中国损失了 5.8％的 GDP。2017 年 1 月,习近平指出:"坚持绿色低碳,建设一个清洁美丽的世界。人与自然共生共存,伤害自然最终将伤及人类。"[①]中国是一个发展中国家,其基本国情决定了我国在应对气候变化领域面临巨大挑战与困难。首先,我国气候条件复杂,生态环境脆弱。我国主要属于大陆性季风气候,很多地方冬冷夏热,降水分布不均,水土流失和荒漠化严重。其次,中国人口众多,经济发展水平较低,发展任务艰巨。再加上我国城镇化比例偏低(2012 年为 52.6％),每年又有 1 000 多万以上的新增城镇劳动力需要就业。第三,我国处于工业化中后期发展阶段,能源结构以煤炭为主,控制温室气体排放的任务十分艰巨。最后,我国国民的文化水平、消费方式等的变化也对控制温室气体排放构成巨大挑战。

我国已积极研究并出台了《大气污染防治行动计划》,力争用十年或更长时间,逐步消除重污染天气,使全国空气质量得到明显改善。我国正积极走出一条以治理污染促进科学发展、转型升级、民生改善,环境效益、经济效益、社会效益"多赢"的新路子。历经十年新修订的《大气污染防治法》于 2016 年 1 月 1 日正式执行。

应对气候变化,中国坚持如下原则:

(1)在可持续发展的框架下应对气候变化。气候变化是在发展中产生的,也必须在发展过程中解决。要在应对气候变化的过程中促进可持续发展,努力实现发展经济和应对气候变化的双赢。

(2)"共同但有区别的责任"的原则。这是《气候公约》的核心原则。不论发达国家还是发展中国家,都有采取减缓和适应气候变化措施的责任。由于各国历史责任、发展水平、发展阶段、能力大小和贡献方式不同,发达国家要对其历史累计排放和当前高人均排放承担责任,率先减少排放,同时要向发展中国家提供资金、转让技术。发展中国家要在发展经济、消除贫困的过程中,采取积极的适应和减缓措施,尽可能少排放,为共同应对气候变化做出贡献。

(3)减缓和适应并重。减缓和适应气候变化是应对气候变化的两个有机组成部分。减缓是一项相对长期、艰巨的任务,而适应则更为现实、紧迫,对发展中国家尤为重要。减缓与适应必须统筹兼顾、协调平衡、同举并重。

---

① 习近平.习近平外交演讲集:第 2 卷[M].北京:中央文献出版社,2022:22.

（4）《气候公约》和《议定书》奠定了应对气候变化国际合作的法律基础，凝聚了国际社会的共识，是目前最具权威性、普遍性、全面性的应对气候变化国际框架。应当坚定不移地维护《气候公约》和《议定书》作为应对气候变化核心机制和主渠道的地位。其他多边和双边的合作，都应该是《气候公约》和《议定书》的补充和辅助。

（5）依靠科技创新和技术转让。应对气候变化要靠技术，技术创新和技术转让是应对气候变化的基础和支撑。发达国家有义务在推动本国开发和应用先进技术的同时，促进国际技术合作与转让，切实履行向发展中国家提供资金和转让技术的承诺，使发展中国家拿得到所需资金，用得上气候友好技术，提升减缓和适应气候变化的能力。

（6）全民参与和广泛国际合作。应对气候变化需要转变生产方式和消费方式，需要全社会的广泛参与。中国努力建设资源节约型、环境友好型，营造政府引导、企业参加和公众自愿行动的社会氛围，增强企业的社会责任感和公众的全球环境意识。气候变化是全球共同面临的挑战，必须通过全球的广泛合作和共同努力才能解决，中国将一如既往地积极开展和参与一切有利于应对气候变化的国际合作。[①] 2015 年 10 月 15 日，中国宣布建立规模为 200 亿元人民币的气候变化南南合作基金，用以支持其他发展中国家。所有这些都得到了国际社会的肯定，美国学者小约翰·B.科布认为："中国也许能找到一条走出由于经济学和生态学理论与实践的碰撞产生的两难困境之路，也许中国甚至能引领整个实践的道路。"[②]

应对全球气候变化的道路是曲折的，但前途是光明的。习近平在党的二十大报告中提出："实现碳达峰碳中和是一场广泛而深刻的经济社会系统性变革。立足我国能源资源禀赋，先破后立，有计划分步骤实施碳达峰行动。积极参与应对气候变化全球治理。"[③]"不谋万世者，不足以谋一时。"我们要举全球之力，共同应对全球气候变化的挑战，努力建设人与自然和谐共生的现代化，为万世开太平！

① 新华日报社.时政文献辑览[M].北京：人民出版社，2009：772.
② 王治河.全球化与后现代性[M].南宁：广西师范大学出版社，2003：119.
③ 中共中央党史和文献研究院，中央学习贯彻习近平新时代中国特色社会主义思想主题教育领导小组办公室.习近平新时代中国特色社会主义思想摘编[M].北京：中央文献出版社，2023：389.

第六章

中国式现代化面临的现实问题

　　1842 年马克思就提出:"一个时代的迫切问题,有着和任何在内容上有根据的因而也是合理的问题共同的命运:主要的困难不是答案,而是问题。因此,真正的批判要分析的不是答案,而是问题。"①马克思主义的产生就是针对资本主义出现的各种问题。邓小平在改革开放初就提出:"过去我们讲发展。现在看,发展起来以后的问题不比不发展时少。"②应该清醒地看到,我们未来的路更长,工作更艰苦。党的二十大报告指出,必须坚持问题导向。问题是时代的声音,回答并指导解决问题是理论的根本任务。我们要增强问题意识,聚焦实践遇到的新问题、改革发展稳定存在深层次问题、人民群众急难愁盼问题、国际变局中的重大问题、党的建设面临的突出问题,不断提出真正解决问题的新理念新思路新办法。上述论断较全面地概括了当下我国面临的各种问题。中国式现代化道路上还面临一系列陷阱,如"中等收入陷阱""中等技术陷阱""修昔底德陷阱"等。新加坡学者郑永年认为:中国模式正面临来自内部和外部的挑战,核心就是中国模式的可持续问题。归纳起来,笔者认为,当下中国面临的主要挑战是处理改革发展稳定中的深层次问题,尤其是公平和可持续发展等方面的问题。与我国 GDP 总量世界第二形成鲜明反差的是:在公平和可持续发展方面,我国的世界排名大多在 100 名之后,这值得我们反思。中国式现代化要行稳致远,必须逐步解决这些问题。

---

　　①　[德]马克思,[德]恩格斯.马克思恩格斯全集:第 1 卷[M].北京:人民出版社,1995:230.
　　②　中共中央文献研究室.邓小平年谱[M].北京:人民出版社,2004:1364.

第一节　来自公平方面的挑战

马克思认为,问题是时代的格言,是表达时代内心状态的最实际的呼声。1970年10月,纪念联合国宪章生效25周年大会决议指出:"发展的最终目标必须是为了使个人的福利持续地得到改进,并使所有人都得到好处。如果不正当的特权、贫富悬殊和社会非正义继续存在下去,那么就其基本目的来说,发展就是失败的。"[①]中国在高速发展以及人民生活水平不断提高的同时,在社会公平、公正方面也暴露出许多问题。习近平总结道:"我国发展面临的主要问题是,创新能力不适应高质量发展要求,农业基础还不稳固,城乡区域发展和收入分配差距较大,生态环保任重道远,民生保障存在短板,社会治理还有弱项。归结起来,就是发展不平衡、发展不充分。"[②]在面对各种矛盾问题和重大风险挑战时,我们要始终做到方向明确、头脑清醒、应对有方、行动有力。

一、城乡居民收入分配的差距

"国之称富者,在乎丰民",应该说改革开放后城乡收入分配有了历史性改善,群众收入也有了较大提高,但新时代收入分配存在较大矛盾,具体表现在以下四个方面:(1)收入差距全面扩大,其中城乡差距和地区差距呈现出不断扩大的趋势。(2)在国民收入初次分配中,劳动收入所占比重大幅下降,资本收入比重持续上升,政府收入也与日俱增。而在发达国家,劳动者报酬占GDP的比重大多达到50%以上。(3)隐性收入规模庞大,收入分配透明度较差。(4)垄断部门的收入快速上升,与非垄断部门的收入差距逐渐拉大。2022年我国基尼系数为0.469。

根据中金公司发布的《2023年中国财富报告》:富人阶层约有460万人,占总人口的0.33%,但拥有的财富量占到私人财富总量的67.44%,而其他群体人数高达13亿人,人数占比为92.62%,但其所拥有的财富量占私人财富总量不足7%。分配不公还表现为个人收入提高与经济增长不同步。广大人民群众没有完全分享到

---

① 联合国新闻处.联合国手册(1966—1970)[M].北京:商务印书馆,1972:96.
② 习近平.习近平谈治国理政:第4卷[M].北京:外文出版社,2022:120.

改革开放、经济高速发展的好处,这会导致社会的不公平、不稳定。习近平提出:"我们决不能允许贫富差距越来越大、穷者愈穷富者愈富,决不能在富的人和穷的人之间出现一道不可逾越的鸿沟。"①以人民为中心的分配制度改革迫在眉睫。

尽管改革开放四十多年我国在增加农民收入、缩小城乡差距方面取得巨大成就,但中国城乡居民收入差距还存在进一步扩大的趋势。这种差距会导致:(1)广大农民的收入不高,购买力低下,农村市场需求不足,造成整个国内市场有效需求不足,从而影响国民经济的发展。(2)城乡对立、割裂,最终影响全国的稳定与发展。(3)影响构建社会主义和谐社会。2011 年 5 月,中共中央、国务院发布《中国农村扶贫开发纲要(2011—2020 年)》总体目标:到 2020 年,稳定实现扶贫对象不愁吃、不愁穿,保障其义务教育、基本医疗和住房。贫困地区农村人均纯收入增长幅度高于全国平均水平,基本公共服务主要领域指标接近全国平均水平,扭转发展差距扩大趋势。② 党的十八大以来,随着各级政府贯彻落实中央精神,城乡居民收入差距扩大的趋势被初步遏制。根据中国社会科学院农村发展研究所发布的《农村绿皮书:中国农村经济形势分析与预测(2023—2024)》报告,2013 年农民人均纯收入为 8 896 元(2023 年为 21 691 元),农民人均纯收入中,工资性收入超过家庭经营纯收入,农民工总量为 29 753 万人,月均收入为 4 780 元;与此同时,2013 年农村居民人均生活消费支出为 6 626 元(2023 年为 18 175 元),城乡居民消费水平差距进一步缩小。十年来城乡居民收入比缩小到 2.39。

2021 年我国全面建成小康社会,脱贫攻坚战取得全面胜利。现行标准下,9 899 万农村贫困人口全部脱贫,历史性解决了绝对贫困问题。但相对贫困问题还将长期存在,还要预防集体性、规模性返贫风险,对易返贫致贫人口要加强监测、及早干预。这为缩小城乡收入差距、实现共同富裕创造了必要条件。

各国解决城乡差别问题的根本出路在于加快城市化进程。2022 年中国城镇化率为 65.22%,根据联合国预测,世界发达国家的城市化率在 2050 年将达到 86%,我国也将达到 72.9%。这一数据表明,一方面我国城市化进程还存在较大空间,但另一方面也显示约有 4.73 亿农村人口要转移,平均每年转移 1 126 万,而这又对城市的居住、就业、管理等带来巨大的冲击。③ 2024 年 7 月国务院印发的《深入实施以人为本的新型城镇化战略五年行动计划》提出:城镇化健康有序发展,常住人口城

①　习近平.习近平谈治国理政:第 4 卷[M].北京:外文出版社,2022:171.
②　中共中央文献研究室.十七大以来重要文献选编(下)[M].北京:中央文献出版社,2013:358.
③　许宝友,常欣欣.从哈佛看中国——中国问题学术演讲集[M].北京:人民出版社,2010:14—15.

镇化率要达到 70% 左右,所以,按照中国式现代化建设的要求,加快城镇化建设是大势所趋。

二、东、中、西部的区域差距

由于历史和地理等条件的差异,地域辽阔的中国本身就存在巨大的地区差距(见表 6.1)。改革开放以来,全国各地区都有很大发展,但由于有关政策的作用,地区差距存在进一步放大的趋势,这不仅是经济问题,而且是政治问题、社会问题。如果坐视不管,必将影响改革发展稳定大业,影响国家的长治久安。

表 6.1　　　　　　　　　2000 年东、中、西部主要经济社会指标比较

项目	东部	中部	西部	三地比例
国内生产总值(亿元)	57 739.72	26 266.18	13 203.47	4.37∶1.99∶1
人口(万人)	53 622	40 940	28 666	1.87∶1.53∶1
人均 GDP(元)	10 767.92	5 977.74	4 605.97	2.34∶1.3∶1
工业总产值(亿元)	78 688.74	29 642.75	10 736.64	7.33∶2.76∶1
财政收入(亿元)	4 094.05	1 426.8	885.21	4.62∶1.61∶1

资料来源:《中国统计年鉴》(2001)。

如果对比最新数据:2023 年东部地区生产总值为 65.2 万亿元,中部地区生产总值为 27 万亿元,西部地区生产总值为 26.9 万亿元,我们可以发现,22 年来增长最快的是西部地区,与中部地区几乎相接近,这与国家西部大开发政策关联密切。另外,地区差距还在扩大:东部地区以占全国 9.5% 的国土、40.1% 的全国人口,创造了 51.7% 的生产总值、79.4% 的进出口额、56.5% 的地方财政收入。三区相比,东部已率先完成工业化,有的已经进入后工业社会,而广大中西部地区工业化还在路上;东部有的省份已进入共同富裕试点,而许多中西部地区刚刚告别绝对贫困。这种种问题令人难以接受,但同时也说明中国式现代化未来的发展空间巨大。当然我们不是唯 GDP 论者,而更应该关注各地区人民的收入状况。2023 年城镇居民家庭人均可支配收入最高的是上海,为 84 834 元,最低的是甘肃、青海、贵州、云南,均不到 3 万元。从消费结构看,恩格尔系数在不同省份的差别也很大,山西和吉林不到 30%,西藏、重庆、海南均超过 40%,其中西藏高达 48.1%。这同样令人不安。

居民收支的城乡差距依然很大:农村居民家庭人均纯收入最高的是上海,为

4.3万元。而最低的甘肃、贵州则刚过1万元。从消费结构看,各地区农村居民的恩格尔系数均在30%以上,其中青海最低,为30.9%,而11个省(市、自治区)超过40%,最高的西藏高达54.2%,海南为48%,广东、福建、云南也超过44%。[①] 这种东高西低的态势既有历史原因,也有各种复杂的现实原因。这迫切要求我们调动一切积极因素,化解区域居民收入差距过大的矛盾,为实现中国式现代化而努力。

问题既是挑战,也是机遇。区域差距影响共同富裕的推进与实现,"共同富裕路上,一个也不能掉队"。"解决发展不平衡不充分问题、缩小城乡区域发展差距、实现人的全面发展和全体人民共同富裕仍然任重道远。我们没有任何理由骄傲自满、松劲歇脚,必须乘势而上、再接再厉、接续奋斗。"[②]总书记的指示非常及时!

但由于社会主义初级阶段的基本国情,我们解决三大差别还要尽力而为、量力而行、循序渐进、久久为功。"问题思维"也是我党特有的工作方法之一。2021年1月,习近平指出:"全面建设社会主义现代化,一个地区、一个民族都不能落下,同时我国区域差异大、发展不平衡,现代化进程不能齐步走,要鼓励有条件的地区率先实现现代化,支持带动其他地区实现现代化。"[③]2021年1月,习近平在省部级主要领导干部研讨班上提出:"我国城乡区域发展差距较大,而究竟怎样解决这个问题,有很多新的问题需要深入研究,尤其是区域板块分化重组、人口跨区域转移加快、农民落户城市意愿下降等问题要抓紧研究、明确思路。"[④]只有首先坚持问题导向,才能破解难题。

区域协调发展一直是我党持续关心的重大问题。新时代习近平总书记提出了解决区域差距的"总思路":坚持以人民为中心的发展思想,在高质量发展中促进共同富裕,正确处理效率与公平的关系,构建初次分配、再分配、三次分配协调配套的基础性制度安排,加大税收、社保、转移支付等调节力度并提高精准性,扩大中等收入群体比重,增加低收入群体收入,合理调节高收入,取缔非法收入,形成中间大、两头小的橄榄型分配结构,促进社会公平正义,促进人的全面发展,使全体人民朝着共同富裕目标扎实迈进。中央对地方的转移支付规模从2012年的4.5万亿元增加到2024年的10.2万亿元,增长125%,有力促进了区域协调发展和基本公共服务均等化。

① 李培林,等.2015年中国社会形势分析与预测[M].北京:社会科学文献出版社,2014:309-310.
② 习近平.习近平谈治国理政:第4卷[M].北京:外文出版社,2022:138.
③ 习近平.习近平谈治国理政:第4卷[M].北京:外文出版社,2022:47.
④ 习近平.习近平谈治国理政:第4卷[M].北京:外文出版社,2022:172.

占全国90％的国土、60％的人口的中西部将是中国式现代化大展宏图的新战场。我国将加快制定创新区域协调发展体制机制的政策措施，出台推动产业跨地区梯度转移和优化布局的指导意见，促进省际交界地区合作发展，走好区域战略融合发展之路。

第二节　资源与环境的挑战

任何一个国家要发展，必然会遇到如何正确处理经济发展与资源、环境的关系这一问题。随着我国大幅度推进工业化进程，必然会给资源、环境带来巨大影响。2006年12月，国家环保总局副局长潘岳认为，传统工业化需要的三大自然要素，一个是土地、一个是水、一个是矿产资源，中国已耗损大半。不解决好这些问题，我们的资源支撑不住，环境容纳不下，社会承受不起，经济发展也不可持续。他进而提出，我们只能实行"绿色和平崛起"，其内容一共有八条：第一是低消耗的生产体系，第二是适度消费的生活体系，第三是稳定高效的经济体系，第四是持续循环的环境资源体系，第五是不断创新的技术体系，第六是更加开放的金融贸易体系，第七是注重公平的分配体系，第八是开明进步的民主体系。

一、资源短缺

中国地大物博，但如果从人均占有资源比例来看，中国可能是资源稀缺的国家，特别是石油、天然气、有色金属等资源更为稀缺。2005年中国的GDP仅占全世界的5％，却消耗了全球7.8％的石油、39.6％的煤炭、31.8％的粗钢和47.7％的水泥。[①] 2010年中国GDP总量跃居世界第二，但消耗了世界上重要资源的30％以上。如何应对资源短缺问题？中国人历来崇尚勤俭持家。《资治通鉴》中记载："取之有度，用之有节，则常足；取之无度，用之无节，则常不足。"2014年习近平就提出："主要资源等要素投入推动经济增长和规模扩张的粗放型发展方式是不可持续的。现在，世界发达水平人口全部加起来是10亿人左右，而我国有13亿多人，全部进入现代化，那就意味着世界发达水平人口要翻一番多。不能想象我们能够以现有发

---

① 韩保江.中国奇迹与中国发展模式[M].成都：四川人民出版社，2008：217.

达水平人口消耗资源的方式来生产生活,那全球现有资源都给我们也不够用!"①面对资源瓶颈,国家也予以充分重视,节约资源已成为我国的基本国策。习近平指出"取之有度,用之有节,是生态文明的真谛",国家实施节约与开发并举、把节约放在首位的能源发展战略,国务院和县级以上地方各级人民政府将节能工作纳入国民经济和社会发展规划、年度规划,并组织编制和实施节能中长期专项规划、年度节能计划。我国实行节能目标责任制和节能考核评价制度,将节能目标完成情况作为对地方人民政府及其负责人考核评价内容。我国实行有利于节能和环境保护的产业政策,限制发展高耗能、高污染行业,大力发展节能环保型产业,鼓励、支持开发利用新能源、可再生能源;鼓励、支持节能科学技术的研究、开发、示范和推广,促进节能技术创新与进步。另外,我国还大力开展节能宣传和教育,将节能知识纳入国民教育和培训体系,普及节能科学知识,增强全民的节能意识、提倡节约型的消费方式。应考虑改变以前学校教育中片面宣传我国地大物博的观点,既要讲总量,也要谈人均(我国耕地资源不足世界人均水平的30%,森林资源人均拥有量是世界的1/8,煤炭和水力资源人均拥有量相当于世界平均水平的50%,石油、天然气人均资源量仅为世界平均水平的1/15左右)。习近平指出:"生态环境问题,归根到底是资源过度开发、粗放使用、奢侈消费造成的。资源开发利用既要支撑当代人过上幸福生活,也要为子孙后代留下生存根基。要树立节约集约循环利用的资源观,用最少的资源环境代价取得最大的经济社会效益。"②按照2024年7月31日颁布的《中共中央国务院关于加快经济社会发展全面绿色转型的意见》的规定,到2035年,我国主要资源利用效率达到国际先进水平。为此,我国应实施全面节约战略,大力推进节能降碳增效,加强资源节约集约高效利用,扩大对原生资源的替代规模,提升再生利用的规模化、规范化、精细化水平,大力发展循环经济。

国际上一些别有用心之人鼓吹"中国资源威胁论",无论从理论上还是在实践中都是站不住脚的。尽管中国能源消费增长较快,但人均能源消费水平还很低,仅相当于世界平均水平的四分之三,人均石油消费只相当于世界平均水平的四分之一,远低于西方发达国家水平。何况我们正在积极推进全面绿色转型,中国过去不曾、现在没有、将来更不会对世界资源安全构成威胁。中国制造的太阳能设备正在全球发光发热,中国制造的新能源车正在跑遍天下。

---

①　习近平.习近平谈治国理政[M].北京:外文出版社,2014:120.

②　习近平.习近平谈治国理政:第2卷[M].北京:外文出版社,2017:396.

二、环境污染

伴随着中国式现代化不断推进,人们对良好生态环境的期盼也与日俱增,但作为最大的发展中国家,我国生态文明建设仍处于压力叠加、负重前行的关键期。资源的大量消耗伴随着环境的污染恶化。据 2004 年英国《经济学家》报道:世界银行认定的 20 个污染最严重的城市,有 16 个在中国;2/3 的中国居民呼吸着质量未达标的空气,1/4 的河流因为污染严重甚至无法用于工业和灌溉。大约 3 亿中国人无法获得清洁用水。2008 年我国二氧化硫排放量为世界第一,直接导致我国许多城市出现大面积酸雨;全国废水排放总量达到 571.7 亿吨,使我国几乎所有的水体发生不同程度的污染。与此同时,2004—2010 年环境污染占我国 GDP 的比例约为 3%。当然,这并非中国官方的正式数据,但也反映出我国生态环境保护结构性、根源性、趋势性压力尚未得到根本缓解,生态环境质量稳中向好的基础还不牢固。[①]

据美国耶鲁大学和哥伦比亚大学相关部门对世界主要国家和地区环境绩效的评价显示,2006 年中国的环境绩效指数(Environmental Performance Index,EPI)得分为 56.2 分,在参与评价的 133 个国家和地区中,排第 94 位,属于 4 级水平(共 5 级)。2008 年中国的 EPI 分数为 65.1 分,在参与评价的 149 个国家和地区中排第 105 位。[②] 这说明我国环境容量有限、生态系统脆弱的国情没有改变。

节约资源与环境保护是相互依存、相互作用的关系,而迎难而上一直是中国式现代化的底色。习近平总书记提出:生态环境是关系党的使命宗旨的重大政治问题,也是关系民生的重大社会问题。我们必须把两项工作融入经济社会发展全局,切实抓紧抓好,努力实现节约发展、清洁发展、可持续发展。一是统筹推进经济社会发展与资源节约、环境保护。二是构建资源节约和环境友好的国民经济体系和社会组织体系。三是解决资源浪费和环境污染的突出问题。重点抓好节能、节水、节地、节材,降低单位产出的能源资源消耗。四是健全节约资源、保护环境的长效机制。要逐步建立政府引导、法规支撑、企业为主、公众参与的运行机制。这些内容构成了符合中国国情、具有中国特色的节约资源和保护环境的体系。我国环境保护的具体措施包括以下几个方面:

---

① 新华社记者.推动美丽中国目标一步步变为现实[N].光明日报,2024-1-12:3.
② 严耕,等.生态文明绿皮书(2010 年)[M].北京:社会科学文献出版社,2010:48.

(1)加强环境保护方面的教育宣传工作,这是基础。在基础教育、高等教育、成人教育中纳入气候变化的内容,重点在青少年中积极开展以节能减排为主要内容的学校主题教育和社会实践活动,培养学生爱护环境、节能环保的意识,树立正确的生态价值观和道德观。建立制度化、系统化、大众化的生态文明教育体系。

(2)加强环境保护方面的立法工作。尽快完善生态环境、土地、矿产、森林、草原等方面保护和管理的法律制度,研究制定应对气候变化和双碳专项法律,落实民法典绿色原则,做到"有法可依、有法必依、执法必严、违法必究"。独立进行环境监管和行政执法,提高执法工作的权威性。

(3)推出有关金融税收政策。具体来说,第一,银行要积极扶持节能环保型企业的发展,资本市场也要适当增加对这类企业的直接融资,证券市场要开设反映节能环保板块的指数,发行直接投资这类上市公司的基金。第二,逐步推出碳税、碳基金,最终形成一个中国式的碳交易市场。2008年9月25日,我国首个综合性排放权交易机构——天津排放权交易所正式成立,标志着我国在污染物排放权交易中迈出历史性的一步。我国继续深化推进北京、上海、重庆、湖北、广东及深圳等地的碳排放权交易试点。2021年7月16日,全国碳排放权交易市场开市。截至2022年12月22日,全国碳排放权交易市场累计成交额突破100亿元大关。

(4)积极寻求国际合作与支持,共同应对全球气候变化。推动构建公平合理、合作共赢的全球环境气候治理体系,通过新的国际合作机制,引进、消化、吸收先进技术,使我国的低碳技术、产品达到国际先进水平,并在力所能及的范围内,为发展中国家提供支持。

(5)治理环境最根本的出路在于转变经济增长方式与消费方式。应对那些高耗能高污染的行业与项目加以严格控制,同时加快淘汰落后产能,坚决遏制高耗能、高排放、低水平项目盲目上马。

目前,我国已初步遏制住生态恶化的势头。2012年,我国单位国内生产总值能耗比5年前下降17.2%,化学需氧量、二氧化硫排放总量分别减少15.7%和17.5%;全国万元工业增加值用水量比10年前减少一半以上;全国城市污水处理率提高到87.3%,火电脱硫比例提高到90%以上;森林覆盖率不断提高,牧区草原质量出现好转,沙漠化土地面积持续减少。[①] 到2020年,我国初步形成与全面建设小康社会相适应的生态文明,绿色空间格局基本形成;2021年,我国森林覆盖率达

---

① 中共中央文献研究室.十八大以来重要文献选编(上)[M].北京:中央文献出版社,2014:629—630.

到 24.02％,成为全球森林资源增长最多和人工造林面积最大的国家。我国积极参与生态环境保护的国际合作,推动建立全球清洁能源合作伙伴关系,"共谋全球生态文明建设,共建清洁美丽的世界"。

第三节　来自执政党和政府方面的挑战

马克思主义历来关心执政党建设。1921 年 10 月,列宁在全俄政治教育委员会第二次代表大会上提出,在每一个共产党员面前有三大敌人:(1)共产党员的狂妄自大,(2)文盲,(3)贪污受贿。① 1945 年 7 月,毛泽东与黄炎培在延安谈话。黄炎培说:"我生六十多年,耳闻的不说,所亲眼看到的,真所谓其兴也浡焉,其亡也忽焉,一人,一家,一团体,一地方,乃至一国,不少单位都没有能跳出这周期率的支配力。……一部历史,政怠宦成的也有,人亡政息的也有,求荣取辱的也有。总之没有能跳出这周期率。中共诸君从过去到现在,我略略了解的了。就是希望找出一条新路,来跳出这周期率的支配。"毛泽东答:"我们已经找到新路,我们能跳出这周期率。这条新路,就是民主。只有让人民监督政府,政府才不敢松懈。只有人人起来负责,才不会人亡政息。"②这就是著名的"周期率"谈话,也称"窑洞对"。今天读来,其还是如黄钟大吕,如雷贯耳。2011 年 7 月,胡锦涛在庆祝中国共产党成立 90 周年大会上提出,要警惕和化解"四个危险",即精神懈怠无法凝聚人民力量,能力不足难以满足人民期待,脱离群众极易违背人民意愿,消极腐败势必危害人民利益。胡锦涛点出了新形势下我们党内出现的政怠宦成的官僚主义问题。2013 年 12 月,习近平指出:"全党要牢记毛泽东同志提出的'我们决不当李自成'的深刻警示,牢记'两个务必',牢记'生于忧患,死于安乐'的古训,着力解决好'其兴也浡焉,其亡也忽焉'的历史性课题。"③2017 年 10 月,习近平在党的十九大报告中提出:"腐败是我们党面临的最大威胁。只有以反腐败永远在路上的坚韧和执着,深化标本兼治,保证干部清正、政府清廉、政治清明,才能跳出历史周期率,确保党和国家长治久安。"④他把反腐败斗争与"跳出周期率"直接挂钩。2021 年 11 月,习近平在党的十

①　[苏]列宁.列宁专题文集:论社会主义[M].北京:人民出版社,2009:267.

②　黄炎培.八十年来[M].北京:文史资料出版社,1982:148－149.

③　习近平.论中国共产党历史[M].北京:中央文献出版社,2021:66.

④　习近平.习近平谈治国理政:第 3 卷[M].北京:外文出版社,2020:52.

九届六中全会第二次全体会议上宣布:"如何跳出历史周期率?经过百年奋斗特别是党的十八大以来新的实践,我们党又给出了第二个答案,这就是自我革命。"①新时代中国共产党必须以党的自我革命来推动伟大的社会革命。

一、领导水平、执政能力有待提高

提高党的领导水平、执政能力一直是"党之大事"。面对"四大考验""四大风险",党的十八大提出了把党建设成为学习型、服务型、创新型的马克思主义执政党的战略目标。2017 年 10 月,党的十九大报告提出:"中国特色社会主义进入新时代,我们党一定要有新气象新作为。"报告提出"全面增强执政本领",包括:增强学习本领、政治领导本领、改革创新本领、科学发展本领、依法执政本领、群众工作本领、狠抓落实本领、驾驭风险本领。各种本领的提高本身就是加强国家治理体系与治理能力的现代化的必然要求。

提高党的领导水平和执政能力,必须自觉学习、系统掌握马克思主义理论特别是中国特色社会主义理论体系,做到真学、真懂、真信、真用。提高党的领导水平和执政能力,必须在认真学习中掌握现代科学知识,广泛学习现代化建设所需要的政治、经济、文化、科技、社会和国际等各方面的知识,拓宽视野,准确把握当今世界发展大势,准确把握改革发展实际,切实坚持战略思维、创新思维、辩证思维、法治思维、底线思维。提高党的领导水平和执政能力,必须在更加勤奋地学习中探索回答重大理论和实践问题,紧密联系人民最关心最直接最现实的利益问题、本地区本部门改革发展稳定的重大问题、党的建设突出问题开展学习。当前,正确处理各种风险,尤其是突发性群体事件,推进社会治理现代化,就成为考验党的领导水平、执政能力的关键。

我们在高速发展中一定要有忧患意识。要把改革的力度、发展的速度和社会可承受的程度结合起来。如何处理群体性突发事件?早在 1957 年,毛泽东就发表了《关于正确处理人民内部矛盾的问题》,值得我们高度重视。当时由于受"波匈事件"的影响,我国一些地方也出现了工人罢工、学生罢课等群体性事件。对此,毛泽东首先指出:"但是发生闹事的更重要的因素,还是领导上的官僚主义。这种官僚主义的错误,有一些是要由上级机关负责,不能全怪下面。闹事的另一个原因是对

---

① 习近平.习近平谈治国理政:第 4 卷[M].北京:外文出版社,2022:541.

于工人、学生缺乏思想政治教育。……在这个问题上,我们应当注意的是:(一)为了从根本上消灭发生闹事的原因,必须坚决地克服官僚主义,很好地加强思想政治教育,恰当地处理各种矛盾。只要做到这一条,一般地就不会发生闹事的问题。(二)如果由于我们的工作做得不好,闹了事,那就应当把闹事的群众引向正确的道路,利用闹事来作为改善工作、教育干部和群众的一种特殊手段,解决平日所没有解决的问题。应当在处理闹事的过程中,进行细致的工作,不要用简单的方法去处理,不要'草率收兵'。对于闹事的带头人物,除了那些违犯刑法的分子和现行反革命分子应当法办以外,不应当轻易开除。在我们这样大的国家里,有少数人闹事,并不值得大惊小怪,倒是足以帮助我们克服官僚主义。"[1]毛泽东的指示值得我们,特别是领导干部,认真学习、思考、贯彻。

随着改革开放的深入,我国也进入"矛盾凸显期",特别是近年来群体性事件时有发生,极大考验着我们党和政府的执政能力。据中国社会科学院发布的《2005年社会蓝皮书》披露:从1993年到2003年,我国群体性事件数量已由1万起增加到6万起,参与人数也由约73万人增加到约307万人。2004年公安部的统计数据显示,因工资福利等基本生活费问题引发的群体性事件占总数的23.8%,因征地搬迁及补偿费等引发的群体性事件占18.1%,因企业改组改制兼并破产等问题引发的群体性事件占10.6%,因民间纠纷引发的群体性事件占4.1%,因争夺矿产森林、水利、草场、土地资源引发的群体性事件占3.9%,因对执行政策法律不满意引发的群体性事件占3.1%,因其他原因引发的群体性事件占36.4%。从群体性事件参加人员看,农民占32.4%,在岗职工占16.5%,下岗职工占15.9%,离退休人员占10.4%,其他人员占24.8%。由此可见,劳资关系、农村征地、城市拆迁、企业改制重组、移民安置补偿等,是酿成群体性事件的直接原因。[2] 另外,群体性事件的组织化程度提高,行为方式趋于激烈。聚众阻塞公共交通事件的比例,2000年为6.3%,2001年为6.6%;冲击党政机关的事件,2000年为2 700起,2003年为3 900起。[3] 对此,党中央高度重视,胡锦涛指出:"由人民内部矛盾引发的群体性事件,已经成为当前影响社会稳定的一个突出问题。在深化改革、加快发展的过程中,正确处理人民内部矛盾和群体性事件,对于保持社会稳定、为全面建设小康社会创造良

① 毛泽东. 毛泽东文集:第7卷[M].北京:人民出版社,1999:236—237.

② 中宣部舆情信息局. 论构建社会主义和谐社会[M].北京:学习出版社,2005:187.

③ 《科学社会》杂志社. 中国特色社会主义:若干重大理论和现实问题研究[M].北京:人民出版社,2010:69—70.

好的社会环境具有十分重要的意义。"①如何破局？关键要走科学发展、高质量发展之路。2023 年 12 月，习近平在中央政治局民主生活会上提出："高质量发展，反对贪大求洋、盲目蛮干；坚持出实招求实效，反对华而不实、数据造假；坚持打基础利长远，反对竭泽而渔、劳民伤财。"②这指出了部分官员乱作为、假作为的问题。我国安定团结的政治局面来之不易，我国核心稳定的社会状况来之不易，全党、全国人民都要倍加珍惜。

二、反腐倡廉任重道远

反腐倡廉是古今中外治国理政的重要任务之一。中国传统文化一贯倡导"为政清廉"，所谓"为政者，莫善于清其吏也"。如《庄子》一书中就有"大廉不嗛""廉清而不信""廉士重名"之句③；《论语》中也有"政者，正也。子帅以正，孰敢不正"。《周礼》特别提出"群吏之治"的六大标准："一曰廉善、二曰廉能、三曰廉敬、四曰廉正、五曰廉法、六曰廉辨。"但由于封建君主专制的体制，腐败反而成为历朝历代的顽瘴痼疾。同样，腐败也是一个世界性难题，其根源是多方面的。黑格尔追溯历史，认为中世纪教会的腐败是西方腐败的根源。进入工业化时代后，许多学者用权力来解释腐败之因。诺贝尔经济学奖得主戈里·贝尔指出："因政府介入了经济，才衍生了腐败，介入越多，贪污贿赂就越严重，哪个国家都如此。"我国学者张维迎重点从经济学角度分析腐败问题。他认为：首先，腐败问题最核心的根源在于信息不对称；其次，腐败现象的发生与权力之间的关系，不是一种线性关系，而是一种几何级数的关系，原因在于：一是拥有的权力越大，交叉使用权力的可能性就较大；二是权力越大，监管也就越难。假如政府只管一件事情，老百姓的眼睛都盯牢，这时发生腐败的可能性就越小；但如果政府管一百件事情，必然出现监督不到位的情况，这时候腐败的可能性就按几何级数增加。最后，减少腐败主要是靠监管、提高工资（高薪养廉）、减少政府权力、加大处罚力度、教育宣传等。④所有这些，都说明腐败同权力及经济利益等有着密切关系。因此，张维迎建议要约束政府的权力，他预测，如果废除了政府审批，腐败至少可以减少 50%。

---

①　中共中央文献研究室.十六大以来重要文献选编（上）[M].北京：中央文献出版社，2004：550—551.
②　中共中央文献研究室.十七大以来重要文献选编（上）[M].北京：中央文献出版社，2009：490—491.
③　曹础基.庄子译注[M].北京：中华书局，1982：217.
④　张维迎.博弈与社会讲义[M].北京：北京大学出版社，2014：301—304.

也有一部分人认为,腐败主要是个体行为。当前腐败现象主要表现为以下几个方面:

(1)腐败行为的主体是一小部分党和国家的干部与公职人员。

(2)腐败的动机或目的是满足个人私利。

(3)腐败行为的手段与方式是滥用职权、设租寻租。

(4)腐败现象的后果是公共利益受损,社会风气败坏、党群关系恶化、政府威信受损。严重的腐败现象会导致社会动乱、政权更迭。

关于腐败的恶劣影响,清华大学胡鞍钢认为,中国经济转型时期四种主要腐败类型——寻租性腐败、地下经济腐败、税收流失、公共投资与公共支出性腐败在 20 世纪 90 年代后半期所造成的经济损失平均每年占 GDP 的 13.3%～16.9%。[①] 以上观点和数据表明,我国的腐败现象已经到了非管不可的地步了。近几十年来,党和政府也高度重视反腐败工作。据统计,改革开放以来,各级检察机关共立案侦查违法受贿案件 10 219 万多件,查处 5 814 万多人,其中县处级官员 411 万多人,地厅级以上官员 1 400 多人。[②]

针对腐败问题的严重性,党的十六届四中全会强调标本兼治、综合治理,惩防并举、注重预防,抓紧建立健全与社会主义市场经济体制相适应的教育、制度、监督并重的惩治和预防腐败体系。建立健全惩治和预防腐败体系的主要目标为,到 2010 年,建成惩治和预防腐败体系的基本框架;再经过一段时间的努力,建立起思想道德教育的长效机制、反腐倡廉的制度体系、权力运行的监控机制。其根本目的是通过推进反腐倡廉工作制度化、法制化、规范化的进程,形成党员干部和公职人员不想贪、不敢贪、不能贪的有效机制,逐步将腐败降到最低限度。党的十八大又强调要坚持标本兼治、综合治理的方针。

建立健全惩治和预防腐败体系的工作原则如下:

(1)坚持与完善社会主义市场经济体制、发展社会主义民主、建设社会主义先进文化、构建社会主义和谐社会。要完善社会主义市场经济体制,实现社会主义民主政治的制度化、规范化和程序化,发展社会主义先进文化,为构建社会主义和谐社会提供保证。

(2)坚持教育、制度、监督并重。教育是基础,制度是保证,监督是关键。三者

---

① 毛园芳.社会发展与社会代价[M].杭州:浙江大学出版社,2009:113.

② 唐晋.大国战略[M].北京:华文出版社,2009:14.

统一于惩治和预防腐败体系之中,相互促进,共同发挥作用。既要从严治标,更要着力治本,应惩防并举,注重预防。

(3)坚持科学性、系统性、可行性相统一。理论与实际相结合,立足全党,着眼全局,总体规划,分阶段实施;注重科学管理、系统配套和可操作性,充分发挥惩治和预防腐败体系的整体效能。

(4)坚持继承与创新相结合。认真运用党反腐倡廉的基本经验,借鉴国外反腐败的有益做法,加强全局性、前瞻性问题研究,解决新问题,总结新经验,在继承中发展,在发展中创新。①

由于党和政府的高度重视,再加上党员群众的群策群力,近几年来,我国的反腐倡廉工作取得了一定成效。2010年年底我国政府发表的首份《中国反腐败和廉政建设》白皮书显示:2003年至2010年,公众对反腐败和廉政建设成效的满意度平稳上升,从51.9%提高到70.6%。但成绩并不能说明没有问题。根据北京大学中国国情研究中心的抽样调查:有65.44%的公民认为他们所在地方的干部腐败很严重,而认为当地干部腐败根本不严重的公民比例只有4.12%。反腐败迫切需要广大群众的热情参与。事实上,许多大案要案的曝光也和群众的举报密不可分。但抽样调查也显示:只有6.93%的人会直接对抗腐败官员,29.89%的人会向政府举报,而绝大多数人(63.18%)即使不能接受腐败官员,在遇到官员腐败时,也选择冷眼旁观,什么也不做。究其原因,一是由于公民认为与腐败官员作斗争根本就是不自量力,因此选择什么也不做;二是由于中国传统"民不与官斗"的思想根深蒂固;三是因为怕被打击报复。② 因此,我们要创造条件让群众敢于监督、勇于监督、善于监督,为社会主义民主政治建设贡献力量。

全国各地也因地制宜、结合实际,创造出了以下各种反腐模式。

深圳:构建八个机制,即公共权力的配置机制、公平择优的用人机制、法制约束机制、监督管理机制、教育防范机制、组织领导机制。

浙江:构建六个机制,即思想教育、权力制约、监督管理、法纪约束、廉政激励、测评预警。

安徽:构建八个机制,即党风廉政教育、规范权力运行、法规制度约束、监督权力运行、查处惩办、预警评价、改革创新和组织领导等机制。

---

① 中共中央文献研究室.十六大以来重要文献选编(中)[M].北京:中央文献出版社,2006:537—538.
② 严洁,等.公民文化与和谐社会调查数据报告[M].北京:社会科学文献出版社,2010:139—141.

　　吉林：推出一把手"四个不直接管"制度，即不直接管计划财务、不直接管组织人事、不直接管建设工程、不直接管物资采购。聚焦"不能腐"。

　　上海：主要通过政务公开、减少审批事项，特别针对国企，指导各企业不断完善廉洁风险防控体系，构建事前制度规范、事中跟踪控制、事后监督检查全链条，坚决防止有章不循、有禁不止。

　　总结而言，各地都普遍注重教育、监督、法治的作用，一体推进不敢腐、不能腐、不想腐。总之，反腐倡廉是一项系统工程，需要多管齐下，齐抓共管、标本兼治、综合治理。

　　当前反腐斗争形势相当严峻，表现为高频次、贪污金额巨大、形式多样化。习近平认为，"党的建设特别是党风廉政建设和反腐败斗争面临不少顽固性、多发性问题"，如何斩草除根？反腐倡廉的长效体制机制建设尤为重要。党的十九大发出"夺取反腐败斗争压倒性胜利"的号召，将建立市县党委巡查制度、建设覆盖纪检监察系统的检举举报平台、推进反腐败国家立法等重大举措提上议事日程，真正实现"不敢腐、不能腐、不想腐"。"反腐败是最彻底的自我革命。"针对近年来腐败活动出现的新特点、新动向，党的二十大报告提出更加细化的反腐新思路新举措：更加有力遏制增量，更加有效消除存量，坚决查处政治问题和经济问题交织的腐败，坚决防止领导干部成为利益集团和权势团体的代言人、代理人。深化整治权力集中、资金密集、资源富集领域的腐败，坚决惩治群众身边的"蝇贪"，坚持行贿受贿一起查，惩治新型腐败和隐性腐败。深化反腐败国际合作，推进反腐败国家立法。我们坚信：在党中央的坚强领导下，在人民群众的积极参与下，反腐斗争一定会取得胜利。

三、政府职能有待转变

　　政府在现代化建设中一直具有重要地位，中国式现代化同样会促进政府职能的转变。斯密在《国富论》中认为政府的职能主要包括经济和社会两方面：经济上，政府要提高分工程度、增加资本数量、改善资本用途；社会方面，政府要保护社会，使之不受侵犯，保护个人，使之不受他人侵犯，建设并维持公共事业、设施。英国经济学家阿瑟·刘易斯在《经济增长理论》一书中提出：政府有九种职能，即维持公共事业、影响态度、确定经济制度、影响资源使用、影响收入分配、控制货币发行、控制波动、保证充分就业和影响投资水平。在社会主义市场经济条件下，政府具有三种职能：国有资产所有者、社会行政管理者和宏观经济调控者。改革开放以来，随着社会主义市场经济的发展，政府职能的转变成为改革的重要工作。2019 年 7 月，习近平提出："深化党和国家机构改革是对党和国家组织机构和管理体制的一次系统性、整体性重构。……适应新时代要求的党和国家机构职能体系主体框架初步建立。""深化党和国家机构改革是我们打的一次全面深化改革的战略性战役。"①

国家治理体系与治理能力现代化建设，具体内容包括：(1)政企分开，即政府和企业的职责分开，政府行使国有资产管理和宏观调控等职能，企业则拥有独立的生产经营权，这是转变政府职能的关键。(2)分离政府社会经济管理职能和国有资产所有者职能，建立有效的国有资产管理机构。(3)按照精简、统一、效能的原则改革政府机构。一是充分发挥市场在资源配置中的基础性作用，通过减少投资项目审批、减少生产经营活动审批事项、减少资质资格许可、减少行政事业性收费、逐步改革工商登记制度等，从体制机制上最大限度地给各类市场主体"松绑"，激发企业和个人创业的积极性。二是更好发挥社会力量在管理社会事务中的作用，通过逐步推进行业协会、商会与行政机构脱钩，重点培育、优先发展行业协会商会类、科技类、公益慈善类、城乡社区服务类社会组织，建立健全统一登记、各司其职、协调配合、分级负责、依法监管的社会组织管理体制等措施，加快形成政社分开、权责明确、依法自治、管理科学的现代社会组织体制。三是充分发挥中央和地方两个积极性，通过下放投资、生产经营活动审批事项、减少专项转移支付等措施，更好地发挥地方政府贴近基层、就近管理的优势。四是优化职能配置，提出三个方面的整合重点，包括整合房屋、林地、草原、土地登记的职责，整合城镇职工、居民基本医疗保险、新型农村合作医疗的职责等，分别由一个部门承担；整合业务相同或相近的检验、检测、认证机构；整合建立统一规范的公共资源交易平台、信用信息平台等。五是改善和加强宏观管理，包括强化发展规划制订、经济发展趋势研判、制度机制设计、全局性事项统筹管理、体制改革统筹协调等职能；加强社会管理能力建设，创新社会管理方式；国务院各部门加强自身改革，大力推进本系统改革。六是加强制度建设和依法行政。其中，通过建立不动产统一登记制度、建立以居民身份证号码和组织机构代码为基础的统一社会信用代码制度等措施，加强基础性制度建设；通过完善依法行政的制度、健全科学民主依法决策机制、建立决策评估和纠错制度、严格依照法定权限和程序履行职责、建立健全各项监督制度等措施，加强依法行政。

---

① 习近平.习近平谈治国理政：第 3 卷[M].北京：外文出版社，2020：105，107.

国家治理体系与治理能力现代化建设的目标包括以下几个方面：

（1）从管制型政府走向服务型政府。为人民服务本身是我国各级人民政府的根本宗旨。1998 年的《国务院机构改革方案》首次把"公共服务"作为政府的基本职能。2004 年温家宝总理正式提出"建立服务型政府"的目标。建设服务型政府意味着：政府要扛起公共服务的重担，要提供社会必需的公共服务产品，完善公共服务体系，提高公共服务能力，实现公共服务普惠化、均等化、大众化，切实履行人民政府为人民的职责和义务。

（2）从全能政府走向有限政府。首先，从思想上消解"政府万能"的迷思。以往的政府给人们的印象是无所不能、无所不管、无处不在。但如今，凡是公民、法人和其他组织能够自主解决的，市场机制能够调节的，行业组织或中介机构能够解决的事项，除法律另有规定外，行政机关可不用通过行政手段解决。其次，要树立"依法执政"的理念。要按照合法合理、程序正当、高效便民、诚实守信、权责统一的原则来依法执政，任何组织与个人都不能超越宪法和法律，都必须在宪法和法律的规定中工作。2004 年 7 月 1 日《中华人民共和国行政许可法》正式实施。再次，培养人民群众当家作主的意识，特别注重发挥非政府组织（NGO）在社会管理中的积极作用。世界银行将目的为扶贫济困、维护穷人利益、保护环境、提供基本社会服务或促进社区发展的民间组织都称为非政府组织。非政府组织具有组织性、民间性、非营利性、自治性、志愿性和公益性。最后，政府走向有限政府不是意味着政府推卸责任，而是集中精力更好地投入公共服务、民生等关涉老百姓切身利益的领域，更好地为人民服务。

（3）从人治走向法治。人治是中国几千年封建专制统治遗留下来的，而依法治国是现代民主政治的必然要求，是党领导人民治理国家的基本方略。依法治国，就是要"有法可依、有法必依、执法必严、违法必究"。其中，"有法可依"是前提，"有法必依"是核心，"执法必严"是关键，"违法必究"是保障。应重点对权力加强制约和监督。党的十九大报告提出："要加强对权力运行的制约和监督，让人民监督权力，让权力在阳光下运行，把权力关进制度的笼子。"①

1922 年，苏俄面对日益严重的官僚主义问题。对此，列宁提出："毫不留情地赶走多余的官员，压缩编制，撤换不认真学习管理工作的共产党员。"②新中国成立初，

---

① 习近平.习近平谈治国理政：第 3 卷[M].北京：外文出版社，2020：52—53.
② ［苏］列宁.列宁全集：第 42 卷[M].北京：人民出版社，1987：406.

章乃器任政务院政务委员兼编制委员会主任,他把机关编制控制在 2 万人之内,许多单位颇有怨言,后来他转任粮食部部长,这个定额马上被突破。1954 年周恩来说:"章乃器部长为不超过这个控制数奋斗了两年。两年半以后,章部长不管了,大堤溃决,一下由两万人增加到八万人。"1982、1988、1993、1998、2003 年,我国几乎每隔 5 年进行一次政府机构改革,但结果是越改机构越大,人员越来越多,行政开支越来越高。前福特汽车公司副总裁尼斯坎南认为:官员们是以追求机构最大化为目标,官僚们关心的是"他们的工资,办公室的舒适条件,公众中的声望,权力,庇护人,年龄"。从这种观点出发,自然会推出这样的结论:官僚会像一个厂商扩大自己的生产规模一样,改善自己所在机构的活动条件。官僚之间将会为争抢资金而展开竞争。官僚竞争代替了市场竞争。[①] 我们一定要走出"三个怪圈",即"精简——膨胀——再精简——再膨胀""合并——拆分——再合并——再拆分""上收——下放——再上收——再下放"。

截止到 2002 年年底,国有单位从业人员为 7 163 万人,集体单位从业人员为 1 122 万人,其中党、政府和其他官方组织人员为 1 075 万人。[②] 关于我国党政干部的确切数量,没有官方正式数据。表 6.2 为 2000 年年底各级干部的情况调查。

表 6.2　　　　　　　　　　各级干部情况调查(2000 年年底)[③]

名称	数量(万人)	特点
司局级以上领导干部	3.9	是党和国家决策的主要参与者和实施者,党和政府形象的主要代表
县处级中层干部	48.2	是干部队伍中承上启下的群体,承担较为重要的领导职责,普遍年轻化,大多为 40 岁左右,具有大专以上学历
乡科级基层干部	290.1	是党和国家决策的主要具体贯彻执行者
初级公务员	366.1	是党政机关具体处理日常行政事务的办公人员,大多是年轻人,是各级领导骨干的后备军
离退休干部	1286.7	其虽已不在职在位,但仍十分关心党和国家的前途命运

政府机构改革可以降低社会运营成本,提高社会福利,促进经济增长。"按照李炜光教授等的研究,改革开放 30 年,中国政府的行政费支出增长了近 90 倍。在 1978 年行政管理费用占财政支出总额的比重仅为 4.71%,到了 2004 年这一比重就

---

① ［美］约瑟夫·斯蒂格利茨.政府经济学[M].曾强,等译.北京:春秋出版社,1988:193.
② 国家统计局.中国统计年鉴(2003 年)[M].北京:中国统计出版社,2004:153.
③ 李慎明.全球化背景下的中国大党建[M].北京:人民出版社,2010:406—407.

增加到 37.6%,而同期美国这项支出的比例仅为 12.5%。另外,在 2004 年政府财政预算中的公共服务及社会管理支出,中国为 25%,美国为 75%。"[1]更为不合理的是,"三公"消费快速增长。据中央党校教授周天勇的统计,以 2007 年为例,公车消费约为 2 692 亿元(不包括购车价,如算上公车保有量 550 万辆,每辆车价 20 万元计,仅车价就达 11 万亿元左右),公款招待费约为 2 424.6 亿元,公费旅游出国 2 692 亿元,三项支出总计 7 690 亿元。[2] 这一数字超过我国每年的教育经费或国防经费。庞大的行政开支一方面使财政不堪重负,另一方面对公共开支形成巨大的挤出效应。表 6.3 为 1978 年以来供养公职人员的增长情况。

表 6.3　　　　　　　　　　**1978 年以来供养公职人员增长情况**

年份	事业单位就业人数 (万人)	机关等就业人数 (万人)	公职人员占总人口比 (%)
1978	1 497	467	2.04
1980	1 669	527	2.22
1985	1 981	1 079	2.89
1990	2 393	1 136	3.08
1995	2 432	1 042	2.87
2000	2 729	1 104	3.02
2005	2 833	1 213.5	3.09
2007	2 874.2	1 291.2	3.15
1978—2007 年增长	192%	276%	
包括其他编外人员	5 206.75		3.94
包括离退休人员	6 700		5.07

数据来源:国家统计局网站。

根据中央党校吴忠民教授的研究,我国政府用于基本民生方面的投入占 GDP 的比例在全世界排名倒数第一。[3] 2003 年,我国用于社会保障、教育、医疗三项公共支出(见表 6.4)合计占 GDP 的 7% 左右,甚至低于波兰、俄罗斯、伊朗、巴西、南非的 27%~10% 的比例。庞大的行政开支又造成我国税负痛苦指数偏高。根据《福布

---

① 罗卫东,姚中秋. 中国转型的理论分析:奥地利学派的视角[M]. 杭州:浙江大学出版社,2009:279—280.

② 周天勇. 中国向何处去[M]. 北京:人民日报出版社,2010:293—294.

③ 罗卫东,姚中秋. 中国转型的理论分析:奥地利学派的视角[M]. 杭州:浙江大学出版社,2009:280.

斯》的报道:在公布的全世界 50 多个国家的"税负痛苦指数"中,我国连续几年名列前三位(2005 年第二,2006 年、2007 年均为第三)[①],而税负过重必然会影响经济增长。根据世界银行的研究,在一个现代国家,当宏观税负在 10.3%～30.9% 时,每提高 1% 的税负,将使国内投资下降 0.66%,GDP 增速则下降 0.36%。[②]

表 6.4 中国政府在公共服务领域支出状况[③] 单位:亿元

年份	公共基础设施	农村服务	文教卫生	社会救济
1978	451.92	76.95	112.66	18.09
1990	547.39	221.76	617.29	55.04
1996	907.44	510.07	1 704.25	128.03
1997	1 019.50	560.77	1 903.59	142.14
1998	1 387.74	626.02	2 154.38	171.26
1999	2 116.57	677.46	2 408.06	179.88
2000	2 094.89	766.89	2 736.88	231.03
2001	2 510.64	917.96	3 361.02	266.68
2002	3 142.98	1 102.70	3 979.08	372.97

资料来源:国家统计局网站。

针对以上问题,党的十七大已经指出:"加大机构整合力度,探索实行职能有机统一的大部门体制,健全部门间协调配合机制。精简和规范各类议事协调及其办事机构,减少行政层次,降低行政成本,着力解决机构重叠、职责交叉、政出多门问题。统筹党委、政府和人大、政协机构设置,减少领导职数,严格控制编制。加快推进事业单位分类改革。"2011 年 6 月,国务院在向全国人大常委会报告中央财政预算时,将中央本级"三公"经费支出情况纳入报告内容,并向社会公开,接受社会监督。习近平强调:"既要'有效的市场',也要'有为的政府',努力在实践中破解这道经济学上的世界性难题。"[④]

也有学者提出:既然中国当下还存在着这么多问题,提出中国式现代化是否合宜。习近平提出的"六个必须坚持"明确指出:"问题是时代的声音,回答并指导解决问题是理论的根本任务。今天我们所面临的问题的复杂程度、解决问题的艰巨程度明显加大,给理论创新提出了全新要求。我们要增强问题意识,聚焦实践遇到的新问题、改革发展稳定存在的深层次问题、人民群众急难愁盼问题、国际变局中

---

① 罗卫东,姚中秋. 中国转型的理论分析:奥地利学派的视角[M]. 杭州:浙江大学出版社,2009:279.

② 罗卫东,姚中秋. 中国转型的理论分析:奥地利学派的视角[M]. 杭州:浙江大学出版社,2009:281.

③ 国家统计局. 中国统计年鉴(2003 年)[M]. 北京:中国统计出版社,2004.

④ 中共中央党史和文献研究院,中央学习贯彻习近平新时代中国特色社会主义思想主题教育领导小组办公室. 习近平新时代中国特色社会主义思想专题摘编[M]. 北京:中央文献出版社,2023:145.

的重大问题、党的建设面临的突出问题，不断提出解决问题的新理念新思路新方法。"①我们认为，世界上并不存在完美无缺的模式，但是，只要我们认真贯彻落实新发展理念，坚持改革开放，脚踏实地，到本世纪中叶，我们就一定能基本实现现代化。那时，中国式现代化道路就将日趋成熟，就将更有权威性、可信度，更容易为广大发展中国家所接受。

① 中共中央党史和文献研究院，中央学习贯彻习近平新时代中国特色社会主义思想主题教育领导小组办公室. 习近平新时代中国特色社会主义思想专题摘编[M]. 北京：中央文献出版社，2023：26.

第七章

以新发展理念引领中国式现代化：新思维、新方法

马克思认为，"每个问题只要已成为现实的问题，就能得到答案"。① 共产党人的历史使命不是解释世界，而是要改造世界。时代是出卷人，我们是答卷人，人民是阅卷人。新发展理念回应了时代之问，明确了我国现代化建设的指导原则。

第一节　发展是全人类的最大公约数

一、和平发展是时代主题

1985 年邓小平就提出："现在世界上真正大的问题，带全球性的战略问题，一个是和平问题，一个是经济问题或者说发展问题。和平问题是东西问题，发展问题是南北问题。概括起来，就是东西南北四个字。南北问题是核心问题。"②时代主题是指在一定历史时期内反映世界形势中主要矛盾方面的具有全局性、战略性意义的问题，它也是各民族国家的共同诉求。从 20 世纪上半叶的战争与革命到现在的和平与发展，看似词语的转换，但历史意义非同小可。时代主题直接决定了一个国家

① [德]马克思,[德]恩格斯. 马克思恩格斯全集:第 1 卷[M]. 北京:人民出版社,1995:203.
② 邓小平. 邓小平文选:第 3 卷[M]. 北京:人民出版社,1993:105.

的发展战略、发展模式、发展道路。

我国对和平与发展的时代主题的观点主要包括:(1)世界大战可以避免,国际社会有可能进入一个相当长的和平稳定的历史时期;(2)和平与发展既是东西方之间、资本主义与社会主义之间的公约数,也是发达国家与发展中国家之间的公约数;(3)和平与发展是相辅相成的,世界和平是促进共同发展的基础、前提与条件,共同发展又可以促进世界和平。

"一个时代有一个时代的问题",当下我们正处在"百年未有之大变局"。中国提出的"世界之问"首先关注"世界怎么了"。霸权主义、强权政治依然存在,孤立主义、单边主义、贸易保护主义甚嚣尘上;和平赤字、发展赤字、环境赤字、治理赤字等日益提高;局部战争、恐怖主义、疫情扰动连绵不断。

2013 年 3 月,习近平在访问俄罗斯时提出:"这个世界,和平、发展、合作、共赢成为时代潮流……各国应该共同推动建立以合作共赢为核心的新型国际关系,各国人民应该一起来维护世界和平、促进共同发展。"[①]我国在原有的和平与发展的基础上,进一步提出"合作共赢"的新诉求、新思路。它既概括了 21 世纪最新的时代特征,也指出了实现世界和平与发展的现实途径,更为世界正式告别冷战时代、打造"人类命运共同体"提出了新思维、新方法。

为此,我国积极参与全球治理体系的变革,大力推动建设全球发展伙伴关系,共同参与国际发展议程的制定,完成联合国千年发展目标,缩小南北差距,促进全球发展更加平衡,推动国际秩序朝着更加公正合理的方向发展。

世界迈入全球化时代。2019 年 11 月,习近平指出,"市场经济面临的难题,没有哪一个国家能独自解决"[②],必须举全球之力,推进全球治理体系改革,共建开放包容的新世界。2023 年 3 月,习近平指出:"我们将坚定支持和帮助广大发展中国家加快发展,实现工业化、现代化,为缩小南北差距、实现共同发展提供中国方案和中国力量。"[③]中国方案的主要内容包括:

(1)"统筹国内国际两个大局"。改革开放以来,我们一直关注国内国外的联动发展。一方面,我们要积极维护国家主权、安全、发展利益;另一方面,也要积极维护世界和平稳定、促进共同发展。这也是我们步入新发展阶段、开启新发展格局的时代背景与应对之策。构建新发展格局明确了我国经济现代性的路径选择。

---

① 习近平.习近平谈治国理政[M].北京:外文出版社,2014;272,273.

② 习近平.习近平谈治国理政:第 2 卷[M].北京:外文出版社,2022;225-226.

③ 习近平.携手同行现代化之路[N].人民日报,2023-3-16;1.

（2）大国担当。习近平指出："大国更应该有大的样子，要提供更多全球公共产品，承担大国责任，展现大国担当。"①"随着中国现代化产业体系建设的推进，我们将为世界提供更多更好的中国制造和中国创造，为世界提供更大规模的中国市场和中国需求。我们将坚定支持和帮助广大发展中国家加快发展，实现工业化、现代化，为缩小南北差距、实现共同发展提供中国方案和中国力量。我们愿同各国政党一道，推动共建'一带一路'高质量发展，加快全球发展倡议落地，培育全球发展新动能，构建全球发展共同体。"②"大国担当"是对全球化时代各大国的一种共勉！

（3）坚持普惠包容。"'一花独放不是春，百花齐放春满园。'在各国前途命运紧密相连的今天，不同文明包容共存、交流互鉴，在推动人类社会现代化进程、繁荣世界文明百花园中具有不可替代的作用。"③为此，习近平在"全球发展倡议"中提出具体方案，重点关注发展中国家特殊需求，通过缓债、发展援助等方式支持发展中国家尤其是困难特别大的脆弱国家，着力解决国家间和各国内部发展不平衡不充分问题。"共建开放共享的世界经济。我们应该谋求包容互惠的发展前景……我们应该落实联合国 2030 年可持续发展议程，加大对最不发达国家的支持力度，让发展成果惠及国家和民众。"④

二、西方发展观的变革

西方发展模式尽管在经济增长方面取得了空前成功，但其产生的副作用有目共睹。痛定思痛，人们开始对传统的西方经济学进行重新思考。以往的西方经济学主要关注如何获取经济增长、如何均衡供给和需求，这实际上是一种单向度的、拜物教的经济学。以往发展问题单纯被归类于经济范畴，被一些经济学家视为甚至处于一般均衡理论和最优增长理论之下的应用经济分析的分支学科。如经济学家刘易斯在他的《经济增长理论》中就提出，增长、发展、进步三者是同义词，在不同场合使用它们，只是为了照顾多样性。20 世纪 70 年代以后，随着发展经济学、发展社会学等新兴学科大量出现，西方经济学的视野豁然开朗，人们对于认识增长与发展的边界逐渐变得清晰：

---

①　习近平. 习近平外交演讲集：第 2 卷[M]. 北京：中央文献出版社，2022：261－262.
②　习近平. 携手同行现代化之路[N]. 人民日报，2023－3－16：1.
③　习近平. 携手同行现代化之路[N]. 人民日报，2023－3－16：1.
④　习近平. 习近平外交演讲集：第 2 卷[M]. 北京：中央文献出版社，2022：226－227.

(1)认为发展是渐进的、连续的、累积的过程,这种过程是通过边际调节来实现的。用静态的局部均衡分析方法就足以论证经济发展问题。

(2)认为发展是和谐的、平稳的过程,是以自动的均衡机制为基础的。在发展过程中,冲突之间会出现秩序,私利角逐中会出现协调。

(3)认为继续发展是可能的,其前景是乐观的。随着经济的发展,会出现横向的"扩散效应"和纵向的"涓流效应",经济发展所得的利益也会普及社会各个阶层。

(4)经济增长只是一系列生产要素的排列组合。而发展以人为目标,所以要重点激活人力资源,即充分调动人的积极性。

从上述四点内容可以看出,尽管有新兴学科的出现,发展的理念也有所更新,但其还是脱离不了西方经济学的语境。如果发展问题始终囿于经济学范畴,那么发展观的革命终究只是幻想。

西方学者开始围绕人的问题展开研究,其对人在社会发展中的地位与作用的理解出现重大转向。罗马俱乐部成员 E. 拉兹洛在《人类的目标》报告中强调:"恰恰是人民本身是发展中国家的最大财富。发展中国家的人民正处于社会和文化的过渡之中,即从一个由传统和外国殖民大国主宰的过去过渡到一个现代主义似乎颇有前途的未来。"[①]1971 年丹尼斯·古雷特提出,发展至少有三个向度:生存、自尊和自由。所谓生存,就是提供基本生活必需品,包括食品、住房、健康和保护;自尊就是人要被当作一个人来看待,人感受到自身的价值,而不是被他人作为工具来使用;所谓自由,就是从异化的生产生活以及各种精神压迫中解放出来。古雷特的观点进一步丰富了发展的内涵。1983 年法国学者佩鲁发表《新发展观》,提出"整体的""综合的""内生的""以人为中心"的新发展观,其核心内容包括:(1)发展的目的不是物,而是人。(2)发展更是一场价值观的革命,即从物到人;从经济到社会;从单向度到全面。他公开声明:"为了一切人和完整人的发展,就理应是政治家、经济学家和研究人员一致接受的目标。"[②]佩鲁大胆引入自然科学的方法来佐证其"新发展观","运用那些采取三种规范形式(结构空间、极化空间、计划内容的空间),并且同函数有关的各种空间(决策空间、运行空间)结合在一起的经济空间,就有可能完全精确地描述地域结构的异质性,并有可能为形式化地表示'国家'开辟道路"。[③]他还进一步强调经济与政治、人与自然的协调,将人与人、人与环境、人与组织作为

---

① 严强.社会发展理论[M].南京:南京大学出版社,2005:23.
② [法]佩鲁.新发展观[M].张宁,丰子义,译.北京:华夏出版社,1987:4.
③ [法]佩鲁.新发展观[M].张宁,丰子义,译.北京:华夏出版社,1987:184-185.

主题,提出发展应以人的价值、人的需要和人的潜力的发挥为主,对经济发展的最终检验,不是物的增长,而是人的发展程度。1998年诺贝尔经济学奖获得者阿马蒂亚·森提出:以伦理原则指导发展,以理性争取发展,以自由看待发展。自由是发展的首要目的,自由也是促进发展不可缺少的重要手段。他在其代表作《以自由看待发展》一书中提出:"本书论证,发展可以看作扩展人们享有的真实自由的一个过程。聚焦于人类自由的发展观与更狭隘的发展观形成了鲜明的对照。狭隘的发展观包括发展就是国民生产总值(GNP)增长,个人收入提高,工业化或技术进步,或社会现代化等观点。"①把发展的目标锁定在"自由"这一向度上。"我们不能仅仅局限在发展经济上,还要将眼光放长远一些。比起单单经济发展本身所能提供的前景来,社会发展所带来的前景更全面、影响更深远。"森开创的发展伦理学意义重大。美国经济学家托达罗提出:"发展不纯粹是一个经济现象。从最终意义上说,发展不仅仅包括人民生活的物质和经济方面,还包括其他更广泛的方面。因此,应该把发展看成包括整个经济和社会体制的重组和重整在内的多维过程。"②美国经济学家约瑟夫·斯蒂格利茨把发展与社会转型相链接,其认为:"发展代表一种社会的转型,从传统的关系、传统的思维方式、传统的对待健康和教育的方式、传统的生产方式转变为现代的方式。……转型本身不是终极目标,但是转型是实现其他目标的手段。与发展联系在一起的转型使个人和社会能更多地控制自己的命运。发展通过拓宽人们的视野和减轻其孤立感,从而丰富了人们的生活。发展减少了疾病和贫困带来的痛苦,不仅延长了寿命,也提高了生命的活力。"③英格尔斯更是提出:"现代化的关键是人的现代化。"

综上所述,这些学者一致认为,社会的发展至少必须具备三个基本目标:(1)增加能够得到的,比如食物、住房、卫生保健、安全等基本生活必需品的供给,并扩大这些必需品的分配范围;(2)提高生活水平,包括提供更高的收入、更多的就业机会、更好的教育条件,并给予文化和人类价值更多的关注;(3)不断摆脱各种依附和束缚,扩大个人和国家在经济、社会方面的选择范围。这些重要观点影响了整个国际社会。2008年5月世界银行增长与发展委员会发表《增长报告:可持续发展与包容性发展的战略》,提出实现"包容性增长"的关键是:经济要开放、社会要包容、政府要有效。所有这些论述,尽管试图摆脱资本的逻辑、拜物的逻辑、经济增长单向

---

① ［印］阿马蒂亚·森.以自由看待发展［M］.任赜,于真,译.北京:中国人民大学出版社,2002:1.
② ［美］托达罗.经济发展与第三世界［M］.印金强,译.北京:中国经济出版社,1992:50.
③ ［美］约瑟夫·斯蒂格利茨.发展与发展政策［M］.纪沫,等译.北京:中国金融出版社,2009:145.

度等的困扰,开始重视全面的发展、人的发展,无疑是一大历史进步,但其还是在西方模式的语境中寻求救赎与解脱。与中国相比,西方发展观变革最大的问题是仅停留在学术层面。按照雷默的说法,"我们正在进入一个革命的时代。但是,引领我们进入这个时代的领导者,思想观念和组织结构却比现在的时代落后数百年"。①如果人类还是"旧瓶装新酒",最后终将陷入两难境地。人类迫切地期盼着新一轮发展观的革命。

第二节　新发展理念:引领中国式现代化的大逻辑

新发展理念是习近平结合中国特色社会主义进入新时代所提出的战略思想,是中国式现代化战略性、纲领性、前瞻性的行动指南。"新发展理念"是关于发展的本体论、认识论、方法论三者的统一,可处理好人与社会、人与自然、人与人之间的关系,从而彻底改变传统发展观所带来的种种问题。

一、新发展理念的精神特质

"理念引领行动,方向决定出路。"2013 年 4 月,习近平在博鳌论坛上提出:"长期以来,各国各地区在保持稳定、促进发展方面形成了很多好经验好做法。对这些好经验好做法,要继续发扬光大。同时,世间万物,变动不居。'明者因时而变,知者随世而制。'要摒弃不合时宜的旧观念,冲破制约发展的旧框框,让各种发展活力充分迸发出来。"②在中国经济进入新常态,我们面临人口红利渐失、"中等收入陷阱"、基尼系数高企等一系列现实问题的背景下,党的十八届五中全会提出了创新、协调、绿色、开放、共享的新发展理念。习近平强调"新发展理念是新时代我国发展壮大的必由之路"。它"回答了关于发展的目的、动力、方式、路径等一系列理论和实践问题,阐明了我们党关于发展的政治立场、价值导向、发展模式、发展道路等重大政治问题"。③

创新,首先关注的是发展模式的本质核心。只有把发展的基点放在创新上,形

---

① [美]雷默. 不可思议的年代[M]. 何帆,译. 长沙:湖南科技出版社,2010:9.
② 习近平. 习近平谈治国理政[M]. 北京:外文出版社,2014:330.
③ 习近平. 习近平谈治国理政:第 2 卷[M]. 北京:外文出版社,2022:171.

成促进创新的体制架构,才能打造全新的、有别于其他发展模式的、具有生命力和活力的中国模式。其次,创新注重解决的是发展的动力问题,是我们党与时俱进的突出表现。在国际竞争加剧和国内经济新常态的形势下,我们要更多依靠创新驱动,更多发挥创新精神,更多汇聚创新力量,摆脱传统经济发展的瓶颈。以往中国经济发展为人诟病之处是走模仿的道路,但经过四十多年的发展,我国已初步摆脱单纯模仿的模式,自主创新的比重逐步上升。

2015 年 11 月麦肯锡发表的《中国创新能力的真实水平》报告显示:中国的创新能力超过世界对它的估计,甚至在一些领域,它的创新能力已经达到了引领全球的水平。中国仍然被认为是"创新海绵",即擅长吸收和改造其他国家的技术。作为世界上最大的制造业经济体,中国有利于持续创新的生态系统似乎超出预期。这个生态系统包括比日本大 4 倍多的供应商体系,1.5 亿具有经验的工厂工人和现代化基础设施。中国在效率驱动的创新上的显著成功包括太阳能硅板(占全球的51%)等,中国巨大的市场规模和发展健全的供应链,给中国企业家提供了 15%至20%的成本优势。

在工程创新和科学创新领域,中国还需付出很多努力。基于工程的创新需要深厚的知识积累。在高铁(占全球总收入的 41%)、通信器材(占 18%)和风力涡轮机(占 20%)等行业,中国企业进步迅猛,这离不开政府的支持。

如今,中国每年投入 2 000 亿美元用于研发(仅次于美国),每年新增将近 3 万名工程和科学博士,申请超过 80 万项专利。这些投资为长期研究提供了强大基础。同时,中国的企业正在寻找加速科学和工程发展的独特的中国方式。比如,一些制药公司正投入巨大财力——聘请上千名博士,斥巨资买下机器设备——来加速新发明、新发现。

中国的创新能力决定了其向基于消费的稳健经济增长的转型。由于中国老龄化程度逐步加深,适于工作的年龄群规模缩小。同时,微观经济在投资上的回报率也不断下降,2010 年产生 1 单位 GDP 需要比 1990 年多投入 60%的资本。然而,"多因素"生产力的增加——在微观经济层面上的创新的代表,将"制止"增长疲软的状态,使经济增长率升至 50%(目前增长率为 35%)。

中国服务业的生产力远低于发达国家水平。到 2025 年,中国服务部门的创新可以每年给其增长 5 000 亿至 1.4 亿元的价值。在制造业上,中国具有成为全球领先的数字化、联结型生产(即"工业 4.0"时代)平台的优势。

中国在创新能力上的成功不仅有助于保证其经济增长,对全球经济也发挥了巨大作用。中国的创新人士开发了低成本、迅速的创新途径，可以改变企业在世界各地市场的竞争方式。那些无法在成本、速度和创新的全球拓展程度上赢过中国的企业，可能会在竞争中处于劣势。

尽管此报告存在较多主观臆测，但许多数据、建议还是值得我们反思。2013年中国的R&D经费达1 912.1亿美元，首次超日本，升至世界第2位。近十年来，中国科技进步贡献率呈平稳增长态势，2013年达53.1%。2012年中国高技术产业增加值占全球总量的24.5%，连续6年位居世界第2位，中国高技术产业出口额连续8年位居世界首位；2013年中国综合创新能力国际排名第19位，是唯一进入前20的发展中国家。[①] 当然，我们不能满足现状，既要看到自己创新性发展的"瓶颈"与"短板"，也要积极应对西方"卡脖子"战术；2016年5月中共中央、国务院发布的《国家创新驱动发展战略纲要》提出，要按照"坚持双轮驱动，构建新的发展动力系统"。其重点是加强科技创新和体制机制创新相互协调、持续发力，建立国家创新体系，激发全社会活力；要借"大众创业、万众创新"的东风，真正把我国变成一个创新型的国家。

协调，注重解决的是发展的不平衡问题。其通过补齐短板，进一步挖掘发展潜力、增强发展后劲。协调发展就是要统筹兼顾、注重平衡、保持均势，把分散的部分系统化，把发散的局部功能整体化，把薄弱区域、领域、环节补起来，形成均衡发展结构，增强发展后劲。习近平特别强调，下好"十三五"时期发展的全国一盘棋，协调发展是制胜要诀，必须着力提高发展的协调性和平衡性。协调发展强调要尊重客观规律，强调事物间的联系，坚持两点论与重点论的统一。协调发展不是搞平均主义，而是要强调发展机会公平，注重资源配置的公平与均衡。树立协调发展的理念，还必须牢牢把握中国特色社会主义建设的总体布局，正确处理发展中的各类重大关系，增强发展的整体性。习近平指出，协调"是发展两点论和重点论的统一，是发展平衡与不平衡的统一，是发展短板和潜力的统一，我们要学会辩证法，善于弹钢琴，处理好局部和全局、当前和长远、重点和非重点的关系，着力推动区域协调发展、城乡协调发展、物质文明和精神文明协调发展，推动经济建设和国防建设融合发展"。[②]

① 中国科学技术发展战略研究院.国家创新指数报告（2014）[M].北京：科学技术文献出版社，2015：12.

② 习近平.习近平著作选读：第1卷[M].北京：人民出版社，2023：430－431.

协调不同于西方经济学中"均衡"的概念。均衡的过程是"帕累托改进"[①],而"协调"则可能是"卡尔多改进"[②]。"均衡"强调发挥市场作用,而"协调"注重政府、组织、社会等"非市场"力量。中国社科院原副院长蔡昉认为,过去的改革叫作"帕累托改进":一定会给某个群体带来好处,同时不伤害其他任何群体。这种改革机会现在已经很少了。这时候很重要的是看改革的整体收益是不是正的,是不是很大。如果答案是肯定的话,就可以形成"卡尔多改进",即可以用总的改革收益补偿一部分可能在改革中受损的群体。在这个方面,政府可以起主导作用。

绿色,注重解决的是发展的生态环境问题。"工业化创造了前所未有的物质财富,也产生了难以弥补的生态创伤。"工业文明的颜色是黑色的,即主要依赖煤、铁、石油。尽管其也带来了经济增长,但其同时带来的生态环境污染人类至今无法克服。推进绿色发展,将促进中国模式从低成本要素投入、高生态环境代价的粗放模式向创新发展和绿色发展双轮驱动模式转变,将能源资源利用从低效率、高排放向高效、绿色、安全转型,节能环保产业将实现快速发展,循环经济将进一步推进,产业集群绿色升级进程将进一步加快,绿色、智慧技术将加速扩散和应用,从而推动绿色制造业和绿色服务业兴起,实现"既要金山银山,又要绿水青山"。绿色发展已成为我国走新型工业化道路、调整优化经济结构、转变经济发展方式的重要动力,成为推动中国走向富强的有力支撑。相较于以往的绿色发展,可持续发展更贴近中国文化。习近平强调:"环境就是民生,青山就是美丽,蓝天也是幸福。要像保护眼睛一样保护生态环境,像对待生命一样对待生态环境,把不损害生态环境作为发展的底线。""我们不能吃祖宗饭、断子孙路,用破坏性方式搞发展。绿水青山就是金山银山。我们应该遵循天人合一、道法自然的理念,寻求永续发展之路。"[③]

笔者认为,中国式现代化应该是树状的。这棵东方古树吸收天地之精华,经过几千年的生长发展,终将长成参天大树。其不但要耐看,更要耐用。"前人栽树,后人乘凉",中国式现代化不但要惠及子孙后代,而且要泽及世界。我们要大力宣传

---

① 帕累托改进:也称帕累托改善或帕累托优化,是以意大利经济学家维尔弗雷多·帕累托(Vilfredo Pareto)命名的,并基于帕累托最优变化,在没有使任何人境况变坏的前提下,使得至少一个人变得更好。一方面,帕累托最优是指没有进行帕累托改进的余地的状态;另一方面,帕累托改进是达到帕累托最优的路径和方法。

② 卡尔多改进:也称卡尔多-希克斯效率,1939年由约翰·希克斯提出的,用于比较不同的公共政策和经济状态。如果一个人的境况由于变革而变好,因而他能够补偿另一个人的损失而且还有剩余,那么整体的效益就改进了,是福利经济学的一个著名准则。

③ 习近平.习近平总书记系列重要讲话读本[M].北京:人民出版社,2016:233.

绿色发展的新理念,既为子孙后代营造一个可持续发展的优美生态环境,也对世界和平发展做出应有的贡献。

开放,注重解决的是发展的国内外联动问题,完善互利多赢、多元平衡、安全高效的开放型经济体系。在总结40多年我国对外开放经验教训的基础上,中国的对外开放既不是西方资本主义原始积累式的零和游戏,也不同于东亚、拉美式的依附性增长,而是立足于独立自主、自力更生,走出了一条具有中国特色的对外开放的道路。在强调依靠自身力量和改革创新实现发展的同时,我国坚持对外开放,学习借鉴其他发展模式;顺应经济全球化发展潮流,坚持与世界各国互利共赢和共同发展,以对外开放的主动赢得经济发展的主动,赢得国际竞争的主动,赢得后发优势;同国际社会一起努力,推动建立以合作共赢为核心的新型发展模式。我国的开放正在实现从"引进来"到"引进来"和"走出去"并重的重大转变。中国开放的大门永远不会关上,它将以更加开放的胸襟、更加包容的心态、更加宽广的视野、更加坚定的步伐走向世界,积极开展中外文化交流,在学习互鉴中共同发展。中国反对保护主义,反对"筑墙设垒""脱钩断链",力主"建设开放型世界经济,拓展发展空间",而新发展格局的提出再一次彰显中国对外开放的决心与勇气!

共享,注重解决的是发展的价值目标问题(即发展最终是为了解决社会公平正义问题),最终是为了造福于广大人民群众。改革开放初期,我们就提出社会主义本质论,即通过一部分人、一部分地区先富起来,最终实现共同富裕。回顾前30多年的发展,我国的确实现了一部分人、一部分地区先富起来,但这只是社会主义初级阶段的部分成果,而且产生了许多消极影响。新一轮的改革开放中,我们及时引入"共享"的新理念,进一步强调发展为了人民、发展依靠人民、发展成果由人民共享。使广大人民群众在共建共享中有更多的成就感、获得感、幸福感,更加契合中国梦,更加契合社会主义本质。

在人类命运共同体视域中,共享发展还存在一个国际向度,即世界各国都应该共同享受发展成果。2013年3月习近平在访问俄罗斯时提出:"我们主张,各国和各国人民应该共同享受发展成果。每个国家在谋求自身发展的同时,要积极促进其他各国共同发展。世界长期发展不可能建立在一批国家越来越富裕,而另一批国家却长期贫穷落后的基础之上。只有各国共同发展了,世界才能更好地发展。那种以邻为壑、转嫁危机、损人利己的做法既不道德,也难以持久。"①

---

① 习近平.习近平谈治国理政[M].北京:外文出版社,2014:273.

最后要强调的是,创新、协调、绿色、开放、共享的新发展理念,相互依存、相互促进,是一个辩证统一的有机的联合体。它是我们新一轮改革开放的最新的指导思想。我们在实际运用中首先要坚持系统的观点,注重整体性与相关性,要齐头并进、兼顾各方,不能单打独斗、顾此失彼;要坚持两点论与重点论的统一,既要抓主要矛盾,区分轻重缓急,又要顾及次要方面,抓大带小;要遵循对立统一规律、量变质变规律、否定之否定规律,善于把握发展的普遍性与特殊性、渐近性与飞跃性、前进性与曲折性,既求真务实,又勇往直前。

"党的十八大以来,以习近平同志为核心的党中央着眼新的发展实践,深入推进党的理论创新,在发展目标、发展动力、发展布局、发展保障等方面形成了一系列新理念新思想新战略。新发展理念,体现了对新的发展阶段基本特征的深刻洞悉,体现了对社会主义本质要求和发展方向的科学把握,标志着我党对经济社会发展规律的认识达到了新的高度,是我国经济社会发展必须长期坚持的重要遵循。"①新发展理念也是当代中国式现代化的最新成果,标志着中国式现代化趋于成熟,也标志着我们对社会主义的认识、对人类社会发展的认识逐渐从必然王国迈向自由王国。"这个自然必然性的王国会随着人的发展而扩大,因为需要会扩大;但是,满足这种需要的生产力同时也会扩大。这个领域内的自由只能是:社会化的人,联合起来的生产者,将合理地调节他们和自然之间的物质交换,把它置于他们的共同控制之下,而不让它作为盲目的力量来统治自己;靠消耗最小的力量,在最无愧于和最适合于他们的人类本性的条件下来进行这种物质交换。但是不管怎样,这个领域始终是一个必然王国。在这个必然王国的彼岸,作为目的本身的人类能力的发展,真正的自由王国,就开始了。但是,这个自由王国只有建立在必然王国的基础上,才能繁荣起来。"②新发展理念是对中国模式的澄明。③ 所以,新发展理念既是人的解放与自由发展的结果,也是人类开始从必然王国迈向自由王国的标志。曾经标榜自己是自由王国的西方资本主义制度,按照马克思的讲法,其自由的并不是个人,而是资本。"断言自由竞争等于生产力发展的终极形式,因而也是人类自由的终极形式,这无非是说资产阶级的统治就是世界历史的终结。"新发展理念的提出不但使中国模式澄明,而且也使中国特色社会主义道路澄明,并且具有一定的世界

---

① 中共中央宣传部.习近平总书记系列重要讲话读本[M].北京:人民出版社,2016:132.

② [德]马克思,[德]恩格斯.马克思恩格斯全集:第25卷[M].北京:人民出版社,1975:926-927.

③ 海德格尔对"澄明"的注解是,照亮某物意谓:使某物轻柔,使某物自由,使某物敞开,"这种形成的自由之境就是澄明"。

性意义。它是中国共产党、中华民族对全世界和平与发展大业的巨大贡献！

二、"两个结合"的重要意义

理论创新需要开拓新路径。2021 年 3 月，习近平在先后考察孔府孔庙、朱熹园后提出："我们要特别重视挖掘中华五千年文明中的精华，把弘扬优秀传统文化同马克思主义立场观点方法结合起来，坚定不移走中国特色社会主义道路。"①2021 年 7 月 1 日，习近平在庆祝中国共产党成立一百年大会上提出："坚持把马克思主义基本原理同中国具体实际相结合、同中华优秀传统文化相结合，用马克思主义观察时代、把握时代、引领时代，继续发展当代中国马克思主义、二十一世纪马克思主义！"②"两个结合"就是聚焦问题意识，把理论与实践、传统和现代有机结合起来，古为今用、洋为中用，做到"创造性转化、创新性发展"。上述论断开拓创新了中国特色社会主义新境界，也让中国式现代化有了强有力的依靠。

从我党的百年历史来看，第一个结合使我党找到了农村包围城市的革命道路，其推翻了三座大山，夺取了政权，使中国人民站了起来。今天我们党又依靠"两个结合"，找到了中国式现代化道路，致力于让中国人民富起来、强起来。

"两个结合"具有重要的战略意义：(1)习近平指出，两个结合使马克思主义呈现出更多中国特色、中国风格、中国气派，续写马克思中国化时代化新篇章。(2)坚持"两个结合"，才能正确回答时代和实践提出的重大问题，才能始终保持马克思主义的蓬勃生机和旺盛活力。(3)坚持"两个结合"，可以"得出符合客观规律的科学认识，形成与时俱进的理论成果，更好地指导中国实践"。(4)"两个结合"是"我们取得成功的最大法宝"，使中国式现代化行稳致远。习近平指出："'结合'打开了创新空间。'结合'本身就是创新，同时又开启了广阔的理论与实践创新空间。'第二个结合'让我们掌握了思想和文化主动，并有力地作用于道路、理论和制度。"③

三、"七大思维"与"六个必须坚持"的方法论创新

思维涉及人所有的认知或智力活动。它探索与发现事物的内部本质联系和规

---

① 习近平.习近平谈治国理政：第 4 卷[M].北京：外文出版社，2022：315.
② 习近平.习近平谈治国理政：第 4 卷[M].北京：外文出版社，2022：10.
③ 刘宁."第二个结合"为中华典籍传承指明方向[N].中国社会科学报，2024－6－20：1.

律性,是认识过程的高级阶段。黑格尔把思维分为表象思维与概念思维,前者指的是"一种物质的思维,一种偶然的意识,它完全沉浸在材料里,因而很难从物质里将自身摆脱出来而同时还能独立存在"。它是一种被动、机械的思维活动。后者"乃以脱离内容为自由,并以超出内容而骄傲;而在这里,真正值得骄傲的是努力放弃这种自由,不要成为任意调动内容的原则,而把这种自由沉入内容,让内容按照它自己的本性,即按照它自己的自身而自行运动,并从而考察这种运动"。它是一种主动的、有明确目的的思维活动。如果再叠加形式推理(推理思维),就更加接近于科学的思维方法,这被黑格尔称为"思辨的思维"。"真正的思想和科学的洞见,只有通过概念所做的劳动才能获得。"①与黑格尔精神现象学不同,列宁认为"从生动的直观到抽象的思维,并从抽象的思维到实践,这就是认识真理、认识客观实在的辩证途径"。②

2013 年 6 月,习近平在全国组织工作会议上的讲话提出:"学习是进步的阶梯。干部要勤于学,敏于思,认真学习马克思主义理论特别是中国特色社会主义理论体系,掌握贯穿其中的立场、观点、方法,提高战略思维、创新思维、辩证思维、底线思维能力,正确判断形势,始终保持政治上的清醒和坚定。"③后来我党又新增"历史思维""法治思维"。"七大思维"是每个党员干部必须具备的基本素质。

党的二十大正式提出"六个必须坚持"。其作为我党方法论的重要组成部分,是我们研究问题、解决问题的"总钥匙"。结合中国式现代化的实践,笔者认为,其重点内容在于:

(1)必须坚持人民至上。这是中国式现代化的宗旨与价值目标,也是中国共产党最根本的价值立场,体现了马克思主义唯物史观的基本原理。

(2)必须坚持自信自立,这是中国式现代化内在精神特质和弘扬"中国精神"、壮大"中国力量"的坚定信念。

(3)必须坚持守正创新。这是鲜明的理论品格,体现了继承与发展、变与不变的内在统一。习近平指出,在推进中国式现代化新征程上,首先要守好中国式现代化的本和源、根和魂,毫不动摇坚持中国式现代化的中国特色、本质要求和重大原则,坚持党的基本理论、基本路线、基本方略,坚持党的十八大以来的一系列重大方针政策,确保中国式现代化的正确方向。

---

① [德]黑格尔.精神现象学(上)[M].贺麟,等译.北京:商务印书馆,1962:45,52.
② [苏]列宁.列宁文集:辩证唯物主义和历史唯物主义[M].北京:人民出版社,2009:135.
③ 习近平.习近平谈治国理政[M].北京:外文出版社,2014:417.

（4）必须坚持问题导向。中国式现代化直面国内外各种问题,面向"时代之问""世界之问""中国之问""人民之问"。习近平提出:"一个时代有一个时代的问题。问题本身并不可怕,关键是采取正确的办法来解决问题。"①

（5）必须坚持系统观念。"推进中国式现代化是一个系统工程,需要统筹兼顾、系统谋划、整体推进,正确处理好一系列重大关系。"坚持系统观念,体现了马克思主义哲学普遍联系的基本原理。系统观念把"前瞻性思考""全局性谋划""战略性布局""整体性推进"纳入其中。习近平指出,系统观念不仅是"十四五"时期经济社会发展必须遵循的原则,也是党的十八大以来中央统筹推进党和国家各项事业,形成一系列新布局、新方略,带领全党全国各族人民取得历史性成就的"基础性的思想和工作方法"。

（6）必须坚持胸怀天下。中国式现代化不但是中国的,更是世界的。"中国共产党是为中国人民谋幸福、为中华民族谋复兴的党,也是为人类谋进步、为世界谋大同的党。"②胸怀天下彰显了我党积极追求人类进步与解放的崇高理想。

这六个方面相互联系、彼此支持,贯通了马克思主义唯物论和辩证法、认识论与实践论、真理观与价值观。习近平指出:"只有深刻领会'两个结合''六个必须坚持',才能深刻理解党的二十大精神,在面对各种矛盾问题和重大风险挑战时始终做到方向明确、头脑清醒、应对有方、行动有力。"③

"一个民族要想站在科学的最高峰,就一刻也不能没有理论思维。"④2015年1月,习近平在《辩证唯物主义是中国共产党人的世界观和方法论》一文中首先提出增强"辩证思维""战略思维"。2018年,习近平在《改革开放四十年积累的宝贵经验》一文中提出"我们要增强战略思维、辩证思维、创新思维、法治思维、底线思维",2022年,又提出"历史思维""系统思维"。党的二十大报告中把"七大思维"纳入"系统观念",足见其特殊地位与作用。

（1）底线思维。这是一种思维技巧,即善于认真计算风险,估算可能出现的最坏情况,并且接受这种情况。我国刚刚进入人均 GDP 10 000 美元发展阶段,历史经验证明这是一个矛盾多样、冲突多发、利益多元、薄弱环节较多的阶段,因此底线

---

① 习近平.习近平谈治国理政:第3卷[M].北京:外文出版社,2020:456.
② 习近平.习近平著作选读:第1卷[M].北京:人民出版社,2023:18.
③ 中共中央党史和文献研究院.习近平关于中国式现代化论述摘编[M].北京:中央文献出版社,2023:230.
④ [德]马克思,[德]恩格斯.马克思恩格斯文集:第9卷[M].北京:人民出版社,2009:437.

管理的重要性不言而喻。我们要有全面的政治底线、经济底线、社会底线、生态底线。2013 年年初习近平强调:"要善于运用底线思维的方法,凡事从坏处准备,努力争取最好的结果,做到有备无患、遇事不慌,牢牢把握主动权。"①在 2013 年 7 月召开的党外人士座谈会上,习近平又强调要"坚持底线思维,切实做好工作"。在 2013 年年底的中央经济工作会上,习近平再次强调:"要继续按照守住底线、突出重点、完善制度、引导舆论的思路,统筹教育、就业、收入分配、社会保障、医药卫生、住房、食品安全、安全生产等,切实做好改善民生各项工作。"总书记念兹在兹,把国家安全、民生福祉等重大问题视为全党工作底线,放在"国之大者"的优先地位。

树立底线意识,一是要树立正确的政绩观,善于确立政绩底线。摒弃为了出政绩、树形象而不顾一切后果,只有前瞻没有后顾的错误思维方式。从守住底线开始,量力而行,谋求发展。二是要树立风险意识,善于确立风险底线。按照国外相关理论,我们越来越深处于一个"风险社会"。由局部或突发事件可能导致或引发的社会灾难具有全面性。我们要善于排查各种潜在风险,找出安全与风险、常态与危机的分水岭,守住底线。三是要树立忧患意识,居安思危。忧患意识是一种危机感、责任感、使命感,是中华民族的生存智慧,是促进国家进步、民族复兴的动力。习近平提出,我们共产党人的忧患意识,就是忧党、忧国、忧民意识,这是一种责任,更是一种担当。四是要树立绩效意识,确立绩效底线。完善绩效评估体系,强化公共管理中的成本意识,对开发、建设、生产项目上马和投入性公共政策的制定,在确定最高目标的同时,定好最低标准,进行绩效的底线管理。

(2)战略思维。古人云:"有一定之略,然后有一定之功。略者不可以仓卒制,而功者不可以侥幸成也。"习近平指出:"战略问题是一个政党、一个国家的根本性问题。……战略是从全局、长远、大势上作出判断和决策。我们党是一个大党,领导的是一个大国,进行的是伟大事业,要善于进行战略思维,善于从战略上看问题、想问题。"②

"我们不仅要有战略谋划,有坚定斗志,还要有策略、有智慧、有方法。策略是在战略指导下为战略服务的。战略和策略是辩证统一的关系,把战略的坚定性与策略的灵活性结合起来,站位要高,做事要实,既要把方向、抓大事、谋长远,又要抓准抓好工作的切入点和着力点,既要算大账总账,又要算小账细账。"③

---

① 习近平.习近平总书记系列重要讲话读本[M].北京:人民出版社,2016:288.
② 习近平.习近平谈治国理政:第 4 卷[M].北京:外文出版社,2022:31.
③ 中共中央文献研究室.十九大以来重要文献选编(下)[M].北京:中央文献出版社,2023:651.

(3)辩证思维。恩格斯在《自然辩证法》中首次提出①,在矛盾对立统一过程中,坚持发展而不是静止地、全面而不是片面地、普遍联系而不是单一孤立地观察分析事物,把握事物发展规律的能力。观点强调其运用马克思主义辩证法来分析问题、解决问题。恩格斯说:"辩证法恰好是最重要的思维形式。"②列宁也认为"思维应当把握住运动着的全部'表象',为此,思维就必须是辩证的"。③

(4)系统思维。即以唯物辩证法为指导,对事物进行总体分析和认识,既统揽全局、统筹规划,又善于在重点突破中推动事物协调发展。系统观念,本质上是指全党要谋划全局。

(5)创新思维。即破除迷信、超越陈规,善于因时制宜、知难而进、开拓创新。习近平认为"创新是民族进步的灵魂,是一个国家兴旺发达的不竭动力,也是中华民族最深沉的民族禀赋"。④

(6)历史思维。即知古鉴今、以史为鉴、开创未来,善于运用历史眼光认识发现三大规律、洞察时代大势、掌握历史主动、把握前进方向、指导现实工作。习近平要求"我们要用历史映照现实、远观未来,从中国共产党百年奋斗中看清楚过去我们为什么能够成功,弄明白未来我们怎样才能继续成功,从而在新的征程上更加坚定、更加自觉地牢记初心使命、开创美好未来"。⑤

(7)法治思维。即增强尊法学法守法用法意识,善于运用法治方式治国理政。习近平强调:"各级领导干部要提高运用法治思维和法治方式深化改革、推动发展、化解矛盾、维护稳定能力,努力推动形成办事依法、遇事找法、解决问题用法、化解矛盾靠法的良好法治环境,在法治轨道上推动各项工作。"

"七大思维"与"六个必须坚持"相辅相成,共同致力于"两个结合",也为前瞻性思考、全局性谋划、整体性推进党和国家的各项事业提供科学思考方法。

2023年2月,习近平在学习贯彻党的二十大精神研讨班开班式上,从方法论的角度提出,推进中国式现代化是一个系统工程,需要统筹兼顾、系统谋划、整体推进,正确处理好顶层设计与实践探索、战略与策略、守正与创新、效率与公平、活力与秩序、自立自强与对外开放等一系列重大关系,进一步丰富发展了中国式现代化

① 马克思,恩格斯.马克思恩格斯文集:第9卷[M].北京:人民出版社,2009:438.
② [德]马克思,[德]恩格斯.马克思恩格斯文集:第9卷[M].北京:人民出版社,2009:436.
③ [苏]列宁.列宁文集:辩证唯物主义和历史唯物主义[M].北京:人民出版社,2009:141.
④ 习近平.习近平谈治国理政[M].北京:外文出版社,2014:51.
⑤ 习近平.习近平谈治国理政:第4卷[M].北京:外文出版社,2022,8.

道路的方法论科学内涵。

(1)顶层设计与实践探索。进行顶层设计,需要深刻洞察世界发展大势,准确把握人民群众的共同愿望,深入探索经济社会发展规律,使制定的规划和政策体系体现时代性、把握规律性、富于创造性,做到远近结合、上下贯通、内容协调。推进中国式现代化是一个探索性事业,还有许多未知领域,需要我们在实践中大胆探索,通过改革创新来推动事业发展,决不能刻舟求剑、守株待兔。

(2)战略与策略。要增强战略的前瞻性,准确把握事物发展的必然趋势,敏锐洞悉前进道路上可能出现的机遇和挑战,以科学的战略预见未来、引领未来。

要增强战略的全局性,谋划战略目标、制定战略举措、做出战略部署,都要着眼于解决事关党和国家事业兴衰成败、牵一发而动全身的重大问题。

要增强战略的稳定性。战略一经形成,就要长期坚持、一抓到底,不要随意改变。

要把战略的原则性和策略的灵活性有机结合起来,灵活机动、随机应变、临机决断,在因地制宜、因势而动、顺势而为中把握战略主动。

(3)守正与创新。守正与创新"是我们党在新时代治国理政的重要思想方法",其要义是守好中国式现代化的本和源、根和魂,毫不动摇地坚持中国式现代化的中国特色、本质要求、重大原则,确保中国式现代化的正确方向。

要把创新摆在国家发展全局的突出位置,顺应时代发展要求,着眼于解决重大理论和实践问题,积极识变应变求变,大力推进改革创新,不断塑造发展新动能新优势,充分激发全社会创造活力。

(4)效率与公平。既要创造比资本主义更高的效率,又要更有效地维护社会公平,更好地实现效率与公平相兼顾、相促进、相统一。

(5)活力与秩序。"在现代化的历史进程中,处理好这对关系是一道世界性难题。中国式现代化应当而且能够实现治而不乱、活跃有序的动态平衡。"[1]要统筹发展和安全,贯彻总体国家安全观,健全国家安全体系,增强维护国家安全能力,坚定维护国家政权安全、制度安全、意识形态安全和重点领域安全。

(6)自立自强与对外开放:要坚持独立自主、自立自强,坚持把国家和民族发展放在自己力量的基点上,坚持把我国发展进步的命运牢牢掌握在自己手中。要不

---

[1]　中共中央党史和文献研究院.习近平关于中国式现代化论述摘编[M].北京:中央文献出版社,2023:234.

断扩大高水平对外开放，深度参与全球产业分工和合作，用好国内国际两种资源，拓展中国式现代化的发展空间。

处理好这六大关系，我党就找到了统筹国内国际、发展与安全、传统与现在等中国式现代化重大领域的"定海神针"，就可以确保中国式现代化行稳致远！

第三节　实现中国梦：中国式现代化的新愿景

2012 年 11 月 29 日，习近平率领新一届中央领导集体参观中国国家博物馆"复兴之路"展览现场，提出：实现中华民族伟大复兴，就是中华民族近代以来最伟大的梦想！这赋予了中国式现代化新的发展方向。

中国式现代化与中国梦存在着紧密的逻辑关系。2022 年 10 月 16 日，党的二十大报告提出，从现在起，中国共产党的中心任务就是团结带领全国各族人民全面建成社会主义现代化强国、实现第二个百年奋斗目标，以中国式现代化全面推进中华民族伟大复兴，把中国式现代化与实现"中国梦"紧密结合起来，强调要团结一心、真抓实干，朝着中华民族伟大复兴目标奋勇前进。

一、革命与改革：中国式现代化的实践逻辑

要理解革命与改革和中国梦的逻辑关联，既要自觉回眸百年中国近现代史的演进图式，又需要马克思主义历史哲学的澄明。当代中国梦，是"走现代化之路、兴强国富民之业、励民族复兴之志"的亿万人民群众创造历史的能动实践与美好愿景的统一。从古老的自然历史进化，到近现代疾风暴雨式的革命，再到现代化社会转型的驱动，中国梦围绕"敢叫日月换新天"的主题展开一幅波澜壮阔的历史画卷！

1840 年，中国进入半殖民地半封建社会。面对亡国灭种的危机，孙中山第一次提出"振兴中华"口号，发动了辛亥革命，终结了两千多年的封建帝制，但没有彻底完成反帝反封建的民主革命任务。1921 年中国共产党诞生，把马列主义与中国革命实践相结合，产生了马克思主义中国化的第一次飞跃——毛泽东思想。新民主主义革命时期中国梦的主题是完成民族独立、人民解放，即救亡图存，它必须通过革命来完成。中国人民在党的领导下，推翻了三座大山，建立了新中国，从此站起来了。1956 年"三大改造"完成，中国走上社会主义道路，成功实现了中国历史上最

深刻最伟大的社会变革。历史证明，没有共产党，就没有新中国，就没有中国梦的真正实现。

进入社会主义革命与建设时期，中国梦的主题变成国家富强、民族振兴、人民幸福、共同富裕，它必须通过改革开放、通过中国式现代化来实现。十一届三中全会以后，我党解放思想、实事求是，开始改革开放。四十多年来，我国经济快速增长，综合国力显著提升。邓小平提出，改革是中国的第二次革命。要把坚持以经济建设为中心、坚持四项基本原则、坚持改革开放统一于社会主义现代化建设全过程。2012年11月，习近平在党的十八届一中全会上提出，改革开放是党在新的历史条件下领导人民进行的新的伟大革命，是决定当代中国命运的关键抉择。中国特色社会主义之所以具有蓬勃生命力，是因为实行改革开放的社会主义。我国过去40多年的快速发展靠的是改革开放，我国未来发展也必须坚定不移依靠改革开放。只有改革开放，才能发展中国、发展社会主义、发展马克思主义。中国特色社会主义在改革开放中产生，也必将在改革开放中发展壮大。所以，改革开放是当代中国最鲜明的特色，就是中国特色社会主义的时代特色、民族特色、实践特色。

历史唯物主义认为，推动社会进步的动力在于社会的基本矛盾的运动，即生产关系与生产力、上层建筑与经济基础的矛盾。而在剥削阶级社会中，当二者矛盾不可调和时，只能通过革命才能解决社会的基本矛盾。毛泽东1957年在《关于正确处理人民内部矛盾的问题》中提出："社会主义社会的矛盾同旧社会的矛盾，例如同资本主义社会的矛盾，是根本不相同的。资本主义社会的矛盾表现为剧烈的对抗和冲突，表现为剧烈的阶级斗争，那种矛盾不可能由资本主义制度本身来解决，而只有社会主义革命才能够加以解决。社会主义社会的矛盾是另一回事，恰恰相反，它不是对抗性的矛盾，它可以经过社会主义制度本身，不断地得到解决。"[①]社会主义社会的完善可以通过改革来完成。

中国梦并不是虚幻、抽象的梦，而是我党立足历史与现实、中国与世界，代表最广大人民根本利益的伟大梦想。正如党的十八大报告所说："在长期艰苦卓绝的奋斗中，我们党紧紧依靠人民，付出了最大牺牲，书写了感天动地的壮丽史诗，不可逆转地结束了近代以后中国内忧外患、积贫积弱的悲惨命运，不可逆转地开启了中华民族不断发展壮大、走向伟大复兴的历史进军，使具有五千多年文明历史的中华民

---

① 毛泽东.毛泽东文集:第7卷[M].北京:人民出版社,1999:213-214.

族以崭新的姿态屹立于世界民族之林。"①这里的两个不可逆转，还原了中国梦的历史本质。

二、改革开放是实现中国梦的强大动力

改革开放与中国梦的关系说到底是理想与实践的关系。党的十九大报告指出，改革开放是党在新时代带领人民进行的新的革命，目的就是要解放和发展社会生产力，实现国家现代化，让中国人民富裕起来，振兴中华；就是要推动中国特色社会主义制度自我完善和发展，赋予社会主义新的生机和活力，建设和发展中国特色社会主义；就是要在引领当代中国发展进步中加强和改进党的建设，保持和发展党的先进性，确保党始终走在时代前列。

实现中国梦必须凝聚中国力量，即中国各族人民大团结的力量。中国梦是民族的梦，也是每个中国人的梦。只要我们紧密团结、万众一心，为实现共同梦想而奋斗，实现梦想的力量就无比强大。建设中国特色社会主义是一项前无古人的伟大事业，要完成这一历史重任，为了谁、依靠谁、团结谁，是一个首要问题。按照历史唯物主义的基本观点，人民群众是历史的主体，我们只有紧紧依靠工人、农民、知识分子，依靠全国各族人民，团结一切可以团结的力量，调动一切积极因素，紧密团结在中国共产党的周围下，中国特色社会主义事业才会有根本保障，中国梦才会实现。所以，习近平提出，全党全国各族人民要坚定不移地走改革开放的强国之路，做到改革不停顿、开放不止步。

全新的中国梦何以可能？党的十八大报告指出，这主要是因为改革开放四十多年，我们坚定不移地高举中国特色社会主义伟大旗帜，形成了中国特色社会主义道路、中国特色社会主义理论体系、中国特色社会主义制度。其中，中国特色社会主义道路是实现途径，中国特色社会主义理论体系是行动指南，中国特色社会主义制度是根本保障，三者统一于中国特色社会主义的伟大实践。中国特色社会主义道路、理论、制度的形成与发展都离不开改革开放。中国特色社会主义道路为中国梦架桥铺路，中国特色社会主义理论体系为中国梦注入精神营养，中国特色社会主义制度为中国梦保驾护航。

实现中国梦必须走中国道路，这就是中国特色社会主义道路。一般来说，道路

---

① 中共中央文献研究室. 十八大以来重要文献选编(上)[M]. 北京:中央文献出版社,2014:43－44.

指的是一个国家或民族特定的历史发展轨迹,偏重于历史性与实践性,它是一种具有新的普遍意义的社会实践和价值创造,必须具有明确的路向和具体的可操作性。一般是先有道路的探索与实践,然后是经验教训的总结,再上升为理性的抽象,才初步形成理论指导。所以,我们认为,中国梦的确立首先是从具体到抽象,进而从抽象到具体,而且很有可能是一个循环往复的过程。2013 年 3 月,习近平指出:"实现中国梦必须走中国道路。这就是中国特色社会主义道路。这条道路来之不易,它是改革开放 30 多年的伟大实践中走出来的,是在中华人民共和国成立 60 多年的持续探索中走出来的,是在对近代以来 170 多年中华民族发展历程的深刻总结中走出来的,是在对中华民族 5000 多年悠久文明的传承中走出来的,具有深厚的历史渊源和广泛的现实基础。中华民族是具有非凡创造力的民族,我们创造了伟大的中华文明,我们也能够继续拓展和走好适合中国国情的发展道路。"①这充分显示了中国道路来之不易!

2012 年 12 月,十八届中央政治局就坚定不移推进改革开放进行第二次集体学习。习近平指出,改革开放是一项长期的、艰巨的、繁重的事业,必须一代又一代人接力干下去。必须坚持社会主义市场经济的改革方向,坚持对外开放的基本国策,以更大的政治勇气和智慧,不失时机地深化重要领域的改革,朝着党的十八大指引的改革开放方向奋勇前进。2018 年 12 月,习近平在"庆祝改革开放四十周年大会"上提出:"改革开放是我们党的一次伟大觉醒,正是这个伟大觉醒孕育了我们党从理论到实践的伟大创造。改革开放是中国人民和中华民族发展史上一次伟大革命,正是这个伟大革命推动了中国特色社会主义事业的伟大飞跃。"②

习近平强调,必须认真总结和运用改革开放的成功经验。为此,他提出五点意见:第一,改革开放是一场深刻革命,必须坚持正确方向,沿着正确道路推进。在方向问题上,我们头脑必须十分清醒,不断推动社会主义制度自我完善和发展,坚定不移走中国特色社会主义道路。第二,改革开放是前无古人的崭新事业,必须坚持正确的方法论,在不断实践探索中推进。摸着石头过河,是富有中国特色、符合中国国情的改革方法。摸着石头过河,就是摸规律,从实践中获得真知。摸着石头过河和加强顶层设计是辩证统一的,推进局部的阶段性改革开放要在加强顶层设计的前提下进行,加强顶层设计要在推进局部的阶段性改革开放的基础上谋划。要

---

①　习近平. 习近平谈治国理政[M]. 北京:外文出版社,2014:39.
②　习近平. 论中国共产党历史[M]. 北京:中央文献出版社,2021:214－215.

加强宏观思考和顶层设计，更加注重改革的系统性、整体性、协同性，同时也要继续鼓励大胆试验、大胆突破，不断把改革开放引向深入。第三，改革开放是一个系统工程，必须坚持全面改革，在各项改革协同配合中推进。改革开放是一场深刻而全面的社会变革，每一项改革都会对其他改革产生重要影响，每一项改革又都需要其他改革协同配合。要更加注重各项改革的相互促进、良性互动，整体推进，重点突破，形成推进改革开放的强大合力。第四，稳定是改革发展的前提，必须坚持改革发展稳定的统一。只有社会稳定，改革发展才能不断推进；只有改革发展不断推进，社会稳定才能具有坚实基础。要坚持把改革的力度、发展的速度和社会可承受的程度统一起来，把改善人民生活作为正确处理改革发展稳定关系的结合点。第五，改革开放是亿万人民自己的事业，必须坚持尊重人民首创精神，坚持在党的领导下推进。改革发展稳定任务越繁重，我们越要加强和改善党的领导，越要保持党同人民群众的血肉联系，善于通过提出和贯彻正确的路线方针政策带领人民前进，善于从人民的实践创造和发展要求中完善政策主张，使改革发展成果更多更公平惠及全体人民，不断为深化改革开放夯实群众基础。

习近平指出："改革开放只有进行时、没有完成时。中国已经进入改革的深水区，需要解决的都是难啃的硬骨头。"①改革开放要积极回应时代之问、中国之问、人民之问、世界之问。我们要全面贯彻党的二十大精神，积极回应广大人民群众对全面深化改革的强烈呼声和殷切期待，凝聚社会共识，自觉把改革放在更加突出的位置，协调推进各领域的改革开放。

毛泽东在1956年11月发表的《纪念孙中山》中提出："再过四十五年，就是二千零一年，也就是进到二十一世纪的时候，中国的面目更要大变。中国将变为一个强大的社会主义工业国。中国应当这样。因为中国是一个具有九百六十万平方公里土地和六万万人口的国家，中国应当对于人类有较大的贡献，在过去一个长时期内，则是太少了。这使我们感到惭愧。但是要谦虚。不但现在应当这样，永远应当这样。中国人在国际交往方面，应当坚决、彻底、干净、全部地消灭大国主义。"②中国梦应该是开放的，它伴随着实践的发展不断丰富发展，它面向现代化、面向世界、面向未来。它既是民族的，又是世界的；它既承继了五千年的传统，又是与时俱进的、现代的。哈佛大学教授安守廉认为："每一个国家在建立起来自己模式的时候，

---

① 习近平. 论中国共产党历史[M]. 北京：中央文献出版社，2021：215.
② 中共中央文献研究室. 建国以来重要文献选编：第9册[M]. 北京：中央文献出版社，1994：409.

都需要做两件事情。一要关注自己本国的特色、自己国家的文化、经济发展水平，同时也应该注意世界的趋势、世界的义务，这不是一个国家能够回避的。"①这才是一个负责任的大国应有的格局。改革开放之所以是实现中国梦的"关键一招"，是因为改革开放自觉地把中国梦与世界梦相交融，融中国梦于世界历史发展进程的坐标中，通过比对来激活忧患意识和实践变革意识，从而消解民族发展的单一性、狭隘性。中国梦是现代梦，它必然告别传统的实践模式，创建新的中国式现代化历史发展的逻辑。党的十一届三中全会的召开，标志着十年"文革"彻底结束，中国共产党人开始从世界历史进程的视野来思考中国的问题，变"狭隘的民族自大心理"为"宽广的世界历史的眼光"。从世界历史进程看中国，才能找出民族发展的差距和落后之处，才能凸显改革开放的紧迫性，引发现代化发展目标的拟定。自觉把握世界历史进程，能够带来民族或国家的快速发展。从理论上说，20世纪以来的人类历史已愈来愈成为世界的历史，经济全球化决定了各民族和国家的发展离不开世界历史的驱动；世界历史进程代表了当下人类文明发展的一种高度与趋势。把握了世界历史进程，就会消除狭隘的民族自我中心主义，自觉加速民族历史向世界历史的转变与融合，使得民族或国家的发展获得当代的时间意义以及世界的空间意义。

改革开放之所以是实现中国梦的"关键一招"，是因为改革开放提倡"从中国看世界、更从世界看中国"，自觉把中国梦与世界梦相对接，注入中国梦的历史普遍性与特殊性辩证发展的深刻内涵。中国梦不仅是实现中国特色社会主义现代化和中华民族伟大复兴，同时其也是推动实现全世界人民梦想的长久动力，实现中国梦必将进一步拓展人类命运共同体的实现路径。

改革开放的四十多年，同时也是中国为促进世界发展、推动人类文明进步做出重要贡献的四十多年。中国基本实现了占世界上五分之一人口由温饱水平向小康生活水平的历史性转变，对世界的稳定发展起到了重要作用。中国以悠久灿烂的历史文化和社会主义先进文化，为维护世界文化的多样性、推动世界文明的发展发挥了积极作用。中国特色社会主义事业的成功实践，为生产力较为落后的发展中国家从事现代化建设提供了有益的借鉴，特别是为国际共产主义运动提供了宝贵的经验。中国高举和平、发展、合作的旗帜，坚持对外开放的基本国策，坚持独立自主的和平外交政策，积极开展对外经济合作，促进共同发展，反对恐怖主义，维护世界和平，国际地位大大提升，为建设持久和平、共同繁荣的和谐世界做出了积极的贡献。

---

① 张冠梓.哈佛看中国:政治与历史卷[M].北京:人民出版社,2010:209.

如果说中国近代学习西方、走向世界是被迫的，因而是屈辱的、依附的，那么改革开放时期，我们走向世界则是主动的、从容的、独立自主的，是一个伟大民族主体性价值观、发展观的自我革命。正如习近平所说："当今世界，要说哪个政党、哪个国家、哪个民族自信的话，那中国共产党、中华人民共和国、中华民族是最有理由自信的。""现在，我们比历史上任何时期都更接近中华民族伟大复兴的目标，比历史上任何时期都更有信心、能能力实现这个目标。"

中国梦代表了中国共产党总结过去、思考未来的新愿景，中国共产党不仅用中国梦串联起了中国的过去、现在、未来，而且用中国梦把中国与世界紧紧联系在一起。一方面，中国的发展离不开世界；另一方面，世界的和平发展也离不开中国。中国与世界双向互动，共同推动人类和平发展事业的发展。

第四节　高质量发展：中国式现代化的首要任务

中国式现代化出场离不开中国革命与改革开放，而中国式现代化的完善发展离不开全面深化改革。一般而言，革命意味着根本制度的更迭，当先进的社会制度确立后，改革就出场，而且呈常态化态势。我国四十多年的改革取得巨大成就，但也存在许多问题。对此，党中央审时度势，及时提出全面深化改革的方针，启动了新一轮的改革开放。中国改革常态化契合了辩证唯物主义的基本原理，即发展呈现一种螺旋式上升的态势。"四个全面"既是中国改革开放的最新路线图，也是一个最新的改革开放的矩阵。

一、全面深化改革与高质量发展

一般而言，革命意味着根本制度的更迭。当先进的社会制度确立后，如果还是存在社会主义社会的基本矛盾，改革就出场了。全面深化改革是伴随着经济发展进入新常态后产生的。2014 年 11 月，习近平表示，"新常态也伴随着新问题新矛盾，一些潜在风险渐渐浮出水面。能不能适应新常态，关键在于全面深化改革的力度。""以数千年大历史观之，变革和开放总体上是中国的历史常态。""实践发展永无止境，解放思想永无止境，改革开放也永无止境，改革开放只有进行时、没有完成时。这是历史唯物主义态度。"①这些观点既指出了我国改革开放所处的历史方位，更提出了解决问题的出路与方法。

中国全面深化改革有着丰富的哲学寓意：

1. 它是马克思主义的基本要求

革命是马克思主义基本要义，改革也是马克思主义的重要思想。恩格斯指出："所谓'社会主义'，不是一种一成不变的东西，而应当和其他任何社会制度一样，把它看成是经常变化和改革的社会。"②他明确提出社会主义不是一层不变的教条，而是一个变化和发展的社会。正如列宁所说，发展是飞跃式的、剧变式的、革命的。

恩格斯称黑格尔是"第一个想证明历史中有一种发展、有一种内在联系的人"。黑格尔认为："发展的过程亦即是内容、理念的本身。""理念的本性就在于发展它自身，并且唯有通过发展才能把握它自身，才能成为理念。"③他是以抽象的、思辨的形式来解读发展的，把发展仅仅理解为理念、精神、思想的发展。但马克思认为："一切发展，不管其内容如何，都可以看作一系列不同的发展阶段，它们以一个否定另一个的方式彼此联系着……任何领域的发展不可能不否定自己以前的存在形式。这是一个普遍性的原则，所谓'发展'，只能理解为一连串的否定过程。"④恩格斯在《反杜林论》中认为，"它是自然界、历史和思维的一个极其普遍的，因而极其广泛地起作用的、重要的发展规律"——是"作为联系环节的否定、作为发展环节的否定、是保持肯定的东西的，即没有任何动摇、没有任何折中的否定"，因而是辩证法的特征和本质。⑤ 这种否定不是一般意义上的否定，它既是对新中国成立初期我们模仿苏联模式的否定，又是在总结改革开放第一阶段的经验教训的一种"扬弃"。全面深化改革就是在这种否定之否定中实现了自身的出场。它契合了辩证法这一马克思主义精髓，将不断推动中国社会发展呈现一种螺旋式上升的良好态势。

2. 它是改革开放的现实需要

前四十多年的中国改革取得了历史性胜利，但同时也产生了许多新的问题。邓小平在改革开放初就提出："过去我们讲发展。现在看，发展起来以后的问题不比不发展时少。"⑥概括起来，当下的问题主要包括：城乡、区域、经济社会发展很不

---

①　习近平. 论党的宣传思想工作[M]. 北京：中央文献出版社，2020：34.

②　[德]马克思，[德]恩格斯. 马克思恩格斯全集：第37卷[M]. 北京：人民出版社，1971：443.

③　[德]黑格尔. 哲学史讲演录：第1卷[M]. 贺麟，等译. 北京：商务印书馆，1959：31，26.

④　[德]马克思，[德]恩格斯. 马克思恩格斯全集：第4卷[M]. 北京：人民出版社，1958：329.

⑤　[德]马克思，[德]恩格斯. 马克思恩格斯选集：第3卷[M]. 北京：人民出版社，1960：181.

⑥　中共中央文献研究室. 邓小平年谱[M]. 北京：人民出版社，2004：1364.

平衡，人口资源环境压力加大；就业、社会保障、收入分配、教育、医疗、住房、安全生产、社会治安等方面关系群众切身利益的问题比较突出；体制机制尚不完善，民主法制还不健全；一些社会成员诚信缺失、道德失范，一些领导干部的素质、能力和作风与新形势新任务的要求还不适应；一些领域的腐败现象仍然比较严重；敌对势力的渗透破坏活动危及国家安全和社会稳定。面对以上问题，有些人否定改革，提出要退回到改革开放前。对此，党中央明确提出：不走封闭僵化的老路，不走改旗易帜的邪路，坚定走中国特色社会主义道路。习近平指出："在整个社会主义现代化进程中，我们都要高举改革开放的旗帜，决不能有丝毫动摇。"①所以，改革开放只有进行时，没有完成时。2024 年 5 月，习近平在考察山东并主持召开企业和专家座谈会时说："党的二十大以后，我一直在思考进一步全面深化改革问题。改革开放后，党的历届三中全会都是研究改革。这一次改革，我们将紧扣和推进中国式现代化。"②2024 年 7 月 15 日至 18 日，中国共产党第二十届中央委员会第三次全体会议通过了《中共中央关于进一步全面深化改革，推进中国式现代化的决定》，提出：中国式现代化是在改革开放中不断推进的，也必将在改革开放中开辟广阔前景。全会强调，进一步推进全面深化改革，要贯彻坚持党的全面领导、坚持以人民为中心、坚持守正创新、坚持以制度建设为主线、坚持全面依法治国、坚持系统观念等原则，要更加注重系统集成，更加注重突出重点，更加注重改革实效，推动生产关系与生产力、上层建筑和经济基础、国家治理和社会发展更好相适应，为中国式现代化提供强大动力和制度保障。

　　3.改革重点从经济建设逐步转向国家治理体系和能力现代化

　　党的十八届三中全会通过了《中共中央关于全面深化改革若干重大问题的决定》，对全面深化改革做出战略部署，总目标是完善和发展中国特色社会主义制度，推进国家治理体系和治理能力现代化。国家治理体系和治理能力是一个国家制度和制度执行能力的集中体现。习近平指出："国家治理体系和国家治理能力虽然紧密联系，但又不是一码事，不是国家治理体系越完善，国家治理能力自然而然就越强。"③前者聚焦制度建设，后者看执行能力，正所谓知不易、行更难。中国的改革从前三十年重点围绕社会主义市场经济的建立到中国特色社会主义制度，从单向度

---

　　① 习近平.习近平总书记系列重要讲话读本[M].北京:人民出版社,2014:39.

　　② 张晓松,朱基钗,杜尚泽,等.中国的改革开放之路一定可以成功[N].解放日报,2024-5-26:3.

　　③ 中共中央党史和文献研究院,中央学习贯彻习近平新时代中国特色社会主义思想主题教育领导小组办公室.习近平新时代中国特色社会主义思想专题摘编[M].北京:中央文献出版社,2023:215.

的经济体制改革到全面深化改革，从线性的改革到矩阵式改革，注重改革的系统性、整体性、协同性，重点突破与整体推进相结合，处理好局部与整体的关系，广泛凝聚共识，形成改革合力。国家治理体系和能力的现代化的核心问题是处理好政府与市场、政府与社会的关系。应上下联动，最终跳出"精简—膨胀—再精简—再膨胀"的怪圈。这次全面深化改革直接关系到中国式现代化的推进。

首先，党政分开，避免以党代政。1980 年 12 月，邓小平提出："从原则上说，各级党组织应该把大量日常行政工作、业务工作，尽可能交给政府、业务部门承担，党的领导机关除了掌握方针政策和决定重要干部的使用以外，要腾出主要的时间和精力来做思想政治工作，做人的工作，做群众的工作。"这里初步提出了党政分开的思路。党的十八大报告指出，要"更加注重改进党的领导方式和执政方式，保证党领导人民有效治理国家"。其要求规范各级党政主要干部职责权限，科学配置党政部门及内设机构权力和职能，明确职责定位和工作任务。党政分开有利于使党从繁杂的事务中摆脱出来，加强调查研究，集中精力抓大政方针问题，使重大决策更加符合实际和广大群众的根本利益，更有效地实现党的领导；有利于使党委从各种具体问题中解脱出来，可以使党处在超脱的、驾驭矛盾和总揽全局的主动地位，更好地做好顶层设计，从而发挥"协调各方"的领导作用，使整个国家各方面形成巨大的合力，为实现党的总任务而奋斗。此外，党政分开有利于坚持党要管党和从严治党的原则，加强党的自身建设。

其次，推行"清单"式管理模式。制定权力清单、责任清单，用负面清单放开市场，用正面清单管住政府，依法公开权力运行流程，切实做到法无授权不可为、法定职责必须为，把权力关进制度的笼子里。2015 年 4 月 25 日，中共中央政治局召开会议，提出要进一步简政放权，着力营造公平竞争市场环境，继续取消和下放行政审批事项，加快建立和完善政府权力清单制度，探索实行负面清单管理模式。

再次，加大反腐力度，争取从根本上铲除腐败。反腐败是关系到党和国家前途命运的重大工作，其核心是要从严治党，依法治国。习近平多次强调"打铁还须自身硬""反对腐败、建设廉洁政治，保持党的肌体健康，始终是我们党一贯坚持的鲜明政治立场"。2013 年中共中央印发《建立健全惩治和预防腐败体系 2013—2017年工作规划》，提出从阶段性反腐过渡到常态化反腐，从随机性反腐过渡到制度化反腐，一体推进不敢腐、不能腐、不想腐，"打虎""拍蝇""猎虎"多管齐下，以猛药去疴、重典治乱的决心，以刮骨疗毒、壮士断腕的勇气，彻底根除这一毒瘤。

党的二十大报告对新时代全面深化改革提出新要求：要敢于突进深水区，敢于啃硬骨头,敢于涉险滩,敢于面对新矛盾新挑战,冲破思想观念束缚,突破利益固化藩篱,坚决破除各方面体制机制弊端。

二、"高质量发展"战略布局

高质量发展是新时代我国经济社会发展的鲜明特征,是中国式现代化的首要任务。2014 年 11 月习近平指出:"当前和今后一个时期,虽然我国发展仍然处于重要战略机遇期,但机遇和挑战都有新的发展变化,机遇和挑战之大都前所未有,总体上机遇大于挑战。"①我们要"创新拓宽道路""推进高水平的对外开放""增进人民福祉、促进社会公平正义"。

1. 我国进入新发展阶段

习近平指出:"全面建成小康社会、实现第一个百年奋斗目标之后,我们要乘势而上,开启全面建设社会主义现代化国家新征程、向第二个百年奋斗目标进军,这标志着我国进入了一个新发展阶段。"②新发展阶段的主要特征就是我国经济由高速增长阶段转向高质量发展阶段。党的十八大以来,党中央提出我国经济发展正处于增长速度换挡期、结构调整阵痛期、前期刺激政策消化期"三期叠加"阶段。习近平认为:"我国经济发展进入新常态,没有改变我国发展仍处于大有作为的重要战略机遇期的判断,改变的是重要战略机遇期的内涵和条件;没有改变我国经济发展总体向好的基本面,改变的是经济发展方式和经济结构。"③新时代、新阶段,需要新思路、新方法。

2. 把改革的力度、发展的速度与人民的满意度结合起来

在处理改革、发展、稳定这三者的关系上,我党思考良久。1997 年,江泽民在党的十五大报告中第一次正式提出:"必须把改革的力度、发展的速度和社会可以承受的程度统一起来,在社会政治稳定中推进改革、发展,在改革、发展中实现社会政治稳定。"④2022 年党的二十大报告提出:"稳定是改革和发展的前提。把改革的力度、发展的速度和社会可承受的程度统一起来,把不断改善人民生活作为处理改革发展稳定关系的重要结合点,在社会稳定中推进改革发展,通过改革发展促进社会

---

① 习近平.习近平著作选读:第 2 卷[M].北京:人民出版社,2023:401.
② 习近平.习近平著作选读:第 2 卷[M].北京:人民出版社,2023:398-399.
③ 习近平.习近平著作选读:第 1 卷[M].北京:人民出版社,2023:330.
④ 江泽民.江泽民文选:第 2 卷[M].北京:人民出版社,2006:16.

稳定。"

我国自 20 世纪 80 年代开启的第一轮改革开放,存在着明显的粗放式发展模式:其一,高速度、高投资、高消耗,换来低效益、高污染;其二,有的干部片面理解"以经济建设为中心",以"粗放式"甚至"粗暴式"方式做事,他们乱摊派、乱征地、乱拆迁,故他们被老百姓封为"拆迁市长""拆迁县长",弄得民不聊生,群体性事件频发。急于求成、急躁冒进的结果只会是欲速则不达。在改革开放中,我们也要警惕急于求成、急躁冒进的倾向。习近平强调:"我们一定要坚持胆子要大、步子要稳,战略上要勇于进取,战术上则要稳扎稳打。"①胆子大不代表为所欲为。一切都要稳字当头。改革来不得半点任性。要理性,要大胆假设、小心求证。既要有科学发展、集约发展的思想,也要有底线思维、安全发展的理念。新一轮全面深化改革要以人民群众的利益为根本,要把改革的力度、发展的速度与人民的满意度结合起来。党的路线、方针、政策要反映社会呼声、社会诉求、社会期盼。要按照新发展理念指导各项工作。习近平强调:"在全面深化改革进程中,遇到关系复杂、难以权衡的利益问题,要认真想一想群众实际情况究竟怎样?群众到底在期待什么?群众利益如何保障?群众对我们的改革是否满意?"②全面深化改革必须得到广大人民群众的支持。

结合新时代我国社会主要矛盾的变化,习近平提出,高质量发展就是能够很好满足人民日益增长的美好生活需要的发展,是体现新发展理念的发展,是创新成为第一动力、协调成为内生特点、绿色成为普遍形态、开放成为必由之路、共享成为根本目的的发展。

习近平关于"高质量发展"重要论述包括:(1)高质量发展就是从"有没有"转向"好不好"。(2)高质量发展从根本上说,就是转向要依靠科技创新。(3)加快构建新发展格局,是推动高质量发展的战略基点。(4)农业强国是社会主义现代化强国的根基,推进农业现代化是实现高质量发展的必然要求。没有农业农村现代化,社会主义现代化就是不全面的。(5)人民幸福安康是推动高质量发展的最终目的。

高质量发展思想是马克思主义发展观的新的飞跃。高质量发展是我国"十四五"乃至更长时期经济社会发展主题,关系我国社会主义现代化建设全局。高质量发展是全面建设社会主义现代化国家的首要任务。

---

① 习近平. 习近平总书记系列重要讲话读本[M].北京:人民出版社,2014:52.
② 习近平. 习近平谈治国理政[M].北京:外文出版社,2014:98.

"必须坚定不移深化改革开放、深入转变发展方式，以效率变革、动力变革促进质量变革，加快形成可持续的高质量发展体制机制。"[①]以往其他现代化模式主要追求高速度、高产量，可能会出现经济短期内爆发式增长，但这一定是以高消耗为前提的粗放型发展。中国式现代化要成功，必须建立在高质量发展的基础上，着眼于中长期健康稳定的发展。对此，我们满怀信心！

三、发展新质生产力

党的二十大报告指出：推进高质量发展还有许多卡点瓶颈，我国科技创新能力还不强。加快发展新质生产力是破题良方。习近平指出："什么是新质生产力、如何发展新质生产力？我一直在思考，也注意到学术界的一些研究成果。"国内学者也重视生产力问题研究。罗荣渠教授认为，人类历史上出现了三大生产力形态：（1）原始生产力，即自然形态的生产力；（2）农业生产力，即半人工形态的生产力；（3）工业生产力，即完全人工形态的生产力。人类已经开始步入后工业时代，与之匹配的将是哪一种生产力？

2023年7月以来，习近平在四川、黑龙江、浙江、广西等地考察调研时，提出要加快形成新质生产力。2023年9月习近平在考察东北时指出："积极培育新能源、新材料、先进制造、电子信息等战略性新兴产业，积极培育未来产业，加快形成新质生产力，增强发展新动能。"2024年1月，习近平在中央政治局第11次集体学习时说，提出新质生产力这个概念和发展新质生产力这个重大任务，主要考虑的是：生产力是人类社会发展的根本动力，也是一切社会变迁和政治变革的终极原因。高质量发展需要新的生产力理论来指导，而新质生产力已经在实践中形成并展示出对高质量发展的强劲推动力、支撑力。……新质生产力具有高科技、高效能、高质量特征，符合新发展理念的先进生产力形态，以全要素生产率大幅提升为核心标志，特点是创新，关键是质优，本质是先进生产力。上述论断较为全面地概括了新质生产力的内涵及特质。

1. 新时代必须推进新质生产力发展

马克思在《资本论》中提出"现代工业的技术基础是革命的"，这种革命主要是

---

① 中共中央党史和文献研究院. 习近平关于中国式现代化论述摘编[M]. 北京：中央文献出版社，2023：197.

由资本本身的限制性和内在否定性决定的。《共产党宣言》中提出："资产阶级除非对生产工具、从而对生产关系，从而对全部社会关系不断地进行革命，否则就不能生存下去。"同理，社会主义制度的建立与发展，离不开生产力的高度发展。新质生产力的提出本质上是中国共产党自我革命的表现之一。马克思主义历来重视科学技术的革命力量。马克思指出："社会劳动生产力，首先是科学的力量。"1920年，列宁提出共产主义就是"苏维埃＋电气化"的发展模式，并把其视为"第二个党纲"。科学技术是先进生产力的集中体现和主要标志，是第一生产力。

中国共产党历来重视生产力的发展。毛泽东曾说："中国一切政党的政策及其实践在中国人民中所表现的作用好坏、大小，归根到底看对于中国人民的生产力的发展是否有帮助及其帮助之大小，看它是束缚生产力的，还是解放生产力的。"20世纪80—90年代，我党提出解放生产力发展生产力，主要解决短缺问题；新世纪初我党提出发展"先进生产力"，解决的是小康问题；新时代我党提出发展新质生产力，解决的是发展不平衡不充分的问题。这些都充分彰显了中国共产党不忘初心、牢记使命的精神谱系的强大力量。

进入新时代以后，党中央适时提出要坚持走中国特色新型工业化、信息化、城镇化、农业现代化道路，不断创造美好生活，逐步实现全体人民共同富裕。新时代我国经济由高速增长转向高质量发展，而新时代的主旋律就是发展新质生产力。2023年我国服务业占GDP的比重为54.6％，标志着我国整体上已经进入新发展阶段，但大部分中西部地区还处于工业化中期。新时代中西部地区不必走沿海地区走过的路，不能再搞同质竞争，而要立足于比较优势，扬长避短，寻求错位竞争，以发展新质生产力"破圈破局"。"不谋全局者，不足以谋一域。"习近平总书记及时提出要"因地制宜"发展新质生产力。随着我国数字经济的高速发展，国家推出"东数西算"战略，发展5G、6G等新基建项目。贵州、内蒙古、甘肃、宁夏要打造面向全国的非实时性算力保障基地，定位于不断提升算力服务品质和利用效率。京津冀、长三角、粤港澳大湾区、成渝要服务于国家重大区域发展战略实施需要，定位于进一步统筹好城市内部和周边区域的数据中心布局。这些对拉动中西部地区高质量发展至关重要，也是发展新质生产力，解决我国生产力发展不平衡不充分问题的重要举措。

2. 发展新质生产力是高质量发展的必由之路

"高质量发展，就是从'有没有'转向'好不好'。"新中国成立之初，毛泽东就说："现在我们能造什么？能造桌子椅子，能造茶碗茶壶，能种粮食，还能磨成面粉，还能造纸。但是,一辆汽车、一架飞机、一辆坦克、一辆拖拉机都不能造。"新中国成立以来,我国已一跃成为世界制造业第一大国,但"大而不强"、科技含量不高、有些核心技术受制于人等问题依然存在。新时代以来,我国高技术制造业增加值占规模以上工业增加值的比重从 2012 年的 9.4% 提高到 2022 年的 15.5%,成绩喜人,但还有巨大发展空间。2015 年,我国适时推出《中国制造 2025》,提出到 2025 年迈入世界制造强国行列的目标,这对推进我国从工业大国向工业强国转变,走新型工业化、高质量发展道路,具有重要意义。

党的十九大提出,我国经济已由高速增长阶段转向高质量发展阶段。要形成经济发展新动力,塑造国际竞争新优势,重点在制造业,难点在制造业,出路也在制造业。2017 年习近平在中央经济工作会议上就提出:"经济发展是一个螺旋式上升的过程,上升不是线性的,量积累到一定阶段,必须转向质的提升,我国经济发展也要遵循这一规律。"2018 年,习近平又提出"以鼎新带动革故,以增量带动存量,促进我国产业迈向全球价值链中高端"。调结构、增动能、转方式成为新时代发展新质生产力的主要路径。2023 年 12 月,习近平在中央经济工作会议上提出,要以科技创新推动产业创新,特别是以颠覆性技术和前沿技术催生新产业、新模式、新动能,发展新质生产力。

新质生产力喜新重质,注重集约化发展,它主要追求的不是数量的增长,而是现代化经济体系质的提升。"在质的大幅提升中实现量的有效增长",其中,质的提升表现为发展新技术、新业态、新模式,具体体现在以下几方面:一是创新驱动。即营造与完善有利于创新的制度环境与体制机制,推动跨领域跨行业协同创新,突破一批重点领域关键技术,促进制造业数字化网络化智能化,走创新驱动的发展路径。二是质量优先。坚持把质量作为高质量发展生命线,走以质取胜的发展道路。三是结构优化。大力发展先进制造业,改造提升传统产业,推动生产型制造向服务型制造转变,优化产业空间布局,培育一批具有核心竞争力的产业集群和企业群体,走提质增效的发展道路。四是绿色发展。大量发展循环经济,提高资源回收利用率,构建绿色制造体系,走生态文明的发展道路。发展新质生产力既要坚持独立自主,又要扩大开放。习近平提出:"我们没有别的选择,非走自主创新道路不可。""自主创新是我们攀登世界科技高峰的必由之路。""加快实现高水平科技自立自强,是推动高质量发展的必由之路。"2024 年 6 月,习近平总书记又进一步指出:"发展新质生产力是推动高质量发展的内在要求和重要着力点。"

3.发展新质生产力是中国式现代化应有之义

　　传统现代化以工业化为核心,而早期工业化以重化工业为主,对资源的要求较高。从西方经济学早期哈罗德-多玛模型到索洛模型,都体现了对资本、人力等要素的需求。尽管西方现代化使得生产力大大发展,但也造成了人与人、人与自然、人与社会关系的高度紧张。中国式现代化必须打破西方现代化的迷思,独立自主、自力更生,走自己的路。

　　社会主义本质就是解放生产力、发展生产力。习近平提出:"生产力是推动社会进步最活跃最革命的要素。"发展新质生产力需要全要素生产率的提高。美国学者索洛的研究表明,美国经济增长中的 87.5% 来自全要素生产率的提高。丹尼森发现,美国人均产出增长在很大程度上是由全要素生产率提高带来的,并且主要是由技术进步(64%)和工人教育程度提高(30%)所组成的。[①] 全要素生产率的本质是技术、人才等要素质量和资源配置效率。近年来中国全员劳动生产率指数也在逐年提高,从 2015 年的 100 提高到 2022 年的 152.2,仅七年就增长了 50% 以上。中国式现代化的关键是科学技术现代化。我国从提出建设创新型国家战略,就开始持续加大全社会研发经费投入和劳动力培训投入。2022 年,我国全社会研发投入首次突破 3 万亿元,居世界第二位;我国国家创新指数综合排名居世界第十位,是唯一入选前十名的发展中国家。2023 年 11 月的一项研究显示,世界 60% 的算力由中国企业推动,40% 的人工智能模型由中国企业开发,33% 的半导体应用技术来源于中国[②]。与此同时,我国也逐步加强知识产权保护。值得关注的是,我国在创新资源、绩效、环境、文化等方面与发达国家还存在一定差距,当下新旧生产力迭代的阵痛依然存在。据工信部统计,在制造业中,我国传统产业占比高达 80%。中国式现代化一定是新质生产力对传统生产力扬弃的历史阶段,一定是新质生产力赋能传统生产力发展的过程。2024 年 3 月,习近平在参加十四届全国人大二次会议上提出:"发展新质生产力不是要忽视、放弃传统产业,要防止一哄而上、泡沫化,也不要搞一种模式。各地要坚持从实际出发,先立后破、因地制宜、分类指导。"只要我们在党中央的坚强领导下,锚定新质生产力发展,脚踏实地、吐故纳新,就一定能再创佳绩!

　　① ［美］费景汉,拉尼斯.增长与发展:演进观点[M].洪银兴,等译.北京:商务印书馆,2004:43.
　　② ［阿］卡洛斯·科雷亚.创新驱动中国经济发展[N].中国社会科学报,2024-8-14:3.

结　语

　　恩格斯在《反杜林论》中就指出："而辩证法不过是关于自然、人类社会和思维的运动和发展的普遍规律的科学。"[①]1913 年列宁为纪念马克思逝世 30 周年,发表《马克思主义的三个来源和三个组成部分》,提出唯物辩证法就是发展学说的思想:"马克思并没有停止在 18 世纪的唯物主义上,而是把哲学向前推进了。他用德国古典哲学的成果,特别是用黑格尔体系(它又导致了费尔巴哈的唯物主义)的成果丰富了哲学。这些成果中主要的就是辩证法,即最完备最深刻最无片面性的关于发展的学说,这种学说认为反映永恒发展的物质的人类知识是相对的。"[②]列宁还开列了辩证发展观特有的五大观点:"发展似乎是在重复以往的阶段,但它是以另一种方式重复,是在更高的基础上重复('否定之否定'),发展是按所谓螺旋式,而不是按直线式进行的;发展是飞跃式的、剧变式的、革命的;'渐进过程的中断';量转化为质;发展的内因来自对某一物体或在某一现象范围内或某一社会内发生作用的各种力量和趋势的矛盾或冲突;每种现象的一切方面(而且历史在不断地揭示出新的方面)相互依存,极其密切而不可分割地联系在一起,这种联系形成统一的、有规律的世界运动过程——这就是辩证法这一内容更丰富的(与通常的相比)发展学说的若干特征。"所有这些,构成共产党人的发展辩证法,这是我们今天理解中国式现代化的指导思想。

---

　　①　[德]马克思,[德]恩格斯.马克思恩格斯选集:第 3 卷[M].北京:人民出版社,1995:484.
　　②　[苏]列宁.列宁专题文集:论马克思主义[M].北京:人民出版社,2009:67－68.

一、模式的非普适性

"真正的普遍者,用通俗的话说来,表现为普遍者自身和特殊者的结合。"任何成功或不成功的模式,都是本国国情的产物,从这点来说,任何模式都不具有普适性。历史普遍性与特殊性是历史哲学中最为重要的范畴,苏联解体后,福山弹冠相庆,在他的《历史的终结》中宣称:西方的模式是历史的终结。其实,这不过是黑格尔哲学观点的"借尸还魂"。如果说有什么不同的话,就是黑格尔预言人类历史将终结于日耳曼文化,而福山认为人类历史将终结于西方自由民主制度。对此,恩格斯在《路德维希·费尔巴哈和德国古典哲学的终结》中早就指出:"在辩证哲学面前,不存在任何最终的东西、绝对的东西、神圣的东西;它指出所有一切事物的暂时性;在它面前,除了生成和灭亡的不断过程、无止境地由低级上升到高级的不断过程,什么都不存在。它本身就是这个过程在思维着的头脑中的反映。诚然,它也有保守的方面:它承认认识和社会的一定阶段对它那个时代和那种环境来说都有存在的理由,但也不过如此而已。这种观察方法的保守性是相对的,它的革命性质是绝对的——这就是辩证哲学所承认的唯一绝对的东西。"①列宁在《论我国革命》中提出:"他们根本不相信这样的看法:世界历史发展的一般规律,不仅丝毫不排斥个别发展阶段在发展的形式或顺序上表现出特殊性,反而是以此为前提的。他们甚至没有想到,例如,俄国是个介于文明国家和初次被这场战争最终卷入文明之列的整个东方各国即欧洲以外各国之间的国家,所以俄国能够表现出而且势必表现出某些特殊性,这些特殊性当然符合世界发展的总的路线,但却使俄国革命有别于以前西欧各国的革命,而且这些特殊性到了东方国家又会产生某些局部的新东西。"1956 年 8 月毛泽东提出:"所谓特殊的规律,就是各国的差别点,就是说,各国无产阶级取得执政地位的具体道路,无产阶级专政的国家形式,一党制或者是在工人阶级革命政党领导下的多党制,改造旧生产关系的方法,进行社会主义建设的速度,过渡时期所需要的时间,等等,因为各国不同的政治条件和经济条件,都会有所差别。而这样的差别,在任何一个不同民族中都是存在的,而在有一些民族中就可能有更多的存在。如果以为有了差别性,就可以否认共同性,是错误的;如果以为有了共同性,就可以否认差别性,也是错误的。无法设想,社会主义制度在各国的具体发展过程和表现形式,只能有一个千篇一律

---

① ［德］马克思,［德］恩格斯.马克思恩格斯选集:第 4 卷[M].北京:人民出版社,1995:217.

的格式。我国是一个东方国家,又是一个大国,因此,我国不但在民主革命过程中有自己的许多特点,在社会主义改造和社会主义建设的过程中也带有自己的许多特点,而且在将来建成社会主义社会以后还会继续存在自己的许多特点。"①习近平提出:"人类文明多样性是世界的基本特征,也是人类进步的源泉。世界上有二百多个国家和地区、二千五百多个民族、多种宗教。不同历史和国情、不同民族和习俗,孕育了不同文明,使世界更加丰富多彩。"②

马克思曾说:"问题在于,如果亚洲的社会状况没有一个根本的革命,人类能不能实现自己的命运?"③这一"马克思之问"的提出,把亚洲的现代化(包括中国)与人类命运共同体紧紧联系在一起。奈斯比特也认为:"亚洲的现代化绝非等同于'西化',它呈现出的是特有的'亚洲模式'。东方崛起的最大意义是孕育了世界现代化的新模式。亚洲正以'亚洲方式'完成自己的现代化,它要引导西方一起迈入机遇与挑战并存的 21 世纪。"④布莱克也认为:"没有两个社会以同一种方式实现现代化——没有两个社会拥有相同的资源和技术、相同的传统制度遗产、处在发展的相同阶段以及具有同样的领导体制模式或同样的现代化政策。"⑤正所谓"人一次不能同时踏入同一条河流"。"世界上没有两片完全相同的树叶。一个民族、一个国家,必须知道自己是谁,从哪里来的,要到哪里去,想明白了,就要坚定不移朝着目标前进。"⑥所以,每个国家因为国情、历史、文化等不同,走向现代化之路肯定是千差万别的。研究现代化道路最好的办法就是:把每一个国家视为现代化的最基本的考察单位,总结其经验教训,供其他国家参考借鉴。在现代化道路上只有先后,没有主次之分,各国现代化都是并列关系,没有从属关系。这就是我们中国式现代化研究的真正意义!

二、模式的可通约性

"中国式现代化既有各国现代化的共同特征,更有基于自己国情的鲜明特色。"模式虽然不具有普适性,但可以相互借鉴与学习。马克思早就提出:"问题本身并不在于资本主义生产的自然规律所引起的社会对抗的发展程度的高低。问题在于

---

①　毛泽东.建国以来毛泽东文稿:第6册[M].北京:中央文献出版社版,1992:143.
②　习近平.习近平外交演讲集:第2卷[M].北京:中央文献出版社,2022:567.
③　[德]马克思,[德]恩格斯.马克思恩格斯选集:第1卷[M].北京:人民出版社,1995:763.
④　[美]奈斯比特.亚洲大趋势[M].蔚文,译.北京:外文出版社,1996:22.
⑤　[美]C. E. 布莱克.现代化的动力[M].段小光,译.杭州:浙江人民出版社,1989:87.
⑥　习近平.习近平谈治国理政[M].北京:外文出版社,2014:171.

这些规律本身,在于这些以铁的必然性发生作用并且正在实现的趋势。工业较发达的国家向工业较不发达的国家所显示的,只是后者未来的景象。……一个国家应该而且可以向其他国家学习。"①作为人类社会的发展模式,既有共性、更有个性,既有偶然性、更有必然性。只要是走向现代化的发展模式都离不开工业化、市场化、现代化,都离不开改革开放。具体来说:对西方模式来说,资本是"普照的光",而对中国式现代化来说,人民利益是最大公约数。所以,模式具有一定的可通约性。季羡林先生认为:"东方的现代化同西方的现代化有千丝万缕的关系。东方国家的现代化当然不能百分之百等同于西方化,但是在很大程度上却离不开西方化。眼前的西方毕竟是科学技术最发达、最活跃的地区。东方大陆,不管有多少大龙、多少小龙,其现代化进程都离不开西方的影响。在这一点上东方几条龙已经获得极大的成功,经济确实腾飞了,将来还会腾飞下去的。既然同为现代化,当然有其共同问题。既然有了东西之分,当然必有其不同之处,最大的或最根本的不同之处是基本思维模式的不同;东方综合而西方分析。研究东方的现代化,不能离开这个基本思维模式。"②西方人提出所谓的"北京共识"和"华盛顿共识"也包含了这层意思,即所有的模式都存在共相,当然也有异质的方面存在。东方从属于西方的历史已经一去不复返了,但"这种发展的主导力量是各种多样性的形态之内的辩证法则"。习近平指出,我们不"输入"外国模式,也不"输出"中国模式,不会要求别国"复制"中国的做法。模式应该是开放的,绝不是封闭的。我们决不能仅仅满足于自身经济的增长,而应该日益关注社会公平、正义、民主、自由等价值向度,强化价值分析与批判的功能。应该把中国的发展置于世界和平与发展的历史进程中,这才是中国式现代化发展的方向和未来!

三、模式的内在否定性

在黑格尔看来,事物是按正(肯定)—反(否定)—合(否定之否定)的方式发展的;"这种具体的运动,乃是一系列的发展,并非像一条直线抽象地向前无穷发展,必须认作像一个圆圈那样,乃是回复到自身的发展。这个圆圈又是许多圆圈所构成;而那整体乃是许多自己回复到自己的发展过程所构成"。③"它不仅没有因其辩

---

① [德]马克思,[德]恩格斯.马克思恩格斯文集:第5卷[M].北京:人民出版社,2009:8—9.

② 钱乘旦.世界现代化历程[M].南京:江苏人民出版社,2010:8—9.

③ [德]黑格尔.哲学史讲演录:第1卷[M].贺麟,等译.北京:商务印书馆,1959:34.

证的前进运动而丧失了什么,丢下了什么,而且还带着一切收获物,使自己的内部不断丰富和充实起来。""从而过渡到一个更高的形态。"这就是所谓的辩证的否定。马克思批判黑格尔是以抽象的、思辨的形式来演绎发展,并认为,"一切发展,不管其内容如何,都可以看作一系列不同的发展阶段,它们以一个否定另一个的方式彼此联系着……任何领域的发展不可能不否定自己以前的存在形式。这是一个普遍性的原则,所谓'发展',只能理解为一连串的否定过程。"①恩格斯在《反杜林论》中认为,"它是自然界、历史和思维的一个极其普遍的,因而极其广泛地起作用的,重要的发展规律"——是"作为联系环节的否定、作为发展环节的否定、是保持肯定的东西的,即没有任何动摇、没有任何折中的否定"。②"在辩证法中,否定不是简单地说不,或宣布某一事物不存在,或用随便一种方法把它毁掉。斯宾诺莎早已说过,即任何限定或规定同时就是否定。""真正的、自然的、历史的和辩证的否定正是一切发展的推动力(从形式方面看)……"③列宁提出:"发展似乎是重复以往的阶段,但那是另一种重复,是在更高基础上的重复('否定之否定'),发展是按所谓螺旋式而不是按直线式进行的。""在高级阶段上重复低级阶段的某些特征、特性,等等。""仿佛是向旧东西的回复(否定之否定)。"④世界上各种发展模式的兴替,它们既有一个不断扬弃的过程,也有一个不断证伪的过程。从单向度的经济增长模式到全面发展的社会模式、从以物为本到以人为本、从"一切人反对一切人的战争"到和谐社会,都是一种辩证否定的历史过程。我党从新民主主义革命到改革开放新时期,敢于突破和否定那些不正确的传统认识和观念,敢于提出以往马克思主义经典作家所没有提出的新思想、新观点,坚持马克思主义中国化、时代化的方向,开拓马克思主义的新境界,这也是一个不断扬弃、守正创新的辩证过程。我们既要解放思想、实事求是、与时俱进,又要大胆地试、大胆地闯,共同携手解决中国和人类所面临的共同问题。

四、模式与发展规律

有西方学者认为:规律是不存在的。如波普就认为,社会历史没有规律,不能

---

① [德]马克思,[德]恩格斯. 马克思恩格斯全集:第4卷[M]. 北京:人民出版社,1958:329.
② [德]马克思,[德]恩格斯. 马克思恩格斯选集:第3卷[M]. 北京:人民出版社,1960:181.
③ [德]马克思,[德]恩格斯. 马克思恩格斯文集:第9卷[M]. 北京:人民出版社,2009:149.
④ [苏]列宁. 列宁专题文集:论马克思主义[M]. 北京:人民出版社,2009:12.

预言。他把马克思的历史唯物主义称为历史决定论,因为它:第一,肯定社会历史发展的规律性;第二,肯定能在认识规律的基础上做出预言,而这是不可能的,也是错误的。但马克思和恩格斯指出:"历史的进化像自然的进化一样,有其内在规律。"社会规律就是社会"本身运动的自然规律","也完全像在自然领域里一样,应该通过发现现实的联系,来清除这种臆造的人为的联系;这一任务,归根到底,就是要发现那些作为支配规律在人类社会的历史上起作用的一般运动规律"。但是,马克思也明确提出:人能够认识规律,但不能超越规律,它绝不是黑格尔所说的绝对观念。但是人也可以在尊重客观规律的前提下充分发挥人的主观能动性,积极参与改造自然与社会的实践活动。他在《资本论》的序言中指出,一个社会即使探索到了本身运动的自然规律——本书的最终目的就是揭示现代社会的经济运动——它还是既不能跳过也不能用法令取消自然的发展阶段。但是它能缩短和减轻分娩的痛苦。当人们完全自觉地创造自己的历史时,人类就完成了从必然王国向自由王国的飞跃。至于社会发展模式与社会发展规律的关系,从本质上说,是历史的必然性与偶然性的关系,而必然性是通过偶然性表现出来的。所以,恩格斯说:"在自然界中这些规律是不自觉地、以外部必然性的形式、在无穷无尽的表面的偶然性中实现的,而且到现在为止在人类历史上多半也是如此。"①"人们自己创造自己的历史,但是到现在为止,他们并不是按照共同的意志,根据一个共同的计划,甚至不是在一个有明确界限的既定社会内来创造自己的历史。他们的意向是相互交错的,正因为如此,在所有这样的社会里,都是那种以偶然性为其补充和表现形式的必然性占统治地位。在这里通过各种偶然性而得到实现的必然性,归根到底仍然是经济的必然性。……历史上所有其他的偶然现象和表面的偶然现象都是如此。我们所研究的领域越是远离经济,越是接近于纯粹抽象的意识形态,我们就越是发现它在自己的发展中表现为偶然现象。"②"这些偶然性本身自然纳入总的发展过程,并且为其他偶然性所补偿。但是发展的加速和延缓在很大程度上是取决于这些偶然性的。"③"不管这个差别对历史研究,尤其是对各个时代和各个事变的历史研究如何重要,它丝毫不能改变这样一个事实:历史进程是受内在的一般规律支配的。……这样,历史事件似乎总的说来同样是由偶然性支配着的。但是,在表面上是偶然性在起作用的地方,这种偶然性始终是受内部的隐藏着的规律支配的,而问题只

---

　　① ［德］马克思,［德］恩格斯. 马克思恩格斯选集:第4卷[M]. 北京:人民出版社,1995:243.

　　② ［德］马克思,［德］恩格斯. 马克思恩格斯选集:第4卷[M]. 北京:人民出版社,1995:732－733.

　　③ ［德］马克思,［德］恩格斯. 马克思恩格斯全集:第33卷[M]. 北京:人民出版社,1974:210.

是在于发现这些规律。"①2014 年 7 月,习近平在主持召开经济形势专家座谈会时首次提出:"发展必须是遵循经济规律的科学发展,必须是遵循自然规律的可持续发展,必须是遵循社会规律的包容性发展。"

笔者认为:历史规律在先,模式在后,规律是模式、道路的本质依据,模式、道路则是规律的具体实现方式,规律是作为人类社会总的发展趋势和方向来说的,而模式、道路则是就具体国家、民族的特定发展样式而言的,因此它们之间还有普遍性与特殊性的关系。由于规律在不同国家、民族所实现的方式不同,因而也就形成了各种不同的社会发展模式。研究社会发展模式是为了发现、总结规律,从而更好地指导人类的实践。模式只能反映历史规律,而不是历史规律的终结,其按照历史规律发展趋势的要求,不断地选择、调适、改革、沉淀。因此,模式按客观规律发展,呈现出开放、实践、发展的特征。中国共产党历来重视执政规律、社会主义建设规律、人类社会发展规律的探索研究,而中国式现代化本身就是对三大规律的集中反映。

1899 年,美国国务卿约翰·海伊说:"世界的风暴中心已转向……中国。谁了解这个强大的帝国,谁就掌握了未来 500 年世界政治的钥匙。"人类又一次看似毫无准备地进入 21 世纪,这是一个全球化、信息化、数字化席卷的世纪,这是一个恐怖主义、金融危机、各种瘟疫肆虐的世纪。"人类社会现代化进程又一次来到历史的十字路口。"密那发的猫头鹰终将起飞。回顾人类经历的几种现代化模式,其都曾带来短暂的经济增长"奇迹"。难的是共同富裕,难的是社会的全面发展,难的是人与自然的和谐共生,难的是人的全面发展。习近平指出:"中国式现代化作为人类文明新形态,与全球其他文明相互借鉴,必将极大丰富世界文明百花园。"古希腊哲学家恩培多克勒认为世界的分合是由"爱"与"恨"两大元素主宰的。如果我们以爱的眼光看世界,这个世界就是美好的、充满希望的,如果有人以恨的眼光看世界,这个世界就是撕裂、冲突的。苍茫世界,谁主沉浮?决定全球未来的是每一个国家、每一个民族。我们坚信:只要坚定走中国特色社会主义之路,中国式现代化必将创造更辉煌的成就,实现人类命运共同体也必将指日可待。我们将踔厉奋发、砥砺前行!

---

① [德]马克思,[德]恩格斯.马克思恩格斯选集:第 4 卷[M].北京:人民出版社,1995:247.

参考文献

一、马克思主义经典著作及党的重要文献

［德］马克思，［德］恩格斯. 马克思恩格斯全集：第 1 卷［M］. 北京：人民出版社，1995.

［德］马克思，［德］恩格斯. 马克思恩格斯全集：第 2 卷［M］. 北京：人民出版社，1957.

［德］马克思，［德］恩格斯. 马克思恩格斯全集：第 3 卷［M］. 北京：人民出版社，1982.

［德］马克思，［德］恩格斯. 马克思恩格斯全集：第 17 卷［M］. 北京：人民出版社，1963.

［德］马克思，［德］恩格斯. 马克思恩格斯全集：第 18 卷［M］. 北京：人民出版社，1964.

［德］马克思，［德］恩格斯. 马克思恩格斯全集：第 22 卷［M］. 北京：人民出版社，1971.

［德］马克思，［德］恩格斯. 马克思恩格斯全集：第 23 卷［M］. 北京：人民出版社，1972.

［德］马克思，［德］恩格斯. 马克思恩格斯全集：第 26 卷［M］. 北京：人民出版社，2014.

［德］马克思，［德］恩格斯. 马克思恩格斯全集：第 30 卷［M］. 北京：人民出版社，1995.

［德］马克思，［德］恩格斯. 马克思恩格斯全集：第 31 卷［M］. 北京：人民出版社，1998.

［德］马克思，［德］恩格斯. 马克思恩格斯全集：第 32 卷［M］. 北京：人民出版社，1998.

［德］马克思，［德］恩格斯. 马克思恩格斯全集：第 42 卷［M］. 北京：人民出版社，

1957.

[德]马克思,[德]恩格斯.马克思恩格斯全集:第46卷[M].北京:人民出版社,1979.

[德]马克思,[德]恩格斯.马克思恩格斯全集:第49卷[M].北京:人民出版社,1982.

[德]马克思,[德]恩格斯.马克思恩格斯文集[M].北京:人民出版社,2009.

[苏]列宁.列宁选集[M].北京:人民出版社,1995.

[苏]列宁.列宁专题文集[M].北京:人民出版社,2009.

毛泽东.毛泽东选集[M].北京:人民出版社,1991.

毛泽东.毛泽东文集[M].北京:人民出版社,1999.

邓小平.邓小平文选[M].北京:人民出版社,1993.

江泽民.江泽民文选[M].北京:人民出版社,2006.

胡锦涛.胡锦涛文选[M].北京:人民出版社,2016.

中共中央文献研究室.毛泽东 邓小平 江泽民论科学发展[M].北京:中央文献出版社,2008.

中共中央文献研究室.科学发展观重要论述摘编[M].北京:中央文献出版社,2008.

中共中央党史和文献研究院,中央学习贯彻习近平新时代中国特色社会主义思想主题教育领导小组办公室.习近平新时代中国特色社会主义思想专题摘编[M].北京:中央文献出版社,2023.

习近平.习近平谈治国理政[M].北京:外文出版社,2014.

习近平.习近平谈治国理政:第2卷[M].北京:外文出版社,2017.

习近平.习近平谈治国理政:第3卷[M].北京:外文出版社,2020.

习近平.习近平谈治国理政:第4卷[M].北京:外文出版社,2022.

中共中央党史和文献研究院.习近平关于中国式现代化论述摘编[M].北京:中央文献出版社,2023.

中共中央文献研究室.三中全会以来重要文献选编[M].北京:人民出版社,1982.

中共中央文献研究室.十八大以来重要文献选编(上)[M].北京:中央文献出版社,2014.

中共中央文献研究室.十八大以来重要文献选编(中)[M].北京:中央文献出版社,2016.

中共中央文献研究室. 十八大以来重要文献选编(下)[M]. 北京：中央文献出版社，2018.

中共中央党史和文献研究院. 十九大以来重要文献选编（上）[M]. 北京：中央文献出版社，2019.

中共中央党史和文献研究院. 十九大以来重要文献选编（中）[M]. 北京：中央文献出版社，2021.

中共中央党史和文献研究院. 十九大以来重要文献选编（下）[M]. 北京：中央文献出版社，2023.

二、国内学者著作

薄一波. 若干重大决策与事件的回顾[M]. 北京：人民出版社，1997.

龚育之. 中国特色社会主义论二十题[M]. 北京：中共中央党校出版社，1995.

张雄. 历史转折论[M]. 上海：上海社会科学院出版社，1994.

张雄. 经济哲学：从历史哲学向经济哲学的跨越[M]. 昆明：云南人民出版社，2002.

张雄. 创新：在历史与未来之间[M]. 北京：商务印书馆，2010.

许纪霖，等. 中国现代化史（1800—1949）：第 1 卷[M]. 上海：学林出版社，2006.

厉以宁. 资本主义的起源：比较经济史研究[M]. 北京：商务出版社，2003.

罗荣渠. 现代化新论 [M]. 北京：商务印书馆，2004.

吴晓明，邹诗鹏. 全球化背景下的现代性问题[M]. 重庆：重庆出版社，2009.

张一兵. 资本主义理解史[M]. 南京：凤凰传媒出版社，2009.

俞可平，等. 中国模式与"北京共识"[M]. 北京：社会科学文献出版社，2006.

韩保江. 中国奇迹与中国发展模式[M]. 成都：四川人民出版社，2008.

徐崇温. 中国的和平发展道路[M]. 重庆：重庆出版社，2009.

王新颖. 奇迹的建构：海外学者论中国模式[M]. 北京：中央编译出版社，2011.

邹东涛. 中国道路与中国模式（1949—2009）[M]. 北京：社会科学文献出版社，2009.

刘国光. 中国经济体制改革的模式研究[M]. 北京：中国社会科学出版社，1988.

厉以宁. 中国经济改革的思路[M]. 北京：中国展望出版社，1989.

吴敬琏，周小川，等. 中国经济体制改革的整体设计[M]. 北京：中国财政经济出版社，1988.

李惠斌. 全球化：中国道路[M]. 北京：社会科学文献出版社，2003.

许征帆. 社会主义发展道路论[M]. 济南:山东人民出版社,1999.

赵明义. 社会主义:传统模式及其改革[M]. 济南:黄河出版社,1993.

蔡昉,等. 中国式现代化:发展战略与路径[M]. 北京:中信出版集团,2023.

韩康. 转型国家经济发展——模式、路径、问题与对策[M]. 北京:国家行政学院出版社,2007.

张宇. 中国的转型模式:反思与创新[M]. 北京:经济科学出版社,2006.

林毅夫,等. 读懂中国式现代化[M]. 北京:中信出版集团,2023.

崔桂田. 当代社会主义发展模式比较研究[M]. 济南:山东人民出版社,2005.

赵剑英,吴波. 论中国模式[M]. 北京:中国社会科学出版社,2010.

潘维. 中国模式:解读人民共和国的60年[M]. 北京:中央编译出版社,2009.

洪银兴. 中国式现代化论纲[M]. 南京:江苏人民出版社,2023.

李正华,等. 中国式现代化简史[M]. 北京:当代中国出版社,2023.

丰子义. 现代化的理论基础[M]. 北京:北京师范大学出版社,2017.

三、国外译著

[英]亚当·斯密. 国民财富的性质和原因的研究[M]. 郭大力,王亚南,译. 北京:商务印书馆,1974.

[英]阿瑟·刘易斯. 经济增长理论[M]. 师铭,沈丙杰,沈伯根,译. 北京:商务印书馆,1999.

[美]费景汉,[美]古斯塔夫·拉尼斯. 增长和发展:演进的观点[M]. 洪银兴,郑江淮,译. 北京:商务印书馆,2004.

[美]西蒙·库兹涅茨. 各国的经济增长[M]. 常勋,译. 北京:商务印书馆,1985.

[美]塞缪尔·亨廷顿,等. 现代化:理论与历史经验的再探讨[M]. 张景明,译. 上海:上海译文出版社,1993.

[美]塞缪尔·亨廷顿. 变化社会中的政治秩序[M]. 王冠华,刘为,译. 上海:上海人民出版社,2021.

[英]安东尼·吉登斯. 现代性的后果[M]. 田禾,译. 南京:译林出版社,2011.

[英]威尔·赫顿,[英]安东尼·吉登斯. 在边缘:全球资本主义生活[M]. 达巍,等译. 上海:三联书店,2003.

[英]安东尼·吉登斯. 第三条道路:社会民主主义的复兴[M]. 郑戈,译. 北京:北京大学出版社,2000.

[德]马克斯·韦伯. 中国的宗教：儒教与道教[M]. 康乐，译. 桂林：广西师范大学出版社，2010.

[德]鲁道夫·希法亭. 金融资本：资本主义最新发展的研究[M]. 福民，等译. 北京：商务印书馆，1994.

[美]道格拉斯·C.诺思，[美]罗伯斯. 托马斯.西方世界的兴起[M]. 厉以平，等译. 北京：华夏出版社 1999.

[德]鲁道夫·吕贝尔特. 工业化史[M]. 黄鸣钟，等译. 上海：上海译文出版社，1983.

[英]汤姆·肯普. 现代工业化模式[M]. 许邦兴，王恩光，译. 北京：中国展望出版社，1985.

[美]西里尔·E.布莱克. 日本和俄国的现代化：一份进行比较的研究报告[M]. 周师铭，等译. 北京：商务印书馆，1983.

[德]安德烈·冈德·弗兰克. 白银资本[M]. 刘北成，译. 成都：四川人民出版社，2017.

[英]埃里克·罗尔.经济思想史[M]. 包玉香，译. 北京：商务印书馆，2021.

[美]罗伯特·艾尔斯.转折点：增长范式的终结[M]. 戴星翼，黄文芳，译. 上海：上海译文出版社，2001.

[德]黑格尔.历史哲学[M]. 王造时，译. 上海：上海书店出版社，2006.

[英]佩里·安德森.西方马克思主义探讨[M]. 高铦，文贯中，魏章玲，译. 北京：人民出版社，1981.

[美]弗雷德里克·杰姆逊.晚期马克思主义[M]. 李永红，译. 南京：南京大学出版社，2008.

[美]大卫·哈维.新自由主义简史[M]. 王钦，译. 上海：上海译文出版社，2010.

[美]卡罗尔·C.古尔德.马克思的社会本体论：马克思社会实在理论中的个性和共同体[M]. 王虎学，译. 北京：北京师范大学出版社，2009.

[波]W.布鲁斯，[波]K.拉斯基.从马克思到市场：社会主义对经济体制的求索[M]. 银温泉，译. 上海：上海人民出版社，1998.

[匈]雅诺什·科尔奈.社会主义体制：共产主义政治经济学[M]. 张安，译. 北京：中央编译出版社，2007.

[奥]路德维希·冯·米塞斯. 社会主义：经济与社会学的分析[M]. 王建民，冯克利，崔树义，译. 北京：商务印书馆，2018.

［美］赫伯特·马尔库塞. 单向度的人：发达工业社会意识形态研究［M］. 刘继，译. 上海：上海译文出版社，2008.

［德］哈贝马斯. 作为"意识形态"的技术与科学［M］. 李黎，郭官义，译. 上海：学林出版社，1999.

［德］哈贝马斯. 现代性的哲学话语［M］. 曹卫东，译. 南京：译林出版社，2011.

［美］道格拉斯·C. 诺思. 制度、制度变迁与经济绩效［M］. 杭行，译. 上海：上海人民出版社，2008.

［美］保罗·巴兰. 增长的政治经济学［M］. 蔡中兴，杨宇兴，译. 北京：商务印书馆，2014.

［美］约翰·奈斯比特. 中国大趋势：新社会的八大支柱［M］. 魏平，译. 北京：中华工商联合出版社，2009.

［美］约翰·奈斯比特，［奥］多丽丝·奈斯比特. 对话：中国模式［M］. 北京：新世界出版社，2010.

［意］洛丽塔·纳波利奥尼. 中国道路：一位西方学者眼中的中国模式［M］. 孙豫宁，译. 北京：中信出版社，2013.

［美］斯蒂格利茨. 政府为什么干预经济？［M］. 郑秉文，译. 北京：中国物资出版社，1998.

［英］哈耶克：个人主义与经济秩序［M］. 邓正来，译. 北京：三联书店，2003.

［美］乔舒亚·库伯·雷默，等. 中国形象：外国学者眼里的中国［M］. 沈晓雷，等译. 北京：社会科学文献出版社，2006.

［美］乔舒亚·库伯·雷默. 不可思议的年代［M］. 何帆，译. 长沙：湖南科学技术出版社，2010.

［美］费正清，等. 东亚文明：传统与变革［M］. 黎鸣，等译. 天津：天津人民出版社，1992.

［比］热若尔·罗兰. 转型与经济学［M］. 张帆，译. 北京：北京大学出版社，2002.

［苏］戈尔巴乔夫，［日］池田大作. 二十世纪的精神教训［M］. 孙立川，译. 北京：社会科学文献出版社，2003.

［美］保罗·肯尼迪. 大国的兴衰［M］. 陈景彪，等译. 北京：国际文化出版公司，2006.

［意］乔万尼·阿里吉. 亚当·斯密在北京：21世纪的谱系［M］. 路爱国，许安结，黄平，译. 北京：社会科学文献出版社，2009.

［印］苏布拉塔·贾塔克.发展经济学［M］.卢中原,等译.北京:商务印书馆,1989.

［英］安德鲁·韦伯斯特.发展社会学［M］.陈一筠,译.北京:华夏出版社,1987.

［德］安德烈·冈德·弗兰克.依附性积累与不发达［M］.高戈,译.南京:译林出版社,1999.

［阿］劳尔·普雷维什.外围资本主义［M］.苏振兴,袁兴昌,译.北京:商务印书馆,1990。

［意］弗斯科·贾尼尼.中国式现代化:路径、成就与挑战［M］.李凯旋,李赛林,译.北京:当代中国出版社,2022.

联合国教科文组织.文化多样性与人类全面发展［M］.张玉国,译.广州:广东人民出版社,2006.

郑永年.中国模式:经验与困局［M］.杭州:浙江人民出版社,2010.

郑永年.全球化与中国国家转型［M］.杭州:浙江人民出版社,2009.

［以］艾森斯塔德.大革命与现代文明［M］.刘圣中,译.上海:上海人民出版社,2012.

［美］罗伯特·海尔布罗纳.现代化理论研究［M］.俞新天,邓新格,周锦钦,译.北京:华夏出版社 1989.

四、外文资料

Rancis Fukuyama. Blindside：How to Anticipate Forcing Events and Wild Cards in Global Politics［M］. Washington:the Brookings Institution Press,2007.

Hegel. Werke in Zwanzig Banden［M］. Berlin:Suhrkamp,1970.

Herman Kahn. World Economic Develoment,1979 and Beyond［R］:1979.

Joan Robinson. Marx,Marshall and Keynes［C］. in Collected Economic Papers,Vol. 2,Basil Blackwell:Oxford,1960.

Alec Nove. An Economic History of the USSR ［M］. San,CA:Cobden Fress,1985.

五、论文

袁贵仁.以人为本是科学发展观的核心［J］.哲学研究,2005(11):5—7.

姜迎春.中国式现代化话语体系的创新意蕴［J］.江汉论坛,2024(6):49—56.

周方媛.历史·理论·价值:中国式现代化道路三维探析［J］.党史文苑,2024(6):121—123.

逄锦华.中国式现代化:模式、方法、产业体系及路径选择[J].北方论丛,2024(6):33—46.

吴树青."华盛顿共识"、"北京共识"引发的几点思路[J].思想理论教育导刊,2004(11):18—22.

秦宣.谈"北京共识"、"中国模式"与中国现代化之路[N].中国教育报,2004—9—28.

俞可平,庄俊举.热话题与冷思考(三十四)——关于北京共识与中国发展模式的对话[J].当代世界与社会主义,2004(5):4—9.

甘阳.中国道路:三十年与六十年[J].读书,2007(6):3—13.

卢衍昌.中国模式:概念、历史及理论[J].甘肃理论学刊,2005(7):10—13.

托马斯·海贝勒.关于中国模式若干问题的研究[J].当代世界与社会主义,2005(5):9—11.

戴木才.中国式现代化的基本特质[N].光明日报,2023—2—20:15.

郝立新,卢衍昌."中国模式"的哲学意蕴[J].教学与研究,2006(1):30—35.

刘书林.社会主义的"苏联模式"与中国特色社会主义[J].思想理论教育导刊,2009(3):64—70.

蔡拓.探索中的"中国模式"[J].当代世界与社会主义,2005(5):12—14.

张彧,徐建龙."中国模式"与"中国特色社会主义"的比较研究[J].科学社会主义,2007(2):130—132.

韩庆祥.论中国式现代化的理论形态[J].马克思主义研究,2024(6):1—16,76,163.

庞元正.论五大发展理念的哲学基础[J].哲学研究,2016(6):7—12.

丁学良."现代化理论"的渊源和概念构架[J].中国社会科学,1988(1):65—78.

后　记

　　临近退休之际，迎来自己第四本专著的出版，不禁感慨不已，颇有些孔夫子的"发愤忘食，乐以忘忧，不知老之将至"之感！

　　"大鹏之动，非一羽之轻也；骐骥之速，非一足之力也。"本书付梓首先要感谢恩师张雄教授，正是他十多年前将处于不惑之年的我引入学术之门，开始漫漫求学之路。自己现在的学术成果，完全归功于老师的引导和帮助！

　　其次要感谢资助本书出版的上海财经大学。大学毕业22岁的我就进入财大工作，近40年光阴荏苒，感谢财大一路呵护帮助！本书的立项和出版得到了相关部门的帮助指导，特别感谢科研处的姜乃菲、杨雯君老师不厌其烦的咨询和回复！

　　最后感谢上海财经大学出版社的辛勤劳作，特别是李成军编辑的指导和帮助！

董必荣

2024 年 8 月 31 日于沪上凯德星茂邸